KB067727

낭비
와
욕망

WASTE AND WANT

Korean translation copyright ⓒ 2010 by E-Who Publishing Co.
Korean translation rights arranged with Mary Evans Inc.
through EYA(Eric Yang Agency).

낭비와 욕망
-쓰레기의 사회사

지은이 _ 수전 스트레서
옮긴이 _ 김승진
펴낸이 _ 이명회
펴낸곳 _ 도서출판 이후
편집 _ 김은주, 신원제
마케팅 _ 김우정

첫 번째 찍은 날 2010년 2월 4일
두 번째 찍은 날 2011년 10월 20일

등록 1998. 2. 18(제13-828호)
주소 _ (121-754) 서울시 마포구 동교동 165-8 엘지팰리스 1229호
전화 _ 대표 02-3141-9640 편집 02-3141-9643 팩스 02-3141-9641

ISBN 978-89-6157-035-0 93300

이 도서의 국립중앙도서관 출판시도서목록(CIP)은 e-CIP 홈페이지
(http://www.ni.go.kr/cip.php)에서 이용하실 수 있습니다.
(CIP 제어번호: CIP 2010000179)

쓰레기의
사회사

낭비와
욕망

수전 스트레서 지음
김승진 옮김

이후

밥을 위하여, 그리고 수지 휴스턴을 기억하며

차례

쓰레기를 소각로로 실어 보내는 컨베이어 벨트 옆에서 이탈리아계 이민자들이 되팔 만한 것들을 골라내고 있다. 1950년경, 뉴욕 댈런시 슬럽. (사진: 의회 도서관 제공)

쓰레기의 역사를 찾아서

"쓰레기통을 처음 뒤져 보는 신참자는 더러움에 치를 떨고 자기혐오에 시달린다. 하지만 경험이 쌓이면서 이런 단계는 차차 지나간다. 그는 발에 꼭 맞고 완전히 새것 같아 보이는 운동화라든가, 잘 돌아가는 전자계산기, 뜯지도 않은 채 아직 얼어 있는 커다란 아이스크림 통 등을 발견하면서 깨닫기 시작한다. 아, 사람들은 아주 멀쩡한 물건을, 그것도 아주 많이 버리고 있구나." 라스 아이너Lars Eighner는 노숙자로 지내 본 경험을 담은 책 『리즈베스와의 여행Travels with Lizbeth』(1993)에서 쓰레기통을 뒤지는 행위에 대해 이렇게 설명했다. 이제 그 신참자는, 무엇이 쓰레기고 무엇이 아닌지는 판단하기 나름이라는 것을 알게 된다. 대도시에서 쓰레기장을 뒤져 살아가는 사람들, 파리의 보헤미안이 예찬했던 넝마주이들, 19세기 말 샌프란시스코의 길바닥에서 쓸 만한 것을 주우러 다니던 중국인 이민자들이 이미 알고 있었듯이 말이다.[1]

우리의 일상생활만 보아도 쓰레기라는 것이 고정된 범주가 아님을 알수 있다. 꼭 쓰레기장에 있는 것을 주워서 다시 쓰는 경우가 아니라도, 사물은 여러 가지 방식으로 쓰레기냐 아니냐의 경계를 넘나든다. 찢어진 스웨터를 버리려고 구석에 던져 놓았더니 뜨개질 잘하는 친구가 가져가 사용하기도 하고, 야드 세일(이사나 대청소 등으로 집안의 물건을 정리한 후 안 쓰는 물건을 마당에 늘어놓고 파는 것. 옮긴이)의 파장 시간이 될 때까지 팔리지를 않아서 그냥 줘 버렸던 흉한 전등이 5년 뒤에 갑자기 유행을 타고 값나가는 물건 대접을 받기도 한다. 두 번이나 페인트를 덧칠해 사용하다가 쓸 만큼 썼다 싶어 길에 내버린 캐비닛을 이웃 사람이 주워다가 페인트 통 보관 장으로 창고에 두고 20년을 더 쓰는가 하면, 20년 뒤에는 또다시 누군가가 페인트 얼룩을 벗겨 내고 기름칠해서 거실에 두기도 한다.

우리는 어떤 것들을 버리고 있을까? 우선, 다른 시대와 다른 문화권에 살았던 사람들과 마찬가지로 현대 문명사회에 살고 있는 우리도 몸에서 나오는 배설물을 집 밖으로 내보낸다. 또 무언가가 썩어서 이상한 냄새가 나면 '더러운 것'이라고 판단해서 버린다. 더러운 것과 깨끗한 것, 상한 것과 아닌 것, 먹을 수 있는 상태인 것과 아닌 것을 구분하는 구체적인 기준은 사람마다 문화마다 다르기는 하지만 말이다. 더 이상 못 쓰게 된 물건을 버리는 것도 시대와 문화를 막론하고 공통된다. 여기에서도 쓸 수 있느냐 아니냐의 구체적인 기준은 문화마다 차이가 있지만, 어느 문화권이든 고고학자들이 쓰레기 더미에서 깨진 항아리 따위를 발견하는 걸 보면 "못 쓰는 것을 버린다"는 점은 공통된다고 볼 수 있을 것이다. 너무 많아서 남아도는 것도 버려진다. 텃밭에서 애호박을 많이 거뒀다고 해서 애호박을 하루에 수십 개씩 먹을 수는 없는 일이고, 할머니가 쓰시던 낡은 침대보 같은 것까지 안 버리고 다 보관하기에는 공간이 부족하니 말이다. 물론 버리면 아까우니까 남는 채소는 이웃에게 나눠 주기도 하고 야드 세일을 열어 팔기도 한다. 세계 어느 문화권이든, 추수하기와 장례 지내기에 관련된 관습에는 여분의 것들을 쓰레기로 만들어 버리지 않으면서 잘 처치할 수 있는 방법들이 포함되어 있게 마련이다.

그런데 현대 문명사회(오늘날 '선진국'이라 불리는 곳)에서는 물건이 버려지는 또 다른 이유가 있다. "이제 이건 쓰기 싫어졌어"라는 이유만으로도 물건을 버리는 것이다. 옛날에도 이런 경우가 있기는 했을 테지만, 오늘날이런 식으로 버려지는 물건의 양은 가히 전례 없는 규모다. 우리는 옛날사람들이나 저개발 지역의 사람들보다 훨씬 더 자주, "단지 원하지 않는다"는 이유만으로 물건을 버린다. 그리고 애초에 짧은 기간만 쓰고 버리도록 고안된 물건들을 산다. 이를테면 포장재라는 것은 물건이 생산자에게서 소비자로, 한 방향으로만 이동하도록 되어 있는 시스템의 산물이다. 따라서 물건이 소비자에게 도착하면 포장재는 버려진다. 씻고, 닦고, 내용물을 채워 넣는 등의 수고를 덜어 주는 '일회용품'은 말 그대로 한 번만 쓰고버리는 물건이다. 또한 우리는 "취향이 달라졌다"거나 "한물갔다"며 옷이나 가구를 버린다. 역사학자들은 서구 부유층 사이에 유행이라는 개념을전파한 소비 혁명의 발생 시기를 18세기로 보고 있지만, 너덜너덜해지거나망가지지도 않았는데 옷이나 가구를 버린다는 건 20세기 중반까지도 대다수 일반인에게 상상하기 어려운 사치였다. 완전히 낡은 것들도 그냥 버리지 않고 고물상에 팔아 돈으로 바꾸었다. 금전적 여유가 있는 사람들은 더잘 드는 칼이나 더 좋은 시계가 나오면 쓰던 것이 아직 사용할 만해도 새것을 구입하기는 했지만, 쓰던 것을 버리고 새로 사는 게 아니라 가지고가서 (돈을 보태) 새것으로 바꾸어 오는 식이었다. 오늘날에도 새로운 스타일이 유행하면 예전 시계는 구식이 된다. 음악 플레이어나 개인용 컴퓨터는 기술 변화가 너무 급격해서 한 제품이 시장에 제대로 나와 보기도 전에다음 제품에 밀려나기도 한다. 그런데 이제 헌것과 쓰던 것은 버려진다.유행이 지난 옷과 구식이 된 기기를 버리는 습관이 퍼지면서 새로운 것,최신의 것을 추구하는 경향도 심해졌다. 20세기가 되기 전까지만 해도 생소했던 이러한 습관 때문에, 오늘의 쓰레기장은 싫증이 났다거나 최신 스타일이 아니라는 이유만으로 버려진 '아주 멀쩡한 물건들'로 넘쳐나게 된 것이다.

어떤 물건이 쓰레기인지 아닌지를 판단하는 분류 과정으로 초점을 돌려 보자. 그러면 쓰레기장의 물건이 아니라 인간의 행위가 우리의 관심 대상 이 된다. 쓰레기는 분류를 거쳐 생겨난다. 집 안으로 들어오는 모든 물건 (그게 토스터건, 바지건, 아이스크림이건, 상자건, 빈 병이건, 봉지건 간에)에 대해, 어느 시점이 되면 결정을 내려야 한다. "둘 것이냐, 치울 것이냐." 우리는 물 건을 써서 없애기도 하고, 나중에 쓰려고 보관해 두기도 하며, 남에게 주 기도 하지만, 그것이 쓰레기라고 판단되면 생활공간 밖으로 내다 버린 다. 일상생활과 가정 살림의 양상이 시대에 따라 변해 왔듯이, 쓰레기의 종류와 양, 그리고 무엇이 쓰레기인지에 대한 판단도 시대에 따라 달라 져 왔다.

원래부터 쓰레기인 물건은 없다. 인류학자 메리 더글러스Mary Douglas는 "더러움이란 제자리에서 벗어난 것"이라는 오래된 경구(이 말을 처음 한 사람 은 체스터필드 경이라는 설이 있다.)를 학술적으로 설명해 보였다. 더글러스에 따르면, 불결함은 상대적인 개념이다. "신발은 그 자체로 더러운 게 아니 라 식탁에 올라와 있을 때 더러운 것이다. 음식은 그 자체로 더러운 게 아 니라 옷에 묻었을 때라든가 조리 도구들을 침대 옆에 두었을 때 더러운 것 이다. 화장실에 있어야 할 도구들이 응접실에 있으면 더러운 것이 되고, 옷이 의자 위에 아무렇게나 뒹굴면 더러운 것이 되며, 바깥에 있어야 할 물건이 집 안에 있거나, 위층에 있어야 할 물건이 아래층에 있거나, 겉옷 이 있어야 할 자리에 속옷이 보이거나 하면 더러운 것이 된다." 식탁에 있 는 신발을 치운다든지 음식물이 튄 옷을 세탁기에 넣는다든지 해서 불결한 것을 깨끗한 것에서 분리해 내려면, 사물의 질서를 마련하고 범주를 나누는 체계적인 과정이 필요하다. 그러니까 더러움을 없애는 일은 적극적인 과정인 것이다.[2]

쓰레기의 역사와 관련된 자료들에는 '분류하기'에 대한 묘사가 빠지지 않고 나온다. 리디아 마리아 차일드Lydia Maria Child가 펴낸 『알뜰한 미국 가정주부The American Frugal Housewife』 1835년 판을 보면 다음과 같이 음식물 찌꺼기를 분류하라는 조언이 나온다. "이런 점들을 명심해야 한다. 돼지 여물통(당시에는 음식 찌꺼기를 들통에 모아 돼지를 먹였다.)을 자주 들여다보면서 기름 모으는 통(기름은 모아서 요리나 비누 만드는 데 썼다.)에 들어가야 할 것이 돼지한테 가지 않도록 살펴야 한다. 또 식구들에게, 아니면 더 가난한 사람들에게 귀한 양식이 될 수도 있을 것들이 기름 모으는 통에 들어가지 않도록 주의해야 한다." 1869년 『애틀랜틱 먼슬리Atlantic Monthly』에는 길거리 어린이들에 대한 기사가 실렸는데, 여자아이들이 (기사는 이 아이들을 "꼬마 신데렐라"라고 표현했다.) 채 타지 않은 석탄이라든가 운 좋으면 주울 수 있는 은수저 따위를 찾으려고 잿더미를 뒤지는 모습이 나온다. 뼈다귀에서 유용한 물질들을 추출하는 20세기 초의 어느 공장에 대한 글도 "첫 공정은 분류하기"라며 다음과 같이 그 과정을 묘사했다. "… 여성 노동자 몇 명이 헝겊 조각, 고철, 육류성 물질, 말굽, 뿔 등을 계속해서 골라낸다. 그런 것들을 골라내고 나면 뼈다귀 더미가 분쇄기로 들어간다." 또 『리즈베스와의 여행』의 저자 라스 아이너는 쓰레기통 뒤지기에 입문한 후배들을 위해, 버려진 음식물에서 먹을 만한 것을 건지는 유용한 지침을 제공했다. "쓰레기통에서 안전한 음식을 찾아내려면 세 가지 원칙을 명심해야 한다. 감각과 상식을 최대한 활용해 음식의 상태를 판단할 것. 근처의 쓰레기장들을 잘 파악하고 정기적으로 점검할 것. '이게 왜 버려졌을까'를 항상 생각해 볼

것."(이래도 가끔 설사를 할 수 있다는 점은 아이너도 인정했다.)[3)]

　분류하기는 공간 개념과 관련이 있다. 이것은 여기로, 저것은 저기로 간다. 쓰레기가 아닌 것은 집 안에 두고, 쓰레기는 집 밖으로 내보낸다. 분류가 애매모호한 물건은 다락이나 지하, 바깥채와 같은 어중간한 공간에 두었다가 나중에 쓰거나, 팔거나, 다른 사람에게 준다. 더글러스는 불결함을 없애는 행위가 벌어지는 장소로서의 '가장자리'와 '경계 공간'에 특히 주목했다. 신체 내부와 외부의 경계, 가정 내부와 외부의 경계, 도시 내부와 외부의 경계……. 무언가를 처분하거나 버리는 행위는 사적인 곳과 공적인 곳의 접점, 가정과 도시의 경계, (19세기 기준에서의) 남성 영역과 여성 영역의 경계와 같은 가장자리 공간에서 이뤄져 왔다. (가사 노동 중에서 쓰레기를 내다 버리는 일을 종종 남편이 맡게 되는 것도 이런 맥락으로 설명할 수 있을 것이다.) 또 기자와 열성 팬들은 유명인의 집 밖에 나와 있는 것은 자신이 집어가도 되는 것이라고 늘상 주장하며, 실제로 대법원도 그렇다고 판결한

▪ 유명인의 모든 것을 캐내고자 하는 열의는 1970년 "밥 딜런과 A.J. 웨버만 사건"으로 사회적 이슈가 되었다. 작곡가 밥 딜런 집의 쓰레기통을 뒤지던 열광적인 딜런 연구가 A.J. 웨버만이 딜런에게 폭행을 당한 것이다. 이로부터 거의 30년이 지나서도 웨버만은 딜런에 대한 스토킹을 멈추지 않았는데, 이번에는 온라인 공간의 쓰레기통을 뒤지는 것이었다. 웨버만은 자신이 딜런의 컴퓨터에 침입해(딜런이 컴퓨터를 가지고 있을 경우에 말이지만), 최근에 삭제되어 '휴지통'에 들어 있는 파일들을 읽을 수 있다고 주장했다. 한편 1988년에는 마약 거래자의 쓰레기통에서 찾아낸 물건이 증거물로 유효한지를 두고 논쟁이 되었던 "캘리포니아 대 그린우드" 사건에 대해 대법원 판결이 나왔다. 대법원은 어디까지를 (집 주인의 사적인 공간으로 인정되는) 주택의 내부로 볼 것이냐의 문제에 대해, 주택의 경계는 (밖에 내놓은) 쓰레기 속의 물건들까지 포함하지는 않는다고 판결했다. 대법원은, 따라서 쓰레기는 사생활을 주장할 수 있는 사적인 것으로 간주되어서는 안 될 것이라며, 수사 당국이 증거 확보를 위해 수색 영장 없이 (용의자의) 쓰레기를 뒤질 수 있다고 밝혔다. 더 상세한 내용은 다음을 참고. H. Richard Uviller, "The Fourth Amendment: Does It Protect Your Garbage?", *Nation*, Oct. 10, 1998, pp. 302~304; "Search and Seizure-Garbage Searches", *Harvard Law Reivew*, 102 [Nov., 1988], pp. 191~201. 웨버만에 대해서는 다음 웹사이트 참고. weberman.com, dylanology.com, garbology.com.

바 있다.* 가정에서 나온 쓰레기가 샛길, 골목길, 쓰레기장과 같은 공적 공간의 변두리에 놓이면, 이것은 더 이상 원래 주인의 사적인 소유물이 아니라 공공에게 개방된 것으로 간주되고, 따라서 다른 사람이 가져갈 수 있다는 것이다. 또 공적 공간으로 배출된 쓰레기는 공론의 대상이 되거나 공공 행정을 통해 해결해야 할 사안으로 인식되면서, 명실공히 '공적인 문제'가 된다.[4]

쓰레기 처리의 역사를 보면 가장자리 공간의 중요성을 보여 주는 사례가 많다. 요즘은 도시 당국이 후미진 곳에 돼지 여물통과 돼지우리를 운영하지는 않지만, 대신 쓰레기 소각장이나 매립지를 운영한다. 이런 시설은 주로 아주 가난한 사람들 눈에만 띄는 변두리 지역에 들어서 있다. 도시와 농촌의 경계 지역은 재활용 가능한 폐지 뭉치들이나 고철로 사용될 폐차 따위가 놓이는 공간이 되었다. 복잡한 테크놀로지를 갖춘 거대 기관이 쓰레기와 하수 처리를 담당하게 되면서, 현대의 도시는 쓰레기나 하수를 더욱 먼 곳으로 보낼 수 있게 되었다.(독성 폐기물이 저개발 국가에 수출되기까지 한다.) 또한 오늘날 뒤뜰에서 퇴비를 만들거나 시골 마당에서 쓰레기를 태우는 것은, 개인이 소유한 땅의 가장자리 공간을 활용해 폐기물을 처리하던 오랜 관습을 반영한다.[5]

그러나 집 건물의 가장자리를 쓰레기장으로 삼던 19세기의 쓰레기 처리 방식은 현대인들이 보기에 생소할 것이다. 고고학자들이 뼈다귀나 깨진 항아리 조각 등을 발굴하고 작성한 현장 자료들을 보면, 당시에는 쓰레기를 문 밖으로 던지거나 설거지 개숫물을 창문 밖으로 내버리는 것이 매우 일반적인 일이었음을 알 수 있다. 이를 뒷받침하는 문헌 자료도 많다. 이를테면 19세기 사회 개혁가들은 깨끗하지 못하고 부주의한 생활 습관을 타파해야 한다고 주장했는데, 1819년에 열린 〈매사추세츠 농업 학회〉 컨퍼런스에서 한 강연자는 "문 밖에 오물이나 부스러기 같은 것들이 잔뜩 쌓여 있기 일쑤"라며, "통을 갖다 두고 뼈다귀나 깨진 그릇 따위는 따로 모아 묻으라"고 조언했다. 강연자는 또 "설거지 후 나온 찌꺼기가 창문 밑에 쌓여 괴어 있지 않도록 해야 한다"고도 지적했다. 몇 십 년 후에 코네티컷 주 어느 주지사의 손녀는 자녀에게 보낸 편지에서 아침에 있었던 "사건"을 이야기했다. 설거지를 다 한 줄 알고 설거지통의 물을 "북쪽 창문으로 휙 비웠는데, 어이없고 부끄럽게도 아침 식사용 스포드 도자기 접시 하나가 그 안에 남아 있다가 같이 쓸려 나갔다"는 것이다. (그래도 접시가 깨지지는 않았다고 한다.) 농촌 가정에까지 하수 시설이 도입된 후에도 여성들은 개숫물을 화분이나 나무에 물 주는 용도로 사용했다.[6]

주변부 공간, 그리고 그곳에서 벌어지는 쓰레기 분류 행위에 대한 사회적 논의는 종종 사회 비주류인에 대한 논의와 연결되었다. 쓰레기가 어떻게 처분되어 왔는지에 대한 자료에는 라스 아이너처럼 쓰레기통을 뒤지는 사람들, 파리의 넝마주이, 집집마다 돌아다니며 음식 찌꺼기를 모아 비료나 돼지 먹이로 팔던 "음식 찌꺼기 아이들" 등 사회 주변부의 비주류인에 대한 이야기가 숱하게 등장한다. 그러나 그들 스스로는 기록을 거의 남기지 않았고, 우리가 구할 수 있는 자료는 엘리트 개혁가들이 비주류인을 일종의 '대상'으로 다룬 글이어서, 비주류인의 생활을 보여 준다기보다는 그들에 대한 저자의 견해를 보여 주는 측면이 크다. 예를 들면 찰스 로링 브레이스Charles Loring Brace는 19세기 "음식 찌꺼기 아이들"을 『뉴욕의 위험한 계급들Dangerous Classes of New York』이라는 제목의 책에서 다루고 있다.[7]

쓰레기인 것과 아닌 것을 나누는 분류의 과정은 사람마다, 장소마다, 시대마다 다르다. 쓸모 있는 물건과 쓸모없는 쓰레기를 가르는 경계는 고정된 것이 아니라 사회적으로 규정되는 것이며, 사물은 이러한 구분도 넘나든다. 어떤 사람들은 유독 감상적이거나 별나게 알뜰해서 물건들을 죄다 모아 둔다. 이를테면 사람들은 돌아가신 친척이 남긴 재산 가운데 "됐다 쓰기에는 너무 짧은 실"이라고 쓰인 상자가 있었다는 등의 (혹은 "그런 상자가 없다니 웬일이야?"라는 식의) 조롱 섞인 우스개를 하곤 한다. 또 어떤 민족은 다른 민족에 비해 아끼고 재사용하는 것에 유독 높은 가치를 부여하는 문화를 가지고 있다. 남은 물건이나 찌꺼기를 재사용하는 방식도 문화마다 다르다. 이를테면 이동을 많이 하기 때문에 소유물을 간소하게 유지해야 하는 유목민은 물건을 모아 두는 경향이 덜하다. 나이에 따라서도 차이가 있다. 20세기의 경우를 보면, 노인들은 아끼고 오래 사용하는 것에 더 신경을 쓴 반면, 새로움을 받아들이는 데 적극적이기 마련인 젊은이들은 '일회성'의 근저에 놓인 '위생'이라든가 '편리함'과 같은 관념을 더 잘 수용해 왔다.

그러나 사물을 쓰레기로 분류하느냐 아니냐는 무엇보다도 계급이나 사회 계층과 밀접하게 관련되어 있다. 무엇을 쓰레기로 취급하는지의 차이는 경제적 지위에 따른 사회적 차이를 극명하게 나타내며, 또 그러한 사회적 차이를 만들어 내기도 한다. 가난한 사람들은 고물상이나 기부 물품으로 운영되는 중고품 가게에서 물건을 사는데, 이런 곳은 쓸 만한 물건들을 버릴 수 있는 여력이 되는 사람들(이들은 현금 기부나 자원 봉사를 통해 중고품 가게를 운영하는 자선단체에 원조를 하기도 한다.)이 있기 때문에 존재할 수 있다. 누군가에게는 쓰레기인 것이 다른 사람에게는 유용한 물건이 되는데, 그 '다른 사람'은 거의 언제나 더 가난한 사람이다.

부자들은 낭비를 할 여력이 있다. 도시 계획가 케빈 린치Kevin Lynch는 소스타인 베블런Thorstein Veblen이 말한 '과시적 소비'(conspicuous consumption, 물질적 필요를 충족하기 위해서라기보다는 부를 과시할 목적으로 소비를 하는 것. 옮긴이), 콰키우틀 부족의 '포틀래치'(potlatch, 과시적 선물 분배 축제로 음식과 물건을 후하게 분배하고, 남는 것은 버리거나 파괴함으로써 권력을 과시하는 낭비적 의례. 옮긴이), 화려한 왕궁들, 많은 문화권에서 부의 상징으로 여겨지는 비만 등을 예로 들며, "물질적으로 부족한 것이 일반적이며 당연한 사회에서는 물건을 버리는 행위가 권력을 드러내는 한 방식이 된다"고 설명했다. 오늘날의 미국을 보면, 물질적으로 풍요로운 사회에서도 낭비는 여전히 그러한 과시의 기능을 한다. 처음부터 일회용품은 사람들에게 부자가 된 것처럼 느끼게 해준다는 점을 부각시키면서 홍보되었다. 한두 번 쓰고 물건을 버림으로써 예전 같으면 하인을 여러 명 둔 부자들에게나 가능했을 수준의 위생과 편리함을 누릴 수 있게 된다고 광고한 것이다.[8]

반면 가난한 사람들은 더 적게 버리고, 다른 사람이 버린 것을 주워서 사용하거나 되판다. 인류학자 시드니 민츠Sidney Mintz는 "자본은 부족하고 노동은 풍부한" 저개발 지역 사람들이 폐품을 활용할 때 얼마나 놀라운 재능과 창조성, 독창성을 발휘하는지, 그리고 이러한 활동이 이른바 '후진 경제'의 효율성에 얼마나 큰 기여를 하는지에 대해 이렇게 설명한 바 있다. "나는 경제적으로 낙후한 어느 지역에 갔다가 자동차 베어링으로 만든 이동식 도구 세트, 칫솔 손잡이의 일부를 '보석' 대신 박아 만든 반지, 평범한 양철 깡통으로 만든 등유 램프 같은 것들을 보았다."[9]

부자와 가난한 사람, 노인과 젊은이, 남자와 여자 등 서로 다른 사회적 범주에 속하는 사람들이 각기 다른 방식으로 쓰레기를 분류하는 이유 중 하나는 배우고 익혀 온 기술과 손재주에 차이가 있기 때문이다. 찢어지거나 부서진 것을 고치거나 새로운 쓰임새를 찾아낼 수 있으려면, 애초에 그 물건을 만드는 데 필요한 정도의 지식이 있어야 한다. 물건을 직접 만드는 사람은 고치는 것도 잘한다. 뜨개질이나 목공 일을 할 줄 아는 사람은 찢어진 스웨터나 부서진 의자를 보면 어떻게 고쳐야 하는지 금세 떠올릴 수 있다. 물질의 상태를 평가할 수 있고 그 물건을 만드는 데 어느 정도나 노력이 들었을지도 가늠할 수 있다. 처음 물건이 만들어진 원리를 알기 때문에, 찢어지거나 삐걱거리는 부분이 어떤 기능을 해야 하는지를 파악할 수 있고, 따라서 그 부분을 어떻게 고쳐야 할지도 알 수 있다. 도구인 뜨개바늘이나 목공 공구를 사용하는 법도 알고 있으며, 필요하다면 예전에 쓰고 남아 모아 둔 헝겊 조각이나 나무토막을 활용할 수도 있다. 만약 스웨터나 의자가 너무 낡거나 망가져 고칠 수 없으면, 헝겊 조각과 나무토막 모으는 곳에 보관했다가 다음에 필요할 때 쓸 수도 있다. (미국에서) 산업화된 공장 생산이 널리 퍼진 19세기 말에도, 많은 사람들은 물건을 고치는 데 필요한 기술과 지식을 유지하고 있었다. 여전히 옷을 직접 바느질하고 수선해야 했던 여성들은 대부분의 남성들보다 더 오래도록 손재주를 잃지 않았다. 그러나 오늘날에는 뭔가를 만들고 수리한다는 것이, 아주 기이한 일까지는 아니더라도 확실히 일반적이지는 않은, 일종의 취미 생활이 되었다.

사실 많은 경우에 만드는 것보다 고치는 것에 창조력이 더 많이 필요하다. 산업화 이전의 대장장이들은 마을 사람들의 주문을 받아 물건을 만들었는데, 주문한 사람의 필요에 따라 조금씩 다르게 맞춤형으로 만들어 주는 것은 당연한 일이었다. 사 간 사람은 물건을 사용하다가 문제가 생기면 그것을 다시 대장장이에게 가지고 왔다. 따라서 수리는 제조의 연장선이었다. 산업화와 대량생산이 진행되면서 물건을 만드는 것은 별다른 지식 없이 기계를 돌리는 단순 작업으로 가능하게 되었지만 물건을 고치는 것은 여전히 물질과 디자인에 대한 지식과 감각, 즉 사물에 대한 총체적인 이해가 있어야만 가능했다. 1896년에 나온 『수선 및 수리 지침서*A Manual of*

Mending and Repairing, with Diagrams』에는 이런 구절이 있다. "제조는 이제 손으로 하지 않고 기계로 하거나 기계적인 분업에 의해서 한다. 하지만 수선은 반드시 손으로 해야 한다. 기계가 시계나 권총을 잘 만들어 낼지는 몰라도, 고치는 건 못하니까 말이다."[10)

이렇듯 수리에는 수작업이 필수적인데, 수작업을 하려면 재료가 되는 물질을 완벽하게 이해하고 있어야 한다. 영국의 교사인 조지 스터트George Sturt는 할아버지의 수레바퀴 공방에서 일했던 1884년의 경험을 40년 후에 책으로 펴냈는데, 이 책은 숙련된 장인들이 재료를 얼마나 까다로운 기준으로 선택하는지를 잘 보여 준다. 장인이라면 유행이나 새로운 발명에 영향을 받지 않고 오래 갈 수 있는 물건을 만들고 싶어하기 마련이다. 그들은 그러한 물건을 만들려면 재료가 어떠해야 하는지에 대한 기준을, 일을 해 가는 바로 그 과정 속에서 알아 갔다. "대패(오늘날에는 거의 사용하지 않는다.)나 도끼(현재 거의 사라졌다.)와 직접 마주칠 때, 목재들은 다른 방식으로는 거의 발견할 수 없는 특성을 드러낸다. '노끈같이 거친' 목재와 '당근처럼 푸석푸석한' 목재, '반죽 같은' 목재, '비스킷 같은' 목재의 차이를 내 눈으로 알 수 있는 것은 그것을 내 손으로 직접 느꼈기 때문이다." 또한 장인들은 (바퀴 제조공이든, 양재사든, 직조공이든, 목수든 간에) 재료에 걸맞은 도구가 무엇인지, 그리고 어떤 방식으로 재료와 도구를 결합해야 하는지를 생각할 때도 물질에 대해 오감으로 파악한 지식에 의지했다. "훌륭한 바퀴 제조공은 1.5미터짜리 바퀴를 만들려면 6센티미터짜리 바퀴 쇠를 어느 정도로 빡빡하게 조여야 하는지, 1.2미터 바퀴에는 어느 정도여야 하는지 등을 잘 알고 있었다. 이것은 제조공의 몸이 알려 주는 것이었다."[11)

장인들은 일하는 동안 이러저러하게 모인 부스러기 재료에 대해서도 끊임없이 생각했다. 인류학자 클로드 레비 스트로스Claude Lévi-Strauss는 잡동사니를 재료 삼아 수작업으로 물건을 만드는 사람을 일컫는 '브리콜뢰르 bricoleur'에 대한 글을 쓴 바 있다. 엔지니어와는 달리, "브리콜뢰르는 만들어야 할 물건을 먼저 정하고 그것에 맞게 재료와 도구를 조달해 오는 방식으로 일하지 않는다. '현재 가지고 있는 것들로만' 변통해서 무언가를 만들어야 한다는 것이 브리콜뢰르들이 가진 게임의 규칙이다. 이런 면에서 브리콜뢰르가 쓰는 도구와 재료의 세계는 닫혀 있다고 볼 수 있다." 브리콜뢰르는 곧 유용하게 쓸 수 있을 것 같기 때문에 도구와 재료들을 모아 둔다. 브리콜리지(브리콜뢰르가 만드는 작품, 혹은 그 과정. 옮긴이)의 바탕에는, 브리콜뢰르들이 자신의 능력에 대해 가지고 있는 일종의 자부심이 깔려 있다. 자신이 무엇을 하고 있는지를 잘 알고 있으며, 어떤 것이 성공적인 것이고 어떤 것이 그렇지 못한지를 스스로 판단할 위치에 있다는 자부심 말이다. 레비 스트로스에 따르면, 브리콜리지 작업의 첫 번째 단계는 지금 당장 가지고 있는 것들을 이용해서 어떤 새로운 것을 만들까를 생각하는 것인데, 이는 "무엇보다도, 그리고 궁극적으로" 도구 상자 및 잡동사니 재료 상자와 "대화를 나누면서" 그 잡다하고 다양한 성질의 물질들을 어떻게 활용할지 결정하는 것이다.[12]

남자들이 도구 상자나 잡동사니 상자와 대화를 나누었다면, 여자들은 반짇고리나 헝겊 모으는 주머니와 대화를 나눴다. 20세기가 되어서도 대부분의 (미국) 여성은 바느질에 능숙했고, 또 바느질을 많이 했다. 남성 의류는 기성품을 사는 것이 일반화된 이후에도, 여성과 아이들이 입을 옷은 대부분 집에서 직접 만들었다. 또 교회에 입고 가는 좋은 옷은 사서 입더라도, 보통 때 입는 옷은 만들어 입었다. 식구들의 옷을 만들건, 돈을 받고 다른 사람의 옷을 만들건 간에, 옷을 직접 지을 줄 아는 여성은 그 기술의 연장선으로 옷을 수선하는 기술도 알고 있었다. 많은 경우에 수선은 단순히 손질하는 것을 넘어섰다. 여성들은 유행에 맞게 옷 모양을 고쳐 만들기도 하고, 남편의 헌 바지를 이용해 아이들 바지를 만들기도 했다. 너무 낡아서 어떻게 고쳐도 입을 수 없는 옷은 깔개나 퀼트의 재료로 사용했다. 산업화가 된 후에도 브리콜리지의 습관과 기술은 여성의 집안일에서 한동안 중요한 위치를 차지했다.

수작업을 하는 문화에서는 예술 작품이 아니더라도 손으로 만든 물건들을 귀하게 여긴다. 많은 시간과 노동이 들기 때문이다. 바느질을 해 본 적이 없거나 남이 바느질하는 것을 본 적도 없는 사람은 그러한 일의 가치를 덜 느낄 것이다. 낡은 옷을 고치는 데 쓸 수 있는 헌 실이나 헝겊 조각을 모아 놓지도 않았을 테고 손재주도 없을 테니, 헌 옷을 보더라도 그것이 쓸모가 있다는 생각이 들지 않을 것이다. 그리고 알지도 못하는 곳의 어느 봉제 공장(아마도 20세기 초에는 로어 이스트사이드, 20세기 말에는 필리핀의 공장일 것이다.)에서 재단하고 꿰맨 기성품 옷은 어머니나 자신이 직접 만든 옷보다 버리기가 쉬운 법이다.

20세기가 되기 전에는 (서구에서도) 사람들이 쓰레기를 별로 만들어 내지 않았다. 20세기 초입이 되면 포장 제품들이 인기를 끌기 시작하지만, 그래도 상인들은 여전히 대부분의 식료품, 가재도구, 세탁 용품 등을 포장하지 않은 채 쌓아 놓고 팔았다. 또 사람들은 농촌 사회에서 일반적이던 재사용 습관을 이어 가고 있었다. 남은 음식은 끓여서 수프를 만들거나 가축에게 먹였다. 특히 닭은 거의 모든 종류의 음식 찌꺼기를 가리지 않고 먹었는데, 그 대가로 달걀도 낳아 주었다. 헌 내구재는 가난한 사람에게 주거나 자녀에게 물려주었다. 그도 아니면 필요할 때 쓸 수 있도록 다락이나 광에 보관했다. 어른들에게 쓸모없어진 물건이 아이들에게 좋은 장난감이 되기도 했다. 낡거나 망가진 물건은 그것을 원래 만들었던 사람이나 전문 수리 공, 아니면 손재주 좋은 사람에게 가지고 가서 손을 봤다. 도저히 고쳐 쓸 수 없을 만큼 낡은 것은 분해해서 부품을 재사용하거나 고물상에 넘겼고, 고물상에서는 그것을 제조 업자에게 팔았다. 마지막으로, 어떻게 해도 쓸 모를 찾을 수 없는 것들은 태웠다. 가난한 사람들에게 쓰레기는 난방과 취 사의 요긴한 연료였다.

형편에 여유가 있는 중산층 사람들도 넝마를 버리지 않고 모아 두었다 가 행상인이 오면 주전자나 단추 따위와 바꾸었다. 도시에서도 고물상들 이 돌아다니면서 넝마, 종이, 뼈다귀, 고철, 빈 병 등을 사들였다. 고물상이 이러한 폐품을 도매상에게 팔면, 도매상은 이것을 다시 제조 업자에게 팔 았다. 넝마 거래는 지역적, 전국적, 심지어 국제적으로도 성행했는데, 종 이 공장과 재생 털실 공장에서 수요가 많았기 때문이다. 뼈다귀도 용도가 많았다. 기름이나 젤라틴을 추출하기도 하고, 깎아서 칼 손잡이를 만들기 도 했으며, 갈아서 비료에 쓰기도 했다. 태워서 골탄을 만들기도 했는데, 이것은 설탕 정제에 사용됐다. 빈 병은 대개 내용물을 다시 채워서 재사용 했다. 19세기 내내 빈 병 거래 시장이 계속 성장했는데, 그 이유 중 하나는 유리 제조업의 기계화가 더뎠기 때문이다.

산업화 초기, 폐품을 거래하는 시장이 체계화되면서 당시의 제조 업체 들이 가정에서 나오는 고철, 빈 병, 넝마 등으로 원자재를 조달할 수 있는 '재활용 시스템'이 형성됐다. 이 시스템이 돌아가려면 길거리의 쓰레기를 뒤지면서 쓸 만한 것을 가려내는 사람들이 있어야 하는데, 이런 일은 가난 한 아이들의 일상적인 일과였다. 아이들은 부둣가에서 헌 돛이나 고철 조 각을 줍고, 철길 옆에서 석탄을 주웠으며, 골목에서 빈 병과 음식 찌꺼기 를 주웠다. 이렇게 주운 것 중에서 음식과 석탄은 집으로 가져갔고 고철,

넝마, 빈 병, 뼈다귀는 고물상에 팔았다.

 그러나 19세기의 재활용 시스템은 20세기가 되면서 역사 속으로 사라지기 시작한다. 위생 개혁가들의 활동과 도시 당국이 도입한 쓰레기 수거 시스템의 결과 아이들은 길에서 쓰레기를 뒤져 폐품을 줍는 것이 어려워졌다. 넝마 대신 목재 펄프를 사용하는 새로운 제지 기술이 도입되면서 넝마 수요도 줄었다. 유리 산업이 기계화되고 금주법이 제정되면서 빈 병 수거업과 거래업도 타격을 받았다. 〈스위프트Swift〉나 〈아머Armour〉 같은 거대 식품 회사들이 부산물로 나온 뼈를 대량 납품하게 되면서, 쓰레기를 뒤져 뼈다귀를 줍는 사람들도 사라졌다. 이들 현대적인 육가공 업체는 제조 과정에서 나온 동물성 부산물을 비료 공장처럼 다량의 뼈나 가죽, 털을 필요로 하는 업계에 팔기도 했고, 자신들이 직접 비료나 아교 따위를 제조하기도 했다.

 대량생산과 대량 판매가 이뤄지면서 말 그대로 더 많은 물건과 더 많은 쓰레기가 생겨났다. 더 많은 사람들이 더 많은 물건을 갖게 되었지만 아파트나 다세대 건물 같은 도시의 주거 공간에는 물건을 쌓아 놓을 공간이 부족했다. 식품을 캔과 종이팩에 담는 신기술이 도입되고 셀로판이나 알루미늄 호일 같은 신물질이 개발되면서, 전에 없던 새로운 종류의 쓰레기도 생겨났다. 〈하인즈Heinz〉, 〈내셔널비스킷National Biscuit〉, 〈피앤지Procter & Gamble〉등 소비재 기업은 내용물만 판매하는 것이 아니라, 자사를 광고하는 브랜드로 장식된 포장재까지를 포함한 완전히 새로운 종류의 상품을 판매했다. 게다가 새로운 브랜드 상품과 포장 제품에 대한 광고는 그 자체로 엄청난 양의 종이 쓰레기를 쏟아 냈다. 『레이디스 홈 저널Ladies' Home Journal』, 『컨트리 젠틀맨Country Gentlemen』, 『새터데이 이브닝 포스트The Saturday Evening Post』, 그리고 대중적인 잡지와 신문들은 수많은 광고 지면을 넣고 백만 부 이상씩 찍어 내는 것으로 언론 매체의 새로운 표준을 만들었다. 제조 업체들도 전단지, 업체 소개용 명함, 조리법 팸플릿, 쿠폰, 제품 소개 인쇄물 등을 어마어마하게 찍어 냈으며, 〈시어스Sears〉나 〈몽고메리워드Montgomery Ward〉 같은 우편 통신 판매 업체들은 상품 안내서로 전국을 뒤덮다시피 했다.[13)

손으로 물건을 만들어 살아가는 사람들이 줄면서, 재료와 물질에 대해 그들이 갖고 있던 해박한 지식도 쓸모가 없어졌다. 예전 같으면 가치 있게 활용됐을 잡동사니들이 이제는 쓰레기가 되었다. 이러한 변화가 모든 장소와 영역에서 동일하게 벌어진 것은 아니었다. 이를테면 19세기의 재사용 습관과 수작업 중 어떤 것은 1950년대까지도 시골의 가난한 사람들 사이에서 널리 행해졌다. 하지만 그 의미는 바뀌었다. 이제 이러한 일은 소비문화의 발달과 함께 사라져 가고 있는 '전통 방식' 혹은 '구식'으로 여겨지게 된 것이다.

생태학 용어를 빌리자면, 20세기를 거치면서 가정과 도시는 "닫힌 시스템"에서 "열린 시스템"으로 변했다. 예전에는 가정의 음식 찌꺼기가 닭의 모이가 되었고 아버지의 낡은 바지는 아들의 새 바지가 되었다. 가정뿐 아니라 도시도 넝마주이, 고물상, 폐품 거래 업체 등을 포함하는 재활용과 순환의 시스템을 가지고 있었다. 이 시스템 안에서는 버려진 것들이 지속적으로 사용되면서 돌고 돌았다. 순환적이고 닫힌 시스템이라는 점에서, 이는 지속 가능한 생태계와 비슷하다고 할 수 있었다. 죽은 생물이나 배설물이 주변에 양분을 제공하듯이, 시스템의 한 부분에서는 쓰레기인 것이 다른 부분에서는 원료가 되었던 것이다.[14)

그러나 산업화가 되면서 이러한 순환적 흐름이 깨어졌다. 산업화된 시스템은 한쪽 방향으로만 흐른다. 지구에서 추출된 물질과 에너지는 노동과 자본에 의해 제품과 부산물이 되어 팔리거나 폐기되는데, 이것들은 생태계로 돌아가기는 하지만 주변에 양분을 제공하지는 못한다. 오늘날의 가정은 (직접 만들지 않고) 공장에서 생산된 물건을 구매하며, 거의 고쳐 쓰지 않는다. 버릴 것은 봉지에 담아 골목에 내놓는데, 이것들은 쓰레기 하치장이나 소각장으로 간다. 오늘날의 도시도 필요한 것들 대부분을 (자체 시스템 안에서 만들기보다는) 트럭, 기차, 비행기로 먼 곳에서 실어 오고, 폐기물은 매립지, 하수 처리장, 독성 폐기물 집하소 등으로 실어 내보낸다.[15]

19세기의 시스템을 순환적인 자연 생태계로 묘사하는 것은 19세기를 지나치게 이상화하는 것이긴 하다. 사실 19세기 초반의 산업화는 끔찍한 대기오염과 수질오염을 야기했다. 그리고 인류 문명의 어떤 시스템이라도 완벽하게 순환적이지는 않다. 어느 시대든, 도시의 가정들은 도시 외부에서 물건을 가져다 썼고 폐기물을 외부로 방출했다. 폼페이 거리에는 시민들이 쓰레기를 밟고 다니지 않을 수 있도록 놓았던 옛날의 징검다리가 아직도 있다. 크노소스 등 고대 도시 터에는 하수장에 쌓여 있는 찌꺼기 등 당시 사람들의 쓰레기 처리 방식을 보여 주는 유적들이 있다. 자급자족을 하는 농민이라고 해도, 소금을 산다든지 공방에서 만든 물건들을 사는 등 외부에서 들여다 쓰는 물건들이 있었다. 그리고 농촌 사람들도 깨진 그릇이나 유리처럼, 동물을 먹일 수도 없고 자연적으로 분해되지도 않는 쓰레기들을 배출해 왔다.

그러나 생태학의 용어를 빌려 생각해 보는 것은 '폐기'와 '재사용'이라는 문제를 자원 추출에서부터 제조, 유통, 구매, 사용까지 아우르는 과정의 일부로 파악하는 데 도움이 된다. 예전에는 이 과정이 완벽하지는 않더라도 대체로 순환적이었다. 폐기물은 다른 산업의 자원이 되어 경제성장에 중요한 역할을 했다. 그러나 19세기 말이 되면 폐기와 생산이 분리되고,

사람과 쓰레기의 관계도 근본적으로 바뀐다.[16] 쓰레기는 이제 완전히 새로운 방식으로 경제성장에 기여하게 되었다. 쓰던 물건을 끊임없이 버리는 것이 새로운 상품의 시장을 지속적으로 성장시키는 데 관건이 된 것이다.

20세기의 경제성장은 쓰레기에 의해 촉진됐다고 해도 과언이 아니다. 가공 포장 제품과 일회용품의 확산, 기술과 스타일의 끊임없는 변화 등으로 인해 '아주 멀쩡한' 물건도 한물갔거나 못 쓰는 물건으로 여겨지면서 그것들을 계속 새로 사야 할 필요가 생겼고, 따라서 시장이 확대되었다. 가정경제에 대해 많은 글을 남긴 저자이자 광고 컨설턴트인 크리스틴 프레더릭Christine Frederick은 1929년 대공황 직전에 발표한 글에서 "발전적 구식화progressive obsolescence"가 미국이 이룩한 경제적 성취의 원천이라고 설명했다. 그러면서 "현대의 소비자는 새로운 유행과 기술에 대해 열려 있어야 하고, 더 새롭고 좋은 것을 사기 위해 쓰던 것을 버리려는 태도를 가져야 하며, 소득은 저축하기보다는 소비하려는 자세를 갖추어야 한다"고 주장했다. "쓰던 물건이 완전히 낡아서 못 쓰게 되기 전에 새로운 물건들을 많이 사면, 경제 전반의 국민 소득이 증가한다. (…) '소비 여사Mrs. Consumer'는 쓸 수 있는 돈 수십만 달러가 있다. 역사상 여성이 재량껏 쓸 수 있는 여윳돈이 이렇게 많았던 적은 없었다." 프레더릭이 이렇게 말하고 나서 몇 년 동안 대공황이 심해졌다는 것은 아이러니라 할 만하지만, 어쨌든 유행, 편리함, 최신 기술 등에 가치를 부여하는 소비문화는 이미 미국인의 일상에 빠르게 확산되고 있었다. 1930년대의 구매력 부족도, 2차 대전 중의 물자 부족도 이러한 경향을 막지는 못했다.[17]

오늘날의 사람들은 새 상품의 끊임없는 유입에 기초한, 고도로 발달한 소비문화만을 알고 있다. 많은 물건들이 애초부터 단기간만 사용한 후 버려지도록 고안되어 있으며, 플라스틱처럼 수리나 재사용이 힘들고 자연 상태로 돌아가기도 어려운 재질로 만들어져 있다. 물건을 버리는 것은 자유를 누리는 것으로 여겨진다. 위생 매립지나 음식 쓰레기 분쇄기 등은 폐기를 전문가들이 다뤄야 하는 기술적인 영역으로 만들었다. 미국 문화는 세계 최고로 발달한 '버리는 사회'의 모습을 보여 준다. 글로벌 경제는 현재 존재하는 수요만을 충족시키려는 것이 아니라 세계 곳곳에서 새로운 욕망을 불러일으키기 위해 안간힘을 쓴다. 경제성장은 쓰레기 문제뿐 아니라 수질오염, 대기오염, 지구온난화에 이르기까지 지구 생태 시스템에 지속적인 위협을 가해 왔다. 이는 이미 위급한 문제다. 하지만 이를 산업화 이전의 과거로 되돌아가자는 식으로 해결할 수는 없다. 어떻게 해서 우리가 오늘날의 시스템으로 오게 되었는지에 대한 고찰을 통해서만 우리는 새로운 해결책을 생각해 볼 수 있을 것이다.

쓰레기라는 주제를 다루는 이 책은, 어느 면에서 보자면 내가 예전에 펴낸 두 권의 책 『끝나지 않는 일: 미국 가사 노동의 역사Never Done: A History of American Housework』와 『고객 만족 보장: 미국 대량 시장의 형성Satisfaction Guaranteed: The Making of the American Mass Market』의 연장선이라고 할 수 있다. 이 두 권의 책에서 나는 사적 영역과 공적 영역의 접점에 초점을 맞추어 일상생활의 경제적 측면을 살펴보면서 미국인들이 어떻게 경제적·문화적 변화를 겪어 왔는지를 고찰했다. 『끝나지 않는 일』에서는 바느질, 요리, 빨래 등 집안일의 방식과 그에 사용되는 도구들의 변화를 살펴봄으로써, 가정에서 여성들의 위치가 산업화라는 거시적 전환의 맥락에서 어떻게 바뀌어 왔는지 알아봤다. 특히, 가내 생산을 담당하던 공간이었던 가정이 20세기가 되면서 어떻게 소비를 담당하는 공간으로 변하게 되었는지를 상세히 다루었다. 『고객 만족 보장』은 소비재 시장의 형성이라는 동일한 주제를 제조 업체의 역사를 통해 살펴봤다. 특히 〈아이보리 비누〉라든가 〈퀘이커 오트〉 같은 포장 제품 및 브랜드 제품의 초기 역사를 중점적으로 설명했는데, 이런 제품들은 소비자 · 제조 업체 · 소매업자 · 도매상 사이의 관계가 새롭게 바뀌었음을 보여 주는 것들이다. 두 권 모두 19세기 말과 20세기 초에 미국에서 벌어진 경제적 · 문화적 전환에 초점을 맞추고 있다. 거대 기업, 백화점, 신문과 잡지 등 20세기 초를 대표하는 경제 조직이 대량생산과 대량 유통을 통해 전국적인 시장을 형성한 것이 바로 이 시기다. 이 새로운 제품과 새로운 유통 매장들은 사람들의 일상을 크게 변화시켰다.

이 책에서는 이러한 경제적 · 문화적 전환을 또 다른 소재를 통해 다룬다. 집에서 만든 물건들과 산업적으로 생산된 물건들이 수명을 다한 후에 어떻게 되는지, 즉 사람들이 더 이상 원하지 않는 물건을 어떻게 재사용하며 어떻게 폐기했는지가 이 책에서 다루는 내용이다. 이 책도 역사적인 과정을 고찰하고 있으며, 대량 소비문화가 일상생활을 어떻게 바꾸어 왔는지를 다룬다. 어느 시대에나 사람들은 무언가를 버려 왔지만 쓰레기가 늘 똑같지는 않았다. 20세기 전후의 40여 년 동안, 대량생산과 대량 유통은 엄청난 양의 쓰레기를 만들면서 사람들을 불쾌하게 하고 도시 행정 당국의 골칫덩어리가 되었다. 소비문화가 확산되면서 쓰레기는 새로운 상징적 의미도 지니게 되었다. 이를테면 쓰레기가 소비문화의 외곽에 존재하는 가난한 사람들과 결부되는 식으로 말이다. 쓰레기의 역사는 가사 노동이나 소비재 마케팅의 역사와 마찬가지로, 산업 사회와 소비문화에 대해 근본적인 성찰을 제공해 줄 수 있을 것이다.

쓰레기라는 주제는 일상생활에서 매우 중요한 것이지만, 학술적으로는 많이 논의되어 오지 않았다. 고형 폐기물 수거 및 처리에 대한 행정적 · 기술적인 측면을 다룬 연구는 많지만, 내가 다루고자 하는 내용은 공공 정책에 대한 것이라기보다는 우리의 일상에서 버리는 문화가 어떻게 재사용하는 문화를 대체하게 되었는가에 대한 것이다. 이러한 내용을 연구하기 위해 나는 업계 저널, 대중매체, 정부 문서 등 가능한 모든 곳에서 자료가 될만한 것들을 닥치는 대로 찾아야 했다. 하지만 그다지 의미가 없거나 파편적인 정보 조각에 불과한 경우가 많았다. 자료 면에서뿐 아니라 이론 면에서도 선행 연구의 도움을 많이 받을 수 없었다. 기존 경제학은 쓰레기와 오염을 '외부성'이라는 개념으로 뭉뚱그리기 때문에 넝마, 퀼트, 벼룩시장 등 쓰레기의 사회문화가 다루어야 할 많은 소재를 분석 대상으로 삼지 않는다.[18]

내 연구 방법론은 '넝마주이 방법론'이라고 할 수 있다. 나는 컴퓨터로 된 도서목록과 정기 간행물 인덱스를 뒤져 쓸 만한 참고 자료들을 골라냈다. 자료를 수집하는 작업을 '넝마주이'의 일에 빗대 표현한 사람은 나 말고도 또 있었다. 프랑스 시인 샤를 보들레르Charles Baudelaire는 넝마주이를 "거대한 도시가 버리고 잃고 경멸하고 부숴 버린 모든 것"을 샅샅이 살펴서 분류하고 정리하는 자료 수집가라고 표현했다. 독일의 평론가 발터 베냐민Walter Benjamin은 보들레르에 대한 평을 쓰면서 넝마주이에 대한 파리 보헤미안들의 예찬을 설명하고 있다. 그리고 문화사 연구가로서 자신의 방법론도 이와 비슷하다고 말했다. 또한 파리의 고물상을 연구하는 어느 학자는, 역사학자란 "예전에는 다른 용도로 쓰였을 과거 시대의 유물들을 헤집고, 문서의 잡동사니들을 재활용하면서 그것에 새로운 의미를 부여하는 사람"이라고 설명했다.[19]

쓰레기 더미에서 막상 별것을 못 건지기 일쑤인 넝마주이처럼, 나도 그럴싸해 보이는 자료 속에서 정작 쓸모없는 내용밖에 못 찾고 허탕을 치는 경우가 자주 있었다. 가사 일에 대한 지침서들은, 자신이 태어난 농촌에서 멀리 떨어진 곳에서 가정을 꾸려야 하거나 어머니 세대가 현대적인 장비나 생활 방식을 잘 모르기 때문에 어머니나 할머니에게 살림을 배우기 어려워진 독자들을 대상으로 '살림의 모든 것'을 가르쳐 준다고 하면서도 쓰레기에 대해서는 별로 언급하지 않았다.(이 책에 인용된 살림 지침서의 내용은 수년간 자료들을 뒤진 끝에 겨우 찾아낸 것들이다. 이 책을 쓰기 위해 이런 자료들을 읽으면서 쓰레기에 대한 언급이 얼마나 적은지에 대해 놀라지 않을 수 없었다.) 가정 폐기물에 대한 공적인 논의는 최근까지도 집 안에서는 별로 이야기되지 않았다. 치약통과 소갈비 뼈다귀 등은 행정 당국이 수거해서 처리해야 할 공공 서비스의 대상이 되기 전에는 일반 시민들의 관심 사항이 아니었다. 그리고 공공의 이슈가 되자마자 가정 쓰레기는 가사 노동과 관련한 일반 주부의 관심사라기보다는 전문가들이 다뤄야 할 기술적인 영역이 되어 버렸다.

일반인들이 쓰레기에 대해 잘 이야기하지 않던 현상은 최근 들어 바뀌고 있다. 가정에서 쓰레기를 다루는 방식이 지구적인 환경문제를 야기한다는 인식이 퍼지면서 쓰레기에 대한 새로운 관심이 생겨났으며, 이는 텔레비전의 공익 광고라든가 고지서 귀퉁이의 광고 문구, 아이들이 학교에서 배우는 내용 등의 형태로 일반인의 입에 오르내리는 소재가 되었다. 하지만 이 책에서는 쓰레기 문제와 환경문제의 연관성에 대해 논의하는 오늘날의 쟁점을 크게 다루지는 않았다. 이 책은 현재의 환경문제에 대한 사회 비판서가 아니라 쓰레기의 생산을 사회문화적인 과정으로 보면서 이를 시대 변화에 따라 고찰한 역사서다. 물론 현재의 문제에 대해 역사책이 직접적인 해결책을 주는 일은 드물고, 때로는 문제를 더 복잡하게 만들기도 한다. 하지만 이 책을 통해, 중요한 문제는 늘 매우 복잡한 문제라는 점, 그리고 (쓰레기처럼) 하찮은 문제로 보이는 것이 실제로는 매우 중대한 문제일 수 있다는 점을 알릴 수 있기를 바란다.

서문 미주

1. Lars Eighner, *Travels with Lizbeth* (New York: St. Martin's, 1993), pp. 118~119.
2. Mary Douglas, *Purity and Danger: An Analysis of Concepts of Pollution and Taboo* (London: Routledge & Kegan Paul, 1966), pp. 2, 35~36. (국역본: 『순수와 위험』, 메리 더글러스 지음, 유제분 · 이훈상 옮김. 순수미학사, 1997)
3. Mrs. [Lydia Maria] Child, *The American Frugal Housewife* 16th ed., enlarged and corrected (Boston: Carter, Hendee, 1835), p. 8; Charles Dawson Shanley, "The Small Arabs of New York", *Atlantic Monthly*, Mar. 1869, p. 284; Thomas Lambert, *Bone Products and Manures: A Treatise on the Manufacture of Fat, Glue, Animal Charcoal, Size, Gelatin, and Manures* (New York: D. Van Nostrand, 1925), p. 3; Eighner, *Travels with Lizbeth*, pp. 112~113.
4. Douglas, *Purity and Danger*, pp. 114~128; Michael Thompson, *Rubbish Theory: The Creation and Destruction of Value* (Oxford: Oxford University Press, 1979), p. 92.
5. Kevin Lynch, with contributions by Michael Southworth, *Wasting Away: An Exploration of Waste-What It Is, How It Happens, Why We Fear It, How to Do It Well* (San Francisco: Sierra Club, 1990), pp. 25, 45; see also Park Benjamin, *Wrinkles and Recipes Compiled from the Scientific American* (New York: H. N. Munn, 1875), p. 236.
6. Josiah Quincy, "An Address Delivered before the Massachusetts Agricultural Society at the Brighton Cattle Show, October 12, 1819", and Delia Ellsworth Taintor (1818~1889), quoted in Caroline Fuller Sloat, "Dishwashing and the Domestic Landscape: Reform Begins at Home", paper delivered at Winterthur Conference on the American Home, Oct. 29~31, 1992, pp. 2~3. See also Jack Larkin, "From 'Country Mediocrity' to 'Rural Improvement': Transforming the Slovenly Countryside in Central Massachusetts, 1775~1840", *Everyday Life in the Early Republic*, ed. Catherine E. Hutchins (Winterthur, DE: H. F. du Pont Winterthur Museum, 1994).
7. Barrie M. Ratcliffe, "Perceptions and Realities of the Urban Margin: The Rag Pickers of Paris in the First Half of the Nineteenth Century", *Canadian Journal of History* 27 (Aug. 1992), pp. 198, 205. On swill children, see Charles Loring Brace, *The Dangerous Classes of New York, and Twenty Years' Work among Them* (New York: Wynkoop & Hallenbeck, 1872), p. 152, and Judith Walzer Leavitt, "The Wasteland: Garbage and Sanitary Reform in the Nineteenth-Century American City", *Journal of the History of Medicine and Allied Sciences* 35 (Oct. 1980), pp. 431~452.
8. Lynch, *Wasting Away*, pp. 31~32.
9. Sidney Mintz, "Poverty and Creativity in the Caribbean", *Pauvreté et Developpement dans les Pays Tropicaux: Hommage a Guy Lasserre*, ed. Singaravelou (Paris: Centre d'études de geographie tropicale, CNRS, 1989), pp. 391~392. See also Mintz, "Men, Women, and Trade", *Comparative Studies in Society and History* 13 (July 1971), pp. 249~250.
10. Charles Godfrey Leland, *A Manual of Mending and Repairing, with Diagrams* (New York: Dodd, Mead, 1896), p. xxi. On repair as an extension of fabrication, see Douglas Harper,

Working Knowledge: Skill and Community in a Small Shop (Chicago: University of Chicago Press, 1987), pp. 19~21; On the separation of conception and production, see Harry Braverman, *Labor and Monopoly Capital: The Degradation of Work in the Twentieth Century* (New York: Monthly Review, 1974).

11. George Sturt, *The Wheelwright's Shop* (Cambridge: Cambridge University Press, 1923), pp. 24, 20.

12. Claude Levi-Strauss, *The Savage Mind* (Chicago: University of Chicago Press, 1966), pp. 17~18, 33. (국역본: 『야생의 사고』, 클로드 레비 스트로스 지음, 안정남 옮김. 한길사, 1996)

13. See Susan Strasser, *Satisfaction Guaranteed: The Making of the American Mass Market* (New York: Pantheon, 1989). (국역본: 『성공한 제품 성공한 마케팅』, 수전 스트레서 지음, 권오휴 옮김. 김영사, 1994)

14. T. E. Graedel, B. R. Allenby, and P. B. Linhart, "Implementing Industrial Ecology", *IEEE Technology and Society Magazine*, Spring 1993, p. 19.

15. Robert U. Ayres, "Industrial Metabolism: Theory and Policy", *The Greening of Industrial Ecosystems*, ed. Braden R. Allenby and Deanna J. Richards (Washington: National Academy of Engineering, 1994), p. 25.

16. Allenby and Richards, *Greening*, p. v; Christine Meisner Rosen, "Industrial Ecology and the Greening of Business History", *Business and Economic History* 26 (Fall 1997), p. 123.

17. Christine Frederick, *Selling Mrs. Consumer* (New York: Business Bourse, 1929), pp. 246, 250~251. On Frederick and progressive obsolescence, see also Roland Marchand, *Advertising the American Dream: Making Way for Modernity* (Berkeley: University of California Press, 1985), pp. 156~160, and below, ch. 4.

18. On byproducts, see "joint production" in *The New Palgrave: A Dictionary of Economics*, ed. John Eatwell, Murray Milgate, and Peter Newman (London: Macmillan, 1987), vol. 2. pp. 1028~1030. On secondhand goods, see Tibor Scitovsky, "Towards a Theory of Second-Hand Markets", *Kyklos* 47 (1994), pp. 33~52; Daniel K. Benjamin and Roger C. Kormendi, "The Interrelationship between Markets for New and Used Durable Goods", *Journal of Law and Economics* 17 (Oct. 1974), pp. 381~401; H. Laurence Miller, Jr., "A Note on Fox's Theory of Second-Hand Markets", *Economica*, n.s. 27 (Aug. 1960), pp. 249~252; Arthur H. Fox, "A Theory of Second-Hand Markets", *Economica* n.s. 24 (May 1957), pp. 99~115; H. Laurence Miller, Jr., "On Killing Off the Market for Used Textbooks and the Relationship between Markets for New and Second-Hand Goods", *Journal of Political Economy* 82 (May/June 1974), pp. 612~619.

19. Irving Wohlfarth, "Et Cetera? The Historian as Chiffonnier", *New German Critique* 39 (1986), p. 151; Walter Benjamin, *Charles Baudelaire: A Lyric Poet in the Era of High Capitalism*, trans. Harry Zohn (London: Verso, 1973), pp. 19~20; Ratcliffe, "Perceptions and Realities", p. 205. See also Jerrold Seigel, *Bohemian Paris: Culture, Politics, and the Boundaries of Bourgeois Life, 1830~1930* (New York: Viking, 1986), pp. 140~142.

1장
끝까지 쓰임새를 다하는 물건들

나무 통으로 만든 의자. 조각 천 퀼트를 자른 것으로 푹신하게 속을 넣고 무늬가 찍힌 리넨으로
커버를 씌웠다. 1850년경 제작된 것으로 보이며, 현재는 매사추세츠 주의 스터브리지 전통 마을
Old Sturbridge Village에 소장되어 있다. (사진: 헨리 E. 피치, 스터브리지 전통 마을 제공)

1970년대에 버지니아 주의 플랜테이션 농장 '플라워듀 헌드레드'(Flowerdew
Hundred, 1600년대 초부터 운영되었던 플랜테이션 농장이어서 고고학적으로 가치가 있는
곳이다. 옮긴이)를 발굴하는 작업이 진행되었는데, 여기에서 돌로 만들어진
항아리의 병목 부분이 발견됐다. 1620년대부터 줄곧 땅 속에 묻혀 있었을
이 병목이 놀랍게도 〈플라워듀 박물관〉에 소장돼 있는 커다란 항아리의 몸
통 부분과 아귀가 딱 맞아떨어지는 것으로 드러났다. 이 둘은 발굴된 장소
가 서로 달랐는데도 말이다. 이를 두고 "항아리가 공중 폭발해서 두 파편
이 각각 다른 곳에 떨어졌나 보다"는 우스개가 돌았다. 그런데 고고학자
제임스 디츠James Deetz가 이보다 더 그럴싸한 설명을 제공했다. 이는 단지
식민지 시기(미국은 1776년에 영국으로부터 독립을 선언했다. 옮긴이) 미국에 물자가
매우 귀했기 때문으로, 항아리가 망가져 두 동강나자 당시 사람들이 아랫
부분은 사발로, 윗 부분은 깔때기로 썼으리라는 것이었다. 디츠는 당시에
미국보다 풍족했던 유럽인들도 오늘날의 우리가 보기에는 완전히 부서진
것이나 다름없는 그릇들을 계속 사용했다고 설명했다. 디츠가 예로 든 17
세기 네덜란드 그림을 보면, 깨진 접시들이 온전한 것들과 나란히 찬장에
놓여 있다.[1]

'사발'과 '깔때기'가 버려진 후 약 4백 년 동안, 미국 사회는 디츠가 "식

민지 시기 사물의 희소성"이라고 부른 현상을 극복해 왔다. 오늘날의 기준으로 보자면 20세기 초에도 대부분의 사람들이 매우 적게 소유하고 살았지만, 그래도 산업화와 경제성장을 거치면서 그릇이며 침구 같은 물건들이 엄청나게 많아졌다. 더 많은 공장에서 더 많은 물건들을 생산하게 되면서, 그리고 더 많은 사람들이 임금을 받고 일하는 노동자가 되면서, 사람들은 부서진 그릇을 사발과 깔때기 대용으로 쓰지 않고 필요하면 사발과 깔때기를 사다 쓰게 되었다.

사실 사발과 깔때기 사례는 물자가 워낙 부족하던 상황에서 벌어진 임시변통의 극단적인 경우라 할 수 있다. 완전히 외진 변경 지역에 사는 사람을 제외하고는, 미국 역사에서 대부분의 사람들이 플라워듀 헌드레드에 살았던 사람들보다는 물건을 더 쉽게 버리고 처분했다. 부자들은 항상 가난한 사람들보다 더 많은 것을 버릴 수 있었다. 시골 사람들은 현재 가지고 있는 것이 무엇인지와 그것을 활용할 재주가 있는지 등을 심사숙고해서 버릴 것을 결정했지만, 번화가나 시장 근처에 사는 사람들은 버리는 것에 대해 비교적 덜 까다로웠다. 하지만 오늘날 집집마다 싱크대에 장착된 음식물 찌꺼기 분쇄기라든가 일회용 카메라 등이 상징하는 만큼이나 후하게 버리는 것은 현대사회 들어 생겨난 새로운 현상이다.

인류 역사 대부분의 기간 동안, 물건을 만드는 일과 그에 필요한 자원을 획득하는 일은 계급과 지역을 막론하고 사람들의 일상에서 큰 비중을 차지했다. 소비문화를 열렬하게 받아들인 19세기 말과 20세기 초에도 사람들은 여전히 물건을 모아 두고, 고치고, 다시 쓰고, 새로운 쓰임새를 찾아냈다. 양말은 기워 신고, 음식 찌꺼기는 닭과 돼지에게 먹였으며, 색이 바랜 옷은 염색하고, 낡은 가구는 고쳐 썼다. 안 쓰는 물건은 동생, 자녀, 가난한 친척, 하인들에게 물려주고, 낡은 옷가지와 헝겊 조각으로는 깔개나 퀼트를 만들었다.

산업화가 되기 이전의 미국인은 모두가 브리콜뢰였다. 찌꺼기나 부스러기를 모아 뒀다가 활용하는 것은 당연한 일이었다. 의복, 땔나무, 식품은 힘겹게 실을 뽑아 옷감을 짜고, 나무를 해서 장작을 패고, 땅을 갈고 괭이질을 해야만 가질 수 있는 것이었다. 아니면 그만한 정도의 노동을 들여 만든 다른 물건과 바꾸어야 했고, 그도 아니면 귀하디 귀한 돈을 써야 구할 수 있었다. 가게에서 산 것이건 집에서 만든 것이건 간에, 사람들은 물건에 들어간 시간, 노동, 금전의 가치를 잘 알고 있었고, 그것이 낡았을 때 재활용할 수 있는 가치도 잘 알고 있었다. 산업혁명이 진전되면서 남성과 미혼 여성은 공장에서 일하게 되었지만 결혼한 여성은 계속 가정에서 일을 했다. 집 안의 음식, 옷, 가구 등을 장만하는 것은 결혼한 여성들의 몫이었고, 가사 일은 눈 뜨자마자부터 잠들기 직전까지 끊임이 없었다. 이 여성들은 남은 것, 안 쓰는 것을 살뜰히 모아 두었다가 활용하는 브리콜뢰들이었다.

쓰레기를 수거해 가는 시스템도 없고 물건을 구매할 현금도 별로 없던 시절이라, 19세기 미국 여성들은 필요한 것이 있으면 상품을 구매해서 해결하기보다는 당장 갖고 있는 것들로 임시변통해서 해결해야 했다. 리디아 마리아 차일드는 1829년에 처음 출판된 책 『알뜰한 미국 가정주부』에서 이렇게 조언했다. "실이나 끈 조각들을 모아 둘 바구니를 마련해 두면 쓸모가 있을 것이다. 낡은 단추도 주머니나 함을 마련해 모아 두면 필요할 때 그게 어디 있나 헤매지 않고 찾기 쉽다." 농촌 여성이나 도시 주부를 위한 지침서에는 모아 놓은 잡동사니들을 활용하는 아이디어가 가득했다. 석탄재는 잘 삭은 분뇨와 섞어서 비료로 쓰거나, 미끄러지지 않도록 빙판에 뿌리는 용도로 사용할 수 있었다. 또 정원에 길을 내는 데도 유용했다.

("꾹꾹 눌러 잘 뿌려 두면 잡초나 풀이 자라지 않고, 다니다 보면 점차 길이 벽돌보다 단단해져서 오래간다.") 옥수수자루는 타르나 송진에 담갔다가 말려서 불쏘시개로 쓰고, 옥수수 껍질은 매트리스 속을 채우는 데 사용했다. 비눗물과 재는 "관목이나 어린 식물에 좋은 비료가 되었다." 찻잎 찌꺼기는 "카펫에 먼지가 덜 앉고 빛깔이 좋아 보이도록 하는 데 유용하게" 쓸 수 있었는데, 방법은 "찻잎을 흩뿌렸다가 브러시로 문질러 준 후 쓸어 내면" 되었다. 찻잎은 마룻바닥에도 쓸 수 있었다. "찻잎 찌꺼기를 침대 밑에 두면 빗자루질을 할 때 먼지 뭉치들이 이리저리 날리지 않게 할 수 있다."(19세기 말에 출판된 『굿 하우스키핑Good Housekeeping』은 이 용도로 젖은 폐지를 활용하라고 조언했다. 이때는 종이가 더 이상 귀하지 않고 폐품으로 쌓이기 시작하던 시기였다.)[2]

시골에서는 재사용이 좀 더 쉬웠다. 썩는 유기물질 폐기물은 자연으로 돌려보낼 수 있었다. 음식물 찌꺼기는 땅에 묻든 가축을 먹이든 가정에 도움이 되었다. 또 시골에는 창고, 다락, 지하 등 잡동사니들을 보관해 둘 공간이 비교적 많았고, 나중에 누군가가 쓸모를 찾아낼 때까지 안 쓰는 물건을 치우지 않고 그냥 둘 수도 있었다. 어느 가사 지침서는, 시골에서는 "도시 주부들보다 보관을 잘 할 수 있기 때문에 쓰레기가 더 적게 생긴다"고 언급했다. "샘터, 바람이 잘 통하는 나무 그늘, 널찍한 광이 있어서, 시원한 상태로 (음식 등을) 보관할 수 있다"는 것이었다.[3]

그러나 도시화가 되면서 시골의 살림법은 구닥다리가 되었다. 도시에는 음식 찌꺼기를 먹어서 처치해 줄 가축도 적고 보관할 공간도 적어서, 남은 것을 재사용하는 것이 쉽지 않았다. 돈이 있는 사람들은 수레꾼에게 돈을 주고 쓰레기를 수거해 가도록 했지만 가난한 사람들은 그냥 길에 내다 버렸다. 남북전쟁 이후, 가정 살림에 대한 글을 쓴 많은 저자들은 미국 사람들의 낭비하는 생활 습관을 비난했다. 남은 음식으로 수프를 끓이고 연료를 마지막까지 아껴 쓰는 검소한 유럽인에 비해, 미국인은 자원이 풍부하다는 이유로 마구 낭비한다는 것이었다. 줄리아 맥네어 라이트Julia McNair Wright는 『완전한 가정: 살림 백과*Complete Home*』에서 "우리는 구대륙(유럽) 사람들의 신중하고 알뜰한 경제생활에 대해 너무 모른다"고 개탄했다. 이 책은 1870년대의 사람들이 경제는 불황인데도 계속해서 우아한 삶의 수준을 누리려고 하는 행태를 직접적으로 지적했다. "우리 선조들은 풍부한 물자에 둘러싸여 있어서 헤프게 사용했다. 우리는 그러한 낭비의 습관을 물려받았다. 하지만 이제 도시에는 인구가 너무나 많아졌는데도 우리는 여전히 낭비를 하기 때문에 물자가 부족하다." 라이트는 구대륙 사람들은 전쟁과 독재를 겪으면서, 그리고 (수십 년밖에 안 된 미국 도시와 달리) 수백 년에 걸쳐 도시 생활을 해 오면서 절약하는 경제 관념이 몸에 배었다고 설명했다. "(유럽의 가게에서는) 사람들이 이것 1전어치, 저것 2전어치와 같이 소량씩, 정확히 쓸 만큼만 구매하고 하나도 낭비하지 않는다. 또 많은 사람들이 다세대 건물에 살거나 하숙을 해서 저장할 공간이 거의 없기 때문에, 쓸 만큼씩만 살 수밖에 없다."[4]

사람들이 헤퍼서 낭비한다기보다는 무지해서 낭비하는 것이라고 보는 견해도 있었다. 크리스틴 터휸 헤릭(Christine Terhune Herrick, 유명한 가사 지침서 저자인 메리온 할랜드Marion Harland의 딸이다.)이 1885년 『굿 하우스키핑』 창간호에 쓴 기사이자 그의 첫 번째 기사인 「가정에서의 낭비: 남은 것들을 잘 살펴서 절약하기」에는 당시 지식인들이 일반적으로 우려하던 바가 드러나 있다. 헤릭은 "흔히 말하듯, 미국 가정주부 한 명이 버리는 것을 가지고 프랑스에서는 한 가족이 우아한 생활을 할 수 있다는 것은 사실일 것"이라며, 그러나 "먹을 수 있는 것을 재 항아리나 돼지먹이 통에 버리는 사람들 열에 여덟은 헤퍼서가 아니라 달리 활용할 수 있는 방법을 모르기 때문"이

라고 주장했다.[5)]

　미국 주부들이 그렇게 무지하다는 것이야말로 헤릭 같은 가사 지침서 저자들의 존재 근거였다. 헤릭만 해도 잡동사니와 남은 음식을 어떻게 사용할 것인가와 같은 가정생활의 여러 문제들에 대해 수천 가지의 조언을 내놓았다. 오늘날 『마사 스튜어트 리빙Martha Stewart Living』에 나오는 것을 다 따르는 사람이 없듯이, 19세기 주부 중에도 가사 지침서의 조언을 다 따라 하는 사람은 없었다. 또 가사 지침서 가운데는 주부들이 살림하는 양상을 묘사기보다는 그것을 고치려는 목적으로 쓴 사회 개혁 성격의 서적이 많았다. 그래도 어떤 내용들은 거의 대부분의 지침서에 언급되어 있는 것으로 볼 때, 당시에 일반적으로 행해지던 일이라고 추측할 수 있다. 이를테면, 19세기 중반에 나온 가사 지침서의 상당수가 시트가 해졌을 때는 가운데를 자른 후 바깥쪽 가장자리를 이어 붙여 꿰매면 오래 쓸 수 있다고 조언하고 있다. 라이트는 1879년에 "겹시트의 수명을 곱으로 늘리는 방법이 있다"고 적었는데, 그 내용은 1841년에 캐서린 비처Catharine Beecher가 『가정경제론Treatise on Domestic Economy』에 쓴 것과 흡사하다. 또 크리스틴 터흔 헤릭은 1888년에 펴낸 『집안일 쉽게 하기Housekeeping Made Easy』에서 이를 "기술적 용어로는 시트 '뒤집기'라고 하며, 오늘날보다 옛날에 더 흔히 행해졌다"고 설명했다. 하지만 사실 미국의 주부들은 20세기 대공황이나 2차 대전을 거치는 동안에도 계속해서 낡은 시트들을 뒤집어 사용했으며, 유럽에서는 더 나중에까지도 그렇게 했다.[6)]

　시트 뒤집기에 대한 조언과 마찬가지로, 부서진 그릇을 손보는 법도 거의 모든 가사 지침서에 등장한다. 1841년에 캐서린 비처는 깨진 항아리나 그릇은 "잘 이어서 우유에 넣고 끓이면 된다"고 설명했다. 1884년에 나온 지침서도 이 방법이 "매우 빠르게 고칠 수 있는 방법"이라며 "점착성이 있는 아교 성분이 스며들어서 매우 단단히 붙여 준다"고 언급했다. 비처는 접합제 만드는 법도 소개했는데, 깨진 항아리를 고치는 용도로는 백연, 아교, 계란 흰자를 섞어 만들고, 쇠로 만든 물질을 고치는 용도로는 도예용 진흙과 철을 갈아 나온 줄밥, 그리고 아마 씨 기름을 섞어 만들면 되었다. 두 방법 모두 다른 지침서들에도 등장한다. 깨진 항아리를 소석고, 아교, 계란 흰자를 섞은 것으로 고치라든가, 유리 제품을 알코올(차일드는 진을 추천했다.)과 부레풀(젤라틴의 일종)을 섞은 것으로 고치라는 조언도 있었다. 라이트는 "접시가 식탁에 올릴 수 없는 상태가 되면 광에 두고 무언가를 담아 두는 용도로 쓰거나, 잼, 마멀레이드, 과일 조림 등을 보관하는 용도로 쓸 수 있다"고 조언했다. 깨진 어항은 유리 조각, 셸락(shellac, 광택제의 원료가 되는 천연수지의 일종. 옮긴이), 테레빈유를 섞은 것으로 붙일 수 있었고, 대리석은 명반, 소석고, 물을 혼합한 것으로 때울 수 있었다. 이 대리석 접착제는 색을 칠할 수도 있었으며, 때운 다음에 광을 내는 것도 가능했다. 또 어떤 지침서는 마늘 즙으로 유리 제품을 고치라고 조언했고("접시나 평평한 면에 올려놓고 2주일 동안 가만히 두어야 한다."), 다른 책은 마늘을 깨진 도자기 붙이는 데 쓰라고 조언했다.("잘 붙을 뿐 아니라 이음새 흔적이 남지 않는다.")[7]

가사 지침서에 소개된 수리 및 수선 기술 중에는 응용 화학 수준에 달하는 것도 많았다. 그런 것을 하려면 독성 있는 휘발성 물질을 갖춘 창고나 다락이 필요했다. 상아로 된 칼 손잡이를 표백하거나 흰옷에 묻은 과일 얼룩을 지우는 데는 테레빈, 백연, 황산이 있어야 했고, 거울 표면을 손질하는 데는 수은이 필요했다. 유용한 살림 정보를 담고 있는 책『사이언티픽 아메리칸Scientific American』의 「부츠, 방수」 섹션과 「병, 밀봉」 섹션은 "기름 얼룩을 지우는 데는 벤졸이 자주 쓰이는데, 벤졸은 휘발성이 강하고 불이 붙기 쉬워서, 110그램들이 작은 병이 쏟아지면 방의 공기가 폭발성 높은 물질로 가득 차게 된다"고 설명했다. 따라서 가사 지침서들은 해독제의 목록, 눈을 씻어 내는 방법, 구토를 유도하는 방법, 화재가 났을 때 등의 대처법도 소개했다. 가정 살림에 쓰이는 독성 물질 중에는 (그리고 그보다 덜 위험한 많은 물질 중에는) 폐기물을 이용해 가정에서 만든 것들도 있었다. 잿물이나 진주회(眞珠灰, pearl ash. 나무를 태운 재를 부분 정제해서 얻는 칼륨 화합물. 옮긴이)는 재로 만들었다. 암모니아는 날마다 요강에 모아 두는 소변으로 만들었는데, 삭히는 등의 별도 처리 과정 없이 그대로 청소용으로 사용하기도 했다.[8]

사물의 쓰임새를 끝까지 찾아내려는 노력은 망가진 물건을 고치는 데서뿐 아니라, 새 물건이 손상되는 것을 최대한 방지해 수명을 늘리려는 노력에서도 드러난다. 가사 지침서들에 따르면 귀갑이나 각 제품으로 만든 빗은 가끔 기름칠을 해 주면 오래 쓸 수 있었다. 나무로 만든 대야와 여물통은 처음에 글리세린에 담갔다가 쓰면 나중에 덜 오그라들었다. 새 주전자에 건초 한 줌을 넣고 끓이면 주전자에서 쇠 맛이 안 나게 할 수 있었으며, 건초 끓인 물은 나무 그릇이나 양철 그릇을 소독하는 데도 쓸 수 있었다. 철제로 된 물건들은 서서히 열을 가해서 단단하게 길들였다. 가사 지침서들은 유리그릇이나 도자기도 찬물에 담갔다가 끓는 물에 넣은 후 서서히 식혀서 길을 들인 후 사용하라고 조언하고 있다. 차일드와 캐서린 비처는 새 질그릇을 단단하게 만드는 데 왕겨 물을 쓰라고 권했으며, 또 다른 책은 소금을 추천했다. 물에 첨가물을 넣든 안 넣든 간에, 기본적으로 끓인 후 식히는 과정을 거치면 급격한 온도 변화에도 잘 깨지지 않게 할 수 있다는 조언들이 많았다. 이 방법은 램프 등피의 경우에 특히 효과가 좋았는데, 어느 책은 그렇게 하면 "인두를 그 위로 집어 던지지 않는 한 램프 등피가 깨지는 일은 절대로 없을 것"이라고 장담했다.[9]

물건의 수명을 늘리고 자투리도 끝까지 사용하는 일에 시간을 들이는 까닭은 물론 돈을 아끼기 위해서였다. 돈을 절약하는 것은 가정 살림에서 여성이 경제적인 통제권을 가질 수 있는 유일한 영역이었다. 또한 임금을 받아서 물건을 구매해 쓰는 임노동자가 많아지면서, 근검절약의 중요성은 더욱 커졌다. 돈이 없는 집에서야 당연히 절약이 필수불가결한 것이었고, 형편이 좀 나은 집이라 해도 절약은 여성이 가계 재정에 영향을 미칠 수 있는 중요한 방법이었다. 리디아 마리아 차일드의『알뜰한 미국 가정주부』는 출간 후 첫 3년 안에 무려 7판까지 인쇄가 되었는데, 이런 제목의 책이 크게 인기를 끌었다는 것은 알뜰하게 절약하는 방법을 알려 주는 책에 대한 수요가 컸음을 보여 준다. 반세기 후 헤릭이『굿 하우스키핑』에서 언급했듯이, 대부분의 여성들이 일하는 시간은 시장 가치로 인정되지 않기 때문에, "평균적인 가정주부라면 1달러를 벌어 오는 것보다 집에서 1달러를 아끼는 편이 더 쉬운 일"이었다. 그렇다고 근검절약 자체가 이상적인 중산층 가정주부의 미덕으로 강조된 것은 아니었다. 가사 지침서들은 절약 자체보다는 가정생활의 다른 질적 측면을 향상시키는 것에 더 초점을 두었다. 캐서린 비처는 '절약'도 '체계'나 '깔끔함'과 마찬가지로, 그것이 "식구들의 안락함과 삶의 질을 높일 수 있을 때만" 가치가 있다고 주장했다. 1841년에 비처가 쓴 글「시간과 지출의 경제에 대하여」는 가계 예산과 지출에 대한 실용적인 조언 위주로만 되어 있고, 근검절약 자체의 미덕을 강조하는 철학은 별로 담고 있지 않다. 그나마 1841년판에는 근검의 철학이 조금이라도 포함되어 있었는데, 여동생 해리엇 비처(『톰 아저씨의 오두막』의 저자. 옮긴이)와 함께 쓴 1868년 판본에서는 대부분 삭제되었다.[10]

19세기의 살림 방식은 오늘날의 우리가 보기에는 굉장한 근검절약으로 보인다. 하지만 이는 검약이라는 미덕의 추구나 금욕적인 자기 수련으로 이해하기보다는, 일상을 살아가는 한 방식으로 파악해야 한다. 브리콜뢰들은 천국에 가려고 자투리를 모으는 게 아니고 그 쓸모 때문에 모으는 것이다. 그리고 경제적 동기 때문에 절약하는 것처럼 보일 때도 사실은 계층 상승을 위해, 소비문화의 라이프스타일에 진입하기 위해, 그리고 최신 유행을 따라가기 위해서인 경우가 많았다. 역사학자 캐서린 C. 그리어 Katherine C. Grier에 따르면, 19세기 가정집의 거실에서는 짐짝용 나무 상자 따위에 헝겊 조각들로 방석을 대거나 덮개를 씌운 의자를 흔히 볼 수 있었다. 소파를 구매할 여력이 안 되는 사람들이 폐품을 이용해서 직접 만든 것이었는데, 그리어는 이러한 가구들은 검약의 정신을 보여 주는 사례이기보다는 "신체적인 안락함과 잘 꾸민 공간에 대한 사람들의 열망"을 드러내 주는 것으로 해석해야 한다고 설명했다. 마찬가지로 거의 모든 계급 계층의 여성들이 헌 옷을 수선해 입었던 것도 최신 유행에 뒤처지지 않기 위해서인 경우가 많았다.[11]

음식 찌꺼기 활용하기

음식 준비의 역사는 집안일의 역사가 보여 주는 일반적인 경향, 즉 가정에서 공장으로, 생산에서 소비로, 직접 만들기에서 구매하기로 변화해 온 추세와 궤를 같이한다. 음식물 쓰레기의 역사도 이러한 경향과 보조를 맞추고 있다. 채소가 통조림과 냉동 야채로 가공되면서 콩깍지나 옥수수 껍질은 산업폐기물이 되었으며, 깡통, 종이팩, 비닐 포장재 등이 쓰레기장을 채우게 되었다. 19세기에는 음식물 찌꺼기가 집안의 다른 생산적인 일에 활용되었지만, 이제는 포장재와 함께 버려지거나 분쇄기에 갈려서 하수구로 내려간다.

그러나 요리와 음식물 쓰레기는 다른 집안일이나 가정 쓰레기와 차이점도 있다. 우선, 음식은 문화적인 문제와 밀접하게 관련이 있다. 무엇이 먹을 수 있는 것인지 아닌지, 어느 부위가 먹어도 되는 것인지 아닌지 등의 판단은 문화권에 따라 다르며, 따라서 버리는 부분도 각기 다르다. 식품과 음식 쓰레기는 다른 물건들과 마찬가지로 생산과 소비의 경제적 과정 속에서 가치를 얻거나 잃거나 하지만, 다른 물건과 달리 성장하고 썩어 가는 자연의 순환 속에서도 가치를 얻거나 잃거나 한다.[12] 그리고 식품은 오래되면 가치가 떨어지기는 하지만 '기술적 구식화'(technological obsolescene, 컴퓨터 등에서처럼 기술적으로 뛰어난 신제품이 나오면서 쓰던 물건이 구식이 되는 것. 옮긴이)나 '스타일상의 구식화'(style obsolescene, 의류 등에서처럼 새로운 스타일의 제품이 나오면서 쓰던 물건이 구식이 되는 것. 옮긴이)는 잘 겪지 않는다. 음식물 쓰레기는 악취 때문에 다른 쓰레기보다 처분이나 보관이 까다롭다는 차이점도 있다. ■

19세기 초의 주부들은 돼지 여물통이나 기름통에 음식 찌꺼기를 모았다. 농촌에서 음식 찌꺼기는 쓰레기가 아니라 가축을 먹이거나 비누, 양초 등을 만드는 데 쓰이는 유용한 자원이었다. 농가의 가축들은 집 근처를 어

■ 영어에는 garbage, rubbish, refuse, waste, trash 등 버려지는 것이나 쓸모없는 것을 지칭하는 단어가 여러 개 있다. 대부분은 같은 의미로 쓰이지만, 쓰레기나 폐기물을 연구하는 학자들은 단어의 의미를 더 분명하게 구분하려고 한다. 예를 들면, 파슨스H. de B. Parsons는 저서 『도시 쓰레기 처리The Disposal of Municipal Refuse』(New York: John Wiley, 1906. p. 19)에서 garbage, ash, sewage, rubbish의 의미를 구분했는데, 그에 따르면 garbage는 동물성 쓰레기와 야채 쓰레기, ash는 재, sewage는 하수, rubbish는 그 밖의 모든 가정 쓰레기를 뜻한다. 파슨스는 썩은 육류, 생선 대가리, 바나나 껍질 같은 것에서 고약한 냄새가 난다는 점, 비료나 돼지 먹이, 기름 등으로 쓰임새가 있다는 점, 물기가 많다는 점 등의 특성 때문에 음식물 쓰레기를 다른 가정 쓰레기와 구분하는 것이 중요하다고 주장했다. 다른 많은 학자들도 이 구분을 따르고 있으며, 음식물 쓰레기는 도시 행정에서뿐 아니라 가정 내에서도 종종 다른 쓰레기와 달리 취급·처리되었으므로, 이 책에서도 그러한 구분을 받아들여서 음식물 쓰레기를 뜻할 때는 garbage를 쓰고 기타 쓰레기나 이것저것 섞여 있는 쓰레기를 지칭할 때는 rubbish, trash, refuse 등을 사용했다.(한글 번역본에서는 garbage를 '음식물 쓰레기'나 '음식 찌꺼기'로 번역했다. 옮긴이)

슬렁거리다가 주인이 창이나 문 밖으로 음식 찌꺼기나 뼈다귀를 내버리면 주워 먹었다. (20세기에도, 윌라 캐더는 네브래스카 주의 농촌 생활이 얼마나 끔찍하게 고립되어 있는지를 다음과 같이 표현했다. "말라 비틀어지고 털이 다 빠진 칠면조가 부엌 문 옆에서 쓰레기를 주워 먹고 있다.") 소와 돼지는 가금류보다는 집 근처를 어슬 렁거리며 주워 먹는 경우가 덜했지만, 대부분의 농촌 가정은 부엌 문 옆에 음식 쓰레기와 우유 찌끼 등을 모으는 커다란 여물통을 두었다가 그것이 가득 차면 돼지를 먹였다. 악취가 나고 파리가 꼬이기 때문에, 요즘이라면 아무리 친환경 퇴비 만들기에 열성적인 사람이라도 이런 여물통을 두고 싶어하지는 않을 것이다. 하지만 19세기 사람들은 요강이나 뒷간에서 나는 냄새와 거리에 쌓여 있는 분뇨의 악취에 익숙해져 있었다. 그때는 상류층 이라도 음식 쓰레기에서 나는 악취를 못 견딘다고 할 사람은 거의 없었을 것이다.[13]

도시에 사는 사람도 음식 찌꺼기로 가축을 길렀다. 유럽에서 (미국에) 온 여행자들이 남긴 글에는 미국 도시의 길거리를 어슬렁거리면서 수로나 홈 통에 쌓인 음식 쓰레기를 주워 먹는 동물에 대한 묘사가 자주 나온다. 남 북전쟁 전에는 주인 없는 돼지, 염소, 개 등이 길에 많이 돌아다녔으며, 가 축을 키우는 사람들도 자신의 소나 돼지가 마음대로 길거리를 돌아다니며 음식을 주워 먹게 내버려 두었다. 그래서 도시들은 길거리 동물을 통제하 기 위한 조치를 마련해야 했다. 1819년에 통과된 워싱턴 시의 조례는 경찰 이나 시민이 "염소 종류의 동물은 어떤 것이건" 죽일 수 있도록 했다. 뉴욕 시는 1830년에 가축을 몰아서 거두는 수레를 운영했는데, 별 효과가 없었 던지 찰스 디킨스는 1842년에 펴낸 『미국기 American Notes』에서 맨해튼 보행 자들에게 "돼지를 조심하라"고 조언했다. 그 해 『뉴욕 데일리 트리뷴 New York Daily Tribune』은 길거리에 돌아다니는 돼지가 1만 마리는 될 것으로 추산했다. 길거리의 돼지들은 음식 쓰레기를 처치하는 데 지대한 공헌을 했고, 가난한 사람들에게 좋은 식재료가 되어 주었기 때문에, 길거리 동물을 없애려는 정책은 정치적인 반대에 부닥쳤다.[14]

19세기 말에도 도시 가정의 음식 쓰레기가 가축의 먹이로 활용됐다. 1870년대가 되면서 떠돌이 돼지의 수는 줄었지만, 넓지 않은 우리에서 돼지를 키우는 것은 여전히 허용되었기 때문에 뉴욕 시 주민들은 지하실이나 심지어는 방에서까지 돼지를 키웠다. 멤피스처럼 규모가 작은 도시들에서는 1880년대가 되어서야 공공 도로에서 소, 돼지의 통행이 금지되기 시작했다. 동물이 돌아다니는 것이 금지된 후에도, 도시의 가난한 아이들은 동네를 다니며 부엌 쓰레기를 모아 비료나 돼지 먹이로 농촌에 팔았다. 또한 펜실베이니아 주의 홈스테드나 뉴햄프셔 주의 맨체스터와 같은 공장 지역의 가난한 가정에서는 20세기가 되어서도 여전히 음식 찌꺼기를 닭에게 먹였다.[15]

대부분의 가정은 요리할 때 쓴 기름을 통에 모아 두었다가 다시 요리에 사용하기도 하고 양초나 비누를 만드는 데 쓰기도 했다. 처음에는 집집마다 폐기름을 이용해 양초와 비누를 직접 만들었고, 나중에는 비누나 양초 제조 회사들이 가정에서 폐기름을 사다가 원료로 사용했다. 수지 양초는 보통 돼지비계보다 단단한 양 기름이나 소기름으로 만들었다. 동물 기름에 밀랍이나 월계수 왁스를 섞는 경우도 많았고, 장뇌, 명반, 초석 등의 화학물질을 사용해 단단하게 만들기도 했다. 가축을 잡고 나면 으레 양초를 만들었는데, 뜨거운 기름이 가득 담긴 통에 심지를 담그는 방식이 주로 쓰였다. 거푸집이 있으면 양초들의 모양을 일정하게 만들 수 있었지만 만드는 방법이 더 어려웠고, 1년치 초를 다 만들 수 있을 만큼 충분한 개수의 거푸집을 갖고 있는 집도 거의 없었다. 그래서 거푸집은 기름이 조금밖에 없을 때나, 동네 사람들이 (각자 보유한 것을 가지고) 한데 모여서 공동 작업을 할 때 사용했다. 아니면 집집마다 돌아다니며 양초를 만드는 떠돌이 양초장이가 왔을 때 양초장이의 거푸집을 이용하기도 했다.[16]

수지 양초는 너무 빨리 타고 불꽃이 불안정했으며 기름이 튀었다. 그래서 여유가 있는 사람들은 1859년 펜실베이니아 석유 회사가 등유를 선보이기 전까지 수십 년간 고래 기름을 조명으로 사용했다. 그러나 기름 램프가 널리 사용된 것은 아니었다. 1841년에 캐서린 비처는 자신의 저서에서 양초 만드는 법을 두 가지 (심지를 담그는 방식과 거푸집을 사용하는 방식) 모두 다루고 있다. 이 책에서 비처는 "돼지고기가 많은 곳에서는" 큰 램프에 고래 기름 대신 돼지기름을 사용할 수 있을 것이라며, "돼지기름이 고래 기름보다 싸고 더 낫다"고 설명했다. 캐서린 비처는 28년 뒤에 이 책의 개정판을 낼 때, "이제는 고래 기름, 돼지기름, 수지 양초 대신 등유가 쓰이고 있다"고 언급하면서도 여전히 양초 만드는 법을 책에 포함시켰다.[17]

양초를 만들지 않고 사서 쓰거나 고래 기름 램프를 쓰는 사람들도 부엌에서 나오는 기름을 버리지 않았다. 많은 사람들이 기름을 모아 두었다가 잿물에 섞어 비누를 만들었다. 잿물 역시 가정 폐기물 중 하나인 나뭇재에 물을 통과시켜서 만드는 것이었다. 1841년에 비처는 "비누용 기름을 모으기 위해 드럼통을 놔두는 사람들도 있다"며 "기름과 잿물을 버리지 말고 모조리 모아 두었다가 액체 세탁비누를 만드는 데 써야 한다"고 조언했다. (비처는 액체 세탁비누를 포함해 세 가지 종류의 비누 만드는 법을 소개했다.) 잿물 만들기와 비누 만들기 모두 까다로운 작업이었다. 잿물을 만들려면 좋은 재가 필요했고, 비누를 만들 때는 잿물과 기름을 정확한 비율로 섞어야 했다. 만들자마자 비누가 잘 만들어졌는지를 바로 판단하는 것도 쉽지 않았다. 어느 가사 지침서는 이렇게 주의를 주었다. "만들었을 때는 괜찮아 보여도 며칠 후에 완전히 달라지는 경우가 흔하다."[18]

도시의 양초 장사꾼은 푸줏간이나 가정집에서 기름을 사다가 비누와 양초를 만들었다. 리디아 마리아 차일드는 도시 주부들에게 재와 고기 기름 남은 것을 양초 만드는 사람에게 가져가서 비누와 바꿔 오라고 조언하면서, "하지만 시골에서는 비누를 직접 만들어 쓰는 것이 훨씬 경제적일 것"이라고 덧붙였다. 그러나 집에서 만들건 양초 장사꾼이 만들건 간에, 도시 거주자들이 나무 대신 석탄을 때게 되면서 비누의 주원료 중 하나인 잿물을 마련하는 것이 힘들어졌다. 석탄재로는 잿물을 만들 수 없기 때문이다. 남북전쟁 전까지 상업적인 비누 제조는 (다른 업종도 마찬가지지만) 규모가 작고 지역적인 수준이었다. 1857년에 미국에는 직원 수가 다섯 명 정도인 비누 업체가 6백 개가 넘었는데, 신시내티에 있는 공장 수만 해도 25개나 되었다.[19]

비처는 1869년 개정판을 낼 때, 이제 대부분의 독자들이 비누를 사다 쓸 것이라고 생각해서 책에서 비누 만드는 법을 삭제했다. 비처는 "예전에는 개별 가정에서 비누와 양초를 만들어 썼지만, 지금은 그런 번거로운 일을 할 집은 별로 없다"며, 이를 산업화가 가져다준 미덕의 하나로 예찬했다. 또한 빵 굽기나 빨래도 그런 식으로 상업화되어야 한다고 주장했다. 다른 업계와 마찬가지로 비누 산업은 남북전쟁 이후 크게 성장했으며 몇몇 대기업으로 집중되었다. 1870년에서 1890년 사이에 비누 제조 업체의 수는 줄어든 반면, 비누 시장의 규모는 두 배가 되었다. 〈콜게이트Colgate〉, 〈피앤지〉, 〈에노크 모건스 선〉(Enoch Morgan's Sons, 빨랫비누 '사폴리오Sapolio' 제조사) 등 큰 회사들은 전국적인 거대 기업으로 성장했다. 공장에서 비누를 대량으로 생산하려면 어마어마한 양의 동물 기름이 필요했다. 그래서 거대 비누 제조 업체들은 기름을 가정집이나 행상인들에게서 조달하는 것이 아

니라, 당시에 성장하던 또 다른 업종의 대기업들, 즉 육가공 업체와 면실유 제조 업체에서 조달했다.[20]

19세기 내내 가사 지침서의 저자들은 비누를 집에서 만들라고 조언했다. 비누를 사려면 돈이 들지만 재와 기름은 공짜라는 것이었다. 1870년대의 불황기에 라이트는, 중산층이나 상류층도 어려운 시기의 경제적 실천으로서 비누를 직접 만들어 쓰라고 촉구했다. "못 쓰는 고기 기름은 모두 잘 담아서 쥐들이 닿지 않는 곳에 보관해야 하며, 하인들은 설거지와 빨래에 쓸 액체 비누를 다달이 만들어 통에 채워 두어야 한다." 이렇게 하면 상품으로 나와 있는 비싼 고체 비누를 아낄 수 있다는 것이었다. 게다가 고체 비누는 부주의하게 빨래 통에 담겨 있다가 흐물흐물 녹아서 낭비되는 일도 흔했다. 1890년에도 어느 저명한 위생 개혁가는 "알뜰하고 검소한" 농촌 주부는 기름을 모아 두었다가 직접 비누를 만들거나 넝마, 뼈다귀 등과 함께 행상인에게 팔아야 한다고 주장했다. 그럼에도 (요리에 사용하려고 기름을 모으는 집은 20세기 중반까지도 많이 있는 편이었지만) 비누를 전부 만들어 쓰는 집은 아주 가난하거나 극히 검소한 가정이 아니고서는 거의 없었다.[21]

남은 음식으로 요리하기

음식 찌꺼기 중에서 상태가 좋은 것은 기름통이나 돼지 여물통에 들어가지 않았다. 가사 지침서들은 이런 것들을 다시 요리에 활용하라고 조언했다. 리디아 마리아 차일드는 저녁을 먹고 상을 치울 때 "야채나 고기 중 먹을 만한 것들은 모두" 모아서 갈아 두면 "나중에 아침이나 간단한 저녁 식사를 만들 때 고기 패티로 바로 쓸 수 있을 것"이라고 언급했다. 캐서린 비처도 1841년에 펴낸 『가정경제론』에서 "상을 치울 때는 남은 음식을 다시 쓸 방법을 생각해야 한다"며, "나중에 쓰일 각각의 용도에 맞게 따로 모아 두라"고 권했다. "기름은 비누 기름 항아리에, 찌꺼기는 돼지 여물통에, 찻잎은 사발에" 모으고, "버터 조각들도 모두 모아 두어야 한다"는 것이었다. (가사 지침서들은 상한 버터를 다루는 법도 소개하고 있다. 끓는 물, 신선한 우유, 라임즙 등으로 헹구라고 되어 있다.) 비처는 1869년의 개정판에서도 남은 음식에 대해 비슷한 조언을 했다. "접시에 남은 것을 싹싹 덜어서 나중에 쓸 수 있는 것은 따로 모아 둔다." 이제는 독자들이 비누를 사다 쓸 것이라고 생각하면서도, 비처는 여전히 기름을 모으고 찌꺼기를 여물통에 넣으라고 조언했다.[22]

남은 음식을 저장하는 데 필요한 용기와 도구도 다양했는데, 상업적으로 생산되는 것도 있었고 집에서 만든 것도 있었다. 모기장, 철사로 된 식탁 덮개, 통기성 있는 양철 상자 등은 벌레나 쥐가 곳간에 들어가는 것을 어느 정도 막아 주었다. 하지만 벌레나 쥐를 잘 막는다 해도 음식이 오래되어 상하는 문제는 여전히 남아 있었다. 『알뜰한 미국 가정주부』를 쓴 차일드는 "고기에 곰팡이가 필까 봐 걱정이 되면 고추나 양파와 함께 넣어서 시원하고 건조한 곳에 걸어 두라"든가 "고기가 이미 상했으면 깨끗이 씻어서 고추와 함께 끓인 뒤 목탄이 들어 있는 모슬린 주머니에 넣어 걸어 두라"는 팁을 제공했다. 이와 비슷하게 "시간이 경과해 약간 상한 케이크"는 곰팡이 핀 부분을 잘라 내고 브랜디와 설탕물에 적셔서 오븐으로 데우라고 조언했다. 상한 버터는 녹여서 바짝 구운 토스트를 넣어 소독하고, 상한 돼지기름은 감자로 소독할 수 있었다. 차일드의 전기 작가는 차일드가 실제로 그렇게 살았으며, 『알뜰한 미국 가정주부』는 차일드가 가난한 살림을 꾸렸던 경험에서 나온 것이라고 설명했다. "나이가 들어서도 차일드는 곰팡이나 음식 상하는 것을 막느라 엄청나게 신경을 쓰며 살았을 것이다."[23]

1827년 이후에는 호수에서 자연적으로 언 얼음을 가져다가 잘라서 얼음 창고에 보관하는 기술이 발달하면서, 아이스박스를 쓰는 집이 많아졌다. (전기와 가스로 돌아가는 냉장고가 나오기 전에, 이러한 아이스박스도 '냉장고'라고 불렸다.) 캐서린 비처는 1840년대에 시중에 나와 있는 '냉장고'를 구입하라고 조언하면서 동시에 커다란 통을 이용해 집에서 직접 만드는 방법도 소개했다. 1850년대에는 얼음 수레가 도시에 정기적으로 얼음을 실어 날랐다. 하지만 얼음은 비쌌고, 19세기 말까지도 대부분의 사람들에게는 사치품에 해당했다. 1879년 줄리아 맥네어 라이트Julia McNair Wright는 남은 음식을 보관하는 다양한 방법을 소개했는데, 시중에 나와 있는 냉장고를 사용하는 법, 짐짝 상자에 톱밥을 채워 냉장고를 만드는 법(광에 쥐가 있다면 연통으로 아이스박스에 다리를 만들어서 바닥에서 높은 곳에 두라고 조언했다.), 망을 씌운 항아리를 이용해 얼음 없이 보관하는 법 등이 언급돼 있다.[24]

아이스박스로 어느 정도는 문제가 해결되었지만, 새로운 문제도 생겨났다. 라이트가 소설 형식으로 쓴 책『완벽한 가정』속의 등장인물은 "사람들이 남은 음식이나 식재료를 알뜰히 쓰기보다는 모조리 아이스박스에 쓸어 넣기 때문에" 차라리 아이스박스가 없느니만 못하다고 지적했다. 크리스틴 터휸 헤릭이 쓴 글은 오늘날의 이야기처럼 들릴 정도다. 냉장고 안에 "온갖 음식물들이 오래도록 들어 있다가 상해서 악취가 나고 다른 음식까지 못 먹게 만들기 일쑤"라는 것이다. 헤릭의 책에 등장하는 어느 부인은 몸이 아파서 가정부에게 부엌 살림을 맡겼다가 2주일 후 아이스박스를 열어 보고는 기겁했다. "방치된 생선 접시에서 구역질나는 비린내가 스며 나오고 (…) 다른 접시 위에 있는 고기 조각에는 하얀 곰팡이가 피었으며, 구석에서 야채가 썩어 가고 있었다. 그리고 그런 것들의 한복판에 버터 접시와 아기 우유병이 놓여 있었다."[25]

가사 지침서들은 남은 음식으로 해시(hashes, 다진 고기 요리. 옮긴이), 민스미트(민스 파이의 속재료. 말린 과일을 작게 조각 내 설탕에 졸인 것이다. 쫀득한 질감을 준다. 옮긴이), 브레드 푸딩, 고기 파이, 생선 샐러드, 치즈 퐁듀, 웰시 레어빗(Welsh rarebit, 치즈 얹은 토스트. 옮긴이) 등을 만들어 되도록 빨리 활용하라고 조언했다. 알뜰한 주부라면 남은 기름을 요리에 다시 사용하거나 튼 손을 관리하는 데 쓰고, 뼈다귀나 야채 껍질은 국물을 내는 데 쓸 것이었다. 비처와 스토는 프랑스의 포토푀(pot-au-feu, 고기와 몇 종류의 야채로 만든 프랑스의 진한 수프. 옮긴이)를 본따, 스토브 위에 육수 끓일 냄비를 항상 놓아두라고 조언했다. 요즘도 그렇지만, 이런 일들은 주부나 가정부가 요리에 얼마나 능숙하고 성의가 있는지에 달려 있었다.[26]

남은 음식으로 만든 요리의 질도 주부나 가정부의 솜씨와 성의에 달려 있었다. 캐서린 비처와 해리엇 비처 스토는 "진정한 살림의 예술가"가 남은 음식으로 만든 것임을 눈치 채기 어려울 정도로 솜씨 좋게 만든 "정교한 변신 요리"는, "남은 고기, 연골, (닭) 껍질, 지방, 탄 섬유질 등에 후추와 소금을 되는 대로 뿌린 뒤, 밀가루에 대강 물을 부어 반죽한 튀김옷을 입혀서 불 위에 올려놓고, 다른 집안일을 하는 동안 내버려둔 채 익힌 해시"와는 차원이 다르다고 설명했다. 비처와 스토는 주부를 위한 요리 교실 등을 열어서 이런 잡탕 음식은 "빨리 잊어버리자"고 촉구했다.[27]

그런데 요리 지침서의 저자들도 잡탕 해시가 아니라 "정교한 변신 요리"를 만들려면 어떻게 해야 하는지 정확하게 설명할 수는 없었다. 먹다 남은 음식으로 요리를 하는 것은 일종의 브리콜리지 과정이다. 즉 요리하는 사람과 그가 현재 가지고 있는 식재료들 간의 소통인 것이다. 각 가정에 지금 어떤 음식들이 남아 있는지 모르는 상태에서 정확한 조리법을 알려 줄 수는 없는 노릇이었다. 그래서 라이트는 (부서진 크래커로 가짜 마카로니를 만드는 법이라든가, 먹다 남은 빵으로 잼 샌드위치를 만드는 법을 소개하면서) 장식을 잘 하면 그럴듯하게 보이는 데 도움이 될 거라고 언급했다. 식은 고기나 으깬 생선살, 으깬 감자 등을 파슬리나 샐러리 잎, 삶은 달걀, 레몬 조각 같은 것들로 장식하면 먹음직스러워 보인다는 것이었다. 라이트는 "남은 음식으로 만든 요리가 새 재료로 만든 음식보다 더 먹음직스러워 보이도록 할 수 있다면, 남은 음식을 활용할 가치가 충분히 있다"고 조언했다.[28]

남은 음식으로 요리를 만드는 데 대한 거부감도 많았다. 빈정거리는 농담의 소재가 되거나 뭔가 문제가 있는 집안의 상징으로 여겨지는 일이 흔했던 것이다. 영국에서 출판된 『알뜰 가족: 남은 음식을 활용하는 요리』 (The Family Save-All: A System of Secondary Cookery, 1869년에 미국에서도 출간되었다.) 는 '콩깍지 잡탕 수프'나 '아티초크 줄기 스튜'와 같은 조리법을 짧은 우스개 이야기를 곁들여 소개하고 있다. 첫 페이지에는 식은 고기 푸딩 조리법이 나오는데, 남은 음식으로 요리하는 것을 빈정대는 전형적인 우스개가 함께 실려 있다. 주인 양반이 하녀에게 "메어리, 오늘 저녁은 뭐지?" 하고 묻자 하녀가 "찬 고기 같습니다, 주인님."이라고 대답했다. 그러자 주인은 이렇게 말했다. "음… 마님에게 나는 오늘 시내에 일이 있어서 늦을 거라고 전해 줘요. 기다리지 말고 먼저 식사하시라고."[29]

친구나 이웃에게 먹다 남은 것들로 만든 음식을 대접하면 불쾌해할 수도 있었다. 크리스틴 터휸 헤릭은 이런 우려에 대해, 남은 음식으로 손님을 접대하면 "지나치게 짜게 구는 것으로 보일 수도 있겠지만" 다른 한편으로는 "굉장히 요리 솜씨가 좋은가 보다"는 인상을 줄 수도 있다고 설명했다. "푸줏간에 가서 좋은 쇠고기나 양다리 고기를 사 오는 것은 누구나 할 수 있지만, (남은 음식으로) 라구(ragout, 고기, 야채를 넣은 일종의 스튜. 옮긴이) 나 살미(salmi, 구운 들새 고기를 포도주와 버터로 졸인 스튜. 옮긴이), 아니면 정말 훌륭한 스캘럽(scallop, 굴이나 감자 등을 바닥이 얕은 냄비에 넣고 치즈, 버터, 우유, 토스트, 밀가루 등과 함께 지지거나 굽는 요리. 옮긴이) 등을 만들려면 판단력과 미각, 그리고 솜씨가 필요하다." 그러나 혜릭은 독자들이 이러한 솜씨를 익히기란 매우 어렵다는 것도 알고 있었다. 특히 "요리에 쓸 수 있는 음식을 부주의하게 쓰레기통이나 여물통에 넣는 일이 흔하다"고 개탄했다. 음식을 헤프게 버리다 보니 가계 경제가 나빠져서, "제멋대로 쓰다 보면 알거지 된다는 옛말이 그대로 맞아떨어진다"는 것이다."[30]

어떤 지침서들은 음식이 버려지는 것에 대해 하녀나 가정부를 탓했다. 남은 야채를 재를 모으는 항아리에 넣어 버리지 못하도록 재 항아리에 자물쇠를 채워야 한다고 조언하는 저자도 있었다. 실제로 하녀와 가정부 중 상당수가 음식 쓰레기를 어떻게 처리해야 하는지를 잘 몰랐다. 미국, 아일랜드, 독일의 시골에서 온 식모들은 도시에서 음식물 찌꺼기를 어떻게 처리하고 활용할 수 있는지를 몰랐으며, '정교한 변신 요리'를 만들 수 있을 정도의 음식 솜씨를 갖고 있지도 못했다. (이것은 식모 없이 직접 요리를 하는 가정주부들도 마찬가지였다.) 하긴 식모로서는 그런 요리 솜씨를 굳이 익히려고 애쓸 필요가 없기는 했다. 크리스틴 터휸 혜릭이 지적했듯이, "아침에 먹고 남은 베이컨은 늘상 여물통에 넣어 버리고, 식탁에 다시 내기에는 너무 작은 고기 조각들을 죄다 구걸 온 거지에게 주어 버린다면" 어떤 하녀가 남은 음식으로 좋은 요리를 만드는 법 따위에 신경을 쓰겠는가. 혜릭은, 그러므로 음식 찌꺼기 처리하는 문제를 포함해 모든 집안일을 안주인이 잘 통솔해야 한다고 주장했다. 식모가 부엌을 마음대로 관리하게 두면 안 되고 안주인의 지시를 받도록 해야 한다는 것이었다. 혜릭은 "주인이든 하인이든, 사람이란 천성적으로 언제나 고결한 기준을 가지고 있는 것은 아니다. 주인이 남은 음식을 아끼려 하지 않는데 하인이 알아서 알뜰히 살림을 해 줄 것이라고 기대할 수는 없다"고 지적했다.[31]

한편 부엌을 속속들이 알고 있는 훌륭한 식모도 있었다. 요리사에게 부엌을 맡겼다가 나중에 엉망진창인 아이스박스를 열어 보고 기겁한 안주인의 이야기를 썼던 헤릭은, 파티 다음날 아침에 안주인이 식모에게 장을 봐오라고 시키자 안주인을 훈계한 사려 깊은 식모의 이야기도 소개했다. "나(안주인)는 식모를 따라 곳간으로 갔다. 식모는 곳간에 어제 저녁 파티에서 남은 음식들을 잘 분류해서 담아 놓았는데, 족히 1주일은 먹을 수 있을 것으로 보였다. 식모는 선반을 가리키며 이렇게 말했다. '마님, 이것들을 다 먹어치우기 전에 뭔가를 또 사는 것은 죄가 됩니다요. 그렇고말고요. 제멋대로 쓰다 보면 알거지 된다는 말도 있잖습니까요.'" 하지만 헤릭은 이렇게 주인을 꾸짖는 하녀는 예외적인 경우라며, 보통의 하녀라면 (음식이 많이 남았는데도 안주인이 장을 봐 오라고 하면) "아무에게도 해가 되는 일이 아니라고 생각하면서 남은 음식을 집에 싸 가기 위해 챙겼을 것이고, 이에 대해 심하게 비난받지도 않았을 것"이라고 지적했다.[32]

많은 문화권에서, 남은 음식을 싸 가는 것은 하인들이 관습적으로 누려온 일종의 권리였다. 남부 지역에서는 남은 음식을 챙겨 가는 것을 '냄비 쌈pan-toting'이라고 불렀다. 노예제 폐지로 흑인들이 노예에서 고용된 가정부로 바뀌어 가던 시기에, 냄비 쌈은 매우 일반적인 일이었다. (안주인의 허락을 받고 싸 가기도 했고 허락 없이 싸 가기도 했다.) 어느 흑인 식모는 이렇게 말했다. "(냄비 쌈이) 도둑질이라는 말에는 절대로 동의할 수 없어요. 우리는 훔치는 게 아니라 그저 있는 것들을 챙기는 거예요. 명시적이든 암묵적이든, 이것은 일종의 구두계약이에요." 한편 안주인들은 냄비 쌈을 도둑질로 간주하는 사람도 있었고, 냄비 쌈을 허용하는 대신 임금을 적게 주어도 된다고 생각하는 사람도 있었다. 한 안주인은 "(식모가 챙겨 가는) 그 '음식'이라는 게 먹다 남은 것이거나 식은 것, 그러니까 우리 식탁에는 어차피 못 올라오는 찌꺼기라는 걸 나는 잘 알고 있어요."라고 말하면서, 이어서 이렇게 인정했다. "그리고 나는 가정부가 받는 임금이 적다는 것도 잘 알고 있지요." 냄비 쌈을 자신이 자선을 베풀거나 선물을 주는 것이라고 여기는 안주인들도 있었다. "(식모의) 오두막집에는 하루 종일 엄마가 돌아오기만을 기다리고 있는 배고픈 아이들이 여러 명 있어요. 나는 식모가 남은 음식을 싸 가는 것을 모른 척하면서, 그 어린아이들을 생각하지요. '앞치마 안에 감춘 게 뭐지?'라고 캐물어서 맘 상하게 하는 일은 절대로 하지 않아요."[33]

동냥 온 거지에게 음식을 주는 것은 분명히 자선에 해당한다고 볼 수 있을 것이다. 대중교통이 가난한 사람들을 부자 동네에서 떼어 놓기 전까지는 도시나 마을에서 구걸하는 사람들을 흔히 볼 수 있었다. 19세기의 가사 지침서는 가난한 사람들을 도와야 할 책임과 기독교적 자선의 개념에 대해 언급하면서, 이것이 '여성의 영역'인 가정에서 행해야 할 핵심적인 의무라고 이야기하고 있다. 마치March 집안의 네 자매와 어머니가 동네의 가난한 이민자 가족에게 자신들이 먹을 크리스마스 아침 식사를 기꺼이 내준다는 『작은 아씨들Little Women』의 이야기는 이러한 점을 잘 보여 준다. 이 집의 하녀인 해나는, 자매들이 어머니가 어디 가셨느냐고 묻자 이렇게 말한다. "어느 가난한 부인이 구걸을 왔어요. 마님은 뭐가 필요한지 보러 곧바로 그 여인의 집에 가셨어요. 먹을 것, 마실 것, 입을 것, 땔감 등을 그렇게 다 줘 버리시는 분도 없을 거예요." 그러나 1880년대가 되면 자선은 자선단체나 관련 기관에서 제도적으로 담당하는 일로 간주되며, 가사 지침서는 주부들에게 가난한 사람들과 거리를 두라고 조언한다. 헤릭은 이 무렵에 출판된 『집안일 쉽게 하기』에서 "구걸 온 사람들에게 남은 음식을 그냥 줘 버리면 구걸을 조장하는 격이 된다. 그러니 그렇게 해서는 안 된다"고 주장했다. 헤릭은 또한 "식모들이 가져야 할 알뜰함에 대한 관념도 무뎌질 것"이라고 우려했다.[34]

동냥 바가지, 기름통, 돼지 여물통, 해시나 라구 요리 등으로 처치한다 해도 음식 쓰레기는 여전히 남았다. 대부분은 말려서 부엌 아궁이에 태웠는데, 겨울에는 이것이 가장 쉬운 처치법이었다. 또 땅에 파묻기도 했다. 태우든 묻든, 연료가 되거나 비료가 되었으니 음식 쓰레기를 '버렸다'고 볼 수는 없다. 1890년대에 어느 공공 위생 개혁가는 이렇게 기록했다. "충분한 마당 공간이 집 주위에 있기만 하다면 집 밖으로 쓰레기를 내보내야 할 필요성은 거의 없을 것이다." 하지만 도시에는 그런 공간이 없었고, 도시 거주자들은 음식물 쓰레기를 집 밖으로 내보내야 했다. 특히 아궁이에 불을 땔 일이 없는 여름에는 더욱 그랬다. 이들이 창밖으로 내던지거나 길에 내놓은 음식 쓰레기는 떠돌이 동물들의 먹이가 되었고, 공중 보건 행정상의 골치 아픈 문제가 되었다.[35]

헌 옷 오래 입기

가족들이 벌거벗고 지내지 않게 하려면 사실상 모든 미국 여성이 족히 수킬로미터는 될 만큼의 바느질을 해야 하던 시절이 있었다. 여성들이 남긴 일기나 주로 읽던 소설을 보면, 바느질이 '여성의 일'로 간주되었음을 알 수 있다. 이를테면 "내 일감을 집어 들었다"라든가 "그녀는 자신의 일감을 가지고 왔다"는 등의 표현이 많이 나오는 것이다. 다섯 살짜리 아이의 서명이 박힌 자수 샘플에서 알 수 있듯이, 여자아이들은 어려서부터 바느질을 배웠다. 어떤 여성에게는 바느질이 자아의 표현이거나 예술 작품이었고, 어떤 여성에게는 진절머리나는 가사 노동이었다. 여성들은 돈을 벌기 위해, 사랑하는 사람들을 위해, 아니면 단지 해야 하니까 바느질을 했다. 혼자 하기도 했고, 바느질 모임을 꾸려서 하기도 했으며, 친구 집에 놀러가서 하기도 했다. 여성들은 바느질 기술이나 아이디어를 나누고, 서로의 작품을 칭찬해 주었다. 바느질을 직접 하다 보니 직물과 재단에 대해서도 잘 알게 되어, 헌 옷을 수선하거나 헌 옷에서 잘라 낸 천에 다른 직물을 덧붙여 새로운 옷으로 만들 수도 있었다. 조지 스터트의 책에 나오는 수레바퀴 제조공이 목재에 대해 속속들이 알고 있었듯이, 바느질을 하는 여성들도 어떤 헝겊 조각이 어떤 용도로 쓰기에 적합한지, 지금 있는 재료로 필요한 옷을 어떻게 만들지 등을 정확하게 알고 있었다.

손으로 꿰매 만든 옷은 아주 소중했다. 가장 단순한 형태의 면 셔츠라고 해도 침모가 한나절은 들여야 만들 수 있었고, 더 복잡한 스타일의 옷은 하루나 이틀이 걸렸다. 또 옷의 개수도 많지가 않아서, 부자들이나 계절별로 옷이 여러 벌씩 있었지, 대부분의 사람들은 딱 두 벌을 번갈아 입거나 그냥 한 계절을 단벌로 났다. 1846년에 재봉틀이 발명되고 이어서 기성복 산업이 발전하면서, 바느질을 안 해도 되는 여성들이나 아예 바느질을 배우지 않아도 되는 여성들이 생겼다. 하지만 이것은 19세기가 다 지나서야 있을 수 있는 이야기였으며, 이때도 대부분의 여성들은 자신의 옷과 아이들의 옷 중 적어도 일부는 직접 만들고 수선했다.[36]

재봉틀이 나오기 전에는 부유한 여성들도 바느질을 해야 했다. 가장 좋은 파티복은 주문해서 입는다 해도, 다른 옷은 이들도 다 직접 만들어 입어야 했던 것이다. E.I. 듀폰 1세의 딸인 일루서라 듀폰Eleuthera du Pont은 열

살부터 스물여덟 살(1816~1834)까지 많은 편지글을 남겼는데, 바느질에 대한 내용이 많이 나온다. 듀폰 집안은 줄곧 침모를 고용했고 필라델피아에 있는 맞춤 양장점도 이용했지만, 일루서라는 속옷과 잠옷을 직접 만들어 입었다. 또 수를 놓거나 손수건, 칼라, 커프스의 단을 손질하기도 하고, '브랜디와인 매뉴팩처 선데이 스쿨'(Brandywine Manufacturers Sunday School, 1815년 듀폰 가家에서 세운 학교. 옮긴이)에서 쓸 바늘겨레나 실을 넣어 두는 함 따위를 만들기도 했다. 또 아기 옷을 만들어 선물하기도 했으며, 하녀들이 식탁보 같은 가정용품과 듀폰 가의 화약 공장에서 쓸 주머니 등을 만드는 일을 감독하고 지시했다. 1832년에 일루서라가 언니 빅토린에게 쓴 편지에는 새 옷을 만들 때 헌 자수를 어떻게 활용할지에 대한 이야기가 나온다. "언니 헌 옷의 칼라 부분 절반 정도를 떼어 냈어. 언니가 잘라서 레이스 만들 때 쓸 수 있을 거야. 근데 천이 별로 빳빳하지가 않아서 자수가 놓인 부분을 모양대로 자르기가 쉽지 않더라."[37]

남북전쟁 이전에 남부의 플랜테이션 농장에서는 흑인 노예 여성과 백인 주인 여성 모두가 바느질을 했다. 노예 중에서 바느질에 배치된 '바느질 노예'들은, 투박한 헝겊으로는 노예들이 입을 옷을 만들었고, 실크로는 백인 주인이 입을 옷을 만들었다. 소규모 농장의 바느질 노예들은 농한기에는 바느질을 하고 추수철에는 들에서 일을 했지만, 대규모 플랜테이션에는 1년 내내 바느질 일만 하는 침모 노예가 있었다. 바느질 노예들의 일은 주로 안주인의 감독하에 이뤄졌다. 어떤 안주인은 옷감 사용을 관리하기 위해 마름질을 직접 하기도 했다. 영세한 플랜테이션에서는 밭일하는 데만도 노예가 부족했기 때문에, 노예 옷 만드는 것까지 포함해서 바느질을 모조리 안주인이 직접 해야 하는 경우도 있었다. 일루서라 듀폰처럼 부유한 백인 가문의 여성들이 남긴 편지나 일기에도 바느질 이야기가 많이 나온다. 좋은 옷은 맞춤 재봉사가 만들게 하더라도, 양말을 깁거나 옛 드레스를 유행에 맞게 고치거나 식구들의 낡은 옷을 수선하는 일 등은 부유한 여성도 직접 했던 것이다.[38]

북부에서는 (대부분이라고까지는 할 수 없어도) 상당수의 중산층 여성이 침모를 두거나 맞춤 재봉점을 이용했지만, 가족이 입을 옷을 전부 다 사거나 자신이 전혀 바느질을 하지 않아도 될 만큼 침모를 많이 고용할 능력이 되는 사람은 드물었다. 따라서 대부분의 여성이 침모나 재봉사의 일을 거들었는데, 주로 재단, 감침질, 홈질, 시침질 등 간단한 작업은 자신이 하고, 정교한 기술이 필요한 일은 침모나 재봉사에게 맡겼다. 간단한 바느질까지도 다른 사람을 고용해 시키는 것은 아주 부유한 사람들만 가능했다. 캐서린 비처는 (간단한 일을 직접 하고 정교한 일을 남에게 맡기는) 이러한 분업을 "빈곤의 경제"라고 칭하면서, 이와 반대로 부유한 여성들이 드레스와 모자 만드는 기술을 배워서 "비싸고 정교한 일"은 직접 하고 "간단하고 단순한 일은 그러한 일거리가 필요한 가난한 사람을 고용해서 해야 한다"고 조언했다. 40여 년 후 크리스틴 터휸 헤릭도 여름 별장과 하녀들을 둔 부유층 독자들에게 옷 고치는 법에 대해 잘 알고 있어야 할 필요성을 역설했다. 헤릭은 기성복을 사 입는 것을 옹호했지만, 어쨌든 기성품도 곧 수선해야 할 필요가 생기게 된다. 따라서 헤릭은 "마름질이나 가봉은 할 줄 모르더라도 적어도 수선만큼은 양말 깁기부터 헝겊 덧대기까지 완벽하게 할 줄 알아야 한다"고 주장하며, 몇 페이지에 걸쳐 상세하게 설명했다.[39]

난로나 화로로 난방을 하고 촛불이나 기름 램프로 조명을 하는 집에 살면 옷을 수선해야 할 일이 자주 생겼다. 『작은 아씨들』에서 파티장에 간 조가 (등 쪽의 그을린 자국이 안 보이도록) 벽에 등을 대고 서서 이렇게 말하지 않던가. "나는 불 앞에 서는 나쁜 버릇이 있어요. 그래서 이 옷에는 그을린 자국이 있지요. 잘 고치기는 했지만, 그래도 티가 나요." 캐서린 비처는 빗 닦는 법, 문 바닥의 갈라진 틈을 메우는 법 등 가사일에서의 소소한 문젯 거리를 다룬 「사소한 조언들」 섹션에서 옷에 불이 붙었을 때의 대처법을 설명했다. "뛰지 말고 일단 바닥에 누워서, 몸을 둘둘 말 수 있을 만한 것 이 있는 곳까지 굴러가라. 카펫의 가장자리 같은 곳이면 된다. 담요나 카 펫 같은 것을 단단하게 몸에 말면 불이 꺼진다." 불이 붙는 것보다 더 흔히 일어나는 일은 불꽃이 튀어서 옷에 작은 구멍이 생기는 것이었다. 부식성 이 있는 세제도 옷에 묻으면 이런 문제를 일으켰는데, 빨랫비누도 부식성 이 있는 것은 옷을 더 빨리 닳게 했다.[40]

　타거나 닳아서 옷에 구멍이 나면 기워 입었는데, 헝겊을 덧대는 방법과 올을 엮어서 깁는 방법이 있었다. 전자의 경우, 덧대는 헝겊이 원래 옷의 천과 잘 맞는 것이면 더욱 좋았다. 크리스틴 헤릭은 "'새 옷감 조각을 낡은 옷에 덧대는 자는 없나니, 이는 기운 것이 그 옷을 당기어 해어짐이 더하 게 됨이요'라는 성경의 가르침은 오늘날에도 지켜져야 한다"며 "꼭 새 천 을 덧대야만 한다면, 덧대기 전에 미리 한 번 빨아서 줄어들게 만든 후 사 용해야 한다"고 조언했다.[41]

　노예, 빈민층, 서부 변경에 사는 사람들은 옷을 깁고 또 기워 입었다. 조 지아 주의 한 노예는 나중에 이렇게 회상했다. "우리들 옷은 다 단순한 흰 색 옷이었는데, 보통은 다리부터 허리까지 누덕누덕 기운 것들이었지요. 어떤 건 하도 기워서 퀼트 같아 보였다니까요." 사우스캐롤라이나 주의 한 여성도 비슷하게 회상했다. "헌 옷으로 만든 패티코트를 계속해서 기워 입 었는데, 어느 부분이 원래 옷이고 어느 부분이 덧댄 천인지 분간이 안 갈 정도였어요." 어린 시절에 노예였던 또 다른 여성은 "덧대고 기운 옷은 나 름 스타일 있어 보였다"고도 말했다. 서부 변경에 사는 사람들도 옷을 계속 기워 입었다. 가까운 곳에 상점도 없었고, 〈몽고메리워드〉나 〈메이시 Macy〉 같은 우편 통신판매 회사는 1870년대나 되어야 생겨났기 때문이다. 1869년에 캔자스 주의 한 여성은 신문에 기고한 글에서, 여러 번 기운 캔자스 사람들의 옷을 상징하는 뜻에서 캔자스 주의 깃발을 얼룩덜룩한 모양으로 디자인하자고 제안했다. 또 1886년 영국에서 출판된 『캔자스로 온 (유럽) 이민자의 삶Emigrant Life in Kansas』의 저자는 "(이곳에서 살려면) 자신의 외양이 어떻게 보일지에 대해서는 신경을 끄는 게 좋을 것"이라고 적었다. "기운 옷을 입는 것에 대해 거리낌이 없어야 하고, 덧댄 헝겊이 원래 옷과 같은 색이면 그나마 다행이라고 생각해야 한다. 언젠가 밀가루 포대를 덧대어 기운 갈색 작업복을 보았는데, 푸른 글자로 쓰여 있는 제품 설명과 밀가루 회사 이름이 그대로 드러나 있었다."[42]

헝겊을 덧대는 것과 달리, 구멍 난 부분의 올을 코바늘로 엮어 깁는 방법은 옷감을 다시 직조하는 것과 마찬가지였다. 털양말 같은 니트류는 엮어 깁고, 방직된 직물로 만든 옷은 헝겊을 덧대 깁는 것이 일반적이었지만, 꼭 이 구분대로 해야 하는 것은 아니었다. 『굿 하우스키핑』에는 털양말을 기울 때 천을 덧대라는 조언이 나오고, 라이트의 『완전한 가정』에는 식탁보, 베갯잇, 손수건 등을 엮어서 기우라는 조언이 나오기도 하니까.[43]

가사 지침서들은 덧대든 엮든 간에 옷 손볼 곳을 미리미리 챙기도록 권했다. 특히 해어지기 시작한 부분은 구멍이 나기 전에 관리해야 하고, 옷, 식탁보, 이불보 등은 정기적으로 살펴보아서 손볼 곳이 없는지 미리 확인해야 한다는 것이었다. 리디아 마리아 차일드는 "털양말 뒤꿈치 부분을 꼼꼼히 꿰매야 한다"며 "구멍 난 곳뿐 아니라, 아직은 괜찮지만 곧 구멍이 날 듯이 해어진 부분도 손을 보라"고 조언했다. 옛말대로 "제때 꿰맨 한 땀이 아홉 땀 꿰맬 일을 막아 준다"는 것이었다. 엘리자 파라Eliza Farrar는 1838년

『젊은 숙녀의 친구*Young Ladies' Friend*』에서 유행에 민감한 젊은 독자들에게 자신의 옷을 직접 깁는 것, 그리고 그것을 잘 해내는 것에서 만족감을 느낄 수 있다고 주장하면서, "매주 정해진 시간에" 털양말을 살펴보라고 조언했다. 또 많은 지침서들이 매주 빨래 후에 옷을 샅샅이 살펴보아서 손볼 곳을 미리 관리하라고 권했으며, 라이트는 해마다 봄이 되면 식탁보와 이불보를 살펴보라고 조언했다.[44]

수선을 제대로 하려면 도구를 갖추어야 한다. 가사 지침서들은 바느질 도구를 갖추는 일에 대해서도 독자들에게 높은 기준을 요구했다. 캐서린 비처의 책에는 이런 이야기가 나온다. 어느 부유한 여성이 손님의 반짇고리에서 바늘을 빌렸는데, 반짇고리에 온갖 바느질 도구 일습이 구비되어 있는 것을 보고 너무 낭비라고 생각해 그 손님을 경멸했다고 한다. 알고 보니 그 부유한 여성은 옷 만드는 일과 그 밖의 일상적인 바느질까지도 전부 사람을 고용해서 하고 있었고, 반면 손님은 가족의 옷을 전부 다 직접 지었다는 것이다. 비처는 "그들은 서로 상대방이 비경제적으로 산다고 생각했다"고 쓰면서 사실상 손님의 손을 들어 줬다. 크리스틴 터휸 헤릭도 보통의 여성들이 반짇고리의 내용물을 적절하게 구비하고 있지 않다고 지적했다. 일반적으로 흰 면사와 검정 실크사, 바늘, 가위, 골무가 들어 있을 뿐인데 이것으로는 부족하다는 것이었다. 헤릭은 흰 면사와 색사를 등급별로 여러 종류, 검정 실크사를 등급별로 서너 패, 땋아 만든 끈, 좁은 리본과 넓은 리본, 진주와 도기로 만든 단추, 덧댈 헝겊으로 쓸 깔끔한 아마포, 모슬린, 리넨, 플란넬, 장갑에 쓸 자수, 줄자, 밀랍, 연마용 금강사, 크고 작은 뜨개바늘, 일반 가위와 작은 가위, 골무, 신발용 실, 신발용 바늘, 일반 단추와 후크 단추 등이 반짇고리에 들어 있어야 하며 (…) 드레스를 수선할 때 맞춰 쓸 수 있도록, 헌 드레스에서 나온 헝겊 조각들을 모아 둔 커다란

상자도 늘 손닿는 곳에 있어야 한다"고 조언했다.[45]

　재봉틀이 발명되자 몇몇 논평가들은 이제 헌 옷을 깁는 일은 끝났다고 예상했다. 1850년대 말, 『뉴욕 트리뷴』은 이렇게 선언했다. "수레바퀴, 베틀, 뜨개바늘과 마찬가지로, 손바느질용 바늘은 곧 희미한 기억 속으로 사라질 것이다. 사람들은 옷을 더 자주 갈아입고, 더 좋은 옷을 입어서 입성이 좋아질 것이다 (…) 남녀 모두가 조금이라도 기운 데가 있는 옷을 경멸하게 될 것이고 우리는 얼룩 묻은 옷이 없는 나라에 살게 될 것이다."[46]

헌 옷의 변신

　옷과 식탁보 등을 손보는 것은 수선하는 정도를 넘어 아예 새로운 것으로 변신시키는 수준까지 가는 경우도 많았다. '변신시키기'에는 많은 것이 포함된다. 간단한 감침질부터 색 바랜 옷을 염색하는 일, 장식으로 수를 놓아 올 풀린 소매 단이나 칼라를 처리하는 일, 헌 옷을 해체해서 각각의 조각을 새로운 용도로 사용하는 일에 이르기까지 말이다. 소설, 수필, 가사 지침서 등 19세기 여성 문헌을 보면 '(헌 옷) 변신시키기'가 매우 많이 등장한다. 직접 바느질을 하는 여성들은 직물 가격이나 자신이 들여야 하는 노동 시간 등에 매우 민감했다. 그들은 브리콜뢰였다. 헌 옷을 패션 잡지에 나오는 대로 고쳐 만들기도 하고, 헝겊 조각들을 모았다가 퀼트나 깔개를 만드는 데 사용하기도 했다. 1896년에 어느 패션 잡지는 이렇게 언급했다. "농촌에서건 도시에서건 여성들은 모든 것을 최대한 잘 활용하려고 하기 때문에, 유행이 지난 옷을 새롭게 고쳐 만들지 않는 사람은 거의 없다." 〈버터릭Butterick〉 등 제조 업체들은 칼라, 커프스, 조끼, 치마, 소매 등의 옷본을 팔았다. 19세기 말까지 시중에 판매된 종이 옷본은 대부분 새 옷

을 만드는 데보다는 헌 옷을 고쳐 만드는 데 사용되었다.[47]

'변신시키기'는 뜯어진 솔기를 깁는 등의 단순한 바느질보다 훨씬 어렵고 시간이 많이 들었다. 헌 옷을 변신시키려면 여러 가지 과정을 복합적으로 적용해야 했다. 예를 들어 〈LA 카운티 미술관〉에 전시되어 있는 1850년대의 초록색 격자무늬 드레스는 치마 속단에서 떼어 낸 헝겊으로 소매 아래쪽 해어진 부분을 손봤고, 등 쪽의 사이즈를 늘렸다. 같은 미술관에 소장된 1880년대 중반의 푸른 줄무늬 투피스를 보면, 스커트는 천을 덧대어 얼룩을 가렸으며 상의에는 2.5센티미터가량 늘린 자국이 있다. 이러한 옷들에는 헝겊을 덧대어 구멍이나 얼룩을 가린 부분이 많은데, 바느질이 주로 시침질로 되어 있는 것으로 볼 때, 자주 떼어서 빨거나 다른 것으로 바꿔 달았던 것 같다.[48]

'변신'의 가장 단순한 형태는 닳은 쪽과 멀쩡한 쪽의 위치를 바꾸는 것이었다. 이를테면 커프스 밑단이 닳았다면, 커프스를 떼어 위아래를 바꾸어 다시 달면 되었다. 그러면 닳은 밑단이 이제 소매나 어깨의 안쪽으로 들어가게 되는 것이다. 안감의 상태가 좋으면 아예 옷 전체를 분해해서 뒤집을 수도 있었다. 캐서린 비처는 (실크 옷을 가지고 있을 정도로 부유한 독자들에게) 실크 드레스의 팔꿈치가 닳았다면 소매를 떼어서 안팎을 뒤집어 달라고 조언했다. 비처는 또한 바지의 무릎이 해어졌을 때의 해결 방법도 제공했다. "절단 수술을 하는 것과 비슷하다. 무릎보다 조금 위쪽에서 두 다리를 잘라 낸 후 바꿔 다는 것이다. 정확하게 같은 길이로 자르는 것이 중요하다. 안 그러면 바꿔 달았을 때 맞지 않게 되기 때문이다." 비처는 이렇게 했을 때 생긴 솔기 자국이 기운 자국보다 보기에 더 낫다고 설명했다.[49]

이보다 한 차원 높은 변신은 헌 옷을 해체해서 나온 천 조각들을 새 단추, 새 레이스 등과 함께 사용해서 새 옷을 만드는 것이었다. 비처는 헌 옷

두 벌로 '겹퀼트' 이불을 만들면 따뜻하게 덮을 수 있다며, 특히 몸살이 났을 때 덮기 좋다고 설명했다. 플란넬 직물로 만든 겨울옷이 해어지면 칼라와 소매를 떼어 내고 그 자리를 감침질한 다음, 해어진 다른 부분들을 손질해서 민소매 여름옷이나 잠옷으로 만들 수 있었다. 또 라이트에 따르면 낡고 해어진 드레스는 "잘라 내고, 솔질하고, 다리고, 레이스를 달고, 새 단추를 달고, 단춧구멍을 다시 내 변신시킬" 수 있었으며, 셔츠도 "목둘레를 손보고 소맷부리와 가슴 부분을 새로 달면 족히 1년은 더 입을 수 있었다." 애초에 옷을 처음 만들 때부터 나중에 고쳐 만들 것을 염두에 두기도 했다. 마름질하고 남은 천을 나중에 덧대거나 유행에 맞게 고칠 때 쓸 수 있도록 잘 보관해 두는 식으로 말이다.[50]

옷을 변신시키는 것은 19세기 여성들이 유행을 따라잡기 위한 방편이기도 했다. 헌팅턴 가(로체스터 종묘 회사를 소유한 가문)의 여성들이 남북전쟁 이후에 쓴 편지에는 '한물간' 옷을 '최신의' 옷으로 고쳐 만드는 것에 대한 내용이 자주 등장한다. 또 『작은 아씨들』에서 부잣집에 2주일간 초대를 받아 가게 된 맏딸 메그는 짐을 챙기다가 "여러 번 다리고 고친" 자신의 흰색 파티 드레스가 "요즘 반드시 따라야 하는 유행인, 목이 낮은 스타일이 아니고 옷자락이 충분히 끌리지 않아서" 속상해한다. "차라리 어머니의 바이올렛 빛깔 실크 드레스가 더 나을 것을…"이라고 생각하지만 지금은 "그것을 고쳐 만들 시간이 없는" 것이다. 하지만 다행히 메그는 낮에 입을 푸른색 실내복 드레스는 고쳐 만들어 두었는데, "아주 잘 되어서 새것 같아 보인다"고 만족해한다.[51]

바느질을 할 줄 아는 여성, 그러니까 대부분의 여성은 옷을 고쳐 만드는 것도 직접 했다. 하지만 여력이 된다면 가장 좋은 옷은 침모를 고용해서 고치게 했다. 흑인에 대한 린치에 반대하는 운동으로 유명한 흑인 여성 저널리스트이자 인권 운동가 아이다 B. 웰스Ida B. Wells는 인권 운동가로 명성이 알려지기 전에 멤피스에서 교사로 일했는데, 웰스가 남긴 일기에는 본인과 자매들의 옷, 그리고 집주인 식구들의 옷을 만들고 고치기 위해 날마다 해야 했던 바느질 이야기가 자주 나온다. 하지만 늘 직접 바느질을 하던 웰스도 1886년에 친구 결혼식에 들러리를 서게 되자 헌 드레스를 결혼식 들러리용으로 고쳐 만들기 위해 침모를 고용했다. "지난주에 내 드레스에 쓸 레이스 6달러어치를 샀다. 구두와 장갑 말고 드레스 고치는 데 4달러를 더 내야 한다. 성가신 일이지만 별 수 있나." 아주 부유한 여성들은 헌 옷을, 원래 그 옷을 만들었던 파리의 드레스 공방으로 다시 보내 고쳐 만들게 했다. 이디스 워튼Edith Wharton이 쓴 『순수의 시대The Age of Innocence』에는 메이 아처가 결혼식 때 입었던 드레스를 디너파티에 입고 갈 수 없어서 한탄하는 내용이 나온다. "그게 지금 여기 있으면 얼마나 좋을까. 하지만 그것은 다음 겨울에 입을 수 있도록 고쳐 달라고 파리에 보내 놓았지. 헌데 위스(당시의 가장 저명한 디자이너)는 아직 그걸 완성해 보내 주지 않았거든." 52)

1896년에 나온 양장점·양재사 가이드북은 오래된 옷을 고치는 것이 새 옷을 만드는 것보다 이문이 훨씬 적게 남는다고 쓰고 있다. "이문이 남을까? 그렇기도 하고 아니기도 하다. (고치는 것으로) 수익이 남으려면, 고쳐 만드는 기술이 뛰어나야 하고, 헌 옷으로 만드는 것도 새 재료로 만든 옷값만큼의 보수를 받는다는 원칙을 견지하며, 들인 시간에 따라 금액을 청구해야 할 것이다." 이 가이드북에 따르면, 뉴욕에는 옷을 고쳐서 만드는 일만 하는 양장점이 있고, 또 성업을 이루고 있다고 했다. 그중 한 곳은 견습생을 둬서 낡은 옷을 해체하거나 헌 직물을 다리는 일을 시키는데, "이렇게 솜씨 좋은 곳은 흔치가 않고, 옷을 고치는 일은 많은 여성들에게 스

트레스가 되는 일이어서 손님이 끊이지 않는다"고 소개되어 있다.[53]

너무 어려서 뭘 입히든 투덜대지 않는 아이들에게는 (새 옷보다는) 고쳐 만든 옷을 주로 입혔다. 낡은 어른 옷을 아이들 옷으로 고쳐 만드는 것은 못 입는 옷을 활용하는 가장 흔한 방법이었을 것이다. 어른 옷이 아무리 낡았다 해도 자그마한 바지나 치마, 그도 아니면 양말이라도 만들 만큼은 멀쩡한 부분이 남아 있을 테니 말이다. 리디아 마리아 차일드는 이렇게 조언했다. "이미 여러 번 고쳐서 계속 신기에는 너무 낡은 털양말로 아이들 것을 만들면 경제적이다." 1885년 『굿 하우스키핑』에는 「아이들 옷 만들기」라는 기사가 실렸는데, 윗옷은 헌 것을 이용해 고쳐 만들기가 힘들지만, 바지는 어른 것을 아이들용으로 만드는 것이 매우 쉬워서 즐겁게 할 수 있다고 설명했다. "아버지의 옷을 해체해서 각 부분의 천을 빨아 다린 후, 닳은 부분을 잘 피해서 옷본을 올려놓고 (바지를) 만든다. 곧 꼬마 소년은 새 직물로 만든 것이나 진배없는 새 바지를 입고 즐거워할 것이다." 이 기사는 "남자아이를 둔 어머니라면 아이를 위해 헌 어른 옷을 사용할 수 있는 방법에 대해 빵 굽는 법만큼이나 잘 알고 있어야 한다"고 조언했다. 주부에게 이런 재능이 있으면 가정경제에도 큰 도움이 되기 때문이다. "버려진 헌 옷을 주워 가려고 우리 집 앞에 오는 거지는 늘 허탕만 치게 될 것이다."[54]

특히 실크나 모직물로 만든 옷은 낡으면 고쳐 만들어야 할 필요성이 컸다. 애초에 비싼 직물들인데다, 옷으로 고쳐 만드는 것 말고는 다른 용도가 별로 없었기 때문이다. 면과 리넨은 깔개를 만들 수도 있고 종이 원료로 넝마주이에게 팔 수도 있지만, 실크나 모직물은 그런 점에서는 실용성이 적었던 것이다. 장기간 상복으로 입은 검정색의 실크와 울 의류는 색이 바래기 때문에 특히나 골칫거리였다. 아직 드라이클리닝 업체는 생겨나기 전이었지만, 손상된 실크나 모직물을 재생시킬 수 있는 방법이 몇 가지 있었다. 라이트가 쓴 소설 형식의 『완전한 가정』을 보면, 주인공 소프로니아 아주머니가 (경제난으로 얼마 전 남편의 봉급이 깎인) 친구 미리암이 입고 있는 검정색의 새 실크 드레스가 예쁘다고 칭찬하자 미리암은 이렇게 대답한다. "아냐, 정말로. 이건 4년째 입고 있는 낡은 옷인걸? 그저 낡은 블라우스에서 잘라 낸 벨벳으로 커프스, 칼라, 주머니, 단추 덮개를 갈고, 암모니아 한 스푼을 뜨겁고 연한 커피 반 파인트와 섞은 용액에 담갔다가 다렸을 뿐이야." 미리암은 이어서 이렇게 말한다. "낡은 검정 모직물 옷은 뜯어서 칼라하 껍질을 담가 둔 더운물에 빤 뒤, 뒤집어 다려 두었어. 헌 옷에서 잘라 낸 실크로 장식해서 새 옷을 만들 거야. 오래된 갈색 모직물 드레스도 잘라 내고 다려서 벨벳 같은 것으로 조금만 장식하면 새 드레스같이 되겠지. 그래서 이번 가을에는 옷을 하나도 사지 않아도 돼."[55]

가사 지침서들을 보면 미리암의 사례에 나오는 커피와 암모니아 혼합액 이외에도 낡은 옷의 수명을 늘일 수 있는 염색법, 표백법, 얼룩 제거법 등에 대한 정보가 많이 나온다. 설탕을 싸는 보라색 종이는 백반과 사과술, 혹은 식초를 섞은 용액에 담가 염색약으로 사용할 수 있었다. 열대 나무인 로그우드의 톱밥은 짙은 색이 나는데, 끓여서(이때, 구리 주전자를 사용하는 것이 좋다고 조언한 책자가 있다.) "낡은 코트를 새것처럼 만들거나 색 바랜 검정 옷을 재생시키는 데" 쓸 수 있었다. 식초와 탄산철을 섞은 것도 비슷한 용도로 쓰일 수 있었다. 중고 의류 거래인들을 대상으로 한 가이드북에는 "담배를 끓인 물을 묻혀 (옷을) 솔질하라"는 내용이 많이 나온다. "옷에 달린 검정색 장식의 색이 바랬거나 어깨 부분이 회색빛이 됐을 경우"에는 잉크를 사용하면 되었다. 화학물질이나 식물성 물질을 활용하는 염색 방법을 수십 가지나 소개한 지침서도 있었으며, 옷에 묻은 흰 곰팡이나 기름 얼룩을 제거하는 방법은 어느 책에나 거의 빠지지 않고 나왔다. 가사 지침서가 제공하는 표백법과 얼룩 제거법은 햇빛, 물, 레몬 즙을 이용하는 것에서부터 옥살산을 이용하는 것까지 다양했다. 비처는 옥살산이 "잉크 얼룩과 녹을 확실하게 없애 주는 방법"이지만 "매우 독성이 있으므로 주의해서 다뤄야 한다"고 경고했다.[56]

고쳐 만들기 중 가장 뻔하고 창의성이 가장 적게 필요한 것은 식탁보나 이불보로 가정용품을 만드는 일일 것이다. 여성들은 찢어지거나 얼룩진 식탁보에서 깨끗한 부분을 잘라 베갯잇, 냅킨, 붕대, 기저귀, 생리대, 행주, 먼지 방지용 옷 덮개, 빨래 주머니 등을 만들었고, 그렇게까지 쓰고 나서 완전히 낡은 것은 마지막으로 행상인이나 잡화점에 팔았다. (이렇게 팔린 넝마는 종이 공장으로 보내졌다.) 남북전쟁 직전 즈음이 되면 공장에서 만든 제품을 쓰는 게 일반적이 되지만, 기계로 양산한 제품이라고 해서 함부로 버려도 될 만큼 싸거나 흔한 것은 아니었다. 리디아 마리아 차일드는 "가장 더러운 넝마라도 버리면 안 된다"며 "걸레까지도 빨아서 넝마 주머니에 모아 두어야 한다"고 주장했다. "걸레 같은 것은 비누를 써 가면서 빨 필요는 없고, 다른 옷을 빨래하고 난 비눗물에 한 번 삶으면 된다."[57]

그러나 19세기 말이 되면, 적어도 중산층이나 상류층 가정에서는 넝마가 쓰레기로 간주되기 시작한다. 종이 제조 업체들은 넝마 대신 나무를 펄프 원료로 사용하게 되었고, 행주나 생리대는 시장에 기성 제품이 나와 있었다. 따라서 가사 지침서 저자들은 헌 직물에 다양한 쓰임새와 가치가 있다는 점을 독자들에게 알리는 데 더욱 열을 올렸다. 1879년, 라이트는 해어진 겹시트는 잘라서 작은 침대나 요람의 시트, 하인들의 베갯잇, 음식 덮개, 옷 덮개 등으로 쓸 수 있다고 조언했다. 식탁보가 낡으면 우선은 꿰매 사용하고, 너무 많이 낡았으면 냅킨이나 아기용 수건, 음식 덮개 따위를 만들 수 있었다. 수건도 "기워 쓸 수 없을 정도로 낡으면" 음식 덮개나 옷 덮개를 만드는 데 쓸 수 있을 터였다. 1885년에 『굿 하우스키핑』에 실린 기사 「행주의 철학」에는 공장 제품을 사서 쓰려는 사람들에게 집에서 만들어 쓰도록 설득하려는 노력이 보인다. "낡은 식탁보를 딱 맞는 크기로 잘라 만든 것은 가게에서 산 것 못지않게 좋다." 또 1888년에 헤릭은 독자들에게 이렇게 말했다. "식탁보, 침대보, 냅킨 등은 절대로 버려서는 안 된다. (깨끗한 부분을 잘라 낸) 조각이 작아서 어른 베갯잇은 못 만들더라도 아이 베갯잇은 만들 수 있을 것이며, 두 장을 붙여 아기 수건이나 옷 덮개로 쓸 수는 있을 것이다. 그것도 안 될 정도로 작은 조각들은 손을 베었을 때 지혈하는 붕대로 쓰거나, 화상이나 상처를 입었을 때 소독약을 바르는 용도 등으로 사용할 수 있다."[58]

물려주기

헌 옷을 모두 다 고쳐 입는 것은 아니었다. 오늘날처럼 19세기에도 사람들은 안 입는 옷을 다른 사람에게 주었다. 가난한 사람에게 옷가지를 주는 것은 매우 흔한 자선의 형태였다. 개인적으로 주는 경우도 있었고, 교회나 자선단체에 기증하기도 했다. 예를 들면, 1837년에 〈성실한 빈민 구호를 위한 뉴욕 의류회New York Clothing Society for the Relief of the Industrious Poor〉 여성들은 가난한 사람들에게 1,742점의 옷가지, 43장의 이불, 169켤레의 신발을 주었다. 이들은 지인들에게 구호 물건들을 모으기도 하고, 바느질 모임에서 직접 만들기도 했다. 비누와 구두약 제조 업체를 소유한 콜게이트 가의 보울즈 콜게이트Bowles Colgate는 네 명의 여성으로 구성된 이 모임 이사회의 이사였는데, 구호품을 모으는 데 가장 큰 성과를 내는 활동가이기도 했다. 혼자서 135달러의 기부금을 모금했고(이 중 20달러는 콜게이트 집안이 운영하는 회사에서 받은 것이다.), 직물, 의류, 신발 등 많은 양의 기증품을 모았다. 누군가에게 50켤레의 신발을 기증받기도 했다. 40년 뒤, 『굿 하우스키핑』은 낡은 옷을 굳이 고치지 않아도 되는 부유한 여성들에게 이렇게 조언했다. "안 입는 옷가지들을 누구에게 줄 수 있을지를 늘 생각하면서 주위를 살펴보세요. 여러분이 약간의 지출과 수고를 들인다면 힘겹게 일하며 성실히 살아가는 가난한 어머니들이 자녀들의 마음을 기쁘게 하고 몸을 따뜻하게 해 주는 데 도움이 될 테니까요." 교회는 해외 선교 활동과 국내 빈민층 구호를 위해 헌 옷을 기부받았다. 20세기 초에 어느 작가는 자신이 어린 시절에 교회 불우 이웃 돕기 상자에 모인 옷들을 받아 입었던 경험을 회상하는 글을 썼다. "처음에는 헌 옷을 신나서 받아 입었는데", ("영혼의 남루함과 영혼의 위대함이 희한한 방식으로 뒤섞이는 시기인") 십대가 되자 "불편하고 신경 쓰이더니, 급기야 견딜 수 없게 되었다. (…) 나는 누가 입던 것이 아니라 처음부터 내 것인 옷을 원했다. 처음에는 이런 생각이 살짝만 들었는데, 곧 매우 강렬해졌다."[59]

헌 옷은 하인에게 주기도 했다. 하지만 북부의 백인 안주인들은, 하녀가 주인이 입던 고급 옷을 입고 있으면 주인처럼 보일 수도 있고, 거드름을 피울지도 모른다고 생각했기 때문에 하녀에게 헌 옷을 물려주는 일이 흔하지는 않았다. 남북전쟁 이전의 남부에서는 북부보다 계급 간 구별이 더 명확해서, 대부분의 노예들은 집에서 대충 만든 투박한 옷이나 싼 공장 직물 옷을 입었다. 그래도 몇몇 하인들은 주인의 헌 옷을 얻어 입을 수 있었다. 혹사하지 않는 것, 좋은 음식을 주는 것과 함께, 좋은 옷을 주는 것은 '맘씨 좋은 주인이냐 아니냐'의 기준이 되기도 했다. 역사학자 유진 제노비스Eugene Genovese는 "백인 주인, 특히 안주인들은 자신의 헌 옷을 기꺼이 노예에게 주었는데, 그들은 이러한 증여 관계가 노예와 주인 사이의 사회적 거리를 (더 넓히지는 못한다 해도) 유지시켜 준다는 것을 잘 알고 있었다"고 설명했다. 달아난 노예를 찾는 수배 전단에는 노예가 입고 있을 법한 옷에 대한 설명이 나오곤 했는데, 고급 옷인 경우가 많았다. 주인에게 물려받았든, 도망치기 전에 주인의 옷장에서 훔쳤든 간에, 그런 고급 옷을 입고 있으면 들키지 않고 도망가는 데 도움이 됐다.[60]

노예 출신인 낸시 윌리엄스Nancy Williams는 1930년대 버지니아 주 WPA 프로젝트(노예 출신 흑인들의 구술을 기록해 역사 자료를 만들었던 프로젝트. 옮긴이)에 참가해 자신의 경험을 이야기했는데, 해마다 봄이 되면 늘 있었던 일을 이렇게 회상했다. "마님이 옷장을 정리하면 (…) 엠마 아주멈이 마님의 낡은 패티코트로 둘둘 만 짐을 한 보따리 등에 지고 내려오지요. 그것들을 죽 펼쳐 놓으면 우리들이 달려들어서 일단 닥치는 대로 집었어요. 집어 든 게 딱 맞는 옷은 아니지만, 나중에 우리끼리 서로 교환을 해서 몸에 맞는 옷을 찾는 거지요."[61]

모든 노예가 주인의 헌 옷을 입을 기회를 가졌던 것은 아니다. 이런 옷들은 보상 시스템의 일부였기 때문에 주인이 총애하거나 일을 잘하는 노예들에게 우선적으로 돌아갔다. 또 일반적으로 들일을 하는 노예는 투박한 옷을 입었고, 주인이 물려주는 옷은 집안일을 하는 노예들이 (고쳐서) 입었다. 집안일을 하는 노예였던 루이스 휴스Louis Hughes는 이렇게 회상했다. "나는 주인님의 헌 바지로 만든 옷을 입었어요. 주인님의 코트도 낡으면 다 내가 입었죠. 밑단 부분을 잘라 내고 그걸 재킷이라고 불렀어요." 들일을 하는 노예도 특별한 경우에는 주인의 헌 옷을 가질 수 있었다. "샐리 아주멈"이라고 불리던 한 노예는 마님이 자신에게 남편도 정해 주고 결혼 날짜도 정해 줬을 뿐 아니라 "마님의 옷장에서" 웨딩드레스로 입을 만한 "오래된 흰 모슬린 드레스"를 꺼내 주었다고 회상했다. 샐리 아주멈의 남편은 들일을 하는 노예였는데, 결혼식 날에는 그도 "주인의 헌 옷을 입어서 꽤 신사처럼 보였다."[62]

남북전쟁 후, 흑인 여성들은 노예 상태에서는 해방되었지만 여전히 백인 집안에 고용되어 일을 했다. 이들 흑인 여성들은 주인에게 헌 옷들을 선물로, 아니면 보수의 일종으로 지급받았다. 받은 옷은 고쳐서 자기가 입거나, 다른 사람의 것과 바꾸거나, 자신보다 더 가난한 사람을 도우라고 교회에 갖다 주었다. 흑인 여성들은 (백인) 집안의 가사일에 고용되는 경우가 많았기 때문에, 같은 가난한 노동자라 하더라도 헌 옷을 가질 수 있다는 점에서는 유럽에서 온 이민자(이들은 주로 공장에서 일했다)보다 처지가 좀 나았다.

영국에서도 집안일을 하는 하인은 주인의 헌 옷을 가질 수 있었는데, 자신이 입기보다는 다시 내다 파는 경우가 많았다. 복식사학자인 매들린 긴스버그Madeleine Ginsburg는 "주인 입장에서는 옷장도 정리하고 하인에게 선심도 쓸 수 있는 쉬운 방법이었으며" 하인 입장에서는 "그것을 파는 것이 돈도 돈이거니와, 자신이 일상적으로 입기에는 부적절한 상류층 옷을 입는 것보다 더 나았다"고 설명했다. 영국에서 헌 옷 거래는 적어도 16세기부터 성행했는데, 흑사병이 돌던 때는 헌 옷을 통한 전염이 당국의 큰 골칫거리였다. 가난한 사람들이 시체가 입고 있는 옷을 거둬 가는 일이 많았기 때문이다. 18세기에 중고 옷을 구입하는 사람들은 주로, 다른 계층 사람처럼 보이고 싶어하는 "도시 빈민이거나 떠돌이, 최하층들"이었다. 19세기가 되면 런던에는 헌 옷 거래가 매우 발달하고 전문화되어서, 런던 길거리 상업에서 중심 위치를 차지하게 된다. 이는 헨리 메이휴Henry Mayhew의 『런던의 노동과 런던의 빈민London Labour and the London Poor』, 찰스 부스Charles

Booth의 『런던 사람들의 삶과 일*Life and Labour of the People of London*』, 그리고 찰스 디킨스가 쓴 소설들에 잘 묘사되어 있다.[63]

미국에서도 남북전쟁 이전에 상당 규모의 헌 옷 거래 시장이 존재했다. 대도시의 신문에는 중고 옷 광고가 자주 나왔다. 1840년대 뉴욕 시의 장물 거래인들은 원래 주인이 보더라도 자기 것이라고 주장할 수 없도록, 침모를 고용해 (훔친) 코트의 모양새를 약간 고쳐서 딜러들에게 넘겼다. 딜러들은 이 옷들을 헌 옷 수요가 있는 남부나 서부로 보냈다. (남부에서는 농장 주인들이 들일을 하기에도 부족한 노예 노동력을 노예 옷 만드는 데 들이느니 헌 옷을 사는 게 낫다고 생각했기 때문에 헌 옷 수요가 있었고, 서부에서는 침모가 귀했기 때문에 고쳐 만든 헌 옷에 대한 수요가 있었다.) 버지니아 주 흑인 교회를 방문한 프레더릭 로 옴스테드(Frederick Law Olmsted, 1822~1903. 언론인, 사회 개혁가이자 도시 조경 전문가. 옮긴이)는 사람들 대부분이 백인이 버린 좋은 옷들을 입고 있었다고 기록했다. "백인이 선심을 쓴 것이거나, 유대인에게 구입한 옷일 것이다. 유대인의 가게에 있는 물품들을 보건대 북부에서 그런 것이 상당량 들어오고 있는 것 같다." 옴스테드는 또, 멕시코 전쟁 후에 농장주들이 노예에게 입힐 용도로 뉴올리언스의 경매에 나온 군복을 사기도 했는데 "노예들은 그것을 매우 좋아했다"고도 전했다.[64]

남북전쟁이 막바지로 가면서, 재정이 어려운 남부 농장들은 재정 확충을 위해 좋은 중고 옷들을 팔았다. 1864년 리치먼드에서 드레스 몇 벌을 팔았던 메리 체스넛Mary Chesnut은 일기에 이렇게 썼다. "세상에! 이런 쓰레기 더미나 다름없는 것들이 이렇게 근사한 파리제 실크나 공단과 섞여 있다니. 물라토 여인 한 명이 낡은 건물에서 가게를 보고 있었는데, 백인 여성이 여기에 헌 옷을 팔면 흑인들이 사 갔다." 6개월 후에 체스넛은 중고 옷을 좀 더 팔았다. "내 분홍 실크 드레스를 선금 6백 달러에 3개월 할부로,

매달 2백 달러씩 받기로 하고 팔았다. 계란과 버터도 한 달에 2백 달러에 판다. 이 정도면 괜찮지 않은가? 매달 4백 달러가 되니까 말이다. 하지만 그걸 '남부 동맹 화폐'(Confederate money. 남부 동맹이 결성된 지 두 달 뒤이자 남북 전쟁 직전인 1861년에 처음 발행되었다. 처음에는 남부의 광범위한 지역에서 잘 유통되었지만 긴장이 고조되면서 화폐에 대한 신용이 떨어져 화폐 가치가 급락했고, 전쟁이 끝날 무렵에는 거의 휴지 조각이 되었다. 옮긴이)로 받아야 하다니. 맙소사!"[65]

자산과 가재도구들을 처분하기 위해 여는 '에스테이트 세일'에는 가정용품, 농장 도구 등과 함께 헌 옷이 빠지지 않고 나왔다. 에스테이트 세일에서의 판매 기록과 안 팔리고 남아 있는 것들의 품목이 공식적으로 유언장에 올라가기도 했다. 에스테이트 세일은 주로 봄에 열렸는데, 사람들을 모으기 위해 음식, 사과술, 아이들을 위한 게임 등을 준비하기 때문에 동네 사람들이 모이는 마을 행사가 되기도 했다.[66]

요즘 사람들에게는, 19세기에 계급과 계층을 막론한 모든 미국 사람들에게 헌 옷이 얼마나 큰 가치를 가지고 있었는지가 잘 와 닿지 않을 것이다. 이제는 제3세계 사람들도 공장에서 제조된 저렴한 직물을 구매해서 재봉틀로 바느질을 하니까 말이다. 하지만 경제가 발전하면서 직물 생산량이 많아졌다고는 해도, 오늘날의 기준으로 보자면 19세기 말까지도 (이 무렵이면 재봉틀과 공장 생산 직물이 일반화되기는 하지만) 의류가 풍부하지 않았기 때문에 아주 부자들을 제외한 대부분의 사람들은 옷을 되도록 오래 입었다. 물려주고, 기증하고, 중고 장터에 팔고, 깁고, 얼룩을 없애고, 안팎을 뒤집고, 잘라 내고, 염색해서 고쳐 만드는 등 갖가지 방법을 동원해 모든 종류의 헌 옷을 활용했다. 이러한 활동들은 산업화 이전 '사물의 희소성'이 지배하던 시대에, 사람들이 일상 속에서 어떤 식으로 사물과 관련을 맺고 있었는지를 보여 준다. 손으로 직접 만드는 물건들이 갖는 가치, 손바느질을 하면서 알게 되는 지식, 브리콜뢰의 태도 등이 그러한 활동에서 드러나고 있는 것이다. 1867년, 서부 변경의 한 여성은 새로 만든 회색 드레스에 대해 이렇게 적었다. "방금 드레스 한 벌을 다 만들었다. 이제 이것은 수명이 다하는 마지막 날까지 나와 함께 살게 될 것이다."[67]

퀼트

팔거나, 다른 사람에게 주거나, 고쳐 만들거나, 걸레로 쓰는 것 말고도 헌 옷은 또 다른 쓰임새가 있었다. 여성들은 헌 옷으로 퀼트, 깔개, 벽걸이와 같은 장식용 가구를 만들기도 했다. 역사학자 하비 그린Harvey Green은 "헌 직물로 만든 장식품은 만든 사람의 알뜰함, 미적 감각, 재능을 드러내준다"며 이러한 장식품 만들기는 "가난한 가정뿐만 아니라 모든 계층의 여성들이 하는 일이었다"고 설명했다. 이를테면, 로체스터 지방의 저명한 검사의 딸도 낡은 모직물 커튼에 짚으로 속을 채워 소파 쿠션을 만들었다는 것이다.[68]

헌 직물로 퀼트, 깔개, 벽걸이 등을 만든 여성이 몇 명이나 되었는지를 정확히 알 수는 없다. 모두가 이 일을 좋아한 것도 아니었고, 모두가 이 일에 필요한 참을성과 시간, 그리고 아직 미완성인 것을 아이들이 뛰어다니다가 건드리지 않을까 염려하지 않고도 둘 수 있는 충분한 공간을 가지고 있는 것도 아니었다. 하지만 19세기에 사실상 모든 (미국) 여성이 헌 직물을 이용해서 무언가를 만드는 법을 알고 있었다는 것만은 분명하다. 재봉틀이 나오고 기성복이 일반화되면서 여성들이 가족들의 옷을 짓는 데 들이는 노력도 줄어들었다. 옷 만드는 부담에서 어느 정도 놓여난 여성들은 헝겊 조각으로 실내 공간을 꾸미는 일에 손바느질 기술을 활용했다. 게다가 퀼트, 깔개, 벽걸이 등은 솜씨가 좋고 판매 수완이 있는 여성들에게는 돈 벌이도 되었다. 노동계급 여성들, 심지어는 노예 여성들까지도 퀼트를 만들어 팔아 돈을 벌 수 있었다. 중산층 여성들은 헌 헝겊으로 만든 작품을 기금 마련을 위해 팔았는데, 이러한 활동은 노예제 반대 운동이 활발했던 1830년대까지 거슬러 올라간다. 19세기에 퀼트를 만든 흑인 중 가장 유명하다고 할 만한 해리엇 파워스Harriet Powers는 첫 작품을 현금 5달러와 헝겊 조각을 받기로 하고 팔았다. (처음 요구한 금액은 10달러였다.) 이 작품은 1895년 애틀랜타에서 열린 〈국제 면화 전시회〉에 출품되었는데, 이곳에서 관심을 끌어서 해리엇은 또 다른 주문도 받게 됐다. 넝마 깔개도 종종 판매 목적으로 만들어졌다. 1876년 『피터슨 매거진Peterson's Magazine』에 실린 한 기사는 "뉴잉글랜드에서 깔개 만들기는 농촌 여성이 겨울 농한기 저녁에 할 수 있는 가내 산업의 하나라고 할 만하다"며 "이러한 깔개 중 상당수가 정말로 아름답고, 꽤 좋은 값을 받는다"고 언급했다.[69]

이런 수공예 장식품 중 오늘날 가장 많이 연구되는 것은 퀼트다. 더러운 바닥에 깔아서 쓰는 깔개에 비해 퀼트는 자손들이나 수집가, 박물관 등에 의해 후세까지 보관될 가능성이 더 많았다. 미술사, 여성사 등을 연구하는 학자나 퀼트 수집가들은 개별 작품들과 지역별 패턴 등에 대해 많은 연구 성과를 내놓았다. 그러나 흔히 알려져 있는 퀼트에 대한 지식 중에는 낭만적인 오해도 많다. 이를테면, 으레 생각하는 것과 달리 식민지 시기(1776년 미국 독립 이전)에는 퀼트가 흔하지 않았다. 학자들에 따르면 퀼트는 (물자가 부족해 헝겊 조각 하나라도 아끼려 했던) 궁핍함을 반영하는 것이라기보다는, 헝겊이 풍부해서 퀼트에 사용할 재료가 많았던 현실을 반영하는 것으로 보아야 한다. 퀼트 중 집에서 직접 짠 직물로 만든 것은 거의 없었으며, 많은 여성들이 퀼트를 만들게 된 것은 공장에서 생산된 값싼 직물이 널리 유통

된 이후였다. 또한 초창기 퀼트는 여러 헝겊 조각들을 이어 붙여서 만든 것이 아니라, 자수를 놓은 직물 한 장을 받침 천 위에 대어 만든 것이 일반적이었다. 직물이 귀하던 식민지 시기의 옷본은 "최대한 옷감을 끝에서 끝까지 다 사용하기 위해" 사각형 형태로 재단하게 되어 있는 것이 많았기 때문에 옷을 만들 때 퀼트에 쓸 자투리 헝겊이 나오지 않았다. 공장에서 나온 싼 직물이 유통되고 나서야 사람들은 몸의 굴곡에 맞게 재단한 옷을 입을 수 있었고, 따라서 옷을 만들고 난 후에 생기는 천 조각들도 이때에야 나올 수 있었다. 또한 조각 천을 이어 붙이는 방식으로 퀼트를 만들 수 있을 만큼 다양한 색상과 무늬의 천을 구할 수 있게 된 것도 공장 직물이 일반화되고 난 이후였다.[70]

퀼트 모임도 지나치게 낭만적으로 신화화된 감이 있다. 그럴 만한 이유가 있기는 하다. 퀼트를 만들려면 받침 천, 속, 커버의 세 겹을 팽팽하게 펴야 하는데, 안방 정도는 차지해야 할 정도의 공간과 프레임이 필요했다. 퀼트 모임은 이 마지막 단계를 하기 위한 것이었다. 여럿이 모여 만들면 프레임을 안방에 오래 놓아두지 않아도 되었기 때문이다. 여성들은 퀼트 모임에 남편이나 오빠, 남동생과 함께 왔다가 일이 끝나면 함께 음식을 먹고 춤을 추며 시간을 보내기도 했다.

그렇다고 퀼트를 늘상 모여서 하는 것은 아니었다. 특히 한 집에 사는 경우에는 각자 다른 시간에 퀼트를 했다. 같은 사람이라도 혼자 만들 때도 있고, 친구와 만들 때도 있고, 퀼트 모임에 나가서 만들 때도 있었다. 일반적으로 커버에 해당하는 부분, 즉 헝겊 조각들을 이어 붙이고 자수를 놓아 모양을 내는 부분은 혼자서 만들었다. 이 일은 비교적 작은 부분씩 진행할 수 있기 때문에 오랜 기간에 걸쳐 짬짬이 만들 수 있었다. 또 커버는 거의 완성된 것이라고 해도 무게가 많이 나가지 않아서 무릎에 올려놓고 바느질할 수 있었다. 그리고 겹이불을 만들 때는 많은 여성들이 퀼트 방식보다는 천을 겹쳐서 군데군데 꿰매 고정하는 방식을 선호했다. 퀼트 방식보다 혼자서 하기가 쉽고 시간도 덜 걸렸을 뿐 아니라, 다시 떼어 내 빨기도 쉬웠던 것이다. 물론 두 가지 다 만드는 사람들도 있었다. 캔자스 주 리븐워스 카운티에 살던 메리 엘렌 쉔크의 1876년 2월 21일 일기에는 "이삭에게 줄 이불을 꿰매고 밤까지 퀼트를 만들었다"는 대목이 나온다.[71]

퀼트 역사 연구가인 지네트 라샌스키Jeannette Lasansky는 "19세기와 20세기의 퀼트에 대해 갖고 있는 가장 일반적인 오해는 헌 헝겊 조각을 재료로 한다는 것"이라고 지적했다. 사실은 퀼트 덮개에 쓰이는 재료 천들이 다 틈틈이 모은 헌 헝겊 조각에서 나오는 것은 아니었다. 초기의 한 장짜리 아플리케 퀼트 덮개는 거의가 시장에서 구매한 공장 직물로 만들어졌다. (요즘 박물관에 많이 전시되어 있는 붉은색과 초록색의 아플리케 퀼트도 마찬가지다.) 조각 천을 기워 만드는 방식의 경우에도 공장 직물을 많이 사용했으며, 특히 받침 천으로 쓸 넓은 천은 대체로 구매해서 썼다. 물론 지역이나 계급에 따라 차이가 있었는데, 빈민, 노예, 서부 변경의 여성들은 상대적으로 헌 직물을 많이 이용했다.[72]

퀼트 재료로 쓸 옷감을 시중에서 구매한다는 것은 (금전적 여유가 있고 근처에 커다란 잡화점이 있다면) 다양한 디자인을 시도해 볼 여지가 많아졌다는 뜻이기도 했다. 당장 가지고 있는 재료들만을 이용하기보다는 마음속으로 디자인한 것에 맞게 재료를 고를 수 있었던 것이다. 같은 여성이라도 그때그때 형편에 따라 여러 가지 방법으로 재료를 조달했다. 메릴랜드 주 플랜테이션의 안주인이던 마사 오글리 포만Martha Ogle Forman이 1814년부터 1845년 사이에 쓴 일기가 현재까지 남아 있는데, 여기에 퀼트 재료에 대한 내용이 나온다. 첫 번째 퀼트에는 낡은 커튼을 사용했다. (이 커튼으로 방석도 여섯 개 만들었다.) 7년 뒤에는 농장에서 쓸 물건들을 사러 볼티모어, 윌밍톤, 필라델피아에 갔던 남편이 "침구 퀼트용으로 쓸 천 한 장"을 사다 주었다. 1831년에는 마사 자신이 가금류와 달걀을 판 돈으로 퀼트용 재료를 직접 구매했다.[73]

  헌 헝겊 조각과 새로 산 퀼트 재료 천을 함께 사용하는 경우도 많았다. 펜실베이니아 주의 메리 막달레나 거스Mary Magdalena Guss가 1830년대에 만든 퀼트는 그것을 만든 과정에 대한 기록과 함께 지금까지 전해지고 있다. 기록에 따르면 여기에 쓰인 퀼트 조각 중 일부는 "오빠 윌과 함께 소들을 돌보던 때" 만들기 시작했다. "아주 어렸을 때였는데, 언니들이 버린 헝겊을 모아서 퀼트 조각을 만들었다." 더 큰 조각들은 "할머니가 옷 만들라고 사다 주신 천으로 만들었다." 받침 천으로 쓸 것은 퀼트 커버 작업이 거의 끝났을 때 시중에 나와 있는 것을 구매했다. 노예 여성들도 가끔씩 특별한 일을 하고 받은 돈으로 퀼트 재료를 약간이나마 살 수 있었다. 미시시피 주의 노예였던 한 여성은 어머니가 만든 퀼트를 고이 간직하고 있었는데, 천의 일부는 손으로 짠 직물이었고 일부는 가게에서 산 붉은색, 초록색, 푸른색의 천이었다. 또 다른 노예 출신 여성은 하숙을 치는 여성의 일을 도와주고 1달러를 벌었는데 "부자가 된 기분이었다"며 "그 돈으로 캘리코 천을 조금 사서 퀼트를 만들었다"고 말했다. 낸시 윌리엄스처럼 자신이 만든 퀼트를 안주인과 또 다른 백인 여성들에게 팔아 번 돈으로 직물을 구매하는 여성들도 있었다.[74]

  1845년, 공장 노동자 잡지 『로웰 오퍼링Lowell Offering』에 실린 기사 「조각천 퀼트」는 낡은 헝겊과 새로 산 재료 천 모두를 낭만적으로 묘사하고 있다. "내 삶에서 중요한 순간들이 이 퀼트에 얼마나 많이 담겨 있는가. 이 퀼트에는 엄마가 우아하게 앉아 있던 안락의자의 밝고 깨끗한 쿠션, 내가

난생 처음 본 무통 레그(mutton-leg, 팔꿈치는 꼭 맞고 어깨 쪽으로는 넓어지는, 양다리 모양의 소매. 옮긴이) 소매로 되어 있는 언니의 옷, 소중한 친구가 준 낡은 옥양목, 막내 남동생이 커서 더 이상 아기 옷을 입지 않게 되었을 때 버려진 그 애의 옷이 들어 있다." 이 기사의 저자는 구매한 직물에 대해서도 비슷한 정도로 향수 어린 묘사를 했다. "이쪽 조각들은 너무 밝고 아름다워서 내가 퀼트에 쓰면 딱 좋겠다고 생각해서 산 것이다. 그 옷감의 스트립(strips, 길고 가는 헝겊 조각. 옮긴이)을 1센트어치 샀는데, 그런 옥양목 값으로 1센트만 받은 것은 가게 주인이 특별히 잘 봐준 것이었다."[75]

퀼트 문학에는 이처럼 다양하게 조달한 재료 천들에 대한 내용이 자주 등장한다. 예를 들면, 캐서린 마리아 세지윅Catharine Maria Sedgwick은 1846년에 쓴 「내 조각 천 퀼트」에서 웨딩드레스의 일부, 신부 들러리 드레스에서 잘라 낸 네모난 천, 남편이 필라델피아에서 사 온 실내복의 일부 등으로 만든 퀼트에 대해 이야기했다. 세지윅은 이러한 "과거의 부적"들 때문에 퀼트는 그 자체로 "전통을 표현해 주는 이야기책이자 집안의 전설이 된다"고 설명했다. (대부분의 퀼트 문헌에서는 아마도 너무 당연해서인지 잘 언급되어 있지 않지만) "과거의 부적"은 꼭 헌 옷에서만 나오는 것이 아니라 새 옷을 만들고 남은 천 조각에서도 나왔다. "이 퀼트는 원래 새 헝겊으로 만들어진데다가 현명하게 잘 보관했기 때문에 처음의 광택을 보존하고 있다."[76]

간단한 조각 천 깁기는 다른 손바느질보다 쉬운 축에 속했기 때문에 여자아이들이 첫 바느질 작품으로 삼는 경우가 많았다. 가사 지침서들은 여자아이들에게 조각 천을 기워 냄비 집게나 인형 이불(인형 역시 자투리 헝겊으로 만든 것이었다.) 등을 스스로 만들어 보게 하라고 조언했다. 어머니들은 아이에게 습관을 잘 들이기 위해 한 번 앉았을 때 일을 이만큼까지는 진득하게 해야 한다는 '오늘 분량'을 정해 주었다. 1853년과 1881년에 출판된 「메

리의 조각 천 깁기」를 보면, 메리의 어머니는 메리에게 분홍색과 흰색의
네모난 조각 천들을 시침질해서 주었는데, 메리는 날마다 퀼트 덮개 한 칸
에 해당하는 '오늘 분량'을 바느질해야 했다. 어머니는 "퀼트 전체를 만들
수 있을 만큼 여러 칸을 만들면 네 방에 둘 새 침대를 사 줄게."라고 약속
했다. 하지만 메리는 바느질이 금방 지겨워졌다. 특히 친구 앨리스가 굴렁
쇠를 굴리자며 놀러올 때면 정말 바느질하기가 싫었다. 로웰 공장의 노동
자였다가 나중에 유명한 작가가 된 루시 라콤Lucy Larcom은 조각 천 깁는 법
을 학교에서 배웠다고 회상했다. 라콤은 "낡은 드레스에서 잘라 낸 천으로
퀼트를 시작했는데, 이 조각 천들은 그 옷을 입었던 사람들을 생각나게 했
다"고 적었다. 그러나 라콤은 곧 퀼트를 그만두었고, 세상을 뜬 언니가 입
었던 드레스에서 나온 천 조각만 빼고 나머지는 남에게 줘 버렸다. 애니
프로스트S. Annie Frost는 『여성을 위한 바느질 교본Ladies' Guide to Needlework』
(1877)에서 조각 천 깁기는 "우리가 하는 첫 번째 일이자 마지막 일"이라고
말했다. "어린 소녀들은 작은 손가락으로 조각 천을 기워 서툰 첫 작품을
만들고, 정교한 바느질을 할 수 없는 할머니들은 손녀들을 위해 조각 천을
기운다." 하지만 재봉틀이 등장하자, 여자아이들이 조각 천을 기우면서 익
혔던 박음질은 필요가 없어졌다.[77]

　재봉틀이 나오면서 단순한 바느질 노동에서 놓여난 여성들은 근사한 작
품을 만드는 정교한 바느질을 많이 하게 되었다. 오늘날 수공예의 진수로
여겨지는 조각 천 퀼트는 당시의 여러 정교한 바느질에 비하면 도리어 단
순한 편에 속했다. 『숙녀를 위한 장식품 공예 핸드북Ladies' Handbook of Fancy
and Ornamental Work』(1859)에서 플로렌스 하틀리Florence Hartley는 자신이 "전
통 방식의 조각 천 퀼트를 좋아하며" 그것이 "실크로 만든 거실 장식보다
훨씬 예쁘다"고 했지만, 기본적으로는 조각 천 퀼트를 어린 여자아이들,

나이 든 할머니들, 눈이 침침해진 늙은 하녀, 다른 일로도 너무 바쁜 주부 등이 만드는 물건으로 여겼다. 영국의 바느질 공예가였다가 『프랭크 레슬리 매거진Frank Leslie's Magazine』의 바느질 공예 코너 편집자로 미국에 온 마틸다 매리언 체스니 펄란Martilda Marian Chesney Pullan의 견해는 이보다 관대하지 않았다. "옥양목 조각 천을 기워 만든 퀼트에 대해서라면, 나는 할 말이 없다. 이런 볼품없는 겉덮개 이불을 만든 사람은 시간이 남아돌았던 모양이다. 단호하게 말하건대, 이것을 만드느라 불 밝히는 데 들어간 양초나 가스가 아깝다." 아주 부자들만이 가스등을 집 조명으로 사용했다는 것을 감안하면(큰 도시에서도 대부분의 사람들은 기껏해야 가로등에서나 가스등을 접할 수 있을 뿐이었다.), 펄란의 견해는 계급적 편견의 소산이라고도 볼 수 있다.[78]

펄란은 실크 조각 천을 이용해 장식품을 만드는 영국의 유행에 대해서는 높이 평가했다. (실크 조각 천 장식품은) "많은 숙녀들이 좋아하는 소일거리이자 오락거리며 (…) 그들은 못 쓰는 실크, 벨벳, 공단 조각 천들을 정말 아름다운 장식품으로 변신시킨다. (…) 어느 정도의 미적 감각과 기술만 있으면 근사한 쿠션이나 의자 커버, 오토만(ottomans, 등받이가 없는 긴 의자. 옮긴이) 등을 만들 수 있다." 얼마 지나지 않아 영국식 실크 퀼트는 미국에서도 유행했다. 1877년 『피터슨 매거진』은 "실크 퀼트가 다시 유행하고 있다"고 선언했는데, 이는 곧 '크레이지 퀼트' 열풍으로 발전한다. 크레이지 퀼트는 침구용이 아니라 거실 장식용이었으며, 실크, 공단, 벨벳 조각들을 깁고 화려한 자수를 놓아 만들었는데, 일정한 패턴이 아니라 마구잡이 패턴으로 된 문양이 많았다. 여성들은 낡은 실크 옷들을 닥치는 대로 잘라 재료로 사용했는데, 실크 조각 천들은 어차피 종이 원료로 팔 수도 없었고 다른 집안일에 딱히 쓸모가 있지도 않았다.[79]

일단 크레이지 퀼트 유행에 휩싸이자, 고급 직물인 비단을 퀼트 재료로 쓸 만큼 충분히 많이 가지고 있는 사람이 거의 없었다. 1884년『레이디스 홈 저널』2월호에는 한 페이지에만도 실크 조각 천 세트 제품 광고가 여섯 개나 실려 있다. 실크 조각 천은 상인들에게 샘플을 달라고 해서 구할 수도 있었다. 하지만 심술궂은 상인들은 샘플 크기를 퀼트용으로 쓰기에는 너무 작게 잘라 놓거나, 구멍을 뚫어 놓거나, 아니면 샘플을 마분지에 붙여 놓았다. 이런 내용은 1884년『고디스 레이디스 북 앤 매거진Godey's Lady's Book and Magazine』에 실려 있는데, 이 글에는 크레이지 퀼트에 '미친' 헬로이즈와 마리라는 두 소녀 이야기가 나온다. 호화로운 조각 천이 너무 갖고 싶은 나머지 마리는 자신에게 구애하는 남자에게 넥타이를 달라고 하고, 아버지의 코트에서 안감을 잘라 내며, 헬로이즈는 샘플을 모으러 다니는 포목상 직원 행세를 한다. 그러나 점차 도시의 잡지에 실린 글에서는 크레이지 퀼트 유행이 사라지고 새로운 수공예로 관심이 옮겨 갔다. 크레이지 퀼트는 이제 농촌 여성을 위한 잡지에 나오는 소재가 되는데, 이들 잡지는 농촌 여성들에게 새 실크나 벨벳을 사지 말고 낡은 모직물을 활용하라고 조언하고 있다.[80]

넝마로 만든 깔개

모직물 옷은 낡으면 주로 '넝마 깔개'를 만드는 데 사용되었다. 헌 직물을 재활용하는 것으로는 퀼트보다 넝마 깔개가 더 흔했을 것이다. 줄리아 맥네어 라이트에 따르면 "울이나 플란넬 옷이 낡았을 때 일반적인 활용처"는 카펫이나 깔개 재료로 이용하는 것이었다. 많은 종류의 깔개나 매트가 넝마나 옥수수 껍질과 같이 버려지는 것을 활용해 만들어졌다. 블레이크리Blakelee의『살림 백과Industrial Cyclopedia』는 특이한 디자인의 넝마 깔개에 대해 설명하면서 "이 깔개에는 아주 많은 재료가 들지만 어차피 폐품을 이용하는 것이므로 상관없다"고 언급했다.[81]

깔개를 만드는 데는 크게 세 가지 방식이 있었다. 베틀로 '짜서' 만들면 네모난 줄무늬 러그를 만들 수 있었고, '땋아' 만들면 둥글거나 타원 형태의 러그를 만들 수 있었으며, 코바늘을 이용해 받침 천에 '심어' 만들면 어떤 모양으로건 만들 수 있었다. 짜거나 땋은 깔개도 아름다웠고, 코바늘로 심는 것은 예술 작품이라 할 만했다. 하지만 깔개는 험하게 사용되어서 아직까지 남아 있는 것이 거의 없고, 문학에서 퀼트만큼 낭만적인 소재가 되지도 않았다. 깔개는 어느 부분이 누가 입던 헌 옷에서 온 것인지 알아보기 힘든데다, 과거의 추억을 밟고 다니는 것은 과거의 추억을 따뜻하게 덮는 것보다 아무래도 낭만적이지가 않으니까 말이다.[82]

깔개 재료로 쓸 넝마를 준비하는 것은 단조롭고 간단한 일이어서 어두운 날 램프나 촛불을 켜지 않아도 할 수 있었다. 메리 엘런Mary Ellen은 1876년 3월의 어느 비오는 날 일기에 "밤에 카펫 만들 넝마들을 잘라서 꿰맸고, 제나스(오빠)의 바지를 기웠다"고 썼다. 다음날 일기에도 "정오까지 카펫에 쓸 넝마를 잘랐다"고 적혀 있다. 두 달 뒤에 메리 엘런은 또 이틀을 들여 깔개 재료를 준비했는데, 역시 비 오는 어두운 날이었다. 가사 지침서들은 넝마 자르기가 "아이들에게 시키거나 자투리 시간에 하기 좋다"고 조언했다. 빈민층 여성 중에는 돈을 벌기 위해 이 일을 하는 사람도 있었다. 1849년 필라델피아의 흑인 여성 노동자 목록을 보면 33명이 넝마를 카펫 재료로 쓸 수 있게 자르고 꿰매는 일로 돈을 버는 것으로 나와 있다.[83]

깔개용 넝마를 준비하려면, 낡은 옷이나 헌 직물을 찢거나 잘라서 폭이 2센티미터 정도 되는 스트립을 만들고, 스트립의 끝과 끝을 길게 꿰맨 후, 그것을 공 모양으로 둘둘 감아 뭉치를 만들었다. 끝과 끝을 꿰매 이을 때

보통은 손으로 시침질을 했지만 재봉틀을 사용하기도 했다. 코바늘로 심는 방식으로 깔개를 만들려면 폭이 더 좁은 스트립이 필요했다. 하지만 이 경우에는 끝과 끝을 이어 붙일 필요가 없었으므로 준비가 더 간단했다. 직물의 종류는 어떤 것이라도 상관없었다. 어떤 책은 면직류와 모직류를 분리하라고 조언하기도 하지만, 또 어떤 책은 섞어 쓰라고 나와 있기도 하다. 헌 양탄자감을 잘라서 쓸 수도 있었다. 이걸로는 특히 두꺼운 깔개를 만들 수 있었는데, 찢거나 잘라서 스트립을 준비하는 과정은 힘이 들었다. 그러나 20세기 초가 되면 양탄자를 잘라 스트립을 만들어 주는 기계가 시중에 나온다.[84]

베틀로 짜서 만드는 방식이 땋거나 심는 방식보다 더 일반적이었다. 여성들은 집에 있는 베틀로 깔개를 만들었고, 베틀을 둔 집이 줄면서부터는 스트립을 만들어서 직조공에게 가지고 갔다. 그러면 직조공은 길이 단위로 돈을 매겼다. 하지만 디자인에 대해서는 직조공의 솜씨를 믿지 말라고 경고한 지침서도 있었다. "집에서 만든 어떤 것도 이것보다 엉망은 아닐 것이다. 기껏 스트립을 잘 자르고 염색도 잘 해서는, 그것의 디자인과 배열을 그냥 직조공에게 맡겨 버리는 사람이 많다. 그러면 직조공은 자기 취향대로 만들거나 직조하기 가장 쉬운 디자인으로 만들기 일쑤다."[85]

깔개를 짜는 가장 간단한 방법은 스트립을 베틀에 걸어 만드는 것이었다. 18세기 후반, 메인 주에서 산파 일을 하던 마사 발라드Martha Ballard는 딸, 며느리와 함께 쉬지 않고 길쌈을 했는데, 스트립을 베틀에 걸어 얇은 이불 등을 만들었다. 하지만 넝마 깔개는 공장에서 제조된 직물이 일반화되기 전까지는 흔하지 않았다. 베틀로는 옷감 짜기도 바쁜데, 넝마를 걸어 깔개를 짤 수는 없었던 것이다. 코네티컷 주에 살던 어느 남성이 남긴 글에 따르면, 19세기 초에 집에 깔개를 둔 집은 소수에 불과했으며 그나마도 가장 좋은 방에만 둘 수 있었다. 그리고 그 깔개들은 "전부 집에서 만든 것이었다. 재료로는 방모사로 만든 굵은 실, 리스트(직물의 가장자리에서 잘라 내거나 풀어 낸 가늘고 긴 스트립), 낡은 모직물 옷을 잘라 끝과 끝을 꿰매 길게 이은 것 등이 사용됐다." 그러나 시간이 지나면서 넝마로 깔개를 만드는 것이 흔한 일이 되었고, 가사 지침서는 독자들이 깔개용 스트립을 만드는 방법을 이미 다들 알고 있으리라고 전제하게 되었다. 이를테면 1878년에 나온 『아름다운 집: 장식 가구 만들기Beautiful Homes』는 다양한 종류의 매트 만들기를 소개하는데, 이를 깔개용 스트립 만드는 법에 빗대어 설명하고 있다. "이 조각들을 함께 꿰매 주세요. 깔개용 넝마를 준비하는 것과 마찬가지로 말이에요."[86]

집에 베틀이 있는 여성은 넝마로 깔개를 짜서 수입을 올리기도 했다. 이렇게 짠 깔개는 집에서 생산한 다른 농산물을 판매하는 경로와 마찬가지로 장에 내다 팔거나, 만물상에 가서 필요한 것과 바꾸어 오거나, 농민 장터에서 도시 사람들에게 팔았다. 깔개와 같은 수공예품을 만드는 것이 농촌 여성의 소득원이 될 수 있다는 점은 이후 19세기 말과 1930년대 수공예 부흥 운동에서 핵심적인 주장이 되었다. 하지만 가내 산업으로서 수공예를 권장하는 사람들은, 판매할 목적으로 수공예품을 만든다면 깔개를 만드는 데 시간과 돈을 더 들여야 한다고 주장했다. 돈을 받고 팔 생각이라면 집에서 쓰고 남은 넝마로 적당히 만드는 정도를 넘어 더 정교하고 섬세하게 만들어야 한다는 것이었다. 헌 천 조각이 아니라 새 직물로 만들고, 디자인도 신중하게 하며, 솔기도 듬성듬성 꿰매지 않고 단단하게 박는 식으로 해야 한다고 말이다.[87]

실크를 퀼트에 이용한 '크레이지 퀼트'가 있었듯이, 19세기 말이 되면 깔개도 실크 버전이 등장한다. 실크 천 조각을 짜서 만든 것은 커튼이나 식탁보 등으로 쓰였다. 문에 치는 두꺼운 발로도 사용했는데, 헌 담요에서 자수가 놓인 부분을 잘라 붙이는 등 헝겊 조각이 여러 가지로 활용될 수 있었다. 실크 커튼을 만드는 과정은 모직물이나 면직물로 깔개를 만드는 것과 동일했다. "실크나 공단으로 된 헌 옷에서 깨끗한 부분을 색깔별로 잘라 모아 둔다. 새것이 많으면 더 좋다. 자르거나 찢어서 스트립을 만들고 (…) 꿰매어서 둘둘 감아 실 뭉치를 만든다. 깔개 만드는 것과 같다. 무게로 가늠해 보아 충분한 양이 된 것 같으면 직조공에게 가지고 가서 커튼으로 쓰기에 필요한 너비만큼 짜 달라고 한다." 크레이지 퀼트만큼 대유행은 아니었지만 실크 커튼도 낭비와 재사용에 대한 사람들의 태도가 바뀌었음을 보여 주는 것이었고, 크레이지 퀼트가 야기한 것과 비슷한 딜레마도 가져왔다. 아직 고쳐 입을 수 있는 실크 드레스를 찢어서 커튼을 만드는 일이 잦아진 것이다. 어느 가사 지침서는 "더 잘 활용할 수도 있는 옷을 조각조각 자르고 싶은 유혹이 아주 큰 것 같다"고 경고하고 있다.[88]

짜서 만드는 깔개와 달리 땋아 만드는 것은 크게 기술이 필요하지 않았고, 바늘 이외에는 별다른 장비도 필요하지 않았다. 리디아 마리아 차일드는 "코트나 바지가 낡아 더 이상 옷으로는 고쳐 만들 수 없게 되면 길게 잘라서 심심해하는 아이들이나 일손이 비는 하녀에게 땋게 해 현관 깔개를 만들면 좋다"고 조언했다. 많은 가사 지침서들은 깔개 땋는 법을 독자들이 이미 알고 있는 것으로 간주했다. 한 예로 블레이크리는 『살림 백과』에서 셔닐 깔개(셔닐은 털이 많은 두꺼운 실을 가리킨다. 옮긴이) 만드는 법을 이렇게 설명하고 있다. "그러고 나서 다른 실을 가지고 그런 식으로 계속 하는 거예요, 깔개 땋을 때처럼." 땋는 법을 상세히 설명한 책은 별로 없었다. 『아름다운 집: 장식 가구 만들기』는 예외적으로 땋는 방법을 상세히 보여 주었는데, 일반적인 세 갈래 땋기보다 복잡한 '여러 갈래 땋기'를 설명하기

위해 그림으로 그 둘을 비교한 것이었다.[89]

넝마로 깔개를 만드는 세 번째 방법은 스트립을 받침 천 위에 심어 넣는 방식이었는데, 이는 1820년대 캐나다 연안 지역의 프랑스와 스코틀랜드 식민지에서 이미 행해졌다. 이러한 초기 깔개들은 일반적으로 리넨 받침 천을 사용했다. 그러나 이 방식이 크게 유행한 것은 삼베로 만든 포대 자루가 많이 쓰이던 19세기 말이 되어서였다. 삼베는 받침 천으로 안성맞춤이었다. 1876년에 『피터슨 매거진』은 「헝겊 조각을 가장 아름답게 활용하는 최신의 방법」이라는 기사를 실었다. "포대 자루 만드는 데 주로 쓰이는 성긴 삼베 천 위에 문양 밑그림을 그린 후, 1.5센티미터 정도 너비로 자른 넝마를 큰 코바늘을 이용해 심어 넣는다." 심어 만든 깔개는 땋은 것이나 짠 것보다 미적인 감각을 발휘할 수 있는 여지도 더 많았는데, 기하학적 무늬나 꽃, 동물, 풍경 모양 등을 넣어 여러 디자인으로 만들 수 있었기 때문이다.[90]

재료도 다양하게 쓸 수 있었다. 심어서 만드는 깔개에는 넝마 대신 낡은 스웨터나 목도리 등에서 풀어 낸 털실을 사용할 수 있었다. (반대로 넝마를 가늘고 길게 잘라서 털실 대신 뜨개질에 이용할 수도 있었다.) 어떤 사람들은 일반 코바늘 말고 깔개용으로 갈고리를 따로 만들어 사용하기도 했는데, 주로 "우산살이나 철사의 끝을 적당히 구부려" 만들었다. 깔개 뜨기용 갈고리는 1868년에 처음 특허를 받았고, 1880년대 중반이 되면 여러 종류의 갈고리가 광고에 등장한다. 20세기 초에는 깡통 따개를 깔개용 갈고리로 썼다는 기록도 있다. 가사 지침서들에 따르면, 받침 천으로는 "커피 포대를 빨아서 살짝 다림질해 쓸 수도 있고, 동일한 종류의 직물을 야드 단위로 구매해 쓸 수도" 있었다. "사다 쓰면 더 깨끗하고 새것의 빳빳함이 아직 남아 있는 것이 장점"이었다. 디자인이 이미 밑그림으로 들어가 있는 받침 천을 구매하는 것도 가능했다. 〈헨리 포드 박물관〉에는 에드워드 샌즈 프로스트Edwards Sands Frost가 1860년대에 쓰던 스텐실이 소장되어 있는데, 프로스트는 포대 자루에 스텐실로 밑그림을 찍은 후 그것을 행상으로 팔았다. 아마도 이것이 상품화된 깔개 문양의 시초일 것이다.[91]

심어 넣어 만드는 깔개는 시간이 많이 들기 때문에 보통 크기가 작았다. 블레이크리의 『살림 백과』(1884)는 커피 포대를 받침 천으로 하는 것을 포함해 다양한 깔개 만드는 법을 소개하면서 이렇게 조언했다. "깔개를 만들 때는 두 가지를 꼭 생각해 보아야 한다. 거기에 들어갈 노동의 양과 시간의 양. 요즘에는 꽤 좋은 깔개를 그리 비싸지 않게 살 수 있으므로, 깔개 만드는 데 몇 주 동안이나 시간을 들이는 것은 현명한 일이 못 된다. 헌 넝마로 만들어서 재료 값이 안 든다고 해도 말이다. 고양이, 강아지, 꽃다발 등의 무늬가 들어간 커피 포대 깔개도 이런 문제에서 자유롭지 않다."[92]

노동이 많이 들기는 했지만, 심어 만든 깔개는 짜서 만든 것과 마찬가지로 가난한 여성들에게 소득을 올릴 수 있는 수단으로 권장되었다. 알렉산더 그라함 벨Alexander Graham Bell 부인은 노바스코셔의 케이프 브레튼 섬에서 여름을 보낼 때, 깔개 공예 전문가를 데리고 가서 그곳 사람들에게 수공예 깔개 만들기를 활성화시켰다. 이곳의 수공예 깔개(심어 넣어 만든 것)는 곧 유명해졌고, 뉴욕 호화 주택들의 실내 장식 전문가들이 와서 사 갈 정도가 되었다. 노바스코셔와 뉴잉글랜드 전역에 걸쳐 이와 비슷한 향토 산업이 활성화되었는데, 지역의 특색에 맞는 독특한 문양이 개발되기도 했다. 이를테면 매사추세츠 주의 〈수베카카세니 인더스트리Subbekakasheny Industries〉나 뉴햄프셔 주의 〈애브네키Abnakee〉 깔개는 북미 원주민의 전통 문양으로 되어 있다.[93]

짐짝 상자와 낡은 이불—집에서 만드는 소파와 벽걸이

헌 옷과 낡은 이불보는 또 다른 방식으로도 활용할 수 있었다. 가사 지침서들을 보면 짐짝 상자나 단순한 나무 가구를 거실용 의자나 화장대 등으로 바꾸는, 즉 요샛말로 '리폼' 하는 방법이 나와 있다. 19세기 거실을 연구한 캐서린 C. 그리어에 따르면 가사 지침서에 나오는 리폼 법은 매우 간단했는데, 주로 별다른 기술이 없는 아마추어들이 못 쓰는 물건들이나 아주 싸게 구할 수 있는 재료를 이용해 만들 수 있는 "약식 형태의 가구"를 소개한 것이었다. 그리어에 따르면 만드는 데 시간이 많이 들기는 했지만, 사람들은 이런 가구를 전문적인 장인이 만든 공예품으로 여기지는 않았다. 또 팔거나 다른 사람에게 줄 용도로 만드는 경우는 거의 없었고 대체로 자기 집에 두려고 만들었다. 박물관에 많이 소장되어 있지도 않고 집안에 대대로 내려오는 일도 흔치 않아서 (이를테면 거실용 의자는 퀼트보다 자리를 많이 차지하니까 오래 두지 않는 경우가 많았다.) 현재까지 남아 있는 것은 많지 않다. 그리어는 "다른 일상적 물건들이 다 그렇듯이" 거실 가구도 "완전히 낡을 때까지 사용한 후 버려졌다"고 설명했다.[94]

'리폼' 을 하는 아이디어는 매우 풍부했다. 낡은 흔들의자는 쿠션을 대 푹신푹신하게 만들 수 있었고, '잡화용 짐짝 상자' 로는 세면대를, 밀가루 상자로는 화장대를, 과일 바구니로는 빨랫감 광주리를, 나무 상자로는 발판을 만들 수 있었다. 캐서린 비처와 해리엇 비처 스토가 『미국 여성의 가정American Woman's Home』에서 설명한 가구 만드는 법을 보면, 매우 간단히 뚝딱 해낼 수 있는 일처럼 보인다. "부서진 팔걸이의자가 다락에 처박혀 있다면 그것을 꺼내서 흔들거리지 않도록 여기저기 못을 박고, 쿠션에 속을 채워 큰 바늘로 꿰맨 뒤, 다른 가구들처럼 무명천으로 덮는다. 수리수리마수리! 그러면 안락의자가 나온다."[95]

『굿 하우스키핑』은 「집에서 만드는 우아한 가구」(1885)라는 기사에서 조금 더 정교한 방법을 소개했다. 의자 다리에 바퀴를 달고, 세면대 선반은 펠트 천으로 씌운 후 페인트를 칠한 피클 항아리나 무명 벨벳으로 만든 꽃을 두어 장식한다는 식으로 말이다. 또 의자 쿠션은 "낡은 프록코트에서 잘라 낸 광택 나는 옷감"으로 씌우라는 조언도 있었다. 이런 식으로 하면 "작은 의자 하나 값밖에 안 되는 12달러를 가지고 거실 전체를 꾸밀 아름다운 가구들을 만들 수 있다"는 것이었다. 라이트의 책에는 낡은 상자와 바구니, 그리고 경매에서 사 온 낡은 직물로 집을 근사하게 꾸며 놓은 여성의 이야기가 나온다. 주인공 소프로니아 아주머니는 그 여성이 사는 로키 산맥 근처의 집에 가 보고 이렇게 감탄한다. "정말로 이 작은 집은 어느 상류층 숙녀의 고상한 미적 감각에 진배없게 꾸며져 있었다. 좋은 미적 감각과 취향을 갖는 것이 얼마나 창조적인 힘을 발휘하는가를 이보다 더 확실하게 깨달아 본 적은 없다."[96]

장식 가구를 만들 때 집안의 남자들에게 도움을 청할 수도 있었다. 캐서린 비처와 해리엇 비처 스토는 "낡은 의자 프레임이나 널빤지 등을 떼어 내는 일은 남자들에게 해 달라고 하자"고 말했다. 블레이크리의 『살림 백과』도 짐짝 상자로 의자를 만들 때 "기계적인 일은 남편이나 아들에게 약간 도움을 받도록 하자"고 제안했다. 하지만 도움은 아주 조금만이었다. 가구 만들기는 「솜씨 있는 주부」 섹션에 포함되어 있었으며 여기에는 니스칠하기, 염색하기, 망가진 합판 고치기 등이 여성이 해야 하는 일인 것처럼 기술돼 있었다. 톱질이나 망치질은 남성의 도움을 받으라고 제안한 것도 일부 있기는 했지만, 대부분은 그렇지 않았다. 남자들은 공장이나 사무실에서 장시간 일하니까 주부가 집안에서 가구를 만들 때 옆에 있으란 법이 없을 뿐더러, 남자들이 의외로 톱질과 같이 '남성의 일'로 여겨지는 작업에 반드시 능숙하지도 않다는 것이었다. 『살림 백과』는 변호사든 상인이든 남자들은 일반적으로 "작업의 메커니즘에 대해 거의 아는 것이 없으며" 손으로 하는 집안일을 시켜 보면 "서툴기 짝이 없다"고 경고하고 있다. 그리고 어쨌든 거실용 장식 가구 만들기는 직물을 가지고 하는 일이므로 '여성의 영역'에 속했다.[97]

헌 직물은 쿠션에 속을 채우는 용도나 덮개로 사용하기에 적당했다. 한 책자는 의자 속을 채우는 데는 "어떤 거친 직물이라도 괜찮다"며 "물건 포장에 쓰였던 포대 자루나 주머니 등을 가게에서 아주 헐값에 가져다 쓸 수 있을 것"이라고 설명했다. 신문지 구긴 것이나 헌 옷, 낡은 퀼트 등도 속을 채우는 용도로 쓰일 수 있었다. 물론 이것들을 섞어서 사용해도 되었다. 그리어에 따르면 현재 〈뉴욕 박물관〉에는 "짚과 헌 퀼트를 번갈아 넣어 열 겹으로 속을 채운" 가구가 소장되어 있다.[98]

장식 가구는 낡은 목재 가구(가죽으로 등을 댄 의자나 흔들의자가 특히 인기가 있었다.)를 이용해 만들 수도 있었지만, 짐을 담거나 보관하던 나무 상자나 바구니를 재사용할 수도 있었다. 1878년에 나온 『아름다운 집』은 거실이나 식당의 가구는 사서 쓸 것을 권하면서도 개인적인 공간에 두는 용도로는 나무 상자에 덮개를 씌워 만든 가구를 예찬했다. 「화장대, 세면대 등」이라는 장에는 짐짝 상자를 이용해 빅토리아 스타일의 화려한 가구를 만드는 법이 글과 삽화로 설명되어 있다.[99]

짐짝 상자로 만드는 가구 중 가장 일반적인 것은 의자였다. 땋아 만든 깔개와 마찬가지로 이런 의자를 만드는 것은 너무 흔한 일이어서 당시의 가사 지침서에는 만드는 방법이 상세하게 소개되어 있지 않다. 대략 설명하자면, 나무 상자를 중간쯤 되는 곳에서 가로로 절반 정도 자르고, 다시

세로로 절반 정도 잘라 옆에서 보면 'ㄴ' 자가 되도록 한다. 그리고 떼어 낸 판자로 등받이와 앉는 부분을 대어 의자 모양을 만드는 것이다. 그리어에 따르면, 간단한 형태의 의자 만드는 법을 소개한 책자도 있었고 "짐짝 상자를 터키 스타일의 푹신한 의자로 변신시키는 법을 다룬 것"도 있었는데, 후자는 가히 "아마추어 수준을 넘어서는 것이었다." 짐짝 상자로 근사한 가구를 만들어 낸다는 아이디어는 20세기 초에 기업의 마케팅 수단으로 활용되었다. 20세기의 제조 업체들은 18세기의 향수를 불러일으키는 디자인의 가구를 많이 만들었는데(사실 짐짝 상자로 의자를 만든 것은 19세기의 일이었지만 말이다.), 대표적인 것이 짐짝 상자 모양의 의자였다. 그리어는 "(짐짝 상자 가구는) 집에서 만드는 거실 가구의 상징으로, 미국인의 절약 정신과 솜씨를 증명하는 것으로 여겨졌기 때문에 그러한 디자인으로 만든 가구 제품이 인기를 끌었다"고 설명했다. 또한 그리어는 "바구니를 '리폼'하는 것도, 평범한 집이 세련된 가구를 갖추어 탈바꿈한다는 의미에서 '자기 변화와 발전의 가능성'을 상징하는 기능을 했을 것"이라고 언급했다.[100]

포장용 상자나 바구니를 재사용하는 것은 모든 물질을 끝까지 사용한다는 원칙과 가사일의 브리콜리지적 특성을 보여 준다. 19세기에는 식품을 살 때 그것을 담아 올 빈 병이나 헌 포대 자루를 가지고 가지 않으면 용기나 포대 자루 값을 추가로 내야 했다. 1880년대가 되면 대부분의 도시에서 빈 병 거래업이 활발하게 이뤄졌다. 세인트루이스 같은 중간 규모 도시에도 빈 병 거래 업체가 10여 개나 있었고, 뉴욕의 한 딜러는 빈 병 재고를 5백 개나 가지고 있었다고 전해진다. 빈 병이나 포장재는 집에서도 쓸모가 많았고, 가구 이외에도 다양한 용도로 재사용되었다. 엄마가 정해 준 그날의 바느질 분량을 해야 했던 메리가 친구랑 굴리면서 놀고 싶어했던 굴렁쇠도 헌 통을 재활용해 만든 것이었다. 또 설탕을 싸는 보라색 포장 종이는 염색할 때 썼고, 밀가루 포대는 낡은 갈색 작업복을 깁는 데 활용했으며, 커피 포대는 깔개의 받침 천으로 이용했다. 또 피클 항아리는 페인트를 칠해 장식용으로 사용했다. 이 밖에도 기름 병을 덮었던 헝겊으로 식탁용 깔개를 만드는 것에서부터 면으로 된 밀가루 포대나 소금 포대를 행주로 사용하는 것에 이르기까지, 사례를 열거하자면 끝이 없다.[101]

어떻게 해도 쓸 만한 용도를 못 찾는 경우에, 포장재들은 쓰레기통으로 이용되었다. 캐서린 비처는 "(부스러기를 화로에 버릴 수 없는) 여름에는 항아리를 바느질하는 방에 두고 실밥이나 부스러기를 담아 버리는 데 쓰라"고 조언했다. 이후에 나온 지침서에는 복숭아 바구니 속에 천을 대고 뚜껑을 만들어서 쓰레기통으로 쓰라는 조언도 나온다. 하지만 쓰레기나 부스러기는 태워서 연료로 쓰거나 행상인에게 팔고, 집에서 필요한 물건은 잡동사니들을 활용해 직접 만들어 쓰던 상황에서는 '쓰레기'라는 것이 거의 존재하지 않았기 때문에, 집에 '쓰레기통'을 두는 경우도 드물었다. 1882년까지도 어린이용 『가정경제』책은 '폐휴지통'이라는 것이 대체 무슨 물건인지에 대해 설명을 달아야 했다. "(폐휴지통은) 찢어지거나 못 쓰는 종이를 모으는 데 쓰는 것이다. 날마다 비워야 하고, 자칫 쓸 만한 것을 거기에 넣어 버리지 않도록 주의해야 한다."[102]

1장 미주

1. James Deetz, *Flowerdew Hundred: The Archaeology of a Virginia Plantation, 1619~1864* (Charlottesville: University Press of Virginia, 1993), p. 30.

2. Mrs. [Lydia Maria] Child, *The American Frugal Housewife*, 16th ed., enlarged and corrected (Boston: Carter, Hendee,1835), p. 19. On coal ashes, see Park Benjamin, *Wrinkles and Recipes, Compiled from the Scientific American* (New York: H. N. Munn [1875]), p. 206; Catharine E. Beecher, *A Treatise on Domestic Economy* (New York: Marsh, Capen, Lyon, and Webb, 1841), pp. 302, 373; Mrs. Julia McNair Wright, *The Complete Home: An Encyclopaedia of Domestic Life and Affairs* (Philadelphia: J. C. McCurdy, 1879), p. 559. On corncobs, see Benjamin, *Wrinkles and Recipes*, p. 206; on husks, see George E. Blakelee, *Blakelee's Industrial Cyclopedia: How to Make and How to Mend* (New York: Fords, Howard & Hulbert, 1884), p. 548. On soap suds, see Child, *American Frugal Housewife*, p. 13. On tea leaves for sweeping, see Beecher, *Treatise*, pp. 341, 362; see also [Robert Kemp Philp], *The Family Save-All: A System of Secondary Cookery* (London: Houlston & Wright; Philadelphia: J. B. Lippincott, 1869), p. 320. On damp paper, see Anna Barrows, "Waste Paper: What to Do With it That It May Not Be Wasted", *Good Housekeeping*, Sept. 19, 1885, p. 12.

3. Wright, *Complete Home*, p. 82.

4. Wright, *Complete Home*, pp. 74, 78, 80. On American extravagance, see also F. E. Fryatt, "The New York Cooking School", *Harper's*, Dec. 1879, p. 22.

5. Christine Terhune Herrick, "The Waste of the Household: Watching and Saving the 'Left-Overs'", *Good Housekeepng*, May 2, 1885, p. 16.

6. Wright, *Complete Home*, p. 564; Catharine E. Beecher and Harriet Beecher Stowe, *The American Woman's Home; or, Principles of Domestic Science* (New York: J. B. Ford, 1869), pp. 358~359; Beecher, *Treatise on Domestic Economy*, p 384; Christine Terhune Herrick, *Housekeeping Made Easy* (New York: Harper, 1888), p. 153. See also Jay Mechiling, "Advice to Historians on Advice to Mothers", *Journal of Social History* 9 (Fall 1975), p. 46.

7. Beecher, *Treatise on Domestic Economy*, p. 373; Blakelee, *Industrial Cyclopedia*, pp. 617~618; Child, *American Frugal Housewife*, p. 19; Wright, *Complete Home*, pp. 84~85, 559; Benjamin, *Wrinkles and Recipes*, p. 224; Almon C. Varney, *Our Homes and Their Adornments; or, How to Build, Finish, Furnish, and Adorn a Home* (Detroit: J. C. Chilton, 1883), p. 406; Philp, *Family Save-All*, p. 271.

8. Benjamin, *Wrinkles and Recipes*, pp. 225, 236; Beecher and Stowe, *American Woman's Home*, pp. 350~351.

9. Child, *American Frugal Housewife*, pp. 9, 11; Benjamin, *Wrinkles and Recipes*, pp. 250, 229; Wright, *Complete Home*, p. 556; Beecher, *Treatise on Domestic Economy*, p.373; Blakelee, *Industrial Cyclopedia*, pp. 622~623, 625.

10. Carolyn L. Karcher, *The First Woman in the Republic: A Cultural Biography of Lydia Maria Child* (Durham: Duke University Press, 1994), p. 129; Herrick, "Wastes of the Household",

p. 16; Beecher, *Treatise on Domestic Economy*, pp. 215, 251~254.

11. Katherine C. Grier, *Culture and Comfort: People, Parlors, and Upholstery, 1850~1930* (Rochester, NY: Strong Museum, 1988), p. 274.

12. For a discussion of the relation between economic processes of waste and natural ones, see Kevin Lynch, with contributions by Michael Southworth, *Wasting Away: An Exploration of Waste-What It Is, How It Happens, Why We Fear It, How to Do It Well* (San Francisco: Sierra Club, 1990).

13. Willa Cather, "A Wagner Matinee", *The Troll Garden*, 1905 (New York: New American Library, 1984), p. 115; Jack Larkin, "From 'Country Mediocrity' to 'Rural Improvement': Transforming the Slovenly Countryside in Central Massachusetts, 1775~1840", *Everyday Life in the Early Republic*, ed. Catherine E. Hutchins (Winterthur, DE: H. F. du Pont Winterthur Museum, 1994); Caroline Fuller Sloat, "Dishwashing and the Domestic Landscape: Reform Begins at Home", paper delivered at Winterthur Conference on the American Home, Oct. pp. 29~31, 1992; Charles S. Templer, "The Swill Barrel", *Timeline*, Aug.-Sept. 1991, pp. 53~54. On horse pollution, see Joel A. Tarr, "Urban Pollution -Many Long Years Ago", *American Heritage* Oct. 1971, pp. 65~69, 106.

14. See John Duffy, *The Sanitarians: A History of American Public Health* (Urbana: University of Illinois Press, 1990), pp. 71, 86~87; Susan Strasser, *Never Done: A History of American Housework* (New York: Pantheon, 1982), p. 16.

15. Duffy, *Sanitarians* pp. 87, 146; Judith Walzer Leavitt, "The Wasteland: Garbage and Sanitary Reform in the Nineteenth-Century American City", *Journal of the History of Medicine and Allied Sciences* 35 (Oct. 1980), pp. 431~452; Charles Loring Brace, *The Dangerous Classes of New York, and Twenty Years' Work among Them* (New York: Wynkoop & Hallenbeck, 1872), p. 152; Strasser, *Never Done*, p. 28.

16. Jane C. Nylander, *Our Own Snug Fireside: Images of the New England Home, 1760~1860* (New Haven: Yale University Press, 1994), pp. 109~111; Ella Shannon Bowles, *Homespun Handicrafts* (New York: Benjamin Blom, 1972), p. 239; Strasser, *Never Done*, p. 58; Alice Morse Earle, *Home Life in Colonial Days* (New York: Macmillan, 1898), pp. 35~38; Julia Cherry Spruill, *Women's Life and Work in the Southern Colonies* (New York: Norton, 1972), p. 110.

17. Beecher, *Treatise on Domestic Economy*, pp. 303, 306; Beecher and Stowe, *American Woman's Home*, pp. 363, 365

18. Beecher, *Treatise on Domestic Economy*, p. 318; Blakelee, *Industrial Cyclopedia*, p. 603. See also Nylander, *Our Own Snug Fireside*, pp. 135~137.

19. Child, *American Frugal Housewife*, p. 22; Richard L. Bushman and Claudia L. Bushman, "The Early History of Cleanliness in America", *Journal of American History* 74 (Mar. 1988), p. 1234.

20. Bushman and Bushman, "Early History of Cleanliness", p. 1236.

21. Benjamin, *Wrinkles and Recipes*, p. 249; Wright, *Complete Home*, p. 64; William Paul Gerhard, *The Disposal of Household Wastes*, (New York: D. Van Nostrand, 1890), p. 21.

22. Child, *American Frugal Housewife*, p. 17; Beecher, *Treatise on Domestic Economy*, p. 368; Beecher and Stowe, *American Woman's Home*, p. 372; see also Benjamin, *Wrinkles and Recipes*, p. 226.

23. Child, *American Frugal Housewife*, pp. 57, 73, 114; Karcher, *First Woman in the Republic*, p. 132.

24. See Strasser, *Never Done*, pp. 19~22; [Catharine E. Beecher], *Miss Beecher's Domestic Receipt Book, Designed as a Supplement to Her* Treatise on Domestic Economy (New York: Harper, 1846), p. 267; Wright, *Complete Home*, p. 83.

25. Wright, *Complete Home*, pp. 82~83; Herrick, *Housekeeping Made Easy*, p. 272.

26. Herrick, *Housekeeping Made Easy*, p. 206; Beecher and Stowe, *American Woman's Home*, p. 184.

27. Beecher and Stowe, *American Woman's Home*, pp. 184~185.

28. Wright, *Complete Home*, pp. 66~68, 161.

29. Philp, *Family Save-All*, p. 1.

30. Herrick, *Housekeeping Made Easy*, pp. 290, 206; Herrick, "Wastes of the Household", p. 16.

31. Benjamin, *Wrinkles and Recipes*, p. 230: Herrick, "Waste of the Household", p. 16; Herrick, *Housekeeping Made Easy*, p. 203.

32. Herrick, *Housekeeping Made Easy*, pp. 294~295.

33. Tera Hunter, *To 'Joy My Freedom: Southern Black Women's Lives and Labors after the Civil War* (Cambridge: Harvard University Press, 1997), pp. 60~61, 132, 225~227, 259 n58.

34. Louisa, May Alcott, *Little Women*, 1868 (Harmondsworth, Eng.: Penguin, 1953), p. 34; Herrick, *Housekeeping Made Easy*, p. 205.

35. Gerhard, *Disposal of Household Wastes*, pp. 34~35. On burning food garbage, see also Benjamin, *Wrinkles and Recipes*, p. 236.

36. George G. Foster, *New York by Gas-Light and Other Urban Sketches*, 1850, ed. Stuart M. Blumin (Berkeley: University of California Press, 1990), p. 228.

37. See Amy Boyce Osaki, "A 'Truly Feminine Employment': Sewing and the Early Nineteenth-Century Woman", *Winterthur Portfolio* 23 (Winter 1988), pp. 225~241, esp. pp. 227, 230; quotation on p. 238.

38. Gladys-Marie Fry, *Stitched from the Soul: Slave Quilts from the Ante-Bellum South* (New York: Dutton Studio, 1990), p. 17, 27, 31; Elizabeth Fox Genovese, *Within the Plantation Household: Black and White Women of the Old South* (Chapel Hill: University of North Carolina Press, 1988), p. 120. See also Gloria Seaman Allen, "Quiltmaking on Chesapeake Plantations", *On the Cutting Edge: Textile Collectors, Collections, and Traditions*, ed. Jeannette Lasansky (Lewisburg, PA: Union County Historical Society Oral Traditions Project, 1994), pp. 60, 61; Eugene D. Genovese, *Roll, Jordan, Roll: The World the Slaves Made* (New York: Vintage, 1974), p. 551.

39. Beecher, *Treatise*, p. 181; Herrick, *Housekeeping Made Easy*, pp. 147~154, 276. See also Strasser, *Never Done*, p. 131; Harvey Green, *The Light of the Home: An Intimate View of the Lives of Women in Victorian America* (New York: Pantheon, 1983), pp. 80~81. On darning,

see Eliza Farrar, *The Young Lady's Friend* (New York: Samuel S. & William Wood, 1838), pp. 124~126.

40. Alcott, *Little Women*, p. 55; Beecher, *Treatise on Domestic Economy*, pp. 372~373; Beecher and Stowe, *American Woman's Home*, p. 352.

41. Herrick, *Housekeeping Made Easy*, pp. 151~152

42. Fry, *Stitched from the Soul*, p.82; Shane White and Graham White, "Every Grain Is Standing for Itself: African-American Style in the 19th and 20th Centuries", *Australian Cultural History* (Sydney) 13 (1994), pp. 111~128; Terry Thompson and Barbara Brackman, "Fabric and Conversation Prints", *Kansas Quilts and Quilters*, ed. Barbara Brackman et al. (Lawrence: University Press of Kansas, 1993), p. 97.

43. "How to Mend Stockings", *Good Housekeeping*, Sept. 19, 1885, p. 19; Wright, *Complete Home*, pp. 565, 563.

44. Child, *American Frugal Housewife*, p. 19; Farrar, *Young Lady's Friend*, p. 126; Wright, *Complete Home*, p. 563; see also Herrick, *Housekeeping Made Easy*, p. 148.

45. Beecher, *Treatise on Domestic Economy*, p. 176n; Herrick, *Housekeeping Made Easy*, pp. 149~150.

46. Claudia B. Kidwell and Margaret C. Christman, *Suiting Everyone: The Democratization of Clothing in America* (Washington: Smithsonian Institution Press, 1974), p. 79.

47. Nancy Page Fernandez, "Innovations for Home Dressmaking and the Popularization of Stylish Dress", *Journal of American Culture* 17, (Fall 1994), pp. 27~28. See also *Delineator*, April 1886, pp. 320~321.

48. I am grateful to Nancy Page Fernandez for sharing her notes on these dresses with me.

49. Beecher, *Treatise on Domestic Economy*, p. 384; Beecher and Stowe, *American Woman's Home*, pp. 358~359.

50. Beecher, *Treatise on Domestic Economy*, p. 383; Beecher and Stowe, *American Woman's Home*, p. 358; Wright, *Complete Home*, pp. 564~565. On planning for remaking, see Mrs. H. W. Beecher, "Fashion, or Economy?" *All Around the House; or, How to Make Homes Happy* (New York: D. Appleton, 1879), p. 41.

51. Green, *Light of the Home*, p. 80; Alcott, *Little Women*, pp. 122~124.

52. Miriam DeCosta-Willis, ed., *The Memphis Diary of Ida B. Wells* (Boston; Beacon, 1995), p. 117; Edith Wharton, *The Age of Innocence*, 1920 (New York: Scribner's, 1970), p. 194.

53. Catherine Broughton, *Suggestions for Dressmakers* (New York: Morse-Broughton, 1896), pp. 77, 81; Wendy Gamber, *The Female Economy: The Millinery and Dressmaking Trades, 1860~1930* (Urbana: University of Illinois Press, 1997), p. 115.

54. Child, *American Frugal Housewife*, p. 39; Helen N. Packard, "Making Clothes for the Boys", *Good Housekeeping*, Sept. 5, 1885, p. 17.

55. Wright, *Complete Home*, pp. 65~66.

56. Child, *American Frugal Housewife*, p. 39; Candace Wheeler, *How to Make Rugs* (New York: Doubleday, Page, 1902), p. 22; Blakelee, *Industrial Cyclopedia*, pp. 581~582, 592~601; Benjamin, *Wrinkles and Recipes*, p. 230; Varney, *Our Homes*, pp. 360~371; Beecher,

Treatise on Domestic Economy, pp. 327~337 (quotation on p. 328). See also, among others, Blakelee, *Industrial Cyclopedia*, pp. 575ff.; Varney, *Our Homes*, pp. 371~374, 398~403.

57. Child, *American Frugal Housewife*, p. 12.

58. Wright, *Complete Home*, p. 564; Linnie C. Morse, "The Philosophy of Dish Towels", *Good Housekeeping*, Oct. 17, 1885, p. 14; Herrick, *Housekeeping Made Easy*, p. 154.

59. New-York Clothing Society for the Relief of the Industrious Poor, *Ninth Annual Report and Constitution* (New York: John S. Taylor, 1838), pp. 10, 13~14; Packard, "Making Clothes for the Boys", p. 17; "Old-Clothes Sensations", *Atlantic*, July 1915, p. 140. On clothing philanthropy in Britain, see Madeleine Ginsburg, "Rags to Riches: The Second-Hand Clothes Trade, 1700~1978", *Costume: The Journal of the Costume Society* 14 (1980), pp. 128~129.

60. Genovese, *Roll, Jordan, Roll*, pp. 556~557. On runaways' clothing, see Patricia Campbell Warner and Debra Parker, "Slave Clothing and Textiles in North Carolina, 1775~1835", *African American Dress and Adornment: A Cultural Perspective*, ed. Barbara M. Starke, Lillian O. Holloman, and Barbara K. Nordquist (Dubuque, IA: Kendall/Hunt, 1990), p. 89. On castoffs and Northern servants, see Faye E. Dudden, *Serving Women: Household Service in Nineteenth-Century America* (Middletown, CT: Wesleyan University Press. 1983), pp. 120~121.

61. Virginia Writers' Project, Work Projects Administration, *The Negro in Virginia* (New York: Hastings House, 1940), p. 72. For a discussion of the veracity of this book and its use of language, see Charles L. Perdue, Jr. et al., eds., *Weevils in the Wheat: Interviews with Virginia Ex-Slaves* (Charlottesville: University Press of Virginia, 1976), pp. xi, xlv. For more on slaves' clothing, see Perdue, *Weevils*, 71, 79, 80~82, 103, 107, 140~141, 229, 266, 294~295, 309, 315~316, 322, 333.

62. Louis Hughes, *Thirty Years a Slave: From Bondage to Freedom* (New York: Negro Universities Press, 1969), p. 42. Aunt Sally quoted in Barbara M. Starke, "Nineteenth-Century African-American Dress", *Dress in American Culture*, ed. Patricia A. Cunningham and Susan Voso Lab (Bowling Green, OH: Bowling Green State University Popular Press, 1993), pp. 73~74; also quoted in Barbara M. Starke, "Slave Narratives: Accounts of What They Wore", *African American Dress and Adornment*, p. 75. For other examples of servants receiving masters' clothes for special occasions, see Lydia Jean Wares, "Dress of the African-American Woman in Slavery and in Freedom: 1500~1935", Ph.D. dissertation, Purdue University, 1981, pp. 150, 169.

63. Ginsburg, "Rags to Riches", pp. 121~122; Donald Woodward, "'Swords into Ploughshares': Recycling in Pre-industrial England", *Economic History Review*, 2nd ser. 38 (May 1985), pp. 178~179; Beverly Lemire, "Consumerism in Pre-industrial and Early Industrial England: The Trade in Secondhand Clothes", *Journal of British Studies* 27, (Jan. 1988), pp. 1~24.

64. Foster, *New York by Gas-Light*, p. 127; Frederick Law Olmsted, *The Cotton Kingdom: A Traveller's Observations on Cotton and Slavery in the American Slave States*, ed. Arther M. Schlesinger (New York: Knopf, 1953), pp. 37, 451. See also Daniel J. Boorstin, *The Americans: The Democratic Experience* (New York: Vintage, 1973), pp. 97~98.

65. Mary Boykin Chesnut, *A Diary from Dixie* ed. Ben Ames Williams (Boston: Houghton Mifflin, 1961), pp. 395, 434.

66. Alan G. Keyser, "All In and All Done? The Pennsylvania Vendue", Lasansky, *On the Cutting Edge* pp. 43~47; Allen, "Quiltmaking on Chesapeake Plantations", Lasansky, *On the Cutting Edge*, p. 65; "The Public Sale 60 Years Ago", *Pennsylvania Folklife*, Summer 1969, p. 50; C. M. Bomberger, "Vendues", *Pennsylvania Dutchman*, July 1950, p. 7; "Vendue-Dutch Style", *Pennsylvania Dutchman*, Jan. 15, 1952, p. 7. On broadsides advertising estate sales, see Florence M. Jumonville, "The Wastebasket and the Grave: Funeralia in the South", *Southern Quarterly* 31 (Winter 1993), p. 112.

67. Quoted in Strasser, *Never Done*, p. 131.

68. Green, *Light of the Home*, p. 100.

69. Quoted in Bowles, *Homespun Handicrafts*, pp. 200~201. On quilts as income and fund-raisers, see Barbara Brackman, *Clues in the Calico: A Guide to Identifying and Dating Antique Quilts* (McLean, VA: EPM, 1989), pp. 18~19; for Harriet Powers, see Fry, *Stitched from the Soul*, p. 86.

70. Jeannette Lasansky, "Myth and Reality in Craft Tradition: Were Blacksmiths Really Muscle-Bound? Were Basketmakers Gypsies? Were Thirteen Quilts in the Dowry Chests?" *On the Cutting Edge*, pp. 109~119; Brackman, *Clues in the Calico*, pp. 15~16. On colonial quilts, see Roderick Kiracofe, *The American Quilt: A History of Cloth and Comfort, 1750~1950* (New York: Clarkson Potter, 1993), pp. 58~59; Brackman, *Clues in the Calico*, p. 13.

71. Nancy Grey Osterud, *Bonds of Community: The Lives of Farm Women in Nineteenth Century New York* (Ithaca: Cornell University Press, 1991), pp. 191~192; see also pp. 231~232; "Prelude: The Papers of Mary Ellison", Brackman, *Kansas Quilts*, p. 5. See also Nylander, *Our Own Snug Fireside*, pp. 228ff., and Lasansky, "Myth and Reality", p. 113. For a discussion of quilting parties in a theoretical framework, see Karen V. Hansen, *A Very Social Time: Crafting Community in Antebellum New England* (Berkeley: University of California Press, 1994), pp. 106ff. and passim.

72. Lasansky, "Myth and Reality", p. 115. On slave quilts, see John Michael Vlach, *The Afro-American Tradition in Decorative Arts* (Cleveland: Cleveland Museum of Art, 1978), pp. 44~75; William Ferries, ed., *Afro-American Folk Art and Crafts* (Boston: G. K. Hall, 1983), pp. 67~110.

73. Allen, "Quiltmaking on Chesapeake Plantations", p. 63.

74. Lasansky, "Myth and Reality", p. 115; Fry, *Stitched from the Soul* pp. 46~47; Gladys-Marie Fry, "Slave Quilting on Ante-Bellum Plantations", *Something to Keep You Warm* ed. Roland Freeman (Jackson: Mississippi Department of Archives and History, 1981), p. 4.

75. "Annette", "The Patchwork Quilt", *The Lowell Offering: Writings by New England Mill Women (1840~1845)*, ed. Benita Eisler (New York: Harper Colophon, 1977), p. 153.

76. Miss C. M. Sedgwick, "The Patch-Work Quilt", *Columbian Magazine*, Mar. 1846, pp. 123~126 (quotation on p. 125).

77. "Mary's Patchwork", *H. Trusta's Talk and Tales for Children*, reprinted in *Home Memories;*

or, *Social Half-Hours with the HouseHold* ed. Mrs. Mary G. Clarke (Philadelphia: J. C. McCurdy, 1881), pp. 300~303; Lucy Larcom, *A New England Girlhood: Outlined from Memory*, new ed. (Boston: Houghton Mifflin, 1924), pp. 122~124; S. Annie Frost [Shields], *The Ladies' Guide to Needle Work, Embroidery, Etc., Being a Complete Guide to All Kinds of Ladies' Fancy Work* (New York: Henry T. Williams, 1877), p. 128. On the "stint" as a teaching method for needlework, see Elaine Hedges, *Hearts and Hands: The Influence of Women & Quilts on American Society* (San Francisco: Quilt Digest Press, 1987), p. 18. On children's quilt projects, see Virginia Gunn, "Template Quilt Construction and Its Offshoots", *Pieced By Mother: Symposium Papers*, ed. Jeannette Lasansky et al. (Lewisburg, PA: Union County Historical Society Oral Traditions Project, 1988), p. 70; *The Lady's Book*, Jan. 1835, p. 41, quoted in Patsy Orlofsky and Myron Orlofsky, *Quilts in America* (New York: Abbeville, 1992), pp. 76~77. On rag dolls, see Miriam Formanek-Brunell, *Made to Play House: Dolls and the Commercialization of American Girlhood, 1830~1930* (New Haven: Yale University Press, 1993), pp. 11, 14, 24.

78. Florence Hartley, *The Ladies' Hand Book of Fancy and Ornamental Work* (Philadelphia: G. G. Evans, 1859), p. 189; Mrs. [Matilda Marian Chesney] Pullan, *The Lady's Manual of Fancy Work*… (New York: Dick & Fitzgerald, 1859), p. 95. Most of Hartley's section on patchwork is reprinted from Ellen Lindsay, "Patchwork", *Godey's Lady's Book*, Feb. 1857, pp. 166~167. On gaslight, see Strasser, *Never Done*, pp. 68ff.

79. Pullan, *Lady's Manual of Fancy Work*, p. 95; "Patch-Work", *Peterson's Magazine*, June 1877, p. 448. On fancywork, see Nancy Dunlap Bercaw, "Solid Objects/Mutable Meanings: Fancywork and the Construction of Bourgeois Culture, 1840~1880", *Winterthur Portfolio 26* (Winter, 1991), pp. 231~247.

80. Jeannette Lasansky, *Pieced by Mother: Over 100 Years of Quiltmaking Traditions* (Lewisburg, PA: Union County Historical Society Oral Traditions Project, 1987), p. 85; Dulcie Weir, "The Career of a Crazy Quilt", *Godey's Lady's Book and Magazine*, July 1884, pp. 77~82, reproduced in Jeannette Lasansky, *In the Heart of Pennsylvania: 19th & 20th Century Quiltmaking Traditions* (Lewisburg, PA: Union County Historical Society Oral Traditions Project, 1985), pp. 80~88.

81. Wright, *Complete Home*, p. 564; Blakelee, *Industrial Cyclopedia*, pp. 572~574.

82. For such sentimentality, see Bowles, *Homespun Handicrafts*, pp. 184, 189.

83. "Prelude: The Papers of Mary Ellison", Brackman, *Kansas Quilts*, pp. 5, 7; Henry T. Williams and Mrs. C. S. Jones, *Beautiful Homes; or, Hints in House Furnishing*, Williams' Household Series vol. 4 (New York: Henry T. Williams, 1878), p. 302; Wares, "Dress of the African-American Woman", p. 176.

84. Blakelee, *Industrial Cyclopedia* p. 537; Ella Shannon Bowles, *Handmade Rugs* (Garden City, NY: Garden City Publishing, 1937), p. 70; Bowles, *Homespun Handicrafts*, p. 200; Janet Meany and Paula Pfaff, *Rag Rug Handbook*, (St. Paul: Dos Tejedoras Fiber Arts Publications, 1988), p. 95.

85. Blakelee, *Industrial Cyclopedia* p. 537; Bonnie J. Krause and Cynthia R. Houston, "Bits and

Pieces: The Southern Illinois Tradition in Rag Rugs", *Mid-America Folklore* 21 (Spring 1993), p. 20; for a later period, see p. 23.

86. Laurel Thatcher Ulrich, *A Midwife's Tale: The Life of Martha Ballard, Based on Her Diary, 1785~1812* (New York: Vintage, 1990), pp. 131, 161, 387~388n; Rodris Roth, "Floor Coverings in 18th-Century America", *Contributions from the Museum of History and Technology*, Paper 59 (Washington: Smithsonian, 1967), p. 46; Williams and Jones, *Beautiful Homes*, p. 302.

87. See Wheeler, *How to Make Rugs*, passim; see also Geraldine Johnson, *Weaving Rag Rugs: A Women's Craft in Western Maryland* (Knoxville: University of Tennessee, 1985), p. 139.

88. Grier, *Culture and Comfort* p. 284; Blakelee, *Industrial Cyclopedia* p. 535; Varney, *Our Homes* pp. 260~261.

89. Child, *American Frugal Housewife* p. 13; Blakelee, *Industrial Cyclopedia*, p. 567; Williams and Jones, *Beautiful Homes* pp. 302~304.

90. Bowles, *Homespun Handicrafts* p. 200; Virginia Churchill Bath, *Needlework in America: History, Designs, and Techniques* (New York: Viking, 1979), p. 285; Wheeler, *How to Make Rugs*, passim: Johnson, *Weaving Rag Rugs* p. 139.

91. Bowles, *Handmade Rugs* p. 70; Bowles, *Homespun Handicrafts* pp. 198, 200; Blakelee, *Industrial Cyclopedia*, pp. 567~568, 683; Margaret Vincent, *The Ladies' Work Table: Domestic Needlework in Nineteenth-Century America* (Allentown, PA: Allentown Art Museum, 1988) pp. 108~110; Bath, *Needlework in America*, pp. 293~294.

92. Blakelee, *Industrial Cyclopedia*, p. 566; for coffee-sack rugs, see also Varney, *Our Homes*, p. 353.

93. Joel Kopp and Kate Kopp, *American Hooked and Sewn Rugs: Folk Art Underfoot* (New York: E. P. Dutton, 1975), pp. 87~90.

94. Grier, *Culture and Comfort*, pp. 263~264.

95. Blakelee, *Industrial Cyclopedia* pp. 520~522; Henry W. Cleaveland, William Backus, and Samuel D. Backus, *The Requirements of American Village Homes* (New York: D. Appleton, 1856), p. 133: A. J. Downing, *The Architecture of Country Houses* (New York: D. Appleton, 1850), p. 414; Beecher and Stowe, *American Woman's Home* p. 89.

96. "Elegant Home-Made Furniture: For Home Comfort and Enjoyment", *Good Housekeeping* Oct. 31, 1885, p. 17; Wright, *Complete Home*, pp. 157~158.

97. Beecher and Stowe, *American Woman's Home*, p. 89; Blakelee, *Industrial Cyclopedia*, pp. 516ff., 519, 9; see also p. 541.

98. Blakelee, *Industrial Cyclopedia*, p. 550; Grier, *Culture and Comfort* p. 271.

99. Williams and Jones, *Beautiful Homes* p. 99.

100. Grirer, *Culture and Comfort*, p. 273.

101. Jane Busch, "Second Time Around: A Look at Bottle Reuse", *Historical Archaeology* 21 (1987), pp. 67~80; Jane Busch, "The Throwaway Ethic in America", Ph.D. dissertation, University of Pennsylvania, 1983, p. 188; Child, *American Frugal Housewife* pp. 10, 14; Kitchen-Garden Association, *Household Economy: A Manual for Use in Schools* (New York:

Ivison, Blakeman, Taylor, 1882), p. 132; *Gould's Directory for Saint Louis* 1891, p. 1561; 1906, p. 1993; "Old Bottles and Corks", *National Bottler's Gazette* Oct. 1882, p. 19; Morse, "Philosophy of Dish-Towels", p. 14.

102. Beecher, *Treatise on Domestic Economy*, p. 360; Varney, *Our Homes* p. 352; Kitchen-Garden Association, *Household Economy*, p. 98.

2장

어떤 조각이든 어떤 뼈다귀든

농촌 어느 집을 방문한 행상인을 그린 그림. 지난 시절의 삶에 대한 낭만적 향수가 묻어나는 에드워드 램슨 헨리(Edward Lamson Henry, 1841~1919)의 작품 중 하나다. 행상인과 농촌 주부가 거래하려고 하는 넝마 포대가 보인다. (알바니, 뉴욕 주립 미술관 제공)

1880년대 초 5월의 어느 날, 행상인 R. S. 먼실Munsil은 버몬트 주 언더힐에서 벌링턴에 있는 고용주 모릴로 노예스Morillo Noyes에게 이런 엽서를 보냈다. "넝마 세 자루와 작은 자루 하나 분량의 고무를 오늘 언더힐에서 발송했음. 거래가 썩 괜찮음. 자루 몇 개와 옥타곤 찻주전자 여섯 개를 버몬트 워터베리 R. S. 먼실 앞으로 보내 주기 바람."[1]

양철 제품 제조 업자인 모릴로 노예스는 독립 행상인들에게 물건을 납품하기도 했지만, 직접 행상인을 고용해 그들에게 물건을 대 주고 집집마다 돌아다니며 팔도록 하기도 했다. 많게는 행상인을 22명까지 고용했으며 행상인들이 짐을 싣고 다닐 말과 마차를 지급했다. 취급하는 물건은 핀, 바늘, 옷감, 양철 개수통 등 광범위했는데, 양철 제품은 노예스가 직접 제조하는 것이었지만 다른 물건들은 그것을 만드는 공장에서 대량으로 구매해 온 것이었다. 노예스는 이런 물건들을 (행상인을 통해 팔 뿐 아니라) 도시나 마을의 잡화점에도 납품했다. 잡화점에는 주로 기차에 실어 물건을 보냈고, 때때로 행상인을 보내 판촉과 수금을 해 오게 했다.

노예스는 자신이 고용한 행상인들에게 물건을 대 주기만 한 것이 아니라 그들을 통해 물건을 조달받기도 했다. 행상인들은 물건을 팔러 집집마다 다니면서 각 가정에서 (때로는 상점에서도) 쓸 만한 것들을 사들이기도 했던 것이다. 그러면 노예스는 이런 것들을 되팔았다. 계란이나 버터는 소매로 팔았지만, (R.S. 먼실이 엽서에서 언급한 넝마나 고무처럼) 행상인이 조달해 온 대부분의 물건은 공장에 납품했다. 노예스가 작성한 거래 관련 서류들은 현재 하버드 경영 대학원의 〈베이커 도서관〉에 소장되어 있다. 서류 양식은 인쇄가 되어 있고, '교환'이라는 항목하에 노예스가 거래한 품목들이 자필로 적혀 있다. 항목 이름은 '교환'이지만, 행상인들은 물물교환 방식이 아니라 노예스가 미리 정해 둔 가격을 기준으로 거래를 했다. 이 목록은 그런 기준 가격을 정해 두기 위한 용도였다. 자신이 고용한 행상인들이 이 가격을 벗어나서 에누리를 해 주지 못하도록 말이다.

'교환' 목록에 올라와 있는 것들 대다수는 농촌에서 나는 물건들이었는데, 과일, 아마, 겨자 씨, 방모사, 밀랍, 버터, 달걀, 깃털, 강모, 털, 뿔, 뼈, 짐승 가죽(사슴, 양, 소, 곰, 밍크, 라쿤, 심지어 집고양이 가죽까지 있었다) 등이 있었다. 노예스는 동물성 부산물은 대부분 공장에 팔았는데, 이를테면 종이 공장에서는 뿔, 발굽, 짐승 가죽 등을 이용해서 종이에 바를 광택제를 만들었다. 또한 조명에 쓸 동물 기름은 어떤 공장에건 팔 수 있었다.[2]

노예스의 교환 목록에는 공장에서 제조되었던 제품의 중고품과 폐품들도 포함되어 있었다. 놋쇠, 납, 은, 금 등 금속으로 된 물건의 중고품과, 폐고무, 유리, 그리고 무엇보다 중요한 것으로 여러 가지 색상, 종류, 품질의 넝마와 같은 것들 말이다. 노예스는 이런 것들도 공장에 납품했고, 그러면 공장은 이 물건들을 원자재로 사용했다. 노예스는 자신이 고용한 행상인들에게 팔 물건을 대 주기도 하고 그들이 농촌에서 사들이는 물건을 받기도 했던 것처럼, 공장과의 관계에서도 납품 업자인 동시에 고객의 역할을 했다. 어떤 공장은 노예스에게 단추, 실, 은수저, 줄무늬 면직물 등을 팔았고, 어떤 공장은 노예스의 행상인들이 집집마다 돌며 수거해 온 것들을 원자재로 사들였다. 노예스가 늘 지니고 다녔던 작은 수첩에는 수거해 온 중고품을 공장에 납품한 거래 내역이 많이 나온다. 공장에 납품하기 위해 마케팅을 하는 것은 소매로 팔 물건을 공장에서 떼 오는 것보다 공을 더 많이 들여야 하는 일이었다.(노예스가 더 흥미로워하는 일이기도 했다.) 노예스는 납품할 만한 새 거래처, 그리고 더 좋은 가격을 쳐 줄 것 같은 새 거래처를 끊임없이 찾아다녔다. 또한 고무나 넝마를 담아 오고 운반할 때 쓸 포대 자루나 주머니가 모자라지 않도록, 이런 것들을 확보할 통로도 끊임없이 찾아다녔다.

노예스는 공장 제품을 받아 와 소매로 유통·판매하는 동시에, 산업의 원자재가 될 수 있는 폐품을 공장에 납품하기에 충분할 만큼 대량으로 수집했다. 행상인을 농촌 가정으로 보내 핀이나 실 따위를 소매로 팔고 넝마와 헌 고무 등을 소량씩 사 오게 하기도 했지만, 상점에 양철 제품이나 피륙을 도매로 공급하면서 공장의 원자재가 될 만한 폐품들을 대량으로 사들이기도 했다.(상점에 물건을 보내고 받아 오는 일도 주로 행상인을 시켜서 했다.) 이 행상인들은 노예스가 제공하는 마차를 몰았지만, 정기적으로 기차를 이용해 짐을 실어 보냈다. 1883년 6월 27일에 C. C. 레이놀즈는 세인트알반스에서 "오늘 여기에서 넝마 두 자루 보냈음. 무게 520파운드."라고 쓴 엽서를 노예스에게 보냈다. 또 여기에 40달러짜리 어음을 동봉하면서 빗자루와 냄비 몇 십 개를 보내 달라고 노예스에게 요청했다. "(빗자루와 냄비를) 애덤스 독으로 보내 주기 바람. 토요일쯤 그곳에 도착할 것임." 노예스는 잡화점이나 가게에서 넝마를 사들이는 경우에는 배송 집하지까지 물건을 나르는 것을 그 가게가 직접 하도록 요구하기도 했다. 노예스는 한 번에 두세 자루씩 도착하면 이런 물건들을 수톤 규모의 물건을 모아 둘 수 있는 화물 창고에 보관했다. 1859년 6월, 노예스가 추산한 재고는 혼합 넝마 100톤, 흰 넝마 15톤, 모직물 조각 1만 파운드(약 4,500kg), 펠트 6천 파운드(약 2,700kg), 털, 뿔, 고철 금속 약간 등이었다. (노예스의 기록에 따르면) 1877년 4월에 노예스의 뼈 창고는 절반 정도 찬 상태였다. 그보다 2년 전에는 약 27톤의 뼈와 약간의 종이들로 9미터짜리 창고가 "꽉 차 있었다." 노예스는 물건들이 창고에 쌓여 있지 않고 빨리 회전되도록 애를 썼다. 노예스에게 화물 창고의 물건들을 '빨리 회전시킨다'는 것은 소비자에게 소매로 빨리 판매한다는 의미라기보다는 물건들을 공장으로 바로 납품한다는 뜻이었다. 창고에 넝마나 고무를 쌓아 놓기만 하고 공장에 팔지 못하면, 행상인이 찻주전자나 은수저를 지고만 다니면서 못 파는 것만큼이나 헛일이었기 때문이다.[3]

노예스는 새로운 품목의 거래를 개척하는 데 특히 관심을 기울였다. 1877년 6월 깔개 고정용 압정, 국자, 주전자, 말구유, 대걸레 자루 같은 물건을 떼러 뉴욕에 출장을 간 노예스는, 낡은 가죽에서 염색약으로 쓰이는 화학물질을 추출해 내는 회사가 뉴와크에 있다는 말을 들었다. 노예스는 다음날로 공장주 조슈아 도드Josiah F. Dodd를 만나러 뉴와크에 갔다. 노예스는 수첩에 이렇게 적었다. "도드 씨의 처남인 E. R. 카허프와 필요한 이야기를 모두 나누었다. 카허프 씨는 낡은 부츠와 구두를 100파운드당(약 45kg) 35센트에 산다고 한다. 부츠와 구두는 깨끗한 상태라야 한다. 모직물이나 면, 모 혼방 직물은 필요하지 않고, 가죽, 뿔로 된 재료, 헌 발굽은 필요하다고 했다. 보낼 때는 포대, 상자, 아니면 다른 포장재를 사용해도 된다. 카허프 씨는 이번 가을까지 보내 주면 100파운드당 35센트를 치러 주겠노라고 장담했다. (…) 낡은 마구 같은 것에서 버클을 떼어 낸 것이 안 될 이유가 무엇인가? 현재 미국에 제조 공장이 4개뿐인데."[4]

노예스가 남긴 상세한 메모와 거래 목록을 통해, 산업화 초기에 미국에서 일상적으로 이뤄지던 재활용 시스템을 엿볼 수 있다. '재활용recycle'이라는 용어 자체는 아직 존재하지 않았지만, 몇몇 산업에서는 가정 폐기물을 모아 원자재로 재사용하는 것이 생산 활동에 필수적이었다.■ 또한 재활용 시스템은 소비재가 유통되는 방식과 사람들이 일상생활을 영위하는 방식에도 깊이 관련되어 있었다. 공장에서 폐기물을 다시 사용하는 것은 산업화가 진전되는 과정에서 불가피한 일이었고, 이는 생산뿐 아니라 유통, 구매, 사용의 전 과정과 연관되었다.

재활용 시스템이 돌아가려면 가정과 제조 업자를 일반적인 마케팅 과정과는 반대 방향으로 연결시켜 주는 메커니즘이 필요하다. 즉 공장에서 가정으로가 아니라, 가정에서 공장으로도 물건이 움직여야 하는 것이다. 우선, 폐품을 수집하는 중간 거래자들이 집에서 나오는 폐기물을 모아서 공장으로 보낸다. 전쟁 중에 벌어진 폐품 모으기 운동, 폐지를 모으던 보이 스카우트, 폐품을 수거해 재활용했던 히피 반反문화 운동가들, 그리고 최근에는 도시 행정 당국 등이 가정에서 폐품을 모으는 중간 거래자 역할을 하면서 재활용 시스템의 첫 번째 과정을 담당했다. 이들 중간 거래자들은 재활용이 가능한 폐품을 다량으로 모아서 쓰레기를 원자재로 탈바꿈시킨다. 이 폐품들은 면화나 옥수수와 마찬가지로 품질 등급이 매겨지고 포장이 되어 시장 가격으로 팔리는 '상품'이다. 이렇게 해서 무가치했던 폐기물이 가치를 가지게 된다. 그러면 재활용 시스템의 두 번째 단계에서는,

■ 『옥스퍼드 영어 사전』에 따르면 '재활용'이라는 단어는 1920년대에 처음 쓰였다. 당시 이 단어는 석유 산업의 정유 공정과 관련된 말이었는데, 완전히 정제되지 않은 원유를 다시 정제 공정에 되돌려 보내 낭비를 줄이는 시스템을 일컬었다. 1960년대가 되면 이 단어는 '다시 사용하는 것'은 무엇이든지 포함하는 말로 쓰임새가 확장되었고, 1970년대 초에 환경 운동의 일환으로 폐품을 제조 공정에서 다시 사용할 수 있게 쓰레기를 분리수거하자는 캠페인이 벌어지면서 일상적으로 널리 쓰이는 말이 되었다.(이 책에서 recycle은 '재활용' 또는 '분리수거'로 번역했다. 옮긴이)

폐품을 구매한 쪽, 즉 제조 업자가 폐품에서 쓸 만한 부분을 추리고 유용한 물질을 뽑아내어 새 제품을 만든다.

미국에 산업화가 진행되면서 도매인, 행상인, 만물상 등은 농촌 가정에 공장 물건들을 선보이는 역할을 하는 동시에, 재활용 가능한 폐품을 농촌에서 수거해 공장에 판매하는 중간 거래자 역할도 했다. 행상인들은 각 가정에서 재활용 가능한 것들을 사들여 마차에 실어 날랐고, 만물상은 이 폐품들의 임시 창고 역할을 했으며, 도매상들은 폐품 거래업까지 1인 2역을 했다. 으레 공장 제품을 소비자에게 유통시키는 역할만 한 것으로 여겨지는 이들이 사실은 거꾸로의 과정, 즉 가정에서 폐품들을 모아 들여 분류하고, 등급을 매기고, 포장해서 제조 업체에 납품하는 과정도 담당했던 것이다. 따라서 공장 제품의 거래ㆍ유통 과정은 단순히 '물건은 소비자에게로, 돈은 생산자에게로' 이동하는 것만을 뜻하는 것이 아니었다. 물건들은 말 그대로 가정과 공장 사이를 '순환'했고, 그럼으로써 제조 업체와 소비자 간에 사실상 쌍방향 관계가 구성됐다.

헌 물건을 새 물건으로 바꿔 올 수 있는 시스템 덕분에 현금이 부족한 사람들도 소비사회가 형성되던 초기부터 새 소비재를 구할 수 있었다. 1790년에 뉴욕 오세고 카운티에서 가게를 운영하던 윌리엄 쿠퍼William Cooper는 농부들이 나뭇재를 부셸(bushel. 용량의 단위. 약 35리터에 해당한다. 옮긴이) 단위로 가져오면(나뭇재는 새로 정착한 이 농부들이 화전을 위해 밭에 불을 놓아 잡목을 제거할 때 나온 것이었다.) 옷, 도구, 럼주, 당밀 등을 구입할 수 있는 일종의 쿠폰을 주었다. 쿠퍼는 이들 정착 농민들과 그 나뭇재를 원료로 쓰는 가성칼륨 제조 업체 사이를 이어 주는 중간 다리 역할을 했다. 18세기와 19세기 미국의 비누 제조 업자들은 비누를 (원료가 되는) 기름이나 재와 교환했다. 백랍, 놋쇠, 구리, 철 제품을 만드는 사람들은 새 제품을 고철 금속과 교환하거나, 고철을 돈을 주고 사들였다.[5] 19세기에 산업이 성장하면서, 다양한 물질들이 재활용되었다. 넝마는 번창하는 종이 제조업의 자재로 끊이지 않는 수요가 있었고, 뼈, 폐고무, 고철 등도 시장이 형성되어 있어서 가정에서 소량씩 나오는 것까지 거래가 가능했다.

19세기의 유통망과 재활용 시스템에서 행상인들이 점차 핵심 위치를 차지하게 되었다. 행상인들은 등짐을 지거나, 손수레, 달구지, 마차에 짐을 싣고 현금이 귀한 지역들을 돌아다니면서, 공장 제품을 내놓고 그것과 바꿀 만한 물건들을 수거해 갔다. 남북전쟁 직전, 나체즈 지역 근처에서 잡화와 옥양목, 약품 등을 행상하던 뒤셀도르프 출신의 한 행상인은 프레더릭 로 옴스테드에게 이렇게 말했다. "다들 가난한 사람들이에요. 아주 가난하죠. 돈은 한 푼도 없고요. 아유, 없더라니까요……. 하지만 (돈 대신) 달걀이나 깃털, 닭, 넝마 (…) 그리고 어쩌면 그 사람들이 잡은 짐승 가죽 같은 것을 받을 수 있겠죠. 나는 그들이 가진 것을 받아 오고, (제조 업체로부터) 잡화들을 확보하면 다시 나체즈로 가서 그들에게 팔지요. 내가 들이는 비용보다는 두세 배 많이 받아요. 나쁜 거래는 아니에요. 아니고 말고요. 이 가난한 사람들은 그들이 입었던 넝마 조각을 몇 푼이라도 돈을 주고 사는 것을 보고는 나를 바보라고 생각해요. 하지만 그 사람들은 이것이 갖는 가치를 쥐뿔도 모르죠. (…) 나는 돈을 많이 벌어요." 나체즈에서 뉴잉글랜드의 종이 공장까지 가는 운반 비용을 감안하더라도 이런 교환은 이문이 많이 남았다.[6]

이렇게 행상인과 소규모 도매상들은 가정과 제조 업체 사이에 새로운 관계를 만들어 냈다. 행상인을 소비재의 유통 시스템으로서만, 즉 소비문화를 성장시킨 주역으로만 고찰하는 역사학자들은 이 관계를 간과해 왔다. 이를테면 데이비드 제피David Jaffee는 행상인들이 외진 곳까지 물건 자체를 날랐을 뿐 아니라 "사람들이 새 물건을 계속 획득하는 것에 길들여지도록 했다"고 (행상인들이 소비문화의 형성과 전파에 미친 영향을) 설명했다. 잭슨 리어스Jacson Lears도 "행상인들이 깡촌에까지 신기한 물건들을 가지고 들어왔다는 점이 19세기 중반에 확산된 새로운 시장 문화의 핵심이었다"고 쓰고 있다. 그러나 (소비문화뿐 아니라) 재활용 시스템에까지 초점을 맞추어 보면 양상은 이보다 좀 더 복잡해진다. 여성과 어린이들은 행상인, 혹은 행상인으로 대변되는 산업 시스템과 구매자로서뿐만 아니라 공급자로서도 거래 관계를 맺었다. 그 "새로운 시장 문화"에는 잠재적인 소비자들이 쌍방향으로 참여했는데, 이들은 재활용할 폐품을 알뜰히 모으면 현금이 없어도 새 물건을 살 수 있었다. 폐품을 모으는 재활용 시스템은 산업의 발달과 소비문화의 발달 모두에 일조를 한 셈이다. 즉 근검절약과 재사용의 알뜰한 습관이 소비문화의 확산과 사실상 연결이 되었던 것이다. 이렇게 생각해 보면, 그렇게나 알뜰한 여성들이 행상인의 상술에는 홀딱 넘어가는 것이 이상한 일도 아니었다. 드럼통으로 만든 의자나 짐짝 상자로 만든 화장대와 마찬가지로, 여기에서도 절약의 상징으로 보이는 것이 사실은 소비주의를 드러내기도 한다는 점에 역사학자들은 주목할 필요가 있을 것이다.[7]

물건도 주고받고, 농담도 주고받고—행상 경제

19세기 행상인들은 책이나 시계 같은 것도 팔기는 했지만, 행상의 전형적인 품목은 녹이 안 슬게 철을 주석으로 도금한 양철 제품이었다. 양철판은 잘 구부러지고 모양을 잡기가 쉬워서 다양한 물건을 만들 수가 있었다. 필라델피아의 어느 양철 제조공은 자신이 만들어 파는 물건 목록의 '일부'

라면서 상자, 쟁반, 구유 등 40여 가지 양철 제품을 광고했다.[8]

양철 제품의 제조와 행상은 미국 독립 혁명 이전에 (북부의) 코네티컷에서 시작되었다. 이후에도 양철 제품 제조의 중심지는 계속 코네티컷이었지만, 행상은 '양키 행상인'들이 서부와 남부 지역까지 가서 장사를 하면서 지역적으로 더 널리 퍼졌다. 행상인들은 도로가 좋지 않은 곳에서는 말을 매 두고 직접 짐을 져 날랐으며, 육로가 없는 곳에서는 강에서 배로 짐을 날랐다. 장삿길을 확보한 행상인들은 종종 고객의 집에서 말재간과 멋들어진 노래 곡조로 환심을 사며 묵어 가곤 했다. 양철 제조공과 행상인 사이의 계약은 여러 가지였다. 어떤 행상인은 제조공에게 고용되어 일했고, 어떤 행상인들은 제조공을 자신에게 물건을 대 주는 도매상으로 여겼다. 또 어떤 경우에는 제조공이 직접 행상을 하기도 했는데, 이들은 겨울 동안에 제품을 만들고 봄과 여름에 행상을 했다. 노예스보다 더 많은 행상인을 고용하는 제조 업체에 속한 행상인들도 있었는데, 이러한 제조 업체들은 행상인을 20명, 30명, 50명까지 고용했다.[9]

행상인과 양철 제조 업자들은 자신이 제조한 양철 제품뿐 아니라 다른 생산품에 대해서도 중요한 유통망 구실을 했다. 당시에는 노예스 같은 양철 제조 업자들이 다른 제품의 도매까지 맡는 것이 일반적이었기 때문이다. 노예스의 명함에는 그가 다룬 품목이 길고 상세하게 나와 있다. 명함에 따르면 노예스는 "국내외 잡화, 장식품, 유용한 물건들"을 다루었는데, 여기에는 철사, 대갈못, 성냥, 다양한 직물과 바느질 도구, 은수저("1급 품질 보장함"), 빗, "기타 행상에 적합한 유용한 물건들 다수"가 포함되어 있다. 또 노예스의 명함에는 "상인에게 납품할 양철 제품과 연통 제조도 한다"며 "물건 대금은 물품으로도 받는다"고 쓰여 있다. 그러므로 노예스 같은 사람을 "양철 제조 업자"라고만 부른다면 너무 좁게 말하는 것이다. 그들의 직업은 혼합형이었다. 제조 업자이면서 도매상이었고, 자신이 만든 물건과 다른 제조 업체가 만든 물건을 모두 취급했으며, 농촌에서 공장으로 재활용품을 수거해 보내는 중간 거래자 역할까지 했다.[10]

규모가 큰 양철 제조 업자들은 대규모 거래를 했다. 뉴욕 주 볼스톤 스파의 〈트레이시 브라더스Tracy Brothers〉는 약 300제곱미터 규모의 넝마 창고를 운영했는데, 이곳에서는 여덟 명에서 열 명 정도의 여성이 넝마를 분류해 포장하는 일을 했다. 노예스가 고용한 행상인 윌리엄 홀브룩Willam Holbrook은, 판매한 물건 값 대신으로 수거한 넝마 포대를 벌링턴에 있는 노예스의 본사로 보내는 일에 대부분의 시간을 들였다. 홀브룩이 1854년 4월 15일에 쓴 기록은 다음과 같다. "(넝마) 1,289파운드를 사들여서 자루에 담아 보냈음. 3.5달러. 마드리드 창고로 배달. 구리 22센트에 71파운드, 놋쇠 15센트에 29.5파운드." 홀브룩은 한 번 행상을 떠나면 4천 킬로미터 거리를 돌아다녔는데, 여기에는 넉 달 반 정도가 걸렸다. 이때 노예스는 폐품을 수거해 올 때 쓸 포대 자루를 2백 장 이상 지급했다.[11]

규모가 가장 작은 축에 속하는 양철 제조 업자는 마이클 비솜Michael Beasom처럼 혼자 제조도 하고 행상도 하는 사람들이었다. 비솜은 수년간 펜실베이니아 시골을 돌아다니면서 자신이 직접 만든 양철 제품을 팔았다. 비솜에게 양철 제품을 사고는 했던 어느 집의 아들은 "매우 솜씨가 좋아서 비솜이 만든 제품은 전 골짜기에서 유명해졌고, 곧 많은 단골을 갖게 되었다"고 회상했다. 비솜은 처음에는 빨간 손수레에 짐을 싣고 왔고, 다음에는 말 한 마리가 끄는 마차를 몰고 왔다. 그리고 마지막에는 말 두 마리가 끄는 큰 마차를 몰고 오더니, 이제 (떠돌이 행상은 그만두고) 결혼을 하고 점포를 내서 정착할 계획이라고 선언했다. 물론 운송 수단의 크기가 커질수록 더 많은 물건을 실어 오고 수거해 가는 것이 가능했다.[12]

1840년대 독일계 유대인 이민자들이 (미국에) 들어오면서, '양키 행상인'과 함께 '유대 행상인'이 19세기 행상의 또 다른 유형을 형성했다. 행상은 유럽에서 많은 유대인들이 종사하던 직종이었는데, 이 일에 필요한 기술과 지식은 신대륙인 미국에 와서도 유용하게 써먹을 수 있었다. 또 행상일에는 종잣돈이 거의 (때로는 아예) 필요하지 않았다. 유대 행상인들은 양철 제조 업자에게 고용되어 일하지 않았다. 그보다는 성공한 유대인 상인이 행상을 처음 시작하는 유대인에게 행상에 지고 나갈 첫 짐을 꾸릴 수 있을 만큼의 자금을 빌려 주는 경우가 많았다. 몇몇 부유한 유대 도매상들은 미국으로 갓 건너온 의욕 넘치는 유대인에게 자금을 대 주기도 했다. 유대인 사회에서 행상은 사회적 지위가 낮은 업종이었다. 유대인 거주지에서 멀리 떨어진 곳까지 돌아다녀야 하므로 종교 의식을 제대로 지키기 어렵고, 특히 코셔 음식(kosher, 식사에 관련된 유대교 율법 카샤롯kashrut에서 먹기에 알맞은 음식이라고 결정한 것. 반대로 먹을 수 없는 음식이나 사용할 수 없는 식기食器는 트라이프Traif라고 한다. 옮긴이)을 구하기 힘들다는 점이 행상인의 사회적 지위가 낮아지는 요인이 되었을 것이다. 그래도 유대 행상인들은 미국의 방식을 재빨리 배워서 적응했다. (너무 성공적이어서 반反유대주의를 불러일으키기도 했다. 엄격한 면허법을 제정해 유대 행상인의 활동을 막으려는 곳이 있었을 정도다.) 외진 곳에 사는 유대인들에게는 유대 행상인이 유대인 사이를 이어 주는 연결망 역할을 했고, 새로운 장소에서 유대인들이 공동체를 개척하는 것을 도왔다. 행상은 또 성실한 사람들이 돈을 모아 자기 사업을 할 수 있는 기회를 제공했다. 모두가 성공해서 자신의 점포를 낼 수 있었던 것은 아니지만, 유대인 비즈니스맨(특히 소매업자나 폐품 거래 업자) 중 많은 수가 떠돌이 행상부터 시작한 사람들이었다.[13]

양키 행상인과 유대 행상인 모두, 종종 약장수나 사기꾼으로 묘사되었다. 약장수형 인물이 다들 그렇듯이 행상인은 경계를 넘나드는 사람들이었는데, 이들은 농촌과 점점 거대해지는 도시 사이의 경계를 넘나들었다. 시골 사람들에게는 행상인이 오는 것이 일상에서 벗어나는 이벤트였다. 마이클 비솜이 행상을 다니던 마을에서 자란 사람은 이렇게 회상했다. "비솜이 오는 건 늘 아주 즐거운 일이었어요. 농촌 생활의 단조로운 리듬을 깨고, 우리에게 다른 세상을 접하게 해 주기 때문이죠."[14]

　　남부 사람들에게는 양키 행상인이나 유대 행상인이 자신이 평생 만나 볼 수 있는 유일한 양키(북부 사람)이거나 유일한 외국인인 경우가 많았다. 이들에게 행상인은 '북부 스타일' 사업 수완을 가진 사람의 대명사로 여겨졌다. 양키와 유대인 행상인이 남부 마을의 돈을 싹쓸이해 간다는 것이었다. 남북전쟁 이전에 쓴 남부의 소설을 보면, 행상인은 으레 못 믿을 물건들로 사기를 치는 사람으로 등장한다. 멎어 버린 시계, 끓는 물에 닿자마자 납땜이 녹아 버리는 양철 식기, 죄다 삭아 내리는 '거북이 등껍질' 빗, 알고 보니 나무껍질인 '육두구nutmeg 향료', 사실은 떡갈나무 잎인 '담배' 따위를 현란한 말로 속여 파는 사람으로 그려지는 것이다.[15]

　　행상인과 농촌 가정 사이에 벌어지는 흥정에는 밀고 당기기와 꼬임, 그리고 농지거리, 유머, 음악과 같은 오락의 요소가 있었다. 펜실베이니아에 정착한 네덜란드계 사람들에 대한 책(1874년 출간)에는 다음과 같은 내용이 나온다. "40년에서 60년쯤 전에 양철 행상인이 순진한 네덜란드 사람들이 사는 마을을 돌아다니면서 농부들을 속이고 아가씨들을 홀렸다. 그들은 교활하고 속이 검고 번듯하게 잘생겼다. 말재간이 좋고 재미가 있어서, 맘 착한 농부들은 행상인을 묵어 가게 해 주고 대가로 소소한 양철 제품을 받았다." 아가씨들을 희롱해서였건 양철 제품으로 유혹을 해서였건 간에, 행상인들은 흥미로우면서도 위험한 존재로 여겨졌다.[16]

1860년대 말을 배경으로 한 로라 잉걸스 와일더Laura Ingalls Wilder의 소설 『소년 농부Farmer Boy』는 이보다 균형 잡힌 시각으로 행상인과 농촌 가정의 흥정 과정을 묘사하고 있다. 양철 행상인 닉 브라운이 어느 농가에 와서 저녁을 얻어먹고는, 새 소식과 노래, 재미있는 이야기들을 풀어놓는다. 다음날 아침이 되자 브라운은 수레를 집 앞으로 끌고 온다. "어머니는 다락에서 커다란 넝마 주머니들을 가지고 내려와 그것을 문 앞에 쏟아 냈다. 지난 1년간 모은 것이었다. 어머니가 번쩍거리는 양철 제품들을 들여다보는 동안, 닉 브라운은 상태가 좋고 깨끗한 리넨과 모직 넝마를 살펴보았다. 그리고 그들은 흥정을 시작했다. 한참 동안 어머니와 닉 브라운은 밀고 당기기를 계속했다. (…) 닉 브라운이 넝마 주머니를 하나씩 수레에 얹을 때마다, 어머니는 닉 브라운이 내놓을 의향이 있는 정도보다 더 많은 양철 제품을 달라고 요구했다. 그러면서도 그들은 농담하고 웃고 흥정하며 즐거운 시간을 보냈다. 마침내 닉 브라운이 이렇게 말했다. '자, 아주머니, 우유 냄비, 여물통, 소쿠리, 거름용 그물 국자, 그리고 빵 굽는 팬 세 개 드릴게. 하지만 개수통은 안 돼요. 이제 더 이상은 양보 못 하우.'" 어머니도 개수통 하나만 포기하면 되었으므로 그 정도에서 동의한다. "어머니는 수완 좋고 빈틈없는 거래인이었다. 닉 브라운보다 한 수 위였다. 하지만 좋은 넝마를 많이 구했기 때문에 닉 브라운에게도 만족스러운 거래였다." 닉 브라운은 넝마를 수레에 가득 싣고, 내년까지 안녕히 계시라고 인사를 하고는, 여자아이들에게는 과자 굽는 작은 팬을, 남자아이들에게는 양철 나팔을 선물로 주고 간다.[17]

넝마 판 돈은 여성들의 돈이었다. 19세기 말의 '핀', '계란', '버터'를 판 돈의 전조라고 할 만했는데, 이것은 여성이 가정에서 생산한 것을 팔아 마련한 돈이었으며, 여성이 재량권을 갖는 돈이었다. 행상인들이 돌아다니기 전인 18세기 말과 19세기 초에는, 물건을 만들어 팔거나 서비스를 판매했던 여성들이 그에 대한 대가를 돈이 아니라 물건으로 받는 경우가 흔했다. 들인 노동에 따라 적절한 수준의 가격을 정해 두기는 했지만, 현금이 부족하던 시기여서 돈보다는 물건으로 받았던 것이다. 이를테면 메인 주에서 민간 의료인이자 산파 노릇을 하던 마사 발라드는 사람들을 치료해 준 대가를 치즈, 양초, 옷 등으로 받았다. 역사학자 로렐 대처 울리히Laurel Thatcher Ulrich는 "이러한 '여성 경제'는 그 당시 떠오르던 '남성 경제'와 달랐다"고 설명했다. 남성들의 경제 영역에서는 "일반적으로 현금이나 유가증권 형태로 보수를 받았다"는 것이었다.[18]

행상인은 남성이었지만, (여성 영역의 방식인) 현물 거래도 했다. (노예스의 행상인과 마찬가지로, 그리고 브라운과는 달리) 물건에 대한 적절한 가격을 금액으로 정해 놓기는 해도, '여성 경제'의 관습에 따라 현물로도 대금을 받았던 것이다. 반대로 여성들은 넝마와 폐품을 행상인에게 넘기면서 (남성 영역의 방식인) 현금을 받기도 했다. 이렇게 해서 받는 현금은 가정 내의 다른 현금과 별도로, 여성이 가질 수 있는 부가 소득이었다. 넝마와 폐품 판 돈은 집 안의 다른 돈과 달리 여성들이 자율권과 처분권을 가지고 있었으며, 간혹 아이들이 처분권을 갖기도 했다. 『작은 아씨들』에서 막내딸 에이미가 하는 말에서 이를 엿볼 수 있다. "나는 친구들에게 갚아야 할 빚이 끔찍하게 많아. 그런데 이번 달 넝마 판 돈도 내 차례가 아니잖아."[19]

행상인이 주로 여성들을 상대로 거래했고 품목도 가정용품 위주였다면, 점포는 남성의 영역이었다. 행상인과 점포 상인이 적대적인 경쟁 관계였다고 보는 역사학자도 있지만 이는 근거가 충분치 않은 것 같다. 이러한 역사학자들은 점포 상인들이 "행상인 면허법"을 제정해 행상인의 활동을 제한하자는 청원을 냈던 것을 근거로 들지만, 이는 과장된 것이다. (행상인

면허법은 거의 모든 주에서 제정됐지만, 제대로 시행되지는 못했다.) 예를 들면, 버몬트 주 입법 의회는 1799년부터 1835년 사이에 행상인 규제를 요구하는 점포 상인들의 청원을 한 해에 평균 한 건밖에 받지 않았다. 대부분은 서명이 10개에서 25개 정도였고, 더 적은 것도 있었다. 또 해마다 같은 사람이 서명을 한 경우도 있을 것이기 때문에, 이를 "대부분의 점포 상인이 행상인에게 적대적이었다"는 근거로 보기는 어렵다. 오히려 행상인들과 점포 상인들이 거래 관계를 맺고 있거나, 우호적인 협력 관계를 유지하고 있었음을 보여 주는 자료가 많이 남아 있다.[20]

행상인과 점포 상인의 차이는 나이가 듦에 따라 거쳐 가는 삶의 단계 차이로도 볼 수 있다. 젊고 독신이던 시절에 행상을 하다가 나이가 들고 결혼을 하면 점포를 내 정착하는 것이다. 행상인은 대부분 서른 살이 안 된 경우가 많았고, 행상을 하던 자신의 젊은 시절을 기억하는 점포 상인들은 대체로 행상인에게 친절했다. 유대인들 사이에서는 점포 상인이 행상인에게 쉬어 갈 곳이나 예배를 볼 장소를 제공했을 것이다. 와일더의 책에 나오는 닉 브라운은 고객인 농촌 가정에서뿐 아니라 읍내에 있는 케이스 씨네 점포에서도 재밌는 이야기와 노래를 하면서 묵어 갔다. 점포 상인은 행상인이 팔 물건이 동났을 때 외상으로 물건을 대 주는 식으로, 행상인에게 도매상이나 에이전트 같은 역할을 하기도 했다. 또한 노예스처럼 행상인을 고용하면서 동시에 점포 상인들과도 거래를 하는 경우도 많았기 때문에 행상인과 점포 상인과의 관계가 어떠했다고 딱 잘라 말하기는 어렵다. 1859년에 노예스는 미들베리에 직접 가서 그곳 잡화상 주인의 평판을 알아보고 난 후 그 잡화점에 이불보 직물을 납품하고 그곳에서 흰색과 갈색의 넝마 1천 파운드를 사들이기로 했다. 그러는 한편 노예스는 자신이 고용한 행상인들에게 점포를 상대로 거래하는 에이전트 역할을 맡기기도 했다.

이를테면, 앞서 언급한 윌리엄 홀브룩은 노예스의 물건을 농촌 가정에 행상으로 판매했을 뿐 아니라 점포들에 도매로 대기도 했으며, 점포 상인들이 수거해 놓은 넝마를 사들이기도 했던 것이다.(홀브룩은 이 넝마를 포장하는 데 시간을 많이 들였다.)[21]

"숙녀분들, 넝마를 모으세요"

19세기 미국에서, 가정으로부터 수거되어 공장에서 재사용된 폐품 중 가장 중요한 것은 단연 넝마였다. 한 업계(종이 업계)가 통째로 넝마 재활용에 의존하고 있었다고 해도 과언이 아니었으며, 넝마는 다른 어떤 가정 폐품보다 수거되는 양이 많았다. 또 넝마를 모으고 거래하는 시스템이 생기면서, 다른 폐품의 재활용을 촉진하는 역할도 했다. 짐꾼을 시골 상인에게 보내 넝마를 모아 오게 하는 '넝마 수거 루트'를 처음 만든 이들이 바로 종이 공장주들이었던 것이다. 이들은 다른 종이 공장과 넝마를 놓고 경쟁하지 않기 위해 구역을 나누기도 했다. 또 신문, 서점, 문방구, 인쇄소 등 종이를 이용하는 업체들도 넝마를 수거해서, 자신들에게 종이를 납품하는 종이 공장에 대금을 넝마로 지불했다.[22]

농촌 가정은 행상인이나 가게에서 산 물건의 값을 넝마로 치렀고, 행상인과 가게는 그 넝마를 다시 종이 공장에 팔았다. 역사학자 주디스 맥고우 Judith McGaw는 이것을 "매우 복잡한 3자, 4자 간 거래 관계"라고 표현했다. 예를 들면 매사추세츠 주 달톤에 있는 크레인 종이 공장은 행상인과 시골의 점포 상인에게 넝마를 샀고, 피츠필드의 상인들은 크레인 종이 공장에서 종이를 샀으며, 행상인, 시골 점포 상인, 크레인의 노동자들은 피츠필드의 상인들에게 물건을 구매했다. 그런데 이 모든 것은 현금 거래를 하지 않은 채 이뤄졌다. 뉴욕 주 북부의 어느 인쇄업자는 1834년에 채권자에게 보낸 편지에서 이렇게 적고 있다. "우리가 귀사에 지불해야 할 금액 중 일부라도 화폐로 받고자 한다면(그런 일은 없을 것으로 봅니다만), 소송을 제기하셔야 할 겁니다. 우리는 은행과는 별 관련이 없고, 현금 지불을 보장하지 않습니다. 거래의 8분의 7이 물물교환으로 이뤄지는 곳에서는 말이지요."[23]

알뜰한 주부라면 넝마를 열심히 모아야 했다. 넝마는 집에서 쓸 데가 많았던 것이다. 옷 짓는 데는 품이 워낙 많이 들기 때문에 옷은 귀한 물건이었다. 따라서 여러 차례 고쳐 입은 후에야 버렸다. 헌 옷과 헝겊 조각은 아이 옷, 퀼트, 깔개를 만드는 데 활용할 수 있었다. 수선할 수도 없을 정도로 상한 옷은 잘라서 걸레로 썼다. 하지만 가정에서뿐 아니라 종이 공장에서도 넝마가 필요했다. 그리고 기성복 의류 제조업이 성장하기 전에는, 종이 공장에 헝겊 조각을 대규모로 공급해 줄 수 있는 업계도 없었다. 따라서 종이 공장, 서점, 신문 등에 투자한 기업인들은 가정주부들이 넝마를 모아서 집에서 사용하기보다는 그것을 공장으로 넘기도록 하기 위해 애를 썼다. 이들은 각 가정의 넝마를 수거해서 종이 공장으로 넘길 수 있는 시스템을 구축하는 한편, 가정에서 넝마를 모아 공장으로 보내야 한다고 촉구하는 광고 공세도 벌였다.

2천 년 전 중국에서 처음 발명된 것으로 알려진 제지법은 8세기경 아랍에 알려졌고, 다시 약 3백 년 후 무어인을 통해 스페인에, 그리고 15세기경에는 영국에 전해졌다. 미국에서는 독립 혁명 이전까지 종이 공급을 대체로 영국에 의존했지만, 제지 기술은 1700년 이전에 이미 알려져 있었다. 어느 곳에서건 종이를 만드는 기본적인 기술은 동일했다. 먼저, 면과 리넨 직물의 넝마를 빨아서 갈기갈기 찢은 후 두들겨서 펄프로 만든다. 그것을 큰 통에서 물에 섞은 후, 방충망 형태의 틀을 그 통에 담갔다 꺼내 그 위에 얇게 펴진 섬유의 낱장을 떼어 낸다. 이것을 다리고 말린 후, 롤러로 밀어 남은 물기를 제거하고 표면을 편편하게 만들어 준다. 이 공정 중 19세기 전에 기계화가 되지 않은 것은 넝마를 모으는 작업뿐이었다.

리먼 위크스Lyman Hrace Weeks는 『미국 종이 제조업의 역사 1960~1916A History of Paper-Manufacturing in the United States, 1960~1916』에서 "19세기 중반이 지나도록 종이의 역사는 넝마 모으기의 역사라고 해도 과언이 아니었다"고 언급했다. 신문 광고를 보면 (미국) 독립 혁명을 전후한 시기에 넝마가 얼마나 만성적으로 부족했는지, 그리고 종이 공장들이 공장을 놀리지 않고 가동하기 위해 필요한 넝마를 확보하려고 어떤 방법을 동원했는지 알 수 있다. 버몬트 주 베닝턴의 한 종이 공장은 넝마를 모아서 공장에 넘겨야겠다는 생각을 불러일으키기 위해 숙녀들을 초청해서 공장 견학을 시켰다.[24] 노스캐롤라이나 주의 어느 공장은 독립 혁명 기간 중에 세워졌는데, 이때는 미국 북부와 영국 식민지 본국의 갈등으로 교역이 종종 교란되던 시기였다. 이 공장은 길쌈하고 남은 실 부스러기, 낡은 양말, 그 밖의 여러 가지 넝마를 조달하기 위해 로맨틱한 호소를 담은 광고를 냈다. "숙녀분들이 더 이상 아름다운 우윳빛 가슴을 가릴 수 없을 만큼 낡은 손수건을 종이 공장으로 보내야겠다고 다짐할 때, 낡은 손수건이 연인이 보낸 연애편지라는 더 기쁜 형태로 다시 되돌아올 수 있는 가능성이 생깁니다. 그렇게 되면 우리도 기쁠 것입니다." 1807년, 뉴욕 주의 한 공장은 에로틱한 감수성과 계급적 편견이 섞인 이런 시구로 광고를 냈다.

당신이 거부한 헝겊 조각
누추한 오두막에 사는 이조차 입지 못할 헌 옷이라도

감수성과 재치 속에 빛날 수 있으리니

매력적인 소설을 만드는 데 쓰일 수 있으리니

(…)

공부를 하던 청년은

우윳빛 흰 종이에 글을 쓸 때

왠지 모르게 마음이 따뜻해지네

아마 그 종이는 사모하는 여인을 아름답게 해 주었던 손수건이었을 거야.[25]

넝마 모으는 방법을 상세히 설명하는 광고도 있었다. 다른 용도로 별 쓰임새가 없는 헝겊 조각들을 모으되, 그것을 쓰레기로 간주하면 안 된다는 것이 핵심이었다. 독립 혁명 기간 중에 매사추세츠 주 서튼의 한 제지 공장은 "아주 작은" 헝겊 조각까지 다 모으라며 다음과 같은 광고를 냈다. "주머니를 방 한쪽 구석에 걸어 놓으면 자칫 버리기 쉬운 작은 조각까지 모으는 데 도움이 됩니다." 뉴욕 주 북부의 한 종이 공장은 좀 더 품위 있게 넝마 모으는 법을 소개했다. "(매사추세츠와 코네티컷의) 큰 읍에 사는 숙녀분들은 헝겊 조각을 모으는 우아한 주머니를 일종의 응접실 장식품으로 걸어 둡니다. 그 안에 종이 공장에서 쓰일 수 있는 헝겊을 세심하게 모아 두지요." 또 넝마를 팔아 벌 수 있는 푼돈에 신경을 쓸 필요가 없는 부유층은 "아이들이나 하인들이 넝마 주머니를 관리하게 하고, 넝마로 번 돈도 그들이 갖게 하면 좋을 것"이라고 했다. 그런 식으로 하면 "(유용한) 헝겊 조각이 길바닥이나 난로로 쓸려 들어가는 일이 없게 되고", 성실한 하인에게 보상이 되며, 아이들은 검약의 습관과 금전 관념을 배울 수 있으리라는 것이었다.[26]

넝마를 가장 많이 모은 사람에게 상금을 거는 광고도 나왔다. 『뉴욕 가

제트 앤 머큐리*New York Gazette and Mercury*』의 발행인 휴 게인Hugh Gaine은 1733년에 두 명의 동업자와 함께 제지 공장을 열면서, "공장이 돌아갈 수 있느냐 없느냐는 전적으로 넝마에 달려 있는데, 현재는 넝마 공급이 매우 부족하다"며 "모든 종류의 리넨 소재 넝마"에 대해 "아주 높은 가격"을 쳐 주겠다고 광고했다. 30년이 지난 뒤에도 휴 게인은 여전히 넝마를 구하느라 애를 먹고 있었는데, 이번에는 상금을 걸었다. 1765년 1년간 가장 많은 헝겊 조각을 모아 오는 사람 세 명에게 1766년 새해 첫날 각각 10달러, 8달러, 5달러의 상금을 지급하겠다는 것이었다. 또한 1773년 3월에 〈전미철학학회American Philosophical Society〉는 가장 많은 넝마를 모은 개인 다섯 명과, 다섯 가족에게 상금을 주겠다고 밝혔다.[27]

〈전미철학학회〉는 "종이를 구하기 위해 해마다 유럽에 막대한 돈을 지급하는 것을 아끼고, 일할 수 있는 많은 이들에게 일자리를 제공하기 위해서" 필라델피아 근처에 종이 공장을 열고자 한다고 밝혔다. "우리나라(미국)의 공장을 돕자"는 애국심에 호소하는 것은 넝마를 구하는 광고에서 가장 흔한 전략이었다. 그런 광고는 독립 혁명 이전에도 있었다. 이를테면, 보스턴의 한 공장은 1734년에 다음과 같은 광고를 냈다. "신사분들은 자기 자신의 이익을 위해서뿐 아니라 국가를 위해 많은 기여를 해 왔습니다. 이토록 유용한 공장을 힘껏 돕는 것은 모든 이의 의무입니다. 그래서 우리는 이 나라(미국)를 사랑하는 모든 이들에게 호소합니다. 리넨 넝마를 한 조각이라도 버리지 않도록 주의에 또 주의를 기울여 그것들을 보스턴의 스프링 레인에 있는 조지프 스토커에게로 보내 주십시오. 소정의 값도 치러 드리겠습니다."[28]

독립 혁명의 기운이 고조되면서 넝마는 더 부족해졌다. 신문 용지 수요가 증가했고, 영국산 직물과 종이에 대한 불매 운동이 벌어졌기 때문이었다. 각지의 입법 의회들은 자신의 지역에 있는 미국 제지 공장들을 돕자는 결의안을 너도나도 통과시켰다. 1775년 2월 매사추세츠의 지역 의회는 "이 나라에 유용하고 도움이 되는 공장의 운영이 적절하게 촉진될 수 있도록" 집집마다 넝마를 모아야 한다고 결의했다. 1년 뒤, 매사추세츠 의회는 "아무리 적은 양의 헝겊이라도 종이 만드는 데 쓸 수 있는 것이면 모조리 모아야 한다"며 "이것은 공공선을 증진시키고자 하는 시민들의 의지가 얼마나 강한지 보여 주는 증거가 될 것"이라고 결의했다. 독립 혁명이 시작되자 화폐를 찍고 탄약 상자를 만들기 위해 종이가 더 많이 필요해졌다. 넝마를 구하는 광고들은 이제 혁명적인 수사를 사용하기 시작한다. 한 종이 공장은 1778년에 게재한 광고에서 "자유의 딸들은 리넨과 면-리넨 혼방 직물 조각을 모두 그러모으는 활동으로 이 나라에 복무할 수 있다. 이를 게을리해서는 안 된다"며 이러한 행동이 가져다줄 이득은 헤아릴 수 없이 클 것이라고 선언했다. "넝마를 모아 판다고 큰 재산을 장만할 수는 없겠지만, 이 나라가 꼭 필요로 하는 일에 일조할 수는 있습니다. 그 점을 인식하는 것만으로도 큰 만족과 보상이 될 것입니다."[29]

애국심에 호소하는 전략은 미국이 독립한 뒤에도 몇 년간 계속되었다. 1796년 펜실베이니아 서부의 어느 종이 공장은 이렇게 광고했다. "넝마 조각을 모아 공장에 보내는 것으로 우리 사회가 얻을 수 있는 이득은 막대합니다. 이 나라의 번영을 바라는 모든 이는 나라를 위해 적은 양이라도 정성스럽게 헝겊 조각을 모을 필요가 있습니다." 또한 제나스 크레인은 1801년 달톤 제지 공장을 열기 전에 『피츠필드 선Pittsfield Sun』에 이렇게 광고했다.

미국인이여! 우리나라 공장들에 힘을 주십시오. 그러면 우리의 공장들이 번창하게 될 것입니다. 숙녀들이여, 넝마를 모읍시다. 그렇게 해서 돌아오는 봄에 달톤에 제지소를 세우도록 도와주시면, 이 사업은 나라와 지역에 크게 보탬이 될 것이고 저희도 여러분의 호응과 성원에 부응했다는 뿌듯함을 갖게될 것입니다. 이 나라를 사랑하는 모든 여성, 그리고 가족을 진심으로 사랑하는 여성들은 넝마를 모아 공장이나 가까운 곳의 창고로 보내, 공장이 후하게 쳐드리는 넝마 값으로 경제적 이득도 올릴 수 있을 것입니다.[30]

프랜시스 캐벗 로웰Francis Cabot Lowell이 미국에서 최초의 방직 공장을 차린 1814년 이후로 미국의 직물 소비는 꾸준히 증가했지만, 넝마는 여전히 부족했다. 인쇄 출판물 수요가 커지면서 급속히 성장하던 종이 업계가 원료를 충분히 공급받기에는 턱없이 모자랐다. 미국 내에서 충분한 넝마를 조달할 수 없었으므로 국제 거래가 촉진되었다. 제나스 크레인Zenas Crane은 이미 1822년에 넝마를 외국에서 들여와 사용했다. 이후 60여 년간 제지업이 기계화되고 생산량이 늘면서 헝겊 수요가 크게 증가했고, 국제 넝마거래도 계속 늘었다. 미국 제지 공장이 수입하는 넝마의 가치도 1837년부터 1872년 사이 매년 25퍼센트씩 늘었다. 다른 나라들도 대부분 자국 종이 산업을 보호하기 위해 넝마에 수출 관세를 매기거나 수출을 금지함으로써 넝마 수출을 규제하려고 했다. 미국으로 수입되는 넝마는 1850년에 약 4천5백만 킬로그램에서 25년 후에는 약 5천6백만 킬로그램으로 늘었다. 이 중절반 정도는 영국이나 영국 식민지에서 들어온 것이었고, 나머지 대부분은 이탈리아, 오스트리아, 터키, 독일에서 수입되었으며, 그 밖의 스무 나라 정도에서도 조금씩 수입됐다.[31]
미국 내에서 조달한 넝마와 수입해 온 넝마의 비중이 어떠했는지에 대해서는 정확한 자료가 부족하다. 1832년 매사추세츠 주 리Lee의 제지 공장들은 넝마의 75퍼센트를 유럽에서 조달하고 있었지만, 같은 해 달톤의 종이 공장들은 넝마의 78퍼센트를 미국 내에서 조달해 썼다. 한 자료에 의하면 남북전쟁 직전 무렵에 생산된 종이 중 65퍼센트는 미국 내에서 모은 넝마를 사용해 만든 것으로 추산된다. 그렇다고 나머지 35퍼센트 모두가 수입 넝마로 만들어졌다는 뜻은 아니다. 질이 안 좋은 종이에는 밧줄이나 폐지와 같은 넝마 대체품도 사용되고 있었기 때문에 수입 넝마로 만든 종이는 35퍼센트가 못 되었을 것이다. 고급 종이를 만드는 공장은 (밧줄이나 폐지를 쓰지 않고) 넝마를 수입하려 했지만, 모든 종류의 종이에 대한 수요가 계속 증가하고 있었기 때문에 수입으로 필요한 물량을 다 조달할 수 없었음은 분명하다.[32]

넝마 수입이 늘면서 지역의 제지 공장들은 뉴욕과의 거래를 매우 중요하게 생각하게 된다. 이를테면 매사추세츠 주 버크셔에서 종이 산업이 성장하면서, 제지 업체들은 원료가 되는 넝마의 조달과 자신이 생산한 종이의 판매 모두에 대해 인근 지역의 시장에만 의존할 수가 없게 된 것이다. 1819년만 해도 크레인은 뉴욕에 종이를 하나도 팔지 않았는데, 1826년이 되면 생산한 종이의 4분의 1을 뉴욕에 팔게 된다. 그리고 다시 3년 안에 뉴욕과의 거래는 크레인 종이 판매의 42퍼센트 이상을 차지하게 되었다. 뉴욕의 상인들은 넝마를 미국 북부 전역에서 모으고 유럽에서 수입도 하면서, 넝마와 종이를 모두 거래했다. 뉴욕의 상인들도 종이와 헝겊을 물물교환으로 거래했기 때문에, 버크셔의 공장들은 현금을 주고받지 않고도 뉴욕의 상인들과 종이를 팔고 넝마를 사는 거래를 할 수 있었다.

유럽 넝마는 미국 것보다 비쌌지만 질이 좋았는데, 특히 아일랜드의 리넨이 좋았다. 1850년경, 미국인은 리넨으로 만든 옷을 거의 입지 않았다. 리넨은 아직도 기계로 만들어지지 않고 손으로 짜야 하는 직물이었기 때문이다. 따라서 가장 질 좋은 종이에 쓰이는 리넨 조각은 산업화가 덜 된 나라에서 수입해 와야 했다. 실크나 모직물과는 달리 면과 리넨은 섬유질을 많이 함유하고 있었는데, 특히 리넨에 들어 있는 섬유는 더 길고 튼튼했다. 면직물 넝마에 그보다 비싼 솜을 섞어서 섬유질의 품질을 높일 수 있기는 했지만, 최고급 종이에는 리넨이 적어도 3분의 1 이상 포함되어야 했다. 리넨 넝마에 대한 수요가 어찌나 컸던지, 어떤 넝마 거래인들은 붕대를 풀어 팔려고 이집트 미라를 수입했을 정도다. 1867년『애틀랜틱 먼슬리』에 남북전쟁 당시 장교였다가 후에 달톤 제지 공장 안내를 담당하게 된 사람에 대한 이야기가 나오는데, 그는 리넨 넝마 백 퍼센트로 만든 종이는 얇으면서도 매우 튼튼하기는 하지만 "너무 빳빳하고 파삭파삭"해서 "지폐나 채권 찍는 용도 말고는" 거의 사용할 수 없다고 말했다. 이 기사에는 안내인이 견학 온 방문객들에게 "완전하게 깨끗한" 고급 이탈리아 넝마를 보여 주는 장면이 나온다. "커다란 넝마 포대를 뜯어서 그 안에 있던 헌 옷을 하나 꺼내 사람들이 볼 수 있도록 들어 올렸다. 그것은 농부가 입던 하얀색 윗옷이었다."[33]

넝마로 종이 만들기

넝마를 가공하는 것은 여성들의 일이었다. 첫 번째 단계는 "먼지 털기"였는데, 넝마 포대나 상자가 (공장에) 도착하면 그것을 열어 넝마들을 두들겨 먼지와 보풀을 대충 떼어 내는 것이었다. 다음 과정은 "넝마 분류하기"였다. 이 과정에서는 아직 입을 만한 옷가지들을 넝마 더미에서 골라내기도 했다. 영국에서는 넝마를 분류하는 노동자들이 이렇게 넝마 더미에서 찾아낸 헌 옷을 헐값에 사서 가족에게 입히거나, 중고 옷 시장에 되팔기도 했다. 이것은 미국의 제지 공장에서도 더러 있는 일이었을 테지만, 미국에서는 대부분의 넝마 분류 노동자들이 미혼 여성이었고 중고 시장이 잘 발달되지 않은 농촌에 공장이 있었기 때문에 영국에서보다 흔치는 않았을 것이다. 넝마 분류 노동자들은 넝마를 직물의 종류, 올이 성긴 정도, 색상과 더러운 정도 등에 따라 분류했다. 직물 종류와 올이 성긴 정도에 따라 분류하는 이유는 빠는 과정을 더 쉽게 하기 위한 것이었는데, 촘촘한 직물은 더 여러 번 빨아야 하기 때문이었다. 색상과 더러운 정도에 따라 나누는 이유는 표백 공정을 각기 다르게 적용해 다양한 색과 등급의 종이를 만들기 위한 것이었다.[34]

넝마 거래가 체계화되면서, 헝겊 무더기들이 공장에 도착하기 전에 이미 분류된 상태로 들어오게 되었고, 주먹구구로 분류하던 것도 정확한 등급에 따라 세분화되었다. 등급에 따라 트레이드마크를 달기도 했는데, 지역별로 달랐다. 노예스는 1854년 교환 목록에서 넝마를 '깨끗한 흰색, 갈색, 혼합'의 세 범주로 나누고 있다. 시카고의 한 넝마 거래인은 남북전쟁 이전에 "깨끗하고 상태가 좋은 '1급 흰색 넝마'와 색깔 있는 깨끗한 헝겊이나 얼룩이 묻은 흰 헝겊으로 이뤄진 '매우 좋은 2급 넝마'로 구분했다"고 회상했다. 그는 몇 가지의 지역별 분류에 대해서도 언급했는데, 뉴잉글랜드에는 '추려 낸 색깔 넝마'가, 뉴욕에는 '도시 2급 넝마'가, 시카고에는 '프린트 넝마'가 있었다. 1870년대 무렵 싸구려 종이를 만드는 제지 업체들은 '머스muss'와 '더스팅dusting'을 사다 원료로 쓰기도 했다. '머스'와 '더스팅'은 양질의 종이를 만드는 데 들어가고 남은 조각과, 실밥, 보푸라기 등을 일컫는 등급이었다. 고급 종이를 만드는 공장들은 부산물인 머스나 더스팅을 자기 공장에 넝마를 납품하는 넝마 거래인에게 다시 넘겼다. 한편 고급 종이 업체들은 19세기 중반이 되면 흰색의 새 헝겊 조각들을 기성복 제조 업체에게 대량으로 납품 받기 시작했다. 그러면서 각 가정에서 헌 옷 넝마를 모아 오고 그것을 분류하는 데 들이던 비용을 줄일 수 있게 되었다.[35]

넝마 분류가 끝나면, 형겊 작업방의 여성 노동자들이 솔기를 뜯고, 단추와 후크를 뜯어내고, 덧댄 천과 더러운 부분을 잘라 낸다. 그러고 나서 남은 직물을 가로 5센티미터, 세로 10센티미터 정도 되는 크기로 자른다.『애틀랜틱 먼슬리』는 이 과정을 이렇게 묘사했다. "칸막이가 되어 있는 방에 몇 개의 정사각형 모양 틀이 있다. 이 틀은 부엌 개수대와 비슷하게 생겼는데, 바닥에는 방충망처럼 성긴 망을 쳐 놓았다. 이 틀의 둘레에는 커다란 칼날이 틀 안쪽을 향해 여러 개 달려 있는데, 각 칼날 옆에는 머릿수건을 한 젊은 여성이 한 명씩 서서 넝마를 칼날에 통과시켜 잘라 낸다. 먼지는 방충망 아래로 빠져나가고 길게 자른 넝마만 틀 안에 남아 무더기로 쌓인다." 허먼 멜빌Herman Melville이 쓴 「소녀들의 지옥The Tartarus of Maids」은 비슷한 풍경을 더 우울한 톤으로 묘사하고 있다. 형겊 작업방에는 "여물통처럼 생긴 날 달린 틀만이 계속 돌아가고 있을 뿐이다. 그리고 그 주위에는 소녀들이 고삐에 매인 듯이 줄 지어 있다. 각자의 앞에는 칼날이 세로로 틀에 단단하게 끼워져 있다. 소녀들은 끊임없이 그 칼날로 넝마 자르는 일을 반복한다."[36]

위의 『애틀랜틱 먼슬리』기사가 나왔던 1867년 무렵, 저급 종이를 만드는 공장은 넝마 자르는 기계를 사용했다. 하지만 기계로는 솔기를 뜯고, 단추를 제거하고, 얼룩 묻은 부분을 잘라 내고, 덧댄 형겊을 떼어 내는 일 등을 할 수가 없었다. 달튼 제지 공장의 한 노동자는 이렇게 말했다. "사장님은 까다로우세요. 솔기와 덧댄 형겊을 모두 다 떼어야 해요. 그래야 그 안에 있는 먼지들을 제거할 수 있거든요. 단추나 끈도 다 떼어 내야 하고,

얼룩이 심한 곳은 잘라 내야 해요. 기계에 손가락과 눈이 달려 있지 않는 한, 이걸 기계로 할 수는 없지요." 1885년이 되어서도 고급 종이를 만드는 공장들은 기계를 쓰기보다는 여성 노동자를 고용하는 쪽을 선호했다.[37]

헝겊 작업방에서의 일은 건강에 해로웠다. 많은 여성들이 손을 베기 일쑤였을 것이고, 초보자는 더 심했을 것이다. 이보다 더 심각한 문제도 많았다. 멜빌은 이렇게 묘사하고 있다. "공기는 사방팔방에서 날아드는 독성 미세 먼지로 가득했고, 이것들은 폐로 들어갔다. (나를 안내하는) 소년이 기침을 하면서 말했다. '여기가 헝겊 작업방이에요.' 나도 기침을 하면서 대답했다. '숨이 막힐 것 같구나. 그런데 여기 있는 소녀들은 기침을 안 하는데?' '아, 얘들은 익숙해졌는걸요.'" 이번에도 『애틀랜틱 먼슬리』에서는 동일한 광경에 대해 이보다 약간 경쾌하게 묘사한 기사를 실었다. "공기 중에는 먼지가 많았다. 일하는 여성들의 옷, 얼굴, 손등, 눈썹은 먼지로 뒤덮여 있었다. 공장을 견학하던 사람 중 한 명이 명랑해 보이는 한 아가씨에게 캑캑거리면서 물었다. '여기서 일하는 게 건강에 나쁘지 않나요?' 그러자 달관한 듯한 답변이 이렇게 돌아왔다. '글쎄요. 잘 모르겠어요. 이 일은 벌이가 좋아요.'" 넝마가 세균으로 오염됐을 가능성도 있었기 때문에 종이 공장은 근로자들에게 천연두 예방접종을 받게 했다. 1884년에는 콜레라가 퍼지면서 넝마 수입이 금지되었다. 넝마 수입업자와 종이 공장으로서는 낭패였지만, S. M. 헌트(S. M. Hunt, 시카고 최초의 넝마 거래인이다.)처럼 미국 내의 넝마를 모아 팔던 거래인들에게는 호재였다. 헌트는 30년 후 『제지 업계 저널Paper Trade Journal』에 쓴 회고록에서, 넝마 수입 금지 때문에 "업계가 발칵 뒤집혔다"고 회상했다. 수입 금지가 풀리기 직전까지 넝마 가격이 두 배, 세 배로 뛰어 올랐다가, 수입 금지가 해제되자 하루 만에 거의 30퍼센트나 곤두박질쳤다는 것이다.[38]

헝겊 작업방에서 기다랗게 잘라 낸 헝겊 조각들은 다음 공정에서 펄프로 바뀐다. 용액(분해가 잘 되도록 소석회를 넣은 용액이 많이 사용됐다.)에 넣고 섬유질이 분리되어 나올 때까지 두드린 후 그것을 망에 펴서 낱장이 되도록 하는 것이다. 12세기부터도 이 공정은 물레방아나 연자방아 등의 기계적 장치로 이뤄졌다. 17세기 말에는 네덜란드에서 '홀란더Hollander' 라고 불리는 새로운 절구 기계가 나와 이 기능을 맡았다. 하지만 이것을 제외한 나머지 공정은 1800년경까지도 기계화되지 않았다. 그 무렵에야 종이 낱장을 만드는 작업에 컨베이어 벨트를 이용할 수 있었고, 이 기계는 영국에 먼저 도입된 뒤, 미국에도 곧 들어왔다. 그전까지 종이 낱장은 망을 일일이 손으로 용액 통에 넣었다 빼는 방식으로 만들어졌다. 이 새로운 방식 덕분에 생산이 증가하면서 넝마 수요가 더욱 늘었고, 종이 공장들은 넝마를 대체할 다른 원료를 필사적으로 찾게 되었다. 종이 공장의 전반적인 기계화가 늦었던 이유 중 하나는, 인건비보다 넝마를 조달하는 데 들어가는 비용이 훨씬 컸기 때문이었을 것이다. 1866년 버크셔의 한 공장은 인건비보다 넝마 조달에 네 배나 많은 비용을 들이고 있었다. 따라서 (기계화로 인건비를 줄이는 것보다) 넝마 활용을 극대화하거나 넝마를 대신할 원료를 찾는 쪽으로 투자와 연구가 집중되었다.[39]

가장 싼 대안은, 예전 같으면 더러워서 못 썼을 헝겊도 사용할 수 있도록 표백과 세척 방식을 개선하는 것이었다. 1770년대에 유럽에서 발견된 염소는 1804년에 미국에서도 사용되기 시작했다. 그 이전까지 표백은 햇볕에 오래 쬐는 것이 고작이었다. 더러운 넝마로는 포장지 같은 저급 종이를 만들었고, 파란색 넝마는 따로 분류해서 노트용의 파란색 종이나 담배 마는 종이를 만들었지만, 나머지 색의 넝마는 종이 원료로 쓰기가 어려웠다. 하지만 염소 표백이 도입되고, 19세기 중반 이후에 새로운 표백 기계가 쓰이면서 다른 색의 넝마와 더러운 넝마도 종이 제조에 쓸 수 있게 되었다. 회전식 "표백용 삶는 통"은 가성소다, 소석회, 소다회와 압력을 사용해 표백을 했다. 앞서 언급한 전직 장군 출신의 달튼 종이 공장 안내인은 그 공장이 '완벽하게 깨끗한' 넝마만을 사용한다고 장담했지만, 사실 그 공장의 넝마들은 '뜨거운 염소 용액'에 열 시간 정도 담가 두어야 하는 것들이었다. 이 표백 용액 때문에 공장에서는 병원 냄새가 났다. 석회는 가격이 쌌기 때문에 종이 공장들은 여러 공정에서 아끼지 않고 석회를 이용했으며, 표백으로 제거해 낸 더러운 때, 펄프를 찢기 위해 사용한 부식성 염소 용액, 클로르 석회와 황산으로 만든 표백제 등을 그대로 강으로 흘려보냈다. 종이 공장들은 오염의 주범이었다.[40]

넝마를 대신할 종이 원료들

기계화가 진전되고 종이 수요가 지속적으로 증가하면서, 그리고 전 세계적으로 넝마가 심각하게 부족해지면서, 넝마 가격은 수십 년 동안 계속 올랐다. 따라서 종이 공장은 넝마를 대체할 대용품을 필사적으로 찾아 나섰다. 효율성의 측면에서 볼 때, 단지 펄프를 뽑아 종이를 만들 수 있다는 점만으로는 넝마 대체품이 될 수 없었다. 양질의 종이를 만들 수 있으면서도 넝마보다 값이 싸고 양이 풍부해야 했다. 버크셔의 종이 공장들에는 칡, 석면포, 잡초, 그 밖의 수많은 이름 모를 외국의 섬유를 판매하려는 서신이 날아들었다. 투자자들은 토탄, 대나무, 면화 줄기, 사탕수수 껍질 등 종이 원료가 될 법한 물질들과 그것을 이용해 펄프를 만드는 기계에 투자했다. 남북전쟁 기간 동안 면화가 부족해지자, AP 통신사 (다른 신문사와 마찬가지로 넝마 부족을 깊이 우려하면서) 옥수수 껍질을 원료로 사용하는 방식에 관심을

보였는데, 이 옥수수 껍질 아이디어는 1920년대에 다시 한 번 등장한다.[41]

실질적으로 넝마의 대용품이 될 만한 것은 목재, 짚, 그리고 밧줄이나 노끈에 주로 사용되던 섬유들(대마, 황마, 아프리카수염새esparto grass 등)이었다. 미국에서 대마가 종이 제조에 쓰인 것은 1837년부터였으며, 이 공정은 6년 후에 특허를 받았다. 대마는 리넨처럼 섬유소 함량이 많은 질긴 섬유였지만 싸구려 넝마보다는 값이 비쌌다. 게다가 완전히 하얗게 표백할 수가 없었기 때문에 주로 마닐라지(manila paper, 갈색의 질긴 종이. 옮긴이)와 종이봉투를 만드는 데 사용되었다. 19세기에 종이 만들기에 사용된 대마는 대부분 새 직물이 아니라 헌 밧줄 등의 폐품에서 나온 것이었다. 딜러들은 날마다 나룻배를 타고 항해 중인 배에 가서 밧줄이나 돛을 직접 사 오거나, 항구에서 그런 것들을 줍는 넝마주이에게 구입해서 종이 업체에 납품했다. 곡물 생산에서 나오는 부산물인 짚은 대마보다 값은 저렴했지만 섬유질 함량이 적었으며 먼지가 많고 보관 비용도 많이 들었다. 게다가 섬유질이 짧아서 질기지도 않고, 오래 가지도 않았다. 하지만 19세기 중반까지 짚은 넝마와 혼합해서 신문 용지를 만드는 데 많이 쓰였다.(『뉴욕 타임스』도 이런 종이를 사용했다.) 아프리카수염새는 1857년에 영국에서 처음 쓰였고, 미국에는 남북전쟁 이후에 수입되었다. 하지만 스페인이나 북아프리카에서 수입해 와야 했기 때문에 값이 비싸서 미국에서는 유럽에서만큼 널리 쓰이지 않았다. 19세기 내내 제지 업계는 이런 섬유들을 비롯해 여러 가지 넝마 대체품을 실험했다. 상세한 내용은 제지 업계의 역사를 다룬 책이면 어느 것을 보더라도 잘 나와 있을 것이다.[42]

모든 헝겊 대용품 중에서 종이 원료로 가장 현실적인 대안은 목재였다. 미국에는 삼림이 풍부하기 때문이었다. 나무를 갈아서 펄프로 만드는 기술은 독일에서 처음 개발되었고, 1847년에 목재 펄프로 만든 종이가 상품으로 제조되기 시작했다. 미국의 연구 개발자들도 목재 펄프 공정에 대해 많은 연구를 했지만 비용이나 품질 면에서 독일 방식을 능가하는 것을 만들지 못했다. 얼마 후, 독일에서 온 투자자들과 독일 이민자들(유명한 피아노 제조 업자 테오도르 스타인웨이Theodore Steinway와 석판공이자 예술품 중개상이던 루이스 프랭Louis Frang도 포함되어 있었다.)이 독일의 기계와 방식을 이용하는 목재 펄프 공장을 (미국에) 차렸다. 이 회사에서는 1867년에 첫 펄프 생산분을 〈스미스 페이퍼 컴퍼니Smith Paper Company〉에 납품했다.

목재 펄프로 만든 종이는 짚으로 만든 것보다 약하고 내구성이 떨어졌지만, 값이 쌌다. 목재 펄프가 널리 쓰이면서 1860년대에 파운드(약 450g)당 25센트이던 신문 용지 값이 1897년에는 파운드당 2센트로 뚝 떨어졌다. 따라서 대부분의 신문사는 1870년대와 1880년대 초에 목재 펄프로 만든 신문 용지를 사용했다. 한편 1885년 무렵에는 집집마다 폐지가 쌓여 골칫거리가 되기 시작했다. 『굿 하우스키핑』은 낡은 잡지를 병원으로 보내 환자들이 지루할 때 읽을 수 있게 하거나, 스크랩북을 만드는 데 쓰거나, 닭장 바람막이로 쓰거나, 빵 굽는 팬에 깔거나, 좋은 종이는 다려서 선반을 덮으라는 등 수십 가지 폐지 활용 방법을 제안했다.[43]

19세기 말이 되면 폐지도 넝마를 대신해 종이 원료로 쓰이게 된다. 한때는 집집마다 종이가 귀해서 그 위에 쓰여 있는 내용이 필요 없어진 뒤에도 버리지 않고 불쏘시개로 사용해 방을 덥히고 식사를 준비했다. 편지지로 쓰는 얇은 종이는 매우 비쌌다. 그래서 사람들은 편지지를 여백 하나 남기지 않고 알뜰히 사용했다. 이 무렵 손으로 쓴 편지들을 보면 각 방향으로 빽빽하게 글자들이 들어차 있다. 오래된 편지는 각자가 불태우거나 기념으로 보관했지, 재활용 폐지로 파는 경우는 드물었다. 종이 원료로 쓸 넝마를 구하는 업계의 광고에도 폐지에 대한 언급은 별로 나오지 않는다. 폐지 거래 시장이 존재하기는 했다. 리디아 마리아 차일드는 1835년『알뜰한 미국 가정주부』에서 "폐지는 파운드당 1센트를 받을 수 있다"며 "모아 둘 공간이 충분히 있다면 폐지를 모으는 것은 도움이 될 것"이라고 조언했다. "1전 아끼는 것이 곧 1전 버는 것"이니까.[44]

폐지 시장은 1850년대가 되면서 성장하기 시작한다. 노예스는 1854년에 신문지 1파운드당 1.5센트를 치렀다. 이것은 '넝마' 항목에 기록되어 있었지만, 노예스는 헝겊 넝마에는 이보다 돈을 더 많이 치렀다.(깨끗한 흰색 넝마는 6센트, 색이 있는 넝마는 3센트나 4센트였다.) 5년 후 노예스는 뉴욕 주 북부에서 '인쇄 용지' 중 신문지보다 질이 좋은 것이면 무엇이든 구입하겠다는 종이 공장을 알게 되었다. 노예스의 메모에는 이렇게 적혀 있다. "구할 수 있는 것은 모조리 사겠다고 함. 현금으로 지급하고 벌링턴에서 가져감." 나중에 노예스는 이렇게 덧붙였다. "처음에 말한 2.75센트가 아니라 3센트를 지불하겠다고 함! 폐지를 구하려고 안달이 난 것 같음." 한편 1857년에 미합중국은행은 40톤 분량의 헌 책과 폐지를 수거해서 필라델피아의 종이 공장들에 팔았는데, 여기에는 유명한 정치인과 금융인 등의 자필 편지도 10톤 분량이나 포함되어 있었다.[45]

남북전쟁 기간 중에 종이 수요가 더욱 많아지자 폐지 시장도 확대되었다. 수십 년 뒤 시카고의 넝마 거래인 S. M. 헌트는『제지 업계 저널』에 실린 글에서, 남북전쟁 기간을 이렇게 회상했다. "요즘은 0.5센트밖에 못 받는 접힌 신문지를 파운드당 8센트에서 10센트에 판다고 생각해 보라. 이때는 아직 목재 펄프가 쓰이기 전이었다." 전쟁 중 면화 부족이 심해지자 가격은 더 올라갔다. 1862년에『사이언티픽 아메리칸Scientific American』은 귀중한 서류들이 종이 원료로 쓰여 사라지는 것을 우려했지만, 수천 톤 분량의 책, 신문, 편지, 사업 서류 등이 계속해서 종이 공장으로 보내졌다. 1870년대가 되면 제지 업체들은 헌 포장지든 종이 제품을 만들고 남은 종이 조각이든 할 것 없이, 모든 종류의 폐지를 종이 만드는 데 사용하게 된다.[46]

대체품이 점차로 많이 쓰이게 되었지만, 넝마 거래는 여전히 성행했다. 헌트는 이렇게 회상했다. "(짚으로 만든 종이가 처음 나왔을 때도 그랬지만) 목재 펄프가 처음 사용되었을 때, 나는 넝마로 종이를 만드는 것이 곧 사라지리라고 생각했다. 하지만 그로부터 수년이 지나도록 넝마는 아직도 사용되고 있다." 1894년에 〈홀리요크 머신 컴퍼니Holyoke Machine Company〉는 넝마를 가공해 종이로 만드는 전 공정에 쓰일 기계 일체를 공급하겠다고 제지 업체들에게 홍보했다. '홀리요크 넝마 절단기'("경제적이고 튼튼하고 오래가는, 다시 말해서 시중에 나와 있는 최고의 넝마 절단기")는 모든 종류의 넝마와 밧줄에 맞도록 조절할 수가 있었다. '먼지털이 기차'(일렬로 연결된 세 개에서 여섯 개의 실린더로 넝마의 먼지를 제거하는 것인데, 기차처럼 생겨서 이렇게 불렸다.)는 넝마, 밧줄, 폐지, 종이봉투 등을 처리할 수 있었다. "단추, 옷에 달린 금속, 그리고 그 밖의 이물질들을 떼어 낼 수 있도록 특별히 고안된" 기계도 있었다. 밧줄이나 폐지 등이 언급된 것으로 보아, 이 기계들은 저급 종이를 제조하는 업체를 주된 목표로 삼은 것으로 보인다. 저급 종이는 넝마의 대체품을 원료로 많이 사용했지만, 고급 종이를 만드는 데는 여전히 헝겊 넝마만 한 게 없었던 것이다.[47]

재생 털실 '쇼디'—모직물 넝마 활용하기

종이를 만드는 데 쓸 수 있는 온갖 넝마 대체품들에 대해 실험이 이뤄졌지만, 실크나 모직물로 종이를 만드는 법은 개발되지 않았다. 『애틀랜틱 먼슬리』에 실린 달튼의 전직 장군 안내인은 이렇게 설명했다. "실크로는 종이를 만들지 않는다. 이제는 모직물로도 종이를 만들지 않는다. 어쩌다 약간 섞여 들어가는 것이야 문제될 것이 없겠지만 말이다. 화폐용 종이를 만들 때 색깔 있는 실크를 소량 넣으면(보통은 홀치기염색이 된 대형 손수건을 쓴다.) 독특한 색상을 내어서 위조를 방지할 수 있다. 하지만 실크만으로 만들거나 실크를 4분의 3 이상, 아니면 반 이상 섞어 종이를 만든다고? 실크는 수프에 뿌리는 후추와 같은 것이다. 향을 내기는 하지만 국물 맛을 낼 수는 없다." 영국의 어느 복식사학자는 박물관에 실크 소재 옷이 다른 직물로 만든 옷보다 많이 소장되어 있는 이유는 면직물이나 리넨, 모직물 옷은 이런저런 용도로 다 재활용이 되어서 남아 있는 게 별로 없기 때문일 것이라고 추측했다.[48]

면과 리넨이 종이 원료로 재활용되었다면, 모직물은 깔개나 발판을 만들거나 매트 속을 채우는 용도로 많이 쓰였다. 가정에서뿐 아니라 공장에서도 넝마 깔개를 만들었다. 이런 공장은 딜러들이 집집마다 돌아다니며 모아 오는 헌 모직물 이외에도, 당시 한참 성장하던 기성복 의류 제조 업체에서 헝겊 조각을 납품 받아 깔개를 만들었다.(의류 업체는 종이 공장에는 모직물 조각을 납품할 수 없었다.) 통계청은 1869년부터 미국의 공장에서 만들어진 넝마 깔개 생산량에 대한 통계를 냈는데(짜서 만든 네모난 깔개와 땋아 만든 타원형 모두 포함됐다.), 1869년에 공장에서 생산된 넝마 깔개와 카펫은 1백만 달러어치가 넘는 것으로 기록되어 있다.[49]

그러나 무엇보다도 모직물 넝마는 '쇼디shoddy'를 만드는 데 쓰였다. 쇼디는 헌 모직물을 재가공해서 만든 재생 모직물이나 재생 털실, 혹은 이러한 재생 모직물·털실로 만든 저급 제품을 일컫는다. 쇼디 생산이 세계에서 가장 활발했던 곳은 영국으로, 새뮤얼 저브Samuel Jubb의 『쇼디 업계의 역사History of Shoddy-Trade』(1860)에 따르면, 헌 모직물 넝마가 산업적으로 사용된 것은 1813년부터였다. 1800년대 초부터 새 모직물의 가격이 오르기 시작했던 것으로 미루어 볼 때, 1813년이라는 연도는 정확한 것 같다. 모직물 가격이 비쌀 때는 헌 넝마에서 추출한 짧고 약한 섬유와 새 섬유를 혼합하는 식으로 절약할 필요가 있었을 테니까 말이다. 그리고 그러한 혼합 직물을 만드는 법은 이미 널리 알려져 있었다. 영국에서의 넝마 거래를 연구한 어느 역사학자는 "물레를 다룰 줄 아는 사람은 보송보송하게 모직물 넝마의 보풀을 세우는 방법과, 헌 모직물에서 나온 섬유를 새 직물 만들 때 섞어 사용하는 방법 등을 매우 잘 알고 있었을 것"이라고 언급했다. 1860년이 되면 영국은 상당량의 재생 모직물을 수입한다. 특히 독일과 덴마크에서 많이 수입했는데, 이들 나라는 재생 모직물이 무관세로 수출되는 것을 허용하고 있었으며 자국의 모직물 공장에서는 대체로 새 섬유를 사용하고 있었다.[50]

직물 공장에서 사용할 수 없는 모직물 폐섬유는 또 다른 사용처가 있었다. 쇼디 공장에서 나온 실밥 부스러기는 썩혀서 비료로 사용했는데, 특히 (영국) 켄트 지역의 홉 재배밭에서 많이 쓰였다. 저브는 실밥에서 자연적으로 생기는 라놀린이 비료 성분이 되어 준다고 설명했다. 모직물 조각으로는 염색약으로 쓸 수 있는 화학물질(노예스가 뉴와크에 출장 갔다가 낡은 가죽 신발, 모직 자투리에서 염색약으로 쓸 수 있는 화학물질을 추출해 내는 법을 알게 됐던 바로 그것)을 만들 수도 있었다. 쇼디 공장에서 나온 먼지조차 비료나 벽지 원료로 쓰일 수 있었다. 저브는 이렇게 언급했다. "넝마나 쇼디에 관련된 어느 것도 가치가 없거나 쓸모가 없지 않았다. 실밥이나 천 조각들이 쌓여 공간을 차지하거나 경관을 해치는 일은 없다. 전부 다 (좋은 것이건 나쁜 것이건 그저 그런 것이건) 그것들을 쓸 수 있는 곳으로 바로바로 보내지니까."[51]

미국에서는 남북전쟁 시기의 면화 부족과 그로 인한 모직물 붐, 그리고 군대에서 쓰일 군복과 담요 수요의 증가 때문에 쇼디에 대한 관심이 높아졌다. 노예스는 (남북전쟁 이전인) 1854년에 부드러운 모직물 넝마에 파운드당 2센트를 처 줬는데, 이것은 대부분 영국으로 선적되었던 것 같다. S. M. 헌트는 시카고 넝마 업계를 회고한 글에서, 남북전쟁 전에는 "모직물 넝마가 가치 없다고 여겨졌다"고 설명했다. 당시에 헌트는 "농부들이 모직물 넝마를 수레 가득 그냥 실어 가도록 허용했으며, 농부는 그것을 가져다 밭에 비료로 뿌렸다"는 것이다. 모직물 넝마가 영국에서 거래된다는 것을 알게 되고서 보스턴을 거쳐 약간을 선적하기도 했다. 그런데 전쟁이 시작된 후, 시카고에서 모직물 군복을 만드는 한 업체가 군복 만드는 과정에서 나오는 모직물 조각 수톤을 사들일 수 있겠느냐고 헌트에게 물어 왔다. "모와 면 혼방 직물로 만든 헌 옷이라면 내가 사들여서 포장용 종이를 만드는 공장들에 헐값이라도 받고 팔 수 있을 테지만, 모직물 조각만이라니 팔 수 있을지 걱정이었다. 그래도 한편으로는 헌 옷 넝마가 팔리는 시장이 있다면, 새 천 조각들은 그것보다 값이 더 나가지 않을까 생각했다. 나는 그 군복 업체 사람에게 (모직물 천 조각이) 그리 가치가 나갈 것 같지는 않다고 말했지만, 어쨌든 그가 가져온 물량 전부에 1.15센트를 지불했다. 그것을 보스턴에 있는 중개 회사에 팔았는데 나중에 대금으로 들어온 돈을 보고 기절할 뻔했다. 파운드당 19센트나 되었던 것이다. 대체 순익이 얼마인가? 나는 그 길로 달려 나가서 (그 군복 업체에) 나에게 팔 모직물 천 조각이 더 없는지 물어봤다." 헌트에게는 안됐지만, 그때는 이미 그 군복 업체 사람도 자기네 공장의 부산물인 모직물 조각이 굉장히 값이 나간다는 사실을 알고 있었다.(군복 업체 사람은 그 얼마 전에 뉴욕에 갔다가 그 사실을 알게 되었다고 했다.) 헌트는 전쟁 기간에 "쇼디 공장이 도처에 세워졌으며 가격도 빠르게 올랐다"고 회상했다. '쇼디'라는 단어가 전쟁 특수를 통해 폭리를 누리는 사람을 일컫는 말로도 쓰였을 정도다. 특히 북부군에 군복과 담요를 대는 유대인 업체를 지칭하는 말로 많이 쓰였는데, 반反유대적인 풍자만화에서 이들은 군대에 싸구려 물건들을 납품하는, 비애국적인 장사치로 종종 묘사되었다.[52]

미국의 쇼디는 유럽의 쇼디보다 품질이 더 나빴다. 아마도 이 때문에 '쇼디'라는 단어가 영국에서는 "싸구려 물질로 만들었지만 그럴듯해 보이는 물건"이라는 의미를 갖는 반면, 미국에서는 그냥 "싸구려의", 혹은 "조잡한"이라는 의미만을 갖게 된 것 같다. 1885년에 『굿 하우스키핑』이 "쇼디는 무시하라"고 조언했듯이, 미국에서 쇼디는 가정용으로는 거의 쓰이지 않았다. 하지만 기성복 수요가 증가하면서, 1890년대 불황기에 쇼디 제조가 되살아났다. 한 공장주는 "불황이 미국 의류 업체에게 도움 된 점이 있다면 쇼디 만드는 법을 알게 된 것이었다. 살아남으려면 쇼디를 만들어야 했던 것이다"라고 회상했다. 또 다른 의류 업자는 1895년에 쇼디 생산이 두 배가 되었다며 이렇게 불만을 표시했다. "유럽의 의류 업체가 우리에게 알려 준 것이 하나 있지요. 물건들의 가장 비참한 버전을 만드는 법 말이에요."[53]

1차 대전 중에 다시 한 번 쇼디 붐이 일어났다. 1918년 4월 미국 정부는 국내에서 생산되는 모든 새 모직물을 징발했다. 따라서 민간 소비는 재생 모직물에 의존할 수밖에 없었다. 3개월 후 〈전시산업위원회War Industries Board〉는 쇼디 거래마저 규제했다. 전쟁이 끝난 후 〈연방거래위원회(Federal Trade Commission, FTC)〉는 이렇게 기록했다. "1억 1천 킬로그램이 넘는 모직물을 수거, 분류, 처리하는 일은 (…) 매우 많은 노동력을 필요로 한다. 복잡한 등급 기준을 (FTC는 부록에 14페이지에 걸쳐 등급별 분류 기준을 제시했다.) 잘 모르는 사람에게는 오늘날의 모직물 넝마 거래의 범위가 매우 놀랍게 보일 것이다." 대공황 직전인 1920년대 말까지 쇼디 업계는 내리막을 걷기는 했지만, 1935년에도 7천 명에 가까운 사람들이 여전히 모직물 재생 산업에 종사하고 있었다.[54]

그러나 19세기 말과 20세기 초의 쇼디는 그리 특화되지 않았던 폐품 거래의 한 품목이었다. 헝가리계 유대인 이민자로 미네소타 주 세인트크루와 강 인근 마을에서 사업을 하던 모리츠 버그스타인Moritz Bergstein의 인생을 보면, 쇼디 거래가 온갖 폐품 거래와 함께 이뤄졌음을 알 수 있다. 미네소타 주 스틸워터에 기반을 두고 행상으로 일을 시작한 모리츠는 1890년경 결혼을 하고 오크파크 인근의 철로변에 땅을 사서 그곳에 폐지, 넝마, 고철, 톱밥 등을 저장하는 물류 창고를 지었다. 몇 년 후 모리츠는 넝마 절단 기계와 작업실 (이곳에서 여성 노동자들이 매트리스를 만들었다.) 등을 갖춘 쇼디 공장을 지었다. 얼마 후에는 미니애폴리스에서 넝마 상인으로 일하던 형 이그나츠와 동업을 해서 매트리스 제조 업체를 세웠다. 모리츠는 오크파크의 매트리스 공장을 그만뒀지만, 계속 오크파크에 살면서 폐품 거래를 했고 사람들에게 '스틸워터의 고물상'으로 통했다. 1차 대전 후에는 고철 위주로 거래했지만 넝마와 그 밖의 폐품도 거래했다. 1923년 모리츠가 숨졌을 때 "약 5백 톤의 고철과 폐품"을 남겼는데 유언장에 따르면 가치가 약 3천 달러 정도 되었다. 『스틸워터 데일리 가제트Stillwater Daily Gazette』는 부음 기사에서 모리츠를 "스틸워터에서 가장 유명한 사람 중 한 명"이라고 설명했다. 기사는 모리츠가 "어떤 것이든, 무엇이든 다 거래했다"며 "항상 정직했고, 매매에서 공정했다"고 평했다.[55]

철로와 고철 줍는 아이들

금속 재활용의 역사는 금속 제조의 역사만큼이나 길다. 고대에도 금과 은으로 만든 장신구나 동전 등을 녹여서 새 장식품을 만들거나 새 국왕의 초상을 담은 새로운 동전을 만들었다. 다른 금속도 산업화 이전 시기에 이미 다 재사용되고 있었다. 광물을 새로 캐내는 것은 매우 위험하고 돈이 많이 들었으며, '어머니 대지'를 손상시키면 안 된다는 도덕적·종교적 금기 때문에 광산업은 16세기 내내 제한적으로만 이뤄졌다. 하지만 산업화 이전의 사회에서 금속 제품을 녹여서 재활용하는 것은 그 물건들을 최대한 고쳐서 사용한 이후에, 마지막으로 이뤄지는 일이었다. 고치는 것은 제조하는 것의 일부나 다름없었다. 금 세공인, 대장장이, 양철 제조공 등은 부서진 물건들을 고치고 또 고쳤다. 금속 제품은 매우 귀해서 팔거나 다른 사람에게 줄지언정 그냥 버리는 일은 아주 드물었다. 초기의 법정 기록을 보면, 철제 냄비와 양철 깡통도 유산으로 물려주거나 세금을 매길 만큼 값어치 있는 물건으로 간주되었다. 예를 들어, 1775년 비교적 잘살았던 필라델피아의 노동자로 아내와 네 명의 딸이 있었던 제이콥 바Jacob Barr의 자산 목록에는, 국 냄비 한 개, 바닥이 두꺼운 냄비 한 개, 찻주전자 한 개, 고기 굽는 쇠꼬챙이 한 개, 백랍 접시 한 개 등이 포함되어 있다.[56]

금속 제품이 도저히 고칠 수 없는 지경이 되거나 다른 이유로 쓸모가 없어지면 녹였다. 철, 구리, 주석, 납 제품 제조공들은 물건을 만들 때 고철을 녹인 원료를 새 원료만큼이나 많이 사용했다. 납은 녹는점이 아주 낮아서 일반적인 철 냄비에 넣고 장작불을 때서 녹일 수 있었다. 배관공은 늘상 납을 녹여서 새 물건을 만들었으며, 물건 대금을 고철 납으로 받기도 했다. 배관공과 유약공도 고철 납을 늘 보유하고 있었다. 하지만 모든 납이다 재사용되는 것은 아니었다. 납은 페인트, 유리, 도자기, 여성용 화장품(납 성분의 미백제는 효과가 있었지만, 사용자에게 납 중독 문제를 일으킬 수 있었다.) 등에도 원료로 들어갔기 때문이다. 1854년 노예스가 자신이 고용한 행상인들에게 정해 준 고철 납 구입 가격은, 덩어리 납의 경우 파운드당 3.5센트였고, 얇은 납판은 파운드당 3센트였다. [57]

주석은 녹는점이 납보다도 낮았다. 주석과 납의 합금인 백랍 제품도 낡으면 녹여서 재사용했다. 초기의 백랍 제품들은 거의 녹여서 다시 사용했기 때문에 현재까지 남아 있는 것이 매우 드물다. 미국과 영국 모두 마찬가지였지만, 독립 이전의 미국에서는 더 심했다. 영국은 주석 광물을 식민지에 수출하는 것을 금지했으며, 백랍으로 된 완제품에는 부과하지 않는 수출 관세를 원료 상태의 백랍에만 부과함으로써 자국의 백랍 산업을 보호하는 정책을 폈다. 따라서 미국의 입장에서는 원료 상태의 백랍을 수입하는 것이 백랍 완제품을 수입하는 것만큼이나 비쌌다. 미국의 백랍 제조공들은 영국에서 수입한 촛대 따위의 백랍 완제품을 자신들이 고철 백랍으로 만든 제품들과 함께 판매하기도 했다. 1756년, 메릴랜드 주 어퍼 말보로의 백랍 제조공 윌리엄 윌레트William Willett는 파운드당 9센트를 받고 고철 백랍을 녹여서 새 물건을 만들어 주거나, "여하한 양의 고철 백랍을 가져오면 그것의 절반으로 납작한 접시건 둥근 사발이건 원하는 대로 새 제품을 만들어 준다"고 광고했다. 반경 50킬로미터 이내 지역이면 픽업과 배달 서비스까지 제공했다. 독립 혁명 시기 즈음에 뉴햄프셔 주의 백랍 제조공도 비슷한 광고를 냈다. "고철 백랍, 놋쇠, 구리 삽니다. 현금으로 드리거나, 아니면 낡은 백랍 2파운드에 새 백랍 1파운드 드려요." [58]

사람들은 백랍이라고 하면 미국 독립 이전 시기의 생활을 곧잘 떠올리지만, 사실 백랍은 19세기에도 내내 사용됐다. 전통적인 백랍(주석과 납의 합금)은 더 단단하고 내구성 있는 브리타니아 합금에 자리를 내주게 되는데, 브리타니아 합금은 주석과 납뿐 아니라 구리와 아연까지 함께 합금한 것이었다. 구리와 아연은 고철 놋쇠(놋쇠는 황동이라고도 하며, 구리와 아연을 합금한 것이다. 옮긴이)를 녹여서 얻을 수 있었다. 1854년 노예스의 행상인들은 백랍에 파운드당 15센트를 지불했다. 20세기 초에도 백랍과 브리타니아 합금은 꽤 일반적으로 사용되었다. 1908년, 유통 업체 〈시어스〉는 촛대, 빵 쟁반, 설탕통·프림통 세트, 장식 용품 등의 브리타니아 합금 제품을 판매했다.(은 도금을 한 것도 있었다.) 1912년에 『고철 업계 저널Waste Trade Journal』이 펴낸 고철 가격 목록을 보면 두 종류 등급의 백랍이 포함되어 있다.[59]

백랍 제조공은 놋쇠나 구리도 다루었으며, 여러 가지 금속을 다양하게 합금했다. 백랍 제조공과 마찬가지로, 놋갓장이들도 고철 금속에 많이 의존했다. 놋쇠는 이르게는 1644년부터 미국에서 주조되었지만, 원료로 쓰이는 구리는 수입된 것이거나, 주전자, 증류기, 배 밑에 까는 동판 등에서 뽑아낸 고철 구리뿐이었다. 산업화가 되면서 미국의 구리 수요가 증가했지만, 19세기 중반 수피리어 호 근처에 광산이 열리기 전까지는 수입과 고철에 원료를 계속 의존했다. 미국 내의 구리 생산은 1860년대와 1870년대에 계속 확대되었고, 1880년대 이후에는 몬태나 주와 애리조나 주에 광산이 생기면서 더욱 증가했다. 놋쇠의 또 다른 원료인 아연도 남북전쟁이 끝날 무렵까지는 미국 내에서 생산이 되지 않았다. 노예스는 1854년에 구리는 파운드당 15센트, 놋쇠는 12.5센트를 치렀는데, 둘 다 "철이 들어 있지 않고, 기타 불순물이 없는 것이어야" 했다.[60]

노예스는 고철 거래에서 철을 취급하지 않았지만, 19세기 말이 되면 철은 산업적으로 재활용하는 금속 가운데 가장 핵심적인 것이 된다. 다른 금속과 마찬가지로 철 재활용의 역사도 고대까지 거슬러 올라간다. 산업화 이전 영국의 모든 대장장이들의 유언장을 보면 유산 목록에 고철이 들어 있다. 고철은 주로 인근 지역에서 조달했지만, 16세기부터 이미 국제 거래도 이뤄지고 있었다. 미국에서는 1645년에 매사추세츠 베이 같은 광산에서 철광석이 생산되었기 때문에, 미국보다 유럽에서 고철이 더 중요하게 여겨졌을 것이다. 1700년이 되면 미국의 철 생산은 세계 생산량의 2퍼센트, 영국 생산의 10퍼센트를 차지하게 된다. 영국은 완제품을 제조할 원료와 판매할 시장을 모두 확보하기 위해 1750년에 칙령을 제정해 미국의 철광석이 식민 모국(영국)에 무관세로 들어올 수 있게 하면서, 식민지(미국)에는 완제품을 생산하는 공장을 설립하지 못하도록 금지했다. 따라서 독립 이전 미국의 대장장이들은 물건을 (새로 제조하지는 못하고) 수리하는 일밖에 할 수 없었다. (미국) 윌리엄스버그의 대장장이들은 부서진 스프링, 자물쇠, 열쇠, 도끼, 경첩, 의자 등을 고쳤다. 또 못, 너트, 열쇠, 후크, 문손잡이처럼 작은 것은 직접 만들기도 했다. 하지만 대문이나 발코니처럼 커다란 연철 제품은 영국에서 수입해 와야 했다. 그러나 역사학자 피터 테민Peter Temin에 따르면 미국 대장장이들은 영국 정부 모르게 완제품을 만들기도 했다. 독립 혁명 직전 무렵에 미국에서 생산되는 철의 양은 세계 생산량의 15퍼센트나 되었는데, 이 중 상당량은 미국 내에서 소비되었다. 그러니까 미국 내에서도 완제품을 만들어 내고 있었다는 얘기다. (미국에서 생산한 철의 상당량을 미국 내에서 소비하기는 했어도, 수입하는 양보다는 수출하는 양이 더 많았다.) 어쨌든 미국에서 만든 철제품은 고철을 이용하기보다는 국내에서 생산된 새 철광석 원료를 이용한 것이 대부분이었으므로, 유럽에서보다 고철의 중요성이 덜했을 것이다.[61]

(미국에서의) 고철 수요는 19세기에 산업화가 진전되면서 급증했다. 그런데 고철 공급의 증가는 이보다 더 빨랐다. 고철, 그러니까 한 번 제조 공정

을 거친 철의 양이 이렇게 급격히 증가한 것은 기술 변화와 관련이 있다. 신식 용광로는 나무에서 나온 목탄 대신에 석탄에서 추출한 코크스를 사용했다. 무쇠를 녹여 연철로 만들어 주는 이러한 교련puddling 용광로들은 철제품의 생산 비용을 크게 낮춰 주었다. 녹인 철을 뜨거울 때 두들겨 제품을 만들던 전통 방식보다 훨씬 효율적이었던 것이다. 교련 공정이 도입되면서 대량의 고철도 처리할 수 있게 되었다. 여기에 쓰이는 고철은 가정에서 수거된 철제품이 아니라 주로 낡은 철로였다.(철도는 제철 업계에 고철을 조달해 주는 동시에, 제철 업계의 가장 큰 고객이기도 했다.) 기차의 무게, 잦은 사고, 갑작스런 충격 때문에 철로가 잘 파손되었기 때문이다. 남북전쟁 무렵에는 새 철길의 절반 정도가 낡은 철길을 새로 깐 것이었다. 쉽게 망가지는 철로는 고철을 제공해 주기도 했지만, 더 오래가고 값싼 강철의 개발을 촉진하는 배경이 되기도 했다. 강철을 만드는 데는 교련 공정을 통해 연철을 만드는 것보다 고철이 더 많이 들었다. 20세기 초 무렵이면, 고철 거래 업체들이 다른 업계처럼 협회도 만들고 업계 저널도 만들면서 고철 거래업이 어엿한 산업으로 자리 잡게 된다. 고철 거래 업체는 행상인들이 말발굽이나 철 냄비 등을 다량으로 모아 오면 그것을 취급하기도 했지만, 대부분은 철로, 기차의 차축, 폐주물, 기계 제조 업체에서 나오는 폐선반, 파이프 등을 사들였다.[62]

행상인과 넝마주이들은 가끔씩 고철도 모았지만, 모은 폐품을 직접 등에 지거나 동물에 실어 날라야 했기 때문에 기왕이면 무게에 비해 값이 더 나가는 구리, 놋쇠, 그리고 특히 납을 주우려고 했다. 19세기 넝마주이에 대한 글을 보면 당시에 이들이 어떤 고물·고철을 주로 수집했는지 알 수 있다. 찰스 로링 브레이스Charles Loring Brace는 1872년에 펴낸 『뉴욕의 위험한 계급들Dangerous Classes of New York』에서 넝마주이의 누추한 집을 이렇게 묘사했다. "이 거대한 도시의 모든 잡동사니가 다 여기 모여 있는 것 같았다. 뼈, 깨진 접시, 넝마, 부서진 가구 일부분, 숯, 낡은 주석, 못 쓰는 램프, 썩어 가는 야채, 리본, 옷가지, 다리가 없는 의자, 썩은 고기 등이 한데 섞여 천정에 닿을 정도로 쌓여 있었다." 그런데 여기에 고철은 언급돼 있지 않다. 노예스의 교환 목록에 고철이 빠져 있었듯이 말이다. 구리 조각은 철 조각보다 스무 배, 납 조각은 무려 6백 배나 값을 더 받을 수 있었던 것이다.[63]

소량의 폐금속을 거래하는 시장은 19세기 말 즈음에 발달하기 시작했는데, 고철을 줍는 아이들이 없었더라면 이런 시장은 제대로 형성될 수 없었을 것이다. 1869년에 『애틀랜틱 먼슬리』는 길거리 아이들이 땔감이나 다른 값나가는 것을 찾으려고 쓰레기를 뒤지는 모습을 묘사했지만, 가끔씩 은 수저가 발견된다는 내용을 빼면 금속에 대한 언급은 없었다. 이와 달리, 1910년에 나온 제인 애덤스Jane Addams의 글에는 "아주 어린아이들"이 빈 집에서 납 파이프를 훔치는 것을 보고 슬퍼했다는 내용이 나온다. 1919년에 나온 〈시카고 청소년보호협회Chicago Juvenile Protective Association〉 간행물에도 (납 파이프 등 폐금속을 훔치는) 이런 아이들의 사례가 여럿 제시된다. 이 간행물은 청소년 법정 당국자의 말을 인용해, "이런 일이 만연해 있으며 아이들이 과자를 사거나 영화를 볼 푼돈을 구하려고 사회에 수백 달러치의 손해를 발생시킨다"고 지적했다. 1912년이 배경인 베티 스미스Betty Smith의 『나를 있게 한 모든 것들A Tree Grows in Brooklyn』에는 셀처 탄산수 뚜껑과 껌이나 담뱃갑 포장 호일을 항아리 뚜껑 위에 놓고 녹이는 아이들의 이야기가 나온다. 이 책에 나오는 고물상은 녹이지 않고 그냥 뭉쳐 놓은 호일은 받지 않았는데, "무게를 더 나가게 하려고 호일 안에 똬리쇠를 넣어 놓는 아이들이 너무나 많았기" 때문이었다. 그 고물상은 "소다수 업계 사람들과 문제를 일으킬 수 있었기 때문에", 녹이지 않은 탄산수 뚜껑도 받지 않았다. 녹인 뚜껑에 대해서는 5센트를 치러 줬는데, 아이들에게는 큰돈이 었다.[64]

고무와 뼈의 재활용

금속을 재활용하는 것은 고대부터 행해지던 일이었다. 고철 금속을 녹여서 쓰는 것은 새로 채굴한 광석을 쓰는 것보다 값싼 대안이었다. 기술 혁신이 이뤄짐에 따라 더 많은 고철 금속을 활용할 수 있게 되었지만, 그 공정 자체는 오래전부터 알려져 있었다. 이와 대조적으로, 고무와 뼈의 재활용은 19세기에 행해진 새로운 실험과 개발의 결과였다. 고무는 비교적 새로운 물질이었고 뼈는 오래전부터 쓰이던 물질이었지만, 둘 다 19세기에 폐품을 재활용해 희소한 자원의 공급을 증가시키고자 했던 연구 개발자들에게 집중적인 관심의 대상이 되었다.

일찍이 미국에 와 본 유럽인들은 중남미 원주민이 만든 고무공과 주물로 주조한 병 같은 '진기한 물건들'을 기념 삼아 가지고 돌아가곤 했다. 하지만 1770년 조지프 프리스틀리Joseph Priestley가 "종이 위에 연필로 쓴 것을 완벽하게 지울 수 있도록 훌륭하게 가공된 어떤 물질을 보았다"고 기록하기 전까지, 유럽은 고무에 별반 관심이 없었다. 1820년, 토머스 핸콕Thomas Hancock은 영국에 첫 고무 공장을 설립했다. 이 공장은 아마존에서 수입한 생고무를 가지고 고무 대님 등의 개인 용품을 만들었다. 핸콕의 공장은 나중에 찰스 매킨토시Charles Macintosh가 설립한 고무 공장과 합병되는데, 매킨토시는 1823년에 (고무를 이용해) 방수 직물을 만드는 공정으로 특허를 받는다.(그래서 그의 이름인 매킨토시가 비옷을 지칭하는 보통명사로 쓰이기도 한다.) 생고

무는 매우 귀했기 때문에 핸콕의 공장도, 매킨토시의 공장도, 폐고무와 자투리 고무를 사용해야 했다.[65]

1839년, 찰스 굿이어Charles Goodyear는 생고무를 황과 백연과 함께 가열하는 '가황 공정'을 개발해 고무 생산에 혁신을 가져왔다. 가황 공정은 기존의 고무가 더운 날씨에는 (체온 정도만 되어도) 흐물흐물해지고 추울 때는 딱딱하게 굳는 문제를 해결해 줬다. 예전에는 고무 코팅한 비옷이나 장화가 계절에 따라 찐득찐득해지거나 딱딱해졌지만, 가황 처리한 고무는 강하면서도 신축성이 있어서 기온이 변해도 안정적이었다. 그러나 쉽게 재활용할 수 없다는 결점이 있었다. 여러 가지 실험을 했지만, 1881년까지 가황 처리된 고무를 다시 '탈황 처리'하는 화학 공법 중에서 특허를 받는 데 성공한 것은 없었으며, 상업적으로 효율성이 있는 알칼리화 공법이 특허를 받은 것은 1899년이 되어서였다.(지금도 미국 내에서 생산되는 재생고무의 절반 정도는 알칼리화 공법을 사용한 것이다.)

고무는 수십 년 동안 화학 처리가 아니라 물리적인 방법으로 재활용되어 왔다. 여성 노동자들이 옷에서 고무를 떼어 내면, 공장에서는 이것들을 분쇄해서 새 고무와 기타 원료들과 혼합해 여러 종류의 필러를 만들었다. 고무 분말을 가열하는 공법은 1858년에 특허를 받았는데, 현재도 미국 재생고무의 3분의 1은 이렇게 만들어진다. 19세기의 폐고무는 주로 장화 등의 신발에서 나오는 것이었다. 먼실이 노예스에게 보낸 엽서에서 볼 수 있듯이, 폐고무는 행상인과 고물상을 통해 수거·재활용되었다. 노예스는 폐고무에 대해 파운드당 17센트에서 25센트를 치렀는데 여타의 금속류보다 비싸게 쳐준 것이었다. 마차의 충격 완화용 범퍼인 '스프링'도 폐고무의 주요 공급원 중 하나였다.[66]

뼈다귀 거래 시장도 폐고무와 마찬가지로 19세기에 행해진 연구 개발

결과로 촉진되었다. 화학 처리를 하지 않고도 뼈는 선사시대부터 다양한 각제품을 만드는 데 쓰였다. 뼈를 깎아 칼자루, 머리 장식, 단추, 주사위, 도미노(도미노 애호가들은 도미노를 "본즈(bones, 뼈)"라고 부른다.) 등을 만들었으며, 19세기에 프랑스와 독일은 단추를 만들기 위해 뼈를 수입했다. 단추 만드는 데 쓰는 소뼈는 먼저 비누를 만들거나 조명으로 쓸 수 있는 지방을 추출하는 과정을 거쳤다. 하지만 이 과정에서 너무 오래 끓이면 뼈가 물러지므로 조심해야 했다. 단추를 만드는 데 쓰지 않을 뼈는 더 오래 삶아도 되었기 때문에 더 많은 양의 지방을 추출할 수 있었다. 지방 외에 젤라틴도 뼈에서 뽑아낼 수 있었다. 젤라틴은 식품 가공, 사진 촬영, 아교 제조, 유약(벽에 칠하거나, 종이나 의류에 코팅을 하는 데 쓰였다.) 제조 등의 원료가 되었다. 또한 아스팔트 바니시의 원료인 타르와 암모니아도 뼈에서 추출할 수 있었다.[67]

뼈 거래 시장에서 가장 중요한 고객은 비료 업체였다. 19세기 초가 되면 미국인들도 땅을 비옥하게 만드는 것에 관심을 갖기 시작한다.(이전에는 광활한 땅에 적은 인구가 살았던지라 토양의 비옥도 따위에는 별 관심이 없었다.) 처음에는 농업 개혁가들이 농부들에게 퇴비의 가치를 교육시켜 자연적인 순환을 통해 토질을 향상시키는 데 관심을 기울였다. 1830년대와 1840년대가 되면 농업 저널들이 뼈를 비료로 활용하는 성공적인 외국 사례를 전하기 시작하며, 미국 농부들도 그러한 방법을 받아들이기 시작한다. 1833년에는 뼈를 갈아서 가공하는 공장이 롱아일랜드에 이미 두 개가 있었고, 1841년에는 알바니, 보스턴, 트로이, 볼티모어 외곽에도 여러 개가 설립됐다. 1850년대에는 뉴욕에도 대규모 비료 공장이 생기지만, 대부분은 독한 냄새 때문에 도시 외곽 지역에 세워졌다.[68]

뼈로 만든 비료를 지지하는 사람들은 이것을 자연적인 퇴비에 비유하면서, 폐기물을 원래 그것이 나온 대지로 되돌려 보내는 것이라고 주장했다. 영국의 한 기사는 (이 글은 1838년 미국 저널에도 실렸다.) 뼈가 "돌고 도는 위대한 순환"의 일부라고 표현했다. 남북전쟁이 일어나기 몇 년 전, 또 다른 글에서는 '신성한 경제divine economy'라는 개념을 사람 뼈에 적용했다. "워털루 전쟁터의 유골은 영국의 옥수수밭과 초원에 뿌려져, (몇 십 년 후에는) 세바스토폴과 발라클라바 들판(Sebastopol / Balaklava, 세바스토폴과 발라클라바는 크림전쟁 때 영국군이 싸웠던 전쟁터. 워털루 전쟁터의 유골로 비옥해진 영국의 밭에서 난 작물이 영국 젊은이들의 식량이 되었고, 나중에 그들이 크림전쟁에 참전해 전사해 다시 그곳 들판을 비옥하게 했다는 뜻. 옮긴이)에 뿌려질 뼈를 만들었다." 미국에서도 전에 비해서는 땅의 비옥도를 높이는 일에 관심을 더 기울이기는 했지만, 미국의 많은 논평가들은 여전히 많은 양의 뼈가 영국으로 수출되어 미국의 들판에 필요한 영양분을 빼앗아 간다고 지적했다.[69]

뼈는 인 성분 때문에 토질을 향상시키는 데 효과가 있었다. 인산염을 비료로 활용하기 위해서는 뼈를 갈아 황산에 녹여 '과인산염'을 만들었는데, 이 공법은 1840년대 초에 영국에서 개발되었다. 처음에는 뼈를 갈고 산화시키는 일을 농부들이 직접 했다. 하지만 (농부들이 하기에는) 장비가 비쌌고, 황산은 위험했다. 따라서 점차로 산화 공정을 뼈 공장에서 담당하게 되었다. 뼈 수요의 증가로 뼈 가격이 상승했는데 공급 물량은 제한되어 있었으므로, 뼈 공장들은 인산염을 만들 수 있는 다른 원료를 찾아 나서게 되었다. 처음에는 수입된 조분석이, 그리고 1867년에 사우스캐롤라이나 주에서 인회암이 발견된 후에는 인회암이 인산염의 새로운 원료로 각광을 받게 되었다. 이제 자연의 순환 과정에서 저절로 나오는 부산물이 아닌, 자연에서 '채굴'한 물질이 토양을 비옥하게 만드는 데 쓰이게 된 것이다.[70]

또 다른 뼈 시장도 지속적으로 성장하고 있었는데, 바로 뼈를 태워 만든

'골탄'이었다. 골탄은 설탕이 대중화되면서 설탕 제조 업체들이 많이 찾았다. 1830년경부터 골탄이 들어 있는 큰 실린더 필터에 설탕 용액을 통과시켜 미네랄과 색을 제거하는 공정이 쓰였다. 이 필터는 3년에서 5년 동안 닦아서 재사용할 수 있었다. 설탕 필터로 쓰던 골탄은 더 이상 설탕 제조에 사용할 수 없을 때까지 쓰고 나면 인산염의 원료가 되었다. 이미 1851년부터 쓰고 난 골탄을 비료로 사용하라고 조언하는 농촌 지도자들이 있었다. 인산염을 직접 만드는 농부들에게 골탄은 특히나 편리했는데, 태우는 과정에서 끈적끈적한 성분이 없어졌기 때문이다. 생뼈를 바로 산화시켜 인산염을 만들 때는 찐득찐득한 덩어리가 나와 골치였던 것이다.[71]

19세기 중반에는 각 가정에서 나온 뼈다귀들도 뼈 거래 시장에서 거래되었다. 농부들은 도축을 하고 난 후 뼈를 직접 갈거나 공장으로 가지고 갔다. 도시의 넝마주이들도 죽은 동물이나 창 밖으로 버려진 음식 쓰레기 중에서 뼈를 골라냈다. 행상인들은 가정에서 나오는 뼈는 뭐든지 사들였다. 아마 넝마나 고철 금속 등의 가정 폐기물을 수거하는 시스템이 이미 마련되어 있지 않았더라면, 가정에서 소량씩 나오는 뼈를 수거해 재활용하기는 힘들었을 것이다. 하지만 넝마와 고철 납을 수거해 거래하는 네트워크를 이미 갖고 있었던 넝마주이와 거래인들은, 그 김에 뼈도 같이 수거해다 팔면 수지가 맞으리라는 것을 알게 되었다. 하지만 〈스위프트〉와 〈아머〉(이 두 거대 육가공 기업은 부산물인 뼈를 가지고 직접 비료, 풀, 골탄을 생산하면서 뼈 거래 업계의 판도를 바꾸어 놓게 된다.)가 등장하기 전에도 가정에서 수거한 뼈가 거래 물량 중에서 차지하는 비중은 작았다. 고철 공급에서 가장 큰 비중을 차지한 것이 (가정에서 나오는 망가진 고철 제품이 아니라) 철로였듯이, 뼈도 육가공 업체들에서 나오는 것이 개별 가정의 주방에서 나오는 것보다 훨씬 많았다. 또한 가정에서 나온 뼈는 한 번 조리된 것이 많아서 육가공 공장에서 나오는 생뼈보다 지방과 젤라틴이 적게 추출되었다. 도살장에서 나오는 뼈, 검품에서 탈락된 육류에서 나오는 뼈, 당국에 의해 도살된 도시의 떠돌이 돼지에서 나오는 뼈 등도 생뼈의 공급원이 되었다. 남북전쟁 이후 수십 년간 북부 대평원 지대는 버펄로 뼈다귀 거래에서 매우 중요한 지역이었다. 철도 회사로서는 화물차가 서부에서 빈 차로 오는 것보다 뼈를 싣고 오는 것이 수지가 맞았고, 대평원 지역의 가난한 농부와 원주민들은 죽은 들소 떼의 뼈를 수거해 경제적인 숨통을 틔울 수 있었다.[72)]

물물교환 경제에서 대중 시장 경제로

노예스의 사업은 1883년에 해체된다. 파산해서였는지 노예스가 사망해서였는지는 현재 남아 있는 기록만으로는 알 수 없다. 그해 8월에 노예스가 받은 편지는 노예스의 재정 곤란에 대해 동정을 표하는 내용을 담고 있으며, 10월에 노예스의 재산을 관리하는 헨리 그린Henry Green이 받은 편지는 "당신의 편지를 보니 노예스의 유산을 정리하는 중이신 것 같군요"라는 말로 시작된다.(노예스가 8월에 이미 재정적으로 곤란했으며, 10월 이전에 사망했다는 뜻이 된다.) 역사학자들은 노예스가 자신의 사업을 날마다 상세하게 기록해왔음을 감안할 때, 연로한 노예스가 파산에 직면하자 심장병을 일으키지 않았을까 하고 추측한다. 노예스에게 정확하게 어떤 일이 일어났든 간에, 노예스의 사업이 어려움에 처한 것은 개인적인 잘못만은 아니었다. 따라서 노예스의 사례는 역사학적으로 연구할 가치가 있다. 1880년대 초에 노예스의 사업이 실패한 것은, 이 시기에 소매업, 도매업, 양철 산업, 폐기물 거래업 등에서 벌어진 커다란 시스템상의 변화와 관련이 있다.[73)]

강철을 만들고, 그것을 주석으로 도금해 양철을 만들며, 다시 그것을 주방 용품으로 제조하는 것과 관련한 모든 신기술은 1880년대 양철 업계에 커다란 변화를 가져왔다. 영국의 어느 양철 제조 업자는 양철 용기 행상의 몰락을 이렇게 기록하고 있다. "이제 미국의 모든 대도시에서는 증기와 수력발전으로 돌아가는 3,4층짜리 큰 공장들을 볼 수 있을 것이다. 이 공장들은 온갖 크기와 모양의 냄비와 대야를 찍어 낸다. (공장에서 만든 것들은) 전통 방식으로 납땜해서 만든 것보다 훨씬 좋다. 기차와 마차의 차이와 비슷하다고 할 수 있다." 물론 새로운 기계들은 너무 크고 비싸서 소규모 공방에서는 도입할 수 없었다.[74]

농촌 사람들도 점차 공장에서 생산된 양철 제품과 기타 소비재 상품을 통신판매 등으로 구입하게 되었다. 통신판매는 노예스가 사망할 무렵에 이미 꽤 비중 있는 소매 유통 방식이었다. 〈시어스〉의 역사를 다룬 책『카탈로그와 판매대Catalogues and Counters: A History of Sears, Roebuck and Company』에 따르면, 농업 저널들은 이미 남북전쟁(1861~1865) 이후 무렵부터 통신판매 업체들의 광고를 실었으며, 1870년대에는 '우편 주문 잡지'(수익을 대부분, 혹은 전적으로 우편 통신판매 광고를 게재해 얻는 잡지)들의 총 판매 부수가 "전례가 없는 규모인 수백만 부"에 이르렀다. 1872년에 설립된 〈몽고메리워드〉는 1884년이 되면 무려 1만 가지 품목을 다룬 240쪽짜리 상품 안내서를 발행한다. 도시의 백화점들도 통신판매를 했다. 〈메이시〉는 1874년경 통신판매를 시작했고 7년 후에는 127쪽 분량의 상품 안내서를 발송했다. 농촌 가정들은 수중에 돈이 어느 정도 있다면 수천 종류의 물건이 나와 있는 상품 안내서를 보고 물건을 주문한 후 인근 기차역에서 '배달시 현금 지불(Cash on Delivery, COD)' 방식을 통해 곧바로 물건을 받을 수 있었다. 이제 몇 달에 한 번씩 오는 행상인을 기다리지 않아도 되었다. 따라서 행상인이 가져오는 물건과 바꾸기 위해 넝마나 고철 따위를 모아 둘 필요도 적어졌다.[75]

또 잡화점과 농촌 가정의 물물교환도 점차 줄어 가정의 폐품이 잡화점에 모이지 않게 됐다. 농촌의 잡화점들은 20세기에 들어서도 계란이나 버터 같은 것을 물건 값 대신 받기는 했지만(잡화점에서는 이것을 다른 고객에게 되팔 수 있었다.), 시골 가게들을 위한 가이드북은 점포 주인들에게 고객이 대금을 물품(폐품)으로 치르게 하지 말도록 조언했다. 예를 들어 1882년 『식품점 핸드북Grocer's Hand-Book』은 그것이 "종종 큰 문제가 된다"고 경고했다. 물건(폐품)으로 대금을 받는 대신, 점포들은 고객에게 신용(외상)을 제공했다. 곧 이러한 신용 거래는 소매 점포와 고객 간의 거래 관계에서 중심적인 위치를 차지하게 되는데, 지역 점포 상인들에게는 이것이 통신판매 업체와의 경쟁에서 살아남을 수 있는 강력한 무기가 되어 주었다.[76]

지역의 점포 상인들이 고객에게 신용(외상)을 제공할 여력이 있었던 이유는, 그들도 새로 등장한 도매업자들에게 물건을 살 때 신용으로 구매했기 때문이었다. 이 무렵이면 도매 업계도 이미 큰 변화를 겪어, 노예스의 방식은 역사 속으로 사라졌다. 1870년경에는 "풀 라인, 풀 서비스 도매업자"가 미국 내 유통에서 지배적인 위치를 차지하게 된다. 이러한 도매 업체들은 규모가 컸고 계속 성장하고 있었다. 도매 업체는 주문을 받기 위해 외진 곳까지 판매 직원을 보냈고, 교통의 요지에 위치한 농촌의 잡화점과 소규모 도시의 중심가에 있는 식품점 등에 신용 거래로 물품을 댔다. 우편 통신판매 업체들과 마찬가지로, 이들 새로운 도매 업체도 공장에서 제조된 상품 일체를 공급했다. 〈마샬 필드Marshall Field〉의 도매 사업부는 대도시에 있는 백화점들에 자사 공장에서 만든 제품을 납품하기도 했다.[77]

이런 도매상들은 넝마나 뼈는 거래하지 않았다. 또 노예스처럼 자신이 고용한 행상인에게 말과 마차를 제공했던 양철 제조 업자와는 달리, 기차와 급행 운송 업체만을 이용해 물건을 날랐다. 즉 제조 업체에서 소비자에게로 물건이 이동하는 일방향 거래를 했고, 운송 비용도 편도 요금만 부담했다. 반면 노예스는 행상인들이 (농촌에서) 넝마를 실어 오건, 새로운 찻주전자를 (농촌으로) 실어 가건 운송 비용을 부담했다. 즉 노예스는 양방향으로 물건을 나르기 위해 말과 마차를 유지해야 했으며, 마차가 양쪽 방향으로 모두 (빈 채로가 아니라) 가득 찬 채 움직여야 성공할 수 있었다.

노예스의 도매 사업이 몰락했듯이, 폐품 거래 사업도 점차 도시의 대규모 전문 업체들에 넘어가게 된다. 19세기 말이 되면 폐품 거래 업계는 독자적인 업계 저널을 내고, 곧이어 업계 협회도 결성한다. 공장에서 나오는 산업 부산물들이 폐품의 주된 공급원이 되면서, 이러한 산업폐기물을 취급하던 업체들이 주축이 되어 협회를 만들었다. 대량생산이 이뤄지면서, 상품만 대량으로 나온 것이 아니라 부산물도 대량으로 나왔다. 거대 기업들은 자사의 부산물을 활용해 만들 수 있는 신제품을 개발하거나(예를 들면, 〈아머〉는 발굽과 뼈에서 추출한 아교를 사용해 사포를 만들어 팔았다.), 부산물을 판매해 줄 폐품 거래 업체를 찾았다. 대기업인 〈스위프트〉와 〈아머〉가 육류 업계를 주도하게 되면서, 가정에서 수거되는 뼈는 폐품 거래 시장에서 중요성을 잃었다. 또한 기성복이 집에서 만드는 옷을 대체하게 되면서, 넝마 거래 업체들은 (가정에서 넝마를 수거해 오지 않고) 공장에서 나오는 자투리 직물을 받아다 거래하는 것만으로도 수지가 맞았다.[78]

곧 중산층 가정에서 (심지어는 상류층 가정에서도) 폐품을 수거해 산업적으로 재활용하던 시스템이 붕괴되었는데, 이는 19세기 말 (미국에서) 형성된 대량생산 및 대량 유통 시스템과 밀접하게 관련되어 있다. 예전에는 가정에서 나오는 폐기물을 모아서 제조 업체에 팔면, 제조 업체가 그것으로 다시 제품을 만드는 시스템이 생산·판매·소비의 전 과정에서 필수불가결한 요소였다. 공장에서 소비자에게로 제품을 전해 주던 바로 그 유통 시스템은, 재활용 가능한 폐기물을 소비자에게서 공장으로 되돌려 보내 주는 시스템이기도 했다. 그러나 19세기 말이 되면 이러한 쌍방향 거래는 전문적인 도매 유통업체와 폐기물 거래 업체에 각각 자리를 내준다. 고도로 조직화된 폐기물 거래 업체들은 가난한 사람들이 길에서 주운 폐품도 일부 취급하기는 했지만, 산업체에서 나오는 부산물을 주공급원으로 삼았다. 인류 역사상 처음으로, 폐기가 생산·소비·사용 과정과 분리되었다.

2장 미주

1. Morillo Noyes manuscripts, box 5, no. 778/1859-1877/N956, Baker Labrary, Harvard Business School (hereafter "Noyes mss.").

2. Judith A. McGaw, *Most Wonderful Machine: Mechanization and Social Change in Berkshire Paper Making, 1801~1885* (Princeton: Princeton University Press, 1987), p. 29.

3. C.C. Reynolds to Morillo Noyes, June 27, 1883, box 5; memorandum book 4/25/59-6/28/59, pp. 33, 76; memorandum book 4/11/77-6/25/77, pp. 1~2, 61, all in Noyes mss.

4. Memorandum book 4/11/77~76/25/77, pp. 77, 83~84, 90, Noyes mss.

5. Alan Taylor, "Unnatural Inequalities: Social and Environmental Histories", *Environmental History* 1 (Oct. 1996), pp. 13~14; Richard L. Bushman and Claudia L. Bushman, "The Early History of Cleanliness in America", *Journal of American History* 74 (Mar. 1988), p. 1234. See also Beverly Lemire, "Consumerism in Preindustrial and Early Industrial England: The Trade in Second-hand Clothes", *Journal of British Studies* 27 (Jan. 1988), p. 9.

6. Frederick Law Olmstead, *A Journey in the Back Country*, 1860 (New York: Burt Franklin, 1970), pp. 33~34.

7. David Jaffee, "Peddlers of Progress and the Transformation of the Rural North, 1760~1860", *Journal of American History* 78 (Sept. 1991), p. 535; Jackson Lears, "Beyond Veblen: Rethinking Consumer Culture in America", *Consuming Visions: Accumulation and Display of Goods in America, 1880~1920*, ed. Simon J. Bronner (New York: W.W. Norton, 1989), p. 78.

8. Robert Friedel, "Tinplate and the Nineteenth Century American Experience", ts., Nov. 1994, p. 5; courtesy of the author.

9. Fred Mitchell Jones, *Middlemen in the Domestic Trade of the United States, 1800~1860* (New York: Johnson Reprint, 1968), p. 61; William G. Lathrop, *The Brass Industry in the United States* (Mount Carmel, CT: William G. Lathrop, 1926), p. 29; S. M. Hunt, "Old Days in the Rag Trade", *Paper Trade Journal*, May 23, 1912, p. 54; Richardson Wright, *Hawkers and Walkers in Early America* (New York: Frederick Ungar, 1927), p. 74.

10. R. Malcolm Keir, "The Unappreciated Tin Peddler", *Annals of the American Academy of Political and Social Science* 46 (1913), p. 185; R. Malcolm Keir, "The Tin Peddler", *Journal of Political Economy* 21 (1913), p. 256; box 5, memoranda, Noyes mss.

11. Magaret Coffin, *American Country Tinware, 1700~1900* (Camden: Thomas Nelson, 1968), pp. 97, 173~174, 176, 178.

12. Quoted in Jeannette Lasansky, *To Cut, Piece, & Solder: The Work of the Rural Pennsylvania Tinsmith, 1778~1908* (Lewisburg, PA: Union County Historical Society Oral Traditions Project, 1982), pp. 14~15.

13. See Hasia R. Diner, *A Time for Gathering: The Second Migration, 1820~1880* (Baltimore: Johns Hopkins University Press, 1992), pp. 66ff.; Lee M. Friedman, "The Problems of Nineteenth Century American Jewish Peddlers", *Publications of the American Jewish Historical Society*, 44 (Sept. 1954), pp. 1~7; Rodolf Glanz, "Notes on Early Jewish Peddling

in America", *Studies in Judaica Americana* (New York: Ktav, 1970), pp. 112ff. For a discussion of the image of the Jewish peddler, see Lears, "Beyond Veblen", pp. 79~80. On Jewish rag dealers, see S. M. Hunt, "Old Days in the Rag Trade", *Paper Trade Journal* June 27, 1912, p. 46.

14. Lasansky, *To Cut* pp. 14~15. See also Jackson Lears, *Fables of Abundance: A Cultural History of Advertising in America* (New York: Basic, 1994), pp. 64ff.; Lewis Hyde, *Trickster Makes This World: Mischief, Myth, and Art* (New York: Farrar, Straus & Giroux, 1998).

15. Joseph T. Rainer, "The 'Sharper Image': Yankee Peddlers, Southern Consumers, and the Market Revolution", *Business and Economic History* 26 (Fall 1997), pp. 37~40.

16. Lasansky, *To Cut* p. 13; Lears, *Fables of Abundance* p. 72.

17. Laura Ingalls Wilder, *Farmer Boy*, 1933 (New York: Harper, 1953), pp. 138~139. For a similar description of the rag and tinware barter process, see Helen Marshall North, "The Tin-Peddler's Cart", *New England Magazine*, Aug. 1899, pp. 712~713.

18. Laurel Thatcher Ulrich, *A Midwife's Tale: The Life of Martha Ballard, Based on Her Diary, 1785~1812* (New York: Vintage, 1990), pp. 84, 197; Viviana A. Zelizer, *The Social Meaning of Money: Pin Money, Paychecks, Poor Relief, and Other Currencies* (New York: Basic, 1994), pp. 41~42, 62~67.

19. Louisa May Alcott, *Little Women*, 1868 (Harmondsworth, Eng.: Penguin, 1953), p. 98.

20. Harvey A. Wooster, "A Forgotten Factor in American Industrial History", *American Economic Review* 16 (Mar. 1926), pp. 17~18; Jaffee, "Peddlers of Progres", pp. 511~535; William J. Gilmore, "Peddlers and the Dissemination of Printed material in Northern New England, 1780~1840", *Itinerancy in New England and New York* ed. Peter Benes, Dublin Seminar for New England Folklife Annual Proceedings, 1984 (Boston: Boston University, 1986), pp. 81~82; Lears, *Fables of Abundance,* pp. 79~80.

21. Maxwell Whiteman, "Notions, Dry Goods, and Clothing: An Introduction to the Study of the Cincinnati Peddler", *Jewish Quarterly Review* 53 (1963), pp. 310~317; Rainer, "'Sharper Image'", pp. 32~33; Diner, *Time for Gathering* pp. 69~70; Wilder, *Farmer Boy* p. 136; Memorandum book May 31, 1859, p. 33, Noyes mss. See also Priscilla Carrington Kline, "New Light on the Yankee Peddler", *New England Quarterly* 12 (Mar. 1939), p.88; Coffin, *American Country Tinware*, p. 173.

22. McGaw, *Most Wonderful Machine*, p. 40.

23. McGaw, *Most Wonderful Machine* p. 67; David C. Smith, *History of Paper-making in the United States (1691~1969)* (New York: Lockwood, 1970), p. 69.

24. Lyman Horace Weeks, *A History of Paper-Manufacturing in the United States, 1690~1916* (New York: Lockwood Trade Journal, 1916), pp. 67, 218.

25. Weeks, *History of Paper-Manufacturing*, pp. 66~67, 115.

26. Weeks, *History of Paper-Manufacturing*, p. 64; Joel Munsell, *Chronology of the Origin and Progress of Paper and Paper-Making*, 5th ed. (Albany: J. Munsell, 1876), pp. 57~58.

27. Weeks, *History of Paper-Manufacturing*, pp. 61, 65~66.

28. Weeks, *History of Paper-Manufacturing*, pp. 65, 28, 61~62.

29. Weeks, *History of Paper-Manufacturing*, pp. 62~64; see also Massachusetts General Court, "In the House of Representatives, Febrary 16, 1776" (Salem: E. Russell, 1776), broadside; McGaw, *Most Wonderful Machine*, p. 28.

30. Weeks, *History of Paper-Manufacturing*, pp. 67, 114; McGaw, *Most Wonderful Machine*, pp. 27~28.

31. McGaw, *Most Wonderful Machine*, pp. 191~192; Smith, *History of Papermaking*, p. 107; Norman B. Wilkinson, *Papermaking in America* (Greenville, DE: Hagley Museum, 1975), p. 44; "Parliamentary Reports on the Rag Trade of Foreign Countries", *Practical Magazine*, n. s. 6, vol. 5, 1875, p. 221.

32. McGaw, *Most Wonderful Machine*, pp. 66~67; Munsell, *Chronology*, p. 168.

33. McGaw, *Most Wonderful Machine*, pp. 40, 192; G. Austin, "Rags", *Atlantic Monthly*, Mar. 1867, pp. 365~366. On mummies, see also Smith, *History of Papermaking*, p. 145n19, and Munsell, *Chronology*, pp. 149, 198, for references to at least four accounts of the practice.

34. McGaw, *Most Wonderful Machine*, p. 50; Hermann Burrows, *A History of the Rag Trade* (London: Maclaren, 1956), p. 24.

35. Hunt, "Old Days", May 23, 1912, p. 54; McGaw, *Most Wonderful Machine*, p. 193; see also Austin, "Rags", p.365.

36. McGaw, *Most Wonderful Machine*, p. 40; Austin, "Rags", p. 365; Herman Melville, "The Tartarus of Maids", *"The Apple-Tree Table" and Other Sketches* (Princeton: Princeton University Press, 1922), pp. 197~198. "The Tartarus of Maids" was originally published in *Putnam's* during the 1850s.

37. Austin, "Rags", p. 365; McGaw, *Most Wonderful Machine*, pp. 113, 182.

38. Melville, "Tartarus of Maids", p. 198; Austin, "Rags", p. 365; S. M. Hunt, "Old Days in the Rag Trade", *Paper Trade Journal* July 11, 1912, p. 60; see also McGaw, *Most Wonderful Machine*, p. 344; Smith, *History of Papermaking*. p.143n6.

39. Wilkinson, *Papermaking in America*, p. 12; McGaw, *Most Wonderful Machine*, pp. 41, 195.

40. Theodore Steinberg, *Nature Incorporated: Industrialization and the Waters of New England* (Cambridge: Cambridge University Press, 1991), pp. 208~209; Wilkinson, *Papermaking in America*, p. 13; McGaw, *Most Wonderful Machine*, pp. 41, 109, 208; Richard G. Wilkinson, "The English Industrial Revolution", *The Ends of the Earth: Perspectives on Modern Environmental History* ed. Donald Worster (Cambridge: Cambridge University Press, 1988), pp. 95~96; Austin, "Rags", p. 366.

41. McGaw, *Most Wonderful Machine*, p. 196; Weeks, *History of Paper Manufacturing*, p. 216; Smith, *History of Papermaking*, pp. 129~130.

42. Hunt, "Old Days", May 23, 1912, p. 54; McGaw, *Most Wonderful Machine*, pp. 196~199.

43. Anna Barrows, "Waste Paper: What to Do with It That It May Not Be Wasted", *Good Housekeeping*, Sept. 19, 1885, p. 12.

44. Lydia Maria Child, *The American Frugal Housewife*, 16th ed., enlarged and corrected (Boston: Carter, Hendee, 1835), p. 16.

45. Barter list, 1854, box 5; Memorandum book June 6, 1859, pp. 54~55, Noyes mss.; Munsell,

Chronology, p. 155. See also James Strachan, *The Recovery and Re-manufacture of Waste-Paper* (Aberdeen, Scot.: Albany, 1918), pp. 4~5.

46. S. M. Hunt, "Old Days in the Rag Trade", *Paper Trade Journal*, May 9, 1912, p. 46; Smith, *History of Papermaking*, p. 126; Munsell, *Chronology*, p. 191; McGaw, *Most Wonderful Machine*, p. 193.

47. Hunt, "Old Days", June 27, 1912, p. 46; Holyoke Machine Company, *Rag Cutters and Rag Dusters* (Holyoke, MA: Holyoke Machine, 1894), pp. 3~10.

48. Austin, "Rags", p. 366; Madeleine Ginsburg, "Rags to Riches: The Second-Hand Clothes Trade, 1700~1978", *Costume: The Journal of the Costume Society* 14 (1980), p. 128.

49. U.S. Tariff Commission, *Rag Rugs* (Washington: GPO, 1928), pp. 4~5; William Howard Shaw, *Value of Commodity Output since 1869* (New York: National Bureau of Economic Research, 1947), p. 119.

50. Samuel Jubb, *The History of the Shoddy-Trade: Its Rise, Progress, and Present Position* (London: Houlston and Wright, 1860), pp. 17, 19, 25~26; Burrows, *History of the Rag Trade*, p.30; J. H. Clapham, *An Economic History of Modern Britain: Free Trade and Steel, 1850~1886* (Cambridge: Cambridge University Press, 1932), p. 38.

51. Jubb, *History of the Shoddy-Trade*, pp. 23~24.

52. Hunt, "Old Days", May 9, 1912, p. 46; Gary L. Bunker and John Appel, "'Shoddy'", Anti-Semitism, and the Civil War", *American Jewish History* 82 (1994), pp. 43~71.

53. Helen N. Packard, "Making Clothes for the Boys", *Good Housekeeping*, Sept. 5, 1885, p. 17; Philip Scranton, *Figured Tapestry: Production, Markets, and Power in Philadelphia Textiles, 1885~1941* (Cambridge: Cambridge University Press, 1989), p. 140.

54. Scranton, *Figured Tapestry*, p. 308; U. S. Federal Trade Commission, *Report on the Woolen Rag Trade, June 30, 1919* (Washington: GPO, 1920), pp. 3~4, 17; U. S. Department of Commerce, Bureau of the Census, *Census of Manufactures 1937: Waste and Related Products* (Washington: GPO, 1939), pp. 30~31.

55. Barbara Beving Long, "Phase III Historical Documentation Study: The Moritz & Bertha Bergstein House, Shoddy Mill & Waste Materials Yard, St. Croix River Crossing Project", Minnesota Department of Transportation SHPO 94-1390.

56. Carolyn Merchant, *The Death of Nature: Women, Ecology, and the Scientific Revolution* (San Francisco: Harper & Row, 1980), pp. 29~41; Billy G. Smith, *The 'Lower Sort': Philadelphia's Laboring People, 1750~1800* (Ithaca: Cornell University Press, 1990), p. 162.

57. Donald Woodward, "'Swords into Ploughshares': Recycling in Pre-industrial England", *Economic History Review*, 2nd ser., 38 (May 1985), p. 183. On lead in makeup, see Kathy Peiss, *Hope in a Jar: The Making of America's Beauty Culture* (New York: Metropolitan, 1998), pp. 10, 21.

58. Woodward, "'Swords into Ploughshares'", p. 184; Charles F. Montgomery, *A History of American Pewter* (New York: E.P. Dutton, 1978), pp. 10, 21.

59. See Joseph J. Schroeder, Jr., ed., *Sears, Roebuck & Co. 1908 Catalogue No. 117* (Chicago: Follett, 1969), pp. 340, 343; "Metals", *Waste Trade Journal*, Nov. 9, 1912, pp. 9~10.

60. Lathrop, *Brass Industry*, pp. 37ff., 77ff.

61. Woodward, "'Swords into Ploughshares,'" pp. 185~186; *The Blacksmith in Enghteenth-Century Williamsburg*, Wiliamsburg Craft Series (Williamsburg: Colonial Williamsburg, 1971), pp. 14~16; Peter Temin, *Iron and Steel in Nineteenth-Century America: An Economic Inquiry* (Cambridge: MIT Press, 1964), pp. 13~14.

62. Temin, *Iron and Steel*, pp. 13ff., 27, 49, 145~147. On iron and steel rails, see also Harold C. Livesay, *Andrew Carnegie and the Rise of Big Business* (Boston: Little, Brown, 1975), pp. 78~81.

63. Charles Loring Brace, *The Dangerous Classes of New York, and Twenty Years' Work among Them* (New York: Wynkoop & Hallenbeck, 1872), pp. 152~153; "Scrap Iron Market", *Waste Trade Journal*, Nov. 9, 1912, pp. 6~7; "Metals", pp. 9~10.

64. Charles Dawson Shanley, "The Small Arabs of New York", *Atlantic Monthly*, Mar. 1869, p. 284; Harry H. Grigg and George E. Haynes, *Junk Dealing and Juvenile Delinquency*, text by Albert E. Webster (Chicago: Juvenile Protective Association, [1919?], pp. 8~10, 40~41; Betty Smith, *A Tree Grows in Brooklyn* (New York: Harker, 1947), pp. 4~5. (국역본: 『나를 있게 한 모든 것들』, 김옥수 옮김. 아름드리미디어, 2002).

65. Thomas Webster, *An Envyclopaedia of Domestic Economy* (London: Longman, Brown, Green, and Longmans, 1847), p. 196.

66. U.S. Environmental Protection Agency, "History of the Reclaimed Rubber Industry", *Waste Rubber and Its Reuse: 1968*, part 2 of *Rubber Reuse and Solid Waste Management* (Washington: EPA, 1971), pp. 48~49; Howard Wolf, *The Story of Scrap Rubber* (Akron: A. Schulman, 1943), pp. 19~33.

67. Thomas Lambert, *Bone Products and Manures*, 3rd ed. (London: Scott, Greenwood, 1925), pp. 35~37.

68. Lambert, *Bone Products*, p. 3.

69. Richard A. Wines, *Fertilizer in America: From Waste Recycling to Resource Exploitation* (Philadelphia: Temple University Press, 1985), pp. 6~7, 23.

70. Wines, *Fertilizer in America*, pp. 13~14, 24.

71. John George Glover and William Bouck Cornell, eds., *The Development of American Industries: Their Economic Significance* (New York: Prentice-Hall, 1936), p. 278; Wines, *Fertilizer in America*, p. 100.

72. Lambert, *Bone Products*, p. 2; LeRoy Barnett, "The Buffalo Bone Commerce on the Northern Plains", *North Dakota History* 39 (Winter 1972), pp. 23~42.

73. William Chaffee to Henry Greene, Nov. 22, 1883, box 5, Letters, Noyes mss.

74. Philip Flower, quoted in Friedel, "Tinplate", p. 27.

75. Boris Emmet and John E. Jeuck, *Catalogues and Counters: A History of Sears, Roebuck and Company* (Chicago: University of Chicago Press, 1950), pp. 19~20; Ralph M. Hower, *History of Macy's of New York, 1858~1919: Chapters in the Evolution of the Department Store* (Cambridge: Harvard University Press, 1943), pp. 105~106.

76. Artemas Ward, *The Grocers' Hand-Book and Directory for 1883* (Philadelphia: Philadelphia

Grocer, 1882), p. 22; Susan Strasser, *Satisfaction Guaranteed: The Making of the American Mass Market* (New York: Pantheon, 1989), pp. 69~73.

77. Robert W. Twyman, *History of Marshall Field and Co., 1852~1906* (Philadelphia: Univereseity of Pennsylvania Press, 1954), p. 98. On wholesalers, see Strasser, *Satisfaction Guaranteed*, pp. 58~88; Glenn Porter and Harold C. Livesay, *Merchants and Manufacturers: Studies in the Changing Structure of Nineteenth-Century Marketing* (Baltimore: Johns Hopkins Press, 1971), pp. 214~231; Alfred D. Chandler, Jr., *The Visible Hand: The Managerial Revolution in American Business* (Cambridge: Harvard University Press, 1977), pp. 215~224, 236~237.

78. See Hunt, "Old Days", July 11, 1912, p. 60.

3장

쓰레기 재사용의 변천

허드슨 강 근처의 쓰레기장 아래에 넝마주이들이 모여 살았다. 허드슨 강은 뉴욕의 쓰레기가 배로 실려 나가던 곳이다. 넝마주이들은 쓰레기에서 넝마, 뼈다귀 등 되팔 수 있는 것은 무엇이든 골라냈다. 사진은 1890년대에 웨스트 35번가에서 제이콥 리스Jacob A. Riis가 찍었다. (뉴욕 시 미술관 소장, 제이콥 A. 리스 컬렉션 [207])

19세기 가사 지침서들과 마찬가지로, 20세기 초에 나온 책들도 검약의 습관을 강조하면서 버려지는 것을 재사용하는 방법들을 알려 줬다. 『절약과 소유Save and Have』(1919)의 「물건들을 세심하게 사용함으로써 절약하기」와 「직접 만들어서 절약하기」 섹션에 나온 내용을 보면, 케이크를 사과와 함께 보관하면 오래간다든가 낡은 시트는 가운데를 찢고 "뒤집어서" 멀쩡한 쪽이 겉으로 나오도록 꿰매라는 등의 오래된 팁이 많이 나온다. 기름을 모아서 비누를 만들라는 조언도 나오는데, 19세기의 지침서와 달라진 점이라면 집에서 나뭇재로 만든 잿물이 아니라 시중에 캔 제품으로 나와 있는 양잿물을 이용하라고 한 것이다. 면으로 된 밀가루 포대로 행주를 만들 때 포대에 찍혀 있는 글자를 지우려면 세척제인 '골드 더스트'(당시에 인기 있는 상품이었다.)나 등유를 사용하라는 조언도 있었다. 「용기 다루기」 섹션은 오늘날의 책자에 나와도 될 법한 현대적인 질문을 던진다. "오래된 음식을 어떻게 활용할 수 있을까"가 아니라, "자꾸 쌓이는 빈 통이나 빈 병을 어떻게 활용할 수 있을까"를 다루는 것이다. 이 책은 "'화이트 던디(마멀레이드)' 항아리, '퍼베이어 투 더 킹(영국에서 왕실에 납품하는 물건을 만드는 공장 제품에는 '퍼베이어 투 더 킹'이라는 표기를 할 수 있었다. 옮긴이)' 항아리, 돌려 따는 뚜껑으로 되어 있는 사탕 병, 피클이나 올리브가 들어 있던 입구가 넓은 병, 유리로 된 잼 병, 밀봉된 커피나 마시멜로 깡통, 뚜껑을 눌러 덮게 되어 있는 '에듀케이터' 크래커 양철 상자, 그리고 심지어 '스터노(Sterno, 깡통에 든 고체 알코올 연료. 옮긴이)' 캔까지, 과일 통조림, 절임 야채, 말린 과일 등을 만들어 보관하는 데 쓸 수 있다"고 제안했다.[1]

20세기가 되어서도 가사 지침서들은 여전히 도자기 고치기, 옷 깁기와 고쳐 만들기, 얼룩 제거하기 등의 방법을 제공했지만, (19세기와 달리) 헌것을 고치고 재사용하는 것이 가난해 보이거나 부끄러운 일로 여겨질 수 있다는 점을 경고했다. 1913년에 나온 『하퍼스 가정 핸드북*Harper's Household Handbook*』은 "작아서 못 입게 된 옷을 다른 사람에게 줄 때는 그것을 받아 입을 사람이 놀림감이 되지 않도록 신경 써서 잘 수선해 주어야 한다"고 조언했다. "이것은 어려운 일이 아니다. 요크(yoke, 드레스의 길이나 스커트의 윗부분에 가로로 절개선을 넣어서 대는 천. 옮긴이), 벨트, 커프스 등을 새로 달면 옷이 확 달라 보일 것이다. 염색을 새로 하는 것도 물론 매우 좋은 방법이다." 에밀리 홀트Emily Holt의 『완벽한 주부*Complete Housekeeper*』(1903년에 처음 발간되었고 1차 대전 중 개정판이 나왔다.)는 실크 옷을 수선해 입으면 "가난하게 보일 것"이라고 쓰고 있다. 홀트는 이 책에서 의류 수선에 대해서는 겨우 한두 단락만을 할애했다. "깁기와 수선하기는 별도의 장에서 다룰 가치가 있다"고는 했지만, 이 책은 그런 별도의 장을 포함하고 있지 않다. 줄리아 맥네어 라이트의 『완전한 가정』 이래로 살림 지침서들의 내용은 많이 바뀌어 왔다. 『완전한 가정』은 1870년대의 불황기에 허리띠를 졸라 매고자 하는 부유한 여성과, 실크 드레스를 새로 고쳐 입고 싶어하는 중상층 여성들을 위해 많은 조언을 제공했다. 그러나 20세기 초에는, 수선과 재사용이 (여전히 자주 행해졌고 가사 지침서의 중요 주제로 다뤄지기는 했지만) 상류층이나 중산층이 아니라 가난한 사람들의 일로 언급되었다.[2]

브리콜리지의 습관과 물건을 끝까지 사용하던 예전의 버릇은, 20세기 초 현대 소비사회에서 위생과 합리성을 전파하고자 한 가정경제학자들에 의해 새로운 의미를 갖게 되었다. 이 시기에 위생과 합리성이라는 개념은 살림에 대한 글에 단골로 등장하는 주제가 되는데, 사실상 재사용의 습관에 반대하는 근거로 쓰였다. 일례로, 마리아 엘리엇S. Maria Elliott은 『가정위생Household Hygiene』(1907)에서 이렇게 주장했다. "모든 폐기물을 어떻게 해야 가장 잘 활용할 수 있는가는 어려운 경제적 문제다. 하지만 주부들은 건강을 위협하는 것이면 어떤 것이든 비경제적인 것으로 간주해야 한다. 우리는 세상에 있는 모든 것이 제각기 쓰임새가 있다고 배워 왔지만 (…) 물건들은 각각 어느 때가 되면 쓰임새를 잃는다."(엘리엇에 따르면) 쌓여 있는 물건은 건강을 위협했다. 쌓여 있는 병이나 고철, 가구들은 "공기의 양과 질에 악영향을 주고, 먼지를 머금으며, 벌레나 곤충이 끓게 만들고, 그리고 그 자체도 점차적으로 공기, 빛, 수증기 때문에 상하게 된다"는 것이다. 1913년의 고등학교 가정경제 교과서는 학생들이 기본적인 깁기와 헝겊 덧대기를 할 줄 안다는 전제하에, 낡은 시트는 뒤집어서 수명을 늘리고, 리넨 제품은 "세심하게 살펴서 제때 기워야 한다"고 조언했다. 이 교과서는 학생들에게 의류를 세심하게 다뤄야 하는 "윤리적인 이유"를 생각해 보라는 과제를 내고 있지만, 동시에 "낡은 옷에 너무 많은 시간을 쓰지 않아야 한다"고 주의를 주었다. 따라서 (이 교재에 따르면) 올바른 판단력이 매우 필요했다. "헌 옷을 빨고 고쳐 만드는 것이 반드시 그럴 만한 가치가 있는 것은 아니다. 우선 그 헌 옷이 그렇게 할 만한 가치가 있는지 어떤지를 먼저 판단해야 한다."[3]

옛 방식의 재활용과 재사용이 하루아침에 사라진 것은 아니었다. 20세기 초에도 대부분의 사람들은 비교적 적게 버리면서 살았다. 그러나 점점 새로운 방식이 예전 방식과 공존하게 되었다. 대부분의 식품이나 세제, 부엌 용품은 여전히 광주리나 큰 통 단위로 팔렸지만, 1900년경이면 〈하인즈〉나 〈피앤지〉 같은 회사들이 대량생산된 포장 제품을 판매하며, 점차 노동 계급 가정도 상자나 병에 들어 있는 식품과 세제를 조금씩 구매하게 된다. 대다수의 미국인들은 아직 나무나 석탄 스토브를 사용했고 쓰레기를 태워 연료로 썼지만, 아파트에 사는 사람도 있었고 중앙난방 시스템을 갖춘 집에 사는 사람도 있었다. 소비문화가 발달하는 과정에서, 부유한 사람들이 가난한 사람들보다 먼저 새로운 제품들을 구매했고 시골 사람들보다 도시 사람들이 먼저 새로운 생활 방식을 받아들였다. 또 오늘날과 마찬가지로 그때도 젊은 사람들은 현대적 방식과 기술을 더 잘 받아들였고 그들의 엄마나 할머니는 예전부터 살아오던 방식을 고수했다.

원치 않는 물건을 처분하는 방법도 다양해졌다. 중산층 사람들은 편리함에 끌려서, 그리고 쓰레기가 새로 등장한 가난한 계층을 연상시킨다는 안 좋은 이미지에 거부감을 느껴서 쓰레기장에 물건을 던져 넣는 습관을 배웠다. 또한 가정 폐기물을 도시 행정 당국이 수거하는 시스템이 마련되면서 물건을 버리는 일이 쉬워졌다. 쓰레기의 양이 엄청나게 늘어나자, 쓰레기를 처리하는 복잡한 시스템과 정교한 장비에 막대한 투자가 필요하게 되었다. 시민들은 점점 쓰레기를 전문적이고 기술적인 영역으로, 즉 쓰레기와 관련된 모든 문제는 전문가들이나 신경 쓰는 문제로 간주하게 되었다.

이렇듯 못 쓰게 된 물건을 처리하는 방법 중에 재사용과 재활용이 차지하는 비중이 줄기는 했지만, 그래도 아예 없어지지는 않았다. 자신들이 버리는 물건이 여전히 어느 정도는 가치가 있다고 믿는 소비자들은 그 물건을 자선단체에 기증할 수 있었다. 당시 새롭게 등장한 〈굿윌 인더스트리

Goodwill Industries〉나 〈구세군〉 같은 자선단체는 그런 식으로 기증받은 물건들을 고쳐서 팔았는데, 그렇게 함으로써 가난한 사람들에게 일자리도 제공하고 물건을 싸게 살 수 있는 기회도 제공했다. 그리고 재사용의 오랜 전통과 폐품에 대한 활발한 시장 거래는, 도시 행정 당국이 어떤 방식의 쓰레기 처리 시스템을 도입하는가에 영향을 주었다. 대부분의 도시에서는 각 가정이 재활용 쓰레기를 분리해서 버려야 한다는 규정이 마련되었으며, 시 당국은 이렇게 분리 수거된 재활용 폐기물을 폐품 거래 시장에 판매했다. 많은 가정주부들이 편리한 생활 방식을 추구하기 위해 사물을 끝까지 사용하던 옛 습관을 버리기는 했지만, 자신이 처분하는 물건을 어딘가에 있는 누군가가 다시 쓰게 될 것이라고 믿고 있었다. 소비문화로의 변천은 복잡하고 점진적인 과정이었으며, 소비사회가 되기 이전의 생활 습관도 상당히 오랫동안 소비사회와 공존했다.

거리의 쓰레기 뒤지기

1900년, 열여섯 살의 로코 코레스카Rocco Corresca가 이탈리아 나폴리에서 무일푼으로 뉴욕에 도착했을 때, 로코는 페드로니(이탈리아 이민자들의 왕초. 옮긴이)인 바르톨로 밑에서 생활하게 되었다. 바르톨로는 로코에게 주머니와 갈고리를 주고 거리에서 넝마와 그 밖의 폐품을 주워 오게 했다. 2년 뒤 로코는 이렇게 회상했다. "근사한 집들이 늘어서 있는 동네의 사람들은 좋은 물건들을 아무렇게나 내놓았다. 바르톨로는 몇몇 물건들은 고쳐서 길에서 팔았지만, 우리가 주워 온 것은 대부분 넝마와 뼈였다. 나는 넝마를 뒤뜰에서 빨아서 우리 방 천장 밑에 걸어 놓은 빨랫줄에 말렸고, 뼈는 바르톨로가 뼈를 살 사람을 찾을 때까지 침대 밑에 두었다."[4]

로코와 바르톨로가 한 일은 19세기 말과 20세기 초 넝마, 고철, (음식 쓰레기에서 주운) 뼈 등을 어떻게 거래했는지 보여 준다. 애국심으로 넝마를 모았던 시절과 달리, 이 폐품들은 사회의 존경할 만한 시민들이 모아 파는 것이 아니었다. 이제 넝마는 돈이 필요한 도시의 빈민이 모았고, 일련의 중간 단계들을 거쳐 판매됐다. 즉 어린아이들이 나이가 더 든 아이들에게 팔았고, 소규모 고물상이 대규모 고물상에게 넘겼다. 고물 장수들은 도시의 가난한 주거 지역을 돌아다니면서 현금을 주고 빈민 가정이 주운 폐품을 산 뒤, 이것을 다시 창고 시설을 갖추고 있는 딜러에게 팔았다. 1912년에 시카고의 한 넝마 거래인은 이렇게 말했다. "이제 넝마는 대도시의 가난한 동네, 즉 뗏거리를 장만하기 위해서라면 무엇이든지 해야 하는 사람들이 있는 곳에 모인다."[5]

도시의 쓰레기장에서 폐품을 줍는 것(주로 극심하게 가난한 이민자 가정의 여성과 어린이들이 이 일을 했다.)에도 규칙이 있었다. 시카고 '뒷동네'에 있는 네 개의 쓰레기장에서는 폐품 수거 업체들이 시 당국에 1주일당 많게는 15달러의 자릿세를 내고 여기에서 나오는 것들을 수거했다. 이들이 쓸 만한 것을 1차로 수거해 가고 난 뒤, 인근의 가난한 여성과 어린이들이 들어와서 나머지 중에서 폐품을 주웠다. 역사학자 데이비드 나소David Nasaw는 쓰레기를 뒤져 고물을 줍는 것은 노동계급 아이들이면 대부분 다 하던 일이었으며 "줄넘기나 야구처럼 일상적으로 시간을 보내는 놀이였을 것"이라고 설명했다. 〈시카고 청소년보호협회〉는 『고물 거래와 청소년 범죄Junk Dealing and Juvenile Delinquency』(1919)에서, 폐품 거래인들이 (청소년들이 가져오는 폐품을 사주는) 시장을 제공함으로써 청소년들이 물건을 훔치도록 조장한다며, 이 아이들은 가계에 보탬이 되기 위해서가 아니라 노는 데 쓸 돈을 마련하기 위해서 물건을 훔친다고 주장했다. 비교적 잘사는 집 아이들도 용돈을 마련하려고 동참하곤 했다. 가정경제 교과서는『고물 거래와 청소년 범죄』의 내용을 인용해서, 아이들이 가정 폐기물을 모아서 팔도록 허용하는 것에는 "교육적 가치"가 있지만, "간혹 잘못된 길로 갈 위험성이 있다"고 경고했다.[6]

쓰레기장을 뒤지는 일이 이 시기에 처음 생겨난 현상은 아니다. 도시가 존재했던 모든 곳에서 도시 빈민들은 먹을거리나 땔거리, 그리고 팔 수 있을 만한 것들을 얻기 위해 버려진 것들을 뒤져 왔다. 미국에는 찰스 디킨스나 헨리 메이휴(Henry Mayhew, 『런던의 노동과 런던의 빈민London Labour and the London Poor』(1861~1862)이라는 네 권짜리 책을 썼다.)에 필적할 만큼 사실적이고 상세하게 쓰레기장에서 폐품을 줍는 빈민들의 생활을 다룬 글이 없다. 여기에 나온 런던 폐기물 거래에 대한 묘사는 오늘날의 독자에게는 흥미로우면서 혐오스럽기도 할 것이다. 미국의 넝마주이는 한 세대의 화가와 작가에게 영감을 불어넣었던 파리의 넝마주이처럼 낭만화되지도 않았다. 그렇더라도 모든 종류의 미국 도시 문학에는 조금씩이나마 그런 사람들의 이야기가 나온다. 조지 포스터George Foster는『가스등의 뉴욕New York by Gas-Light』(1850)에서 매음굴, 술집 등 슬럼가에 있는 사회 공간을 감수성 있게 묘사했는데, "자신의 일상적인 직업에서 성실히 일하고 있는" 가난한 사람들 중 한 부류로 "갈고리와 자루를 든 넝마주이"를 언급했다. 찰스 로링 브레이스의『뉴욕의 위험한 계급들』(1872)에도 넝마주이 이야기가 나온다. 또 19세기 말 샌프란시스코를 배경으로 한 프랭크 노리스Frank Norris의 소설『맥티그McTeague』(1899)는 넝마주이를 도시 변두리 풍경의 일부로 묘사했다. "도시의 변두리에 있는 아파트들 건너편에 쓰레기 더미가 있었고, 중국인 넝마주이 몇 명이 그 위에서 움직이고 있었다."[7]

19세기 중반에 쓰여진 글 중에는 쓰레기 뒤지기를 긍정적인 어조로 묘사한 것들도 있었다. 예를 들면, 1859년 매린 카운티에 종이 공장이 처음

세워졌을 때,『캘리포니아 스테이트 레지스터California State Register』는 이 공장이 가져다줄 이득 중 하나는 "수년간 샌프란시스코를 비롯한 캘리포니아 도시들의 거리를 뒤덮어 왔던 헌 옷가지들을 치울 수 있게 된 것"이라고 언급했다. 10년 뒤『애틀랜틱 먼슬리』는 뉴욕의 거리에서 쓰레기를 줍는 아이들을 다룬 기사에서 "인정머리 없는 자재 업자만이" 무너진 건물 터에서 연료를 줍는 아이들을 괴롭힐 것이라고 썼다.[8]

쓰레기 줍는 사람들에 대해 이렇게 동정어린 태도가 존재할 수 있었던 것은, 유럽과는 달리 노동력이 부족했던 미국에서는 그때까지 쓰레기 뒤지는 사람들이 아직 하나의 사회 계층을 형성하지 않았기 때문일 것이다. 19세기 대부분의 기간 동안 거리에서 쓰레기를 줍는 일은 (계급 · 계층보다는) 성별과 연령에 더 많이 관련된 것이었다. 즉 쓰레기를 줍는 것은 주로 여성과 어린아이의 일이었다. 1830년대 뉴욕의 빈민들 사이에서는 쓰레기를 뒤지는 일은 임노동이나 거리 장사를 하기에는 나이가 어린 아이들이 하는 것으로 간주되었다. 항구의 폐품 거래인들은 넝마, 돛 조각, 곤포에서 분리된 성긴 면, 금속 조각, 유리 조각, 밧줄 등 아이들이 부두에서 모아 온 고물을 사들였다.『폐품 거래와 청소년 범죄』등을 쓴 20세기 초 저자들과 마찬가지로, 19세기 초에도 치안 당국자와 사회 개혁론자들은 쓰레기 줍는 것이 청소년 범죄와 연관된다는 주장을 펴기는 했다.(뉴욕은 이미 1817년에 폐품 거래인이 미성년과 거래하는 것을 금지하는 조례를 제정했다.) 하지만 물건들을 찾아내는 것과 훔치는 것, 누구의 소유도 아닌 것과 누군가의 소유인 것 사이의 경계가 무엇인지에 대해서는 폐품 줍는 사람과 도시 당국의 의견이 꼭 일치하지는 않았다. 길에 나와 있어서 명백하게 집어 가도 되는 것처럼 보이는 물건을 줍더라도 도둑이라고 비난받을 수 있었다. 가난한 아이들은 (부모와 어른에게 반항하는 청소년 범죄로서가 아니라) 대체로 엄마의 말에 따라 쓰레기를 뒤졌다. 그러면 엄마들은 자녀가 주워 오는 음식과 연료를 집에서 사용했다. 이들에게는 쓰레기 뒤지는 것이 (훔치는 게 아니라) 귀한 돈을 쓰는 일을 막을 수 있는 여러 방편 중 하나였다. 청소년뿐 아니라 여성들도, 자신들의 생각에는 '훔쳤다'기보다는 '발견'한 물건들에 대해 도둑질을 했다는 비난을 종종 받았다.[9]

19세기 말이 되면 가구 대부분이 쓰레기를 뒤져 생계를 이어 가는 동네가 생긴다. 큰 도시들에는 으레 "바틀 앨리"(Bottle Alley, 빈 병 골목)라든가 "래그피커스 로우"(Ragpicker's Row, 넝마주이 길) 따위의 이름이 붙은 거리가 많이 있었다. 어느 가이드북은 뉴욕에서 평판이 별로 안 좋은 동네를 설명하면서 이렇게 썼다. "넝마주이들이 사는 곳이 어디인지는 누구나 안다. 딱 보면 바로 알 수 있다. 그런 동네의 뜰에는 상상도 못할 광경이 펼쳐져 있다. 오른쪽에도 넝마, 왼쪽에도 넝마, 사방팔방이 온통 넝마다. 빨랫줄에도, 발코니에도, 화재 비상구에도, 창문에도, 그러니까 걸 수 있는 모든 곳에 넝마가 걸려 있다."『가난한 아이들The Children of the Poor』(1898)에서 제이콥 리스는 "학교에 있어야 할 아이들이 여기서 뼈와 넝마를 골라내고 있다"고 썼다. 그런 넝마주이 아이들은 대부분 '쓰레기 배scow trimming'에서 생계를 꾸리는 이탈리아 이민자의 아이들이었다. 쓰레기 배는 폐기물들을 바다에 싣고 나가 버리는 네모난 모양의 평저선인데, 이탈리아 이민자들은 그 위에 쓰레기를 부려 놓고 팔 수 있을 만한 물건들을 골라냈다. 쓰레기 배는 페드로니 선장이 감독했는데, 선장들은 도시 당국에게 이 일을 따내기 위해 경쟁했다. 이민자 가족들은 쓰레기장에 판잣집을 짓고 살거나 쓰레기 배가 쓰레기를 실어 내가는 부두 근처에 살았다.[10]

길거리에서 쓰레기를 뒤지는 일이 가난한 가족에게 생계 수단이 되어 줄 수는 있었을지 몰라도, 폐기물 거래에서 이들이 주운 폐품이 차지하는 비중은 점점 줄었다. 다른 산업도 그랬지만 폐품 거래도 대기업들이 주도하게 되었는데, 소비 경제의 발달 때문에 버려지는 것들이 전례 없이 증가하면서 폐품 거래 업계도 크게 성장했다. 쓰레기를 뒤지는 가난한 넝마주이들은, 자신들이 주운 고철 금속, 넝마, 뼈를 대형 폐기물 업체에 직접 판매하지 않고, 행상 고물상이나 소규모 고물상에게 팔았다. 이러한 중간 거래상들은 넝마주이에게 폐품을 모아서 대형 폐기물 업체에 판매했다. 폐기물 업체들은 19세기 말 미국 산업의 성장과 함께 성장했고, 점점 조직화 · 체계화되었다. 1905년 주간『폐품 업계 저널』이 창간되어 국내외의 폐기물에 대한 최근 시세를 제공하고 짐 포장기, 철 절단기, 두꺼운 삼베 주머니 등에 대한 판매 광고, HMS(Heavy Melting Steel, 고철의 등급을 나타낸다. 옮긴이) 1등급 강철, 색깔 있는 넝마, 고무 조각 등을 구한다는 구입 광고, 그리고 업계 뉴스 등을 게재했다. 매년 이 저널이 발간하는 주소록(1917년 것은 8백쪽 분량이다.)에는, 모든 폐기물 수입업자 및 수출업자와 미국, 캐나다, 유럽의 소비자 이름, 주소, 신용 등급이 실렸다. 또한『폐품 거래 등급 명세』도 펴냈는데, 이것은 거래 가능한 고철 조각의 표준적인 종류와 크기 등을 정리한 책자였다. 넝마에 대해서는 주요 구매자들이 사용하는 16개 분류 항목을 제시했으며, 고무 조각에 대해서는 이곳에서 펴낸 등급 명세가〈전국 폐품 거래인 협회National Association of Waste Material Dealers〉에서도 공식적으로 받아들여졌다.[11]

〈전국 폐품 거래인 협회〉는 1913년에 20개의 회원사로 설립되었는데 1928년이 되면 회원사가 450개로 늘어난다. 협회는 폐품을 거래하는 업체들의 신용 정보를 회원사에 제공했고, 이곳의〈미수금 계정 정리 및 조정 사무국〉은 회원사들이 미수금을 정산하고 분쟁을 해결하도록 도와줬다. 1928년에는 대기업을 협회에 끌어들이기 위해〈폐기물 및 잉여 물질 분과〉

가 설립되어, 대기업들이 폐기물이나 자투리 원료, 혹은 노후화한 기계를 처분하는 것을 지원했다. 초기에 〈웨스턴일렉트릭Western Electric〉, 〈듀퐁du Pont〉, 〈제너럴일렉트릭General Electric〉 등의 기업이 참여했다. 업계 전반을 아우르는 〈전국 폐품 거래인 협회〉 이외에도, 1917년이 되면 〈미국 면 폐기물 거래 협회〉, 〈전국 고철 협회〉, 〈재생고무 분과〉 등과 같이 폐품 종류별로 특화된 조직들이 생겨난다. 이렇게 조직화 · 체계화된 폐품 거래 업체들은 대량으로 나오는 산업폐기물에 관심이 있었기 때문에, 이민자 넝마주이들이 줍는 소량의 폐품이나 빈민가에서 고물상이 모아 오는 폐품은 별 쓸모가 없게 되었다.[12]

시 당국의 쓰레기 수거

폐품 거래가 합리화 · 제도화되어 가는 것과 동시에, 도시 당국의 폐기물 수거 시스템도 합리화 · 제도화되어 갔다. 위생 상태를 개선하자는 운동은 "진보 시대"(The Progressive Era, 1890년대 말부터 1920년대까지 미국에서 과시적 소비, 부패, 전근대적 생활 습관 등을 바로잡고 개혁하려는 움직임이 일었던 시기. 옮긴이)의 전형적인 의제 중 하나였고, 이러한 활동가들은 그 밖의 도시 문제를 다루는 사람들과 연대해서 활동했다. 청결과 합리성을 강조하면서, 19세기 말의 위생 개혁가들은 도시 당국이 공공 지역의 오염 물질을 제거하는 일에 나서야 한다고 촉구했다. 방치하는 정책으로는 오염 물질을 없앨 수 없다는 것이었다. 이런 요구가 새로운 것은 아니었다. 수백 년 동안 도시의 행정가와 개혁가들은 공중 보건을 걱정했고, 거리에서 쓰레기를 치우려는 시도를 해 왔다. 부엌에서 나오는 쓰레기를 문 밖으로 던져 동물들이 먹도록 하는 것은 시골뿐만 아니라 읍이나 도시에서도 일상적인 일이어서, 점차 많은 도시들이 거리에 쓰레기를 던지지 못하도록 금지하는 조례를 통과시켰다. 독립 혁명 이전에 보스턴과 뉴암스테르담에서는 쓰레기 투기가 법으로 금지되었고 당국은 수레꾼을 고용해 불법으로 버려진 쓰레기를 처리했다. 사람들은 길에만 버리는 것이 아니라 집의 뒤뜰 쪽으로도 쓰레기를 투기했다. 이쪽으로 버리는 것은 주로 동물들이 먹을 수 없는 그릇이나 유리 조각이었다. 워싱턴의 내셔널 몰에서 발굴 작업을 하던 한 고고학자는 1994년에 병, 접시, 한쪽 팔이 떨어져 나간 작은 도자기 인형을 찾았다며 이렇게 기록했다. "이곳 사람들의 뒤뜰은 아주 지저분했다. 아궁이에서 태울 수 없으면 뒤뜰에 버렸다."[13]

19세기 내내 많은 도시들이 쓰레기 투기 금지 조례를 제정했지만 사람들은 대체로 이를 무시했다. 이렇게 상습적으로 법을 무시하는 사람들이 많아지자 피츠버그의 지역 신문에는 이를 풍자하는 글이 실리기도 했다. 이를테면 1800년에 『가제트Gazette』는 이렇게 적었다. "어떤 사람들은 썩은 내장이나 음식 쓰레기에서 나오는 냄새, 고인 웅덩이의 이끼를 헤치고 걸어 다니는 것, 오물 위로 지나가는 것에 불만이 없는 모양이다. 열병이나 전염병에 옮는 사람이 생기면 어떻게 될 것인가? 아무 영향도 없을 것이다. 어차피 인구가 급격하게 증가하고 있어서 문제니까." 때때로 전염병이 돌면, 입법 의원들은 보건 이사회를 만들거나 유해한 폐기물을 처리하는 것에 대한 특별 예산을 편성하는 등의 새로운 조치를 통과시키라는 압력을 받았다. 1837년 여름, 워싱턴 시의회는 "거리에 쌓인 오물과 음식 쓰레기를 치우기 위해" 1천5백 달러를 (결의안 형태로) 할당했다. 그러나 일반적으로 말해서, 쓰레기들은 그냥 계속 쌓여만 갔고 가정의 음식물 쓰레기는 동물 배설물과 섞여 상태가 악화됐다. 1869년 『센티넬Sentinel』에 실린 글은 밀워키를 "완벽한 돼지 구정물 거리"라고 표현했다. 23년 후, 또 다른 글에는 아직도 도시 곳곳에서 볼 수 있는 "쓰레기 무더기"와 "역겨운 오물 더미"에 대한 묘사가 나온다.[14]

도시가 커지면서 쓰레기 문제는 심각한 공공 문제가 되었다. 폐기물과 음식물 쓰레기 더미는 공중 보건에 악영향을 미칠 뿐 아니라 도시 미관도 해치는 것으로 여겨졌는데, 도시 인구밀도가 높아지면서 길에 쌓이는 쓰레기는 더 많아지기만 했다. 19세기 중반이 되면 시민과 공무원 모두가 공중 보건에 대해 염려하게 되고, 도시의 위생 관리를 시 정부가 책임져야 한다는 인식이 퍼지게 된다. 역사학자 마틴 멜로시Martin Melosi는 1880년대 말과 1890년대 초에 미국이 도시화되면서 '쓰레기 문제'라는 것이 대두됐다고 설명했다. 멜로시에 따르면 쓰레기 문제는 깨끗한 물과 좋은 하수 시설을 갖추는 것에 이어 위생 개혁가들이 추진한 두 번째 캠페인이었다. 어떤 사람들은 시 공무원들이 쓰레기 수거용 수레·트럭이나, 쓰레기장, 소각장 등을 직접 운영·관리해야 한다고 생각했고, 다른 사람들은 시 당국이 민간 업자를 지정해 쓰레기 처리 계약을 하거나, 민간 업자들이 쓰레기를 처리하도록 하되 시 당국이 감독해야 한다고 생각했다. 이렇듯 적절한 조치가 무엇인가에 대해서는 의견이 분분했지만, 정부가 공중 보건에 책임이 있으며, 쓰레기 문제를 민간에 자율로 맡길 게 아니라 시 당국이 조치를 취해야 한다는 '진보 시대'적 입장을 점차로 미국의 모든 도시가 정책에 반영하게 되었다.[15]

하지만 그 과정은 더디게 진행됐다. 땅 소유자와 상인들은 이것을 자신의 권리에 대한 침해로 여겨 반대했다. 지주와 상인은 자신의 쓰레기는 민간 업자와 계약해서 치우고 있었고, 쓰레기 수거와 거리 청소를 민간 업자 손에 두는 것에 만족하고 있었다. 따라서 위생 개선을 위해 재산세를 더 내야 한다는 것에 동의하지 않았다. 이러한 부유층을 옹호하면서, 시 당국자들도 처음에는 위생 개혁가들의 제안을 따르기를 꺼려했다. 부자들만 반대하는 것이 아니었다. 밀워키 시의원들은 처음에는 시 예산으로 폐기물을 수거하는 것에 반대하다가, 1870년대가 되면 각 구별로 쓰레기 수거 계약을 맺을 것인지 아닌지를 결정할 수 있게 하는 제한적인 조치에 겨우 동의를 했다. 그런데 문제는, 쓰레기를 뒤져서 비료로 팔던 가난한 이민자 아이들을 염려한 시민들 때문에 시와 계약을 맺은 수거 업자들이 수거용 마차를 채울 수가 없다는 점이었다. 역사학자 주디스 왈저 리비트Judith Walzer Leavitt에 따르면, 시민들이 쓰레기를 "시 당국의 수거 차량에 주기보다는 그것을 더 필요로 하는 사람에게 주려고 했다"는 것이다. 이렇게 해서 밀워키의 실험적인 쓰레기 수거 계획은 3년 만에 실패했다. 다른 도시들에서도 상황은 비슷했다. 클리블랜드의 당국자들도 민간 수거에 의존하는, 자신들의 "완전히 부적절한" 시스템에 대해 이렇게 개탄했다. "클리블랜드 정도 되는 규모의 도시에서 쓰레기 수거 서비스를 시 당국이 제공하지 않는다면, 쓰레기 문제를 제대로 다룬다고 볼 수 없을 것이다."[16]

1891년이 되어서도 시카고에서 출판되는 "위생 과학 주간지" 『위생 뉴스 Sanitary News』는 "오물 처리가 만족스럽거나 청결과 위생 기준에 합당한 방식으로 이뤄지는 도시는 미국에 하나도 없을 것"이라고 일갈했다. 어떤 도시는 잘못된 방식을 택했고, 어떤 도시는 제대로 일을 하지 않는 업자와 계약했다. 또 대부분의 도시가 자금이 부족했다. 클리블랜드, 밀워키 등 여러 도시에서 쓰레기는 계속 쌓여 갔고, 쥐, 구더기, 악취, 그리고 당시 유행하던 이론에 따르면 병을 옮긴다고 하는 '독기'가 들끓었다.[17]

위생 개선에 대한 요구는 시 당국의 부적절한 행정을 비판하는 더 광범위한 도시 개혁 운동의 일부인 경우가 많았다. 도시 위생에 관심이 있는 개혁가들은 전반적인 도시 개혁 운동과 연계해 도움을 얻었다. 이들은 또 공중 보건, 개인 위생, 도시 미관을 지키려는 활동가 및 자신의 정파를 시 정부에 앉히려는 사람들과 긴밀한 관계를 유지했다. 어느 역사학자의 말을 빌리면, "위생은 단지 질병을 없애는 것만을 의미하는 게 아니라 문명화, 도덕성, 그리고 질서 있는 생활 방식까지 의미했다." 예를 들면 1906년 〈세인트루이스 도시 개혁 연맹Civic Improvement League of Saint Louis〉에는 '공중위생위원회' 이외에도 놀이터, 매연 저감, 깨끗한 우유, 무료 목욕, 광고판, 숲과 정원 가꾸기, 포레스트 공원 복원(2년 전인 1904년에 〈세인트루이스 세계 박람회〉가 이 공원에서 열렸다.) 등을 담당하는 분과가 있었다.[18]

위생 개혁을 담당하는 당국자들도 "도시 살림"이라는 슬로건으로 뭉친 여성 활동가들에게 많은 자극과 지원을 받았다. 이 여성들은 전국 각지에서 지역의 위생 문제를 제기했고, 위생 활동을 목적으로 한 단체를 결성하기도 했다. 1884년에 설립된 〈건강 보호를 위한 뉴욕 숙녀회New York's Ladies' Health Protective Association〉는 명시적으로 도시 환경 정화를 목적으로 내세우며 설립된 첫 여성 단체다. 이어 〈위생 보호 연맹Sanitary Protective League〉과 〈맨해튼 거리 청결 지원회Street Cleaning Aid Society in Manhattan〉가 생겨났고, 다른 도시에서도 〈건강 보호를 위한 브루클린 여성회Brooklyn's Women's Health Protective Association〉, 〈시카고 도시 질서 연맹Chicago's Municipal Order League〉, 애틀랜타의 흑인 여성이 1907년에 만든 〈네이버후드 유니온Neighborhood Union〉 등과 같은 단체들이 생겨났다. 이러한 단체들은 시 당국에 로비를 하고 시와 계약한 민간 사업자의 일을 감시하는 활동 등을 했다.[19]

사회 복지관에서 일하는 여성들도 쓰레기와 관련된 일에 열심이었다. 시카고의 〈헐 하우스 여성 클럽Hull House Women's Club〉은 쓰레기 조례를 어긴 사례를 천 건도 넘게 보고해, 그 구역 시찰관이 세 번이나 바뀌게 만들었다. 결국 시장은 (헐 하우스의) 제인 애덤스Jane Addams를 쓰레기 시찰관으로 임명했다. 〈헐 하우스〉 활동가들은 여섯 개의 소각 시설을 설치했고, 동물 시체를 제거하는 일을 수주한 민간 업자의 일을 감시하기도 했다. 애덤스는 이렇게 기록했다. "이 도시에서 낡은 양철 깡통을 이용할 수 있는 공장은 창틀 공장뿐이다. 우리는 그곳에 그 공장이 (돈을 지불할 의사가 없음은 물론) 사용할 수 있는 것보다 열 배는 많은 양의 양철 깡통을 모아서 가져다 놓았다."[20]

헬렌 캠벨Helen Campbell은 도시 빈곤과 가정경제 모두에 관심이 많은 활동가이자 저술가였는데, '도시 살림municipal housekeeping'의 기본 개념들을 명료하게 정식화했다. 캠벨에 따르면 도시 살림이라는 개념은 공적 영역과 사적 영역의 경계를 끊임없이 넘나드는 것이었다. 이를테면 『가정경제학Household Economy』(1897)에서 캠벨은 가정 위생과 도시 위생 간에 구별이 없는 것처럼 기술했다. 이 책은 가구의 먼지를 터는 법과 "도처에 있으며 사라지지 않아서 방심할 수 없는 보풀"을 다루는 법을 네 단락에 걸쳐 다룬 후에, 도시 쓰레기로 갑자기 주제를 옮겨 미네소타 주 세인트폴의 쓰레기 처리 시스템이 갖는 장점에 대해 언급했다. 그러면서 이렇게 주제를 건너뛰는 것에 대해 이 둘이 "밀접한 관련이 있다"는 것 외에는 별다른 설명을 달지 않았다. 이 책에 따르면 "시 정부에 무엇을 요구해야 하는지를 잘 알고 있는 것"은 주부 시민이 특히 신경 써야 할 임무였다. 또한 캠벨은 가정과 공장에서 배출되는 석탄 매연 때문에 심하게 오염된 서부의 한 대학도시에 대해 언급하면서 "가정과 도시의 상호 의존성"을 다시 한 번 주장했다. 캠벨은 청결과 윤리가 서로 맞물린 개념이라며 다음과 같이 설명했다. "세상을 청결하게 유지하는 것은 여성의 위대한 임무다. 자기네 집 계단과 앞뜰과 뒤뜰을 싹싹 청소한다는 예전의 의미에서가 아니라 (…) 사회전체를 깨끗하게 함으로써 그 안에 속한 자신의 집도 깨끗하게 만든다는 현대적인 의미에서 말이다." 다른 저자들도 여성의 영역은 가정의 울타리를 넘어선다는 견해에 동의했다. 1913년의 고등학교 『가정경제』 교과서도 이렇게 언급했다. "오늘날에는 주부가 자신의 가정만 깔끔하게 유지하는 것만으로는 충분치 않다. 거리 청소, 하수 처리, 음식물 쓰레기, 그리고 쓰레기 더미에 버려지는 모든 폐기물이 적절한 방식으로 처리되는지에 대해, 전체 사회와 함께 일한다는 마음가짐을 가져야 한다."[21]

'도시 살림' 운동가들을 비롯한 도시 개혁가들의 갖은 노력에도, 위생 개선 상태는 두 걸음 나가면 한 걸음 후퇴하는 격이었다. 때로는 한 걸음 나아가면 두 걸음 후퇴하는 경우도 있었다. 저명한 위생 공학자였던 윌리엄 F. 모스William F. Morse는 1898년 〈전미공중보건학회American Public Health Association〉에서 도시 위생 개혁에 정치적인 문제가 끼어들어 어떤 결과를 낳는지에 대해 이렇게 설명했다. "새로운 조치가 필요하다는 불평과 청원이 들어오면 시장이 마지못해 그 문제에 관심을 촉구한다. 의회의 위원회가 조사단을 보내고, 소책자와 편지들이 쏟아지고, 도시의 모든 문제와 걱정을 없애기 위해 불철주야 노고를 아끼지 않을 업체와 소각로 제작자를 세심하게 물색한다. 그러면 또 이와 충돌하는 각종 입찰과 제안이 들어오는데, 누구도 합의점을 찾을 수 없어서 결국 전부 다 거부된다. 이 문제 자체에 대해 모두가 완전히 진력이 날 때까지 이 과정이 계속 되다가, 결국 가장 오래 버틴 업체가 입찰을 따게 된다. 이때쯤이면 시 당국이 불리한 조건으로 협상을 하게 돼, 수많은 문제가 생긴다." 그래도 19세기 말이 되면 어쨌거나 거의 모든 도시가 어떤 형태로든 시 당국이 쓰레기를 수거하는 행정 시스템을 갖추게 되었다.[22]

이 시기는 시 당국의 쓰레기 처리 시스템이 꼭 필요한 때이기도 했다. 쓰레기가 전례 없이 많이 생겨나기 시작했기 때문이다. 이민자가 많아지면서 도시 인구가 급증했고, 도시의 새로운 중산층은 더 많은 양의 쓰레기를 배출했다. 저장할 공간을 충분히 갖는다는 것은 점점 사치에 속하게 되었다. 도시 중산층이 사는 아파트나 교외의 방갈로는 배관과 난방의 효율성을 위해 여유 공간을 줄이는 식으로 설계되었다. 다락의 크기가 줄었고 지하실은 물건을 쌓아 두는 곳이라기보다는 사람이 사용하는 공간이 되었다. 미국의 중산층은 이제 물건들을 둘 데가 없어서 버렸다.[23]

그러나 가정 쓰레기가 도시 쓰레기 문제의 주범이라고는 할 수 없었다. 도시의 고형 폐기물 중에서 가정 쓰레기보다 더 많은 비중을 차지하는 것은 공장과 공공건물에서 주로 나오는 석탄재나 나뭇재, 그리고 말똥 같은 길거리 오물이었다. 1906년에 뉴욕은 맨해튼의 가정 쓰레기를 치우기 위해 750명을 고용한 반면, 거리 오물을 치우기 위해서는 1,200명을 고용했다. 또 가정 쓰레기는 50만 톤이 채 안 되었는데 거리 오물과 재 쓰레기는 200만 톤이 넘었다. 이 비율은 버팔로나 워싱턴 등 더 작은 규모의 도시에서도 비슷했다. 〈세인트루이스 도시 개혁 연맹〉의 '공공위생위원회'도, 평균적인 미국 도시에서 가정 쓰레기는 전체 도시 쓰레기의 4분의 1, 내지는 3분의 1을 차지한다고 보고했다.[24]

거리 오물 문제만 하더라도 감당이 안 될 정도였다. 19세기 말과 20세기 초의 미국 도시에는 말도 3백만 마리나 살고 있었다. 밀워키에서 말들이 하루에 쏟아 내는 대변의 양은 133톤, 브루클린에서는 2백 톤이나 되었다. 1903년 뉴욕의 거리 청결 담당관이었던 존 맥고우 우드베리John McGow Woodbury는, 버려진 신문지들이 섞여 있어서 길거리 오물은 비료로 쓰기 힘들다고 지적했다. 하지만 마구간에서 나오는 분뇨는 비료로 쓸 수가 있었는데, 이것만 해도 상당한 양이었다. 우드베리는 자신의 부서가 관리하는 8백여 마리 말들이 배출하는 분뇨를 뉴욕 시의 〈공원관리과〉에 제공하겠다고 제안했다. 그러자 〈공원관리과〉는 분뇨 나르는 비용을 우드베리가 모두 부담하는 조건으로만 수락하겠다고 했다. 민간 마구간에서 분뇨를 공짜로 공원에 가지고 오는데, 운반 비용까지 내 가며 우드베리의 분뇨를 받을 이유는 없었던 것이다. 말이 일으키는 쓰레기 문제는 분뇨만이 아니었다. 자동차와 말이 함께 도로를 사용하던 때였던지라 거리에는 말 사체가 많았다. 예를 들면 1912년에 시카고 시 당국은 주요 도로에서 1만 마리의 말 사체를 치워야 했다.[25]

마차 대신 자동차를 타고 석탄이나 땔나무 대신 가스로 난방을 하게 되면서 거리 오물과 재 쓰레기는 줄어들었지만, 가정 쓰레기는 급증했다. 역설적으로 쓰레기 수거가 잘 될수록 더 많은 쓰레기가 생겨났는데, 썩기 쉬운 음식물 쓰레기가 특히 그랬다. 1903년에서 1907년 사이에 피츠버그에서는 43퍼센트, 신시내티에서는 31퍼센트, 뉴와크에서는 28퍼센트씩 음식 쓰레기가 늘었다. 밀워키의 어느 보건 담당관은, 4년간 인구 증가는 12퍼센트였는데 시 당국이 수거한 음식 쓰레기 증가는 62퍼센트였다고 밝혔다. 쓰레기가 증가한 이유로는 인구 증가, 소비 증가, 효율적이고 안정적인 쓰레기 수거 시스템(위생 공학자들에 따르면 쓰레기 수거 시스템이 안정적으로 잘 돌아갈수록 가정에서는 더 많은 것을 내다 버리는 경향이 있다.) 등을 들 수 있다. 하지만 헌 것과 남은 것을 '원치 않는 것'으로 분류하는 새로운 태도도 쓰레기 증가의 한 원인이 되었다.[26]

쓰레기 처리 방법

시 당국의 수거 시스템이 발달하고 경험도 많이 축적되었지만, 어떤 쓰레기 처리 방법이 가장 좋으냐에 대해서는 전문가들 사이에 의견이 분분했다. 도시 고형 폐기물에 대한 글은 대부분 뉴욕의 사례를 위주로 쓰레기 문제를 언급하고 있다. 뉴욕은 규모가 아주 커서 다른 도시보다 처리하는 쓰레기의 양도 훨씬 많았고, 각종 쓰레기 문제들을 작은 도시들보다 몇 년, 혹은 몇십 년 먼저 겪어 선례가 될 수 있었기 때문이다. 조지 E. 워링 주니어George Waring E. Jr.는 남북전쟁 때 대령이었다가 1885년과 1896년 반反태머니파派(Tammany, 뉴욕시의 태머니 홀을 본거지로 하던 민주당의 단체. 옮긴이) 정부 시절 뉴욕의 거리 청결 담당관을 지냈는데, 홍보에 상당히 신경을 썼다. 워링은 위생 직원들에게 흰 유니폼을 입게 하고 그들을 '흰 날개'라고 부르면서 브로드웨이에서 거리 행진을 시켰다. 또한 재활용 쓰레기를 판매하는 시스템으로 시 재정을 확충한 자신의 사례를 다른 지역에도 알리기 위해 많은 책과 기사를 썼다. 약 10년 뒤, 워링의 뒤를 이은 존 맥고우 우드베리는 워링이 시도했지만 이후에 중단됐던 시스템을 상당 부분 부활시켰고, 대중 잡지 등을 통해 이 일을 일반인에게 알리는 워링의 홍보 전략도 그대로 따랐다.[27]

 사실 뉴욕은 너무 크고 인구가 많았기 때문에 전형적인 도시라고는 할 수 없었다. 도시마다 상황이 달랐고, 따라서 각 도시가 택하는 쓰레기 처리 방법도 상이했다. 특히 분해되는 유기물질 쓰레기를 다루는 방법이 도시마다 달랐다. 남부의 도시들은 겨울이 짧고 작물 재배 기간이 길기 때문에 북부에 비해 재 쓰레기는 적은 반면, 유기물 쓰레기는 많았다. 사바나는 1915년 7월과 8월에 날마다 수박 껍질을 20톤씩 수거했다. 수박 껍질은 사바나에서 나오는 폐기물 무게의 20퍼센트를 차지하고 있었다. 필라델피아는 수거된 음식물 쓰레기 중 일부는 돼지 사료로 쓰고, 일부는 농부에게 팔고, 일부는 파묻었다. 브루클린은 겨울에는 일주일에 두 번, 여름에는 세 번씩 거주지에서 음식물 쓰레기를 수거해서 바다에 버렸다. 신시내티는 민간 업자와 계약을 해서 거주지와 호텔에서는 일주일에 세 번, 도살장에서는 날마다 "모든 동물성 폐기물"을 수거해 가도록 했으며, 가정에서 재 쓰레기와 기타 폐기물을 채소 쓰레기와 함께 버리지 못하도록 규정했다. 채소 쓰레기는 돼지 먹이로 썼기 때문이다. 작은 도시들에서는 수거한 음식물 쓰레기를 돼지 먹이로 쓰거나 쓰레기장에 갖다 버렸다. 그러나 쓰레기의 양이 너무 많아져서 이런 방법들은 대부분의 도시에서 실용적이지가 못했다.[28]

1889년부터 1903년까지 매년 〈전미공중보건학회〉는 각 도시가 "각자에게 가장 적합한 방법"을 택해야 한다는 말만 반복했다. 밀워키는 1911년 무렵까지, 알려진 모든 쓰레기 처리 방법을 다 시도해 보았다. 음식물 쓰레기는 돼지 먹이로도 써 보고, 비료로 쓰기도 했다. 그 밖의 쓰레기는 미시건 호에 버리기도 하고, 간척에 사용하기도 했다. 또 장비를 구비하는 데 막대한 투자를 해야 하는 두 가지의 쓰레기 처리 방법도 시도했는데, 하나는 소각장이었고 다른 하나는 쓰레기 감소 장치(쓰레기에서 기름, 비료 등 유용한 물질을 추출해 내는 것)였다. 어떤 도시는 식물성 쓰레기가 많이 나오는 여름과 재 쓰레기가 많이 나오는 겨울에 각기 다른 방법으로 쓰레기를 처리하기도 했고, 또 어떤 도시는 여러 가지 방법을 한꺼번에 사용했다. 실험적인 방법을 시도하는 모험심 강한 도시도 있었다. 이런 실험들 중에는 전통적인 재사용의 개념을 막대한 양의 도시 쓰레기를 처리하는 데 적용하려는 시도가 많았다. 이를테면 말똥을 화학 처리해서 연탄을 만든다는 식이었다.[29]

그러나 쓰레기의 대부분은 그냥 쓰레기장행이었다. 재, 음식 찌꺼기, 말똥, 낡은 매트리스 등이 수레에 실려 도시 변두리에 버려졌다. 큰 도시일수록 이게 보통 문제가 아니었는데, 쓰레기 더미가 많이 쌓여 가면서 쓰레기장은 점점 더 도시 외곽으로 나가야 했다. 쓰레기장은 쥐, 바퀴벌레를 끓게 했고, 불도 잘 났다. 사바나의 한 쓰레기장은 수년 동안이나 계속 불이 붙어 있었다. 플로리다의 한 의사는 1912년에 이렇게 말했다. "단순함과 부주의함으로 말하자면, 쓰레기 투기의 역사는 에덴동산에서 처음 먹다 남은 사과 씨를 던져 버렸을 때 시작되었을 것이다. 그리고 그로부터 이어진 악의 연쇄는, 그 행위가 영원한 신의 분노를 일으켰음을 보이는 증거인 셈이다."[30]

큰 도시 중에는 쓰레기의 일부(특히 유기물질 쓰레기)를 물에 버리는 곳도 많았다. 뉴올리언스와 세인트루이스는 미시시피 강에, 시카고는 미시간 호수에, 뉴욕은 대서양에…. 물에다 쓰레기를 투기하는 것은 많은 논쟁을 불러 일으켰다. 강에 쓰레기를 버리면 하류 쪽 사람들의 불평과 소송이 이어졌다. 바다에 버리면 해변이 오염되었는데, 워링 대령은 이것을 "야만적"이라고 표현했다. 뉴욕은 샌디 후크 만에 쓰레기를 버렸는데, 이는 롱 아일랜드와 뉴저지 주민들의 반발을 불러 왔다. 또 밀워키 주민들은 미시간 호수에 쓰레기를 버리는 것이 "정말로 참을 수 없는 일"이라며, 그것이 건강에 해롭고 도시 수질을 오염시키며 어류 공급에 문제를 일으킨다고 주장했다. 그러나 물에 쓰레기를 버리는 것을 옹호하는 사람들도 있었다. 1898년부터 1899년까지 〈뉴올리언스 보건 이사회New Orleans Board of Health〉는 대도시의 쓰레기를 "식수로 쓰는 물에 버리는 것이 불완전하고 비위생적이며 조잡한 것으로 보일 수도 있겠지만" 미시시피 강은 "쉬지 않고 흐르는 광대한 물"이어서 별로 영향이 없을 것이라고 주장했다. 폭 800미터에 수심은 15미터에서 30미터나 되고, 물살의 세기는 시간당 평균 5킬로미터 가까이 되기 때문에, "쓰레기 배 한두 척 분량의 쓰레기를 날마다 버려도 그것이 강물에 미치는 영향은 매우 작다"는 것이었다.[31]

물이나 늪지, 계곡 등에 쓰레기를 버리는 것이 땅을 넓히기 위한 간척

사업의 일환으로 이뤄지기도 했다. 매립 간척은 이르게는 1880년대 초에 시도되었는데, 시애틀, 뉴올리언스, 시카고, 오클랜드, 대번포트(아이오와 주) 등 다양한 기후대의 다양한 도시에서 진행되었다. 1893년에 〈뉴욕 항구 부Dock Department〉는 리커스 아일랜드 주변에 방책을 짓고 안을 쓰레기로 메우려는 시도를 했다. 하지만 음식물, 재, 기타 폐기물이 여름의 열기에 썩어 버렸다. 위생 공학자였던 모스 대령Colonel Morse은 이를 "프라이팬이 뜨겁다고 불로 뛰어든 대표적인 사례"라고 지적했다. 이 계획은 바다에 투기하는 것보다도 쓰레기를 더 많이 날라야 했고, 새로 생긴 땅은 "질병을 생산해 내는 곳"이 되고 말았다는 것이다. 10년 뒤, 뉴욕의 우드베리 담당관은 그 실험이 "공공 스캔들이 될 정도로 엄청난 논란과 불만을 가지고 왔다"고 회상했다. 우드베리 체제하에서 그 지역은 재 쓰레기로 메워졌는데, 땅을 평평하게 고르는 일에는 죄수 노동력이 동원되었다. 우드베리는 "그렇게 함으로써 이 쓰레기들을 바다에 버리는 것과 비슷한 비용을 들여, 아니, 더 적은 비용을 들여 뉴욕 시는 63만 달러의 가치가 있는 새로운 땅을 가지게 되었다"고 언급했다.[32]

이 프로젝트에 쓰인 재 쓰레기는, 각 가정이 재를 분리해 모으도록 하는 규정을 두어 수거한 것이었다. 당국의 쓰레기 처리 계획의 상당 부분은 각 가정에서 쓰레기를 얼마나 잘 분리하느냐에 달려 있었다. 오늘날 '원천 분리source separation'라고 부르는 가정에서의 쓰레기 분리를 당시에는 '1차적 분리primary separation'라고 불렀다. 뉴욕의 워링 대령은 재활용 가능한 폐기물을 팔아 시 재정을 확충하려 했기 때문에, 1896년에 분리수거 제도를 만들고 이를 대대적으로 홍보했다. 각 가정에서는 쓰레기를 세 개의 통에 분리해서 담아야 했는데, 하나는 유기물질 음식물 쓰레기, 하나는 재 쓰레기, 나머지 하나는 기타 가정 쓰레기였다. 재는 매립에도 쓰일 수 있었고 콘크리트 벽돌, 아스팔트 등을 만드는 데도 쓸모가 있었다. 그러려면 다른 쓰레기와 섞이지 않아야 했고, 특히 유기물질인 음식물 쓰레기가 섞이면 안 되었다. 워링은 뉴욕의 각 가정에 카드를 배포해 새로운 프로그램을 사람들에게 알렸다. 뉴욕 시장도 가정과 업체를 돌면서 이 프로그램에 대해 알렸으며, 지키지 않는 사람들에게 벌금을 물리거나 체포할 40명의 경찰 인력을 워링의 부서에 할당해 주었다. 하지만 1898년에 경찰 인력 지원은 중단되었고, 태머니파가 다시 시장이 되었을 때 워링은 해고됐다.

가정경제학자이자 도시 개혁가인 헬렌 캠벨은 1900년 『아메리칸 키친 매거진American Kitchen Magazine』에서 주부들에게 1차적 분리를 하라고 촉구했다. "부유한 도시인들은 재 쓰레기가 존재한다는 것 자체를 잊기가 쉽다. (도시의 재 쓰레기 처리에 대한 논란을 담은 사설을 읽는 독자들은) '아니, 이제는 다들 스팀으로 난방을 하고 가스레인지를 쓰지 않나요?' 라고 생각할 것이다. 하지만 그렇게 묻는 이들도 스팀과 가스를 사용하게 된 것은 매우 최근의 일이다." 캠벨은 도시 살림의 정신에 입각해서 주부들이 "자신의 집에 있는 화로나 레인지에만 신경을 쓸 것이 아니라 공공선을 위한 일에 나서야 할 것"이라고 썼다. 또한 뉴욕의 정치인들을 비판하면서, 워링 대령이 시도했던 원래의 쓰레기 분리 계획을 다시 시행해야 한다고 주장했다.[33]

태머니파가 물러나고 존 맥고우 우드베리가 담당관을 맡게 되는 1902년 무렵에는 1차적 분리가 "사실상 이뤄지지 않고 있었다." 우드베리는 다시 1차적 분리를 시행했고, 뉴욕 시는 그 해에 분리수거한 재를 백화점 방화 바닥을 짓는 데 사용하도록 건설 업체에 팔았다. 뉴욕 시는 300만 세제곱야드(약 23억 리터)가 넘는 재를 수거했는데, 세제곱야드당 12센트에서 19센트 정도를 받을 수 있었다.[34]

뉴욕 이외 지역에서도, 시 당국의 쓰레기 수거가 시작되고 나서 대부분의 도시 거주자들이 분리수거를 했다. 1902년에 인구가 2만 5천 명 이상인 도시 중 80퍼센트 정도가 재활용을 위해 유기물질 쓰레기와 재 쓰레기를 분리하는 규정을 두었다. 이후 20여 년간 여러 도시에서 이뤄진 조사에 따르면 이 숫자는 59퍼센트에서 83퍼센트 사이를 왔다 갔다 한다. 하지만 워링이 지지했던 "완전한 분리"를 규정한 곳은 절반 이하였다. 오늘날처럼, 1차적 분리가 도입된 곳의 상당수는 시민단체들의 도움이 있었기 때문에 가능했다. 이들 단체들은 도시 쓰레기 수거 및 운반 시스템을 합리적인 비용으로 운영하려는 위생 개혁가들의 시도를 사람들에게 알리고 확산시키는 데 일조했다.[35]

규모가 작은 도시 중에는 음식물 쓰레기를 가축 사료로 팔아 재정을 확충하기 위해 분리수거 제도를 두는 곳도 있었다. 시 당국이 직접 돼지 축사를 운영하기도 했다. 돼지는 상하지 않은 음식물을 먹어야 했으므로, 음식물 쓰레기를 자주 수거해야 했다. 정부에서 제공한 소책자는 여름에 남부 지역에서는 매일, 북부 지역에서는 1주일에 세 번씩 수거하라고 조언하고 있다. 1902년에는 미국 도시의 약 4분의 1가량이 음식물 쓰레기를 가축에게 먹였다. 대부분은 여름이 짧고 서늘한 뉴잉글랜드 지방 도시들이었다. 이후 10여 년간 음식물 쓰레기를 돼지에게 먹이는 것은 그랜드래피즈, 세인트폴, 오마하, 덴버, 로스앤젤레스 등을 포함해 더 많은 도시에서 시행됐다. 다른 도시들은 1차 대전 중 돼지고기 값이 올라 미국 식품부가 음식 쓰레기를 가축에게 먹이는 것을 권장했을 때 이를 도입했다. 전쟁 후에는 농무부가 "돼지고기를 생산하는 실용적인 방법"이라며 농부들에게 이를 권장하기도 했다.[36]

음식물 쓰레기를 돼지 먹이로 쓰는 것을 지지하는 사람들은, 분리수거가 철저하게 이뤄지지 않는 것에 대해 크게 우려하면서 유리, 굴 껍데기,

비눗기가 많은 개숫물 등을 음식물 쓰레기에 넣지 못하도록 하는 엄격한 조례를 제정해야 한다고 주장했다. 시민들을 대상으로 한 홍보 활동은 (시민들이) 이 조례의 취지를 이해한다면, 쓰레기 분리에 더 주의를 기울이게 될 것이라는 생각에 바탕을 두고 있었다. 이를테면 언론이 사료에 섞인 이물질을 먹고 죽은 돼지의 부검에 대한 기사를 쓰면 사람들이 분리수거를 철저히 하는 데 도움이 되리라는 것이었다. 한 정부 소책자는 이렇게 주장했다. "불쌍한 동물이 겪게 될 고통에 대해 주부들이 생각해 본다면 죽음기 바늘이 음식물 쓰레기통에 들어가는 일은 없을 것이다."[37]

분리수거가 개별 가정에서만 이뤄진 것은 아니었다. 큰 도시에서는 시당국과 계약한 민간 사업자들이 이민 노동자를 고용해서 쓰레기 속에서 판매 가능한 뼈, 넝마, 병 등을 골라내도록 했다. 많은 도시에서 이런 일이 일어났지만, 값싼 노동력이 많았고 언론 플레이를 잘하는 위생 개혁 운동가도 많았던 뉴욕이 역시 집중적인 조명을 받았다. 워링 대령은 1895년 『노스 아메리칸 리뷰North American Review』에서 뉴욕이 열다섯 명의 페드로니에게 재정을 충당받는다고 밝혔다. 각각의 페드로니는 휘하에 일군의 무리를 거느리고 있는데, 이들은 개별 쓰레기장에서 온 쓰레기를 쓰레기 배에 분배해 그 속에서 폐품을 골라냈다.

1878년 이전에는 쓰레기에서 폐품을 골라내는 일을 하는 대가로, 뉴욕시 당국이 민간 사업자에게 돈을 지불했다. 그러나 곧 당국은 이들 민간 사업자가 재활용 쓰레기를 팔아서 많은 수익을 남긴다는 것을 알게 되었다. 그래서 이후 4년간 뉴욕 시는 이들에게 돈을 지불하지도, 받지도 않았다. 그러다 1882년 이후로는, 민간 사업자들에게 쓰레기 처리권을 주는 대가로 시 당국이 돈을 받았다. 워링은 이렇게 기록했다. "몇 년 동안 뉴욕시는 쓰레기에서 쓸 만한 것들을 건질 수 있는 권리를 주는 대가로 (민간 사업자들에게) 연간 5만 달러 가치가 되는 노동력과 9만 달러어치의 현금을 받았다." 시 당국이 받는 권리금은 무게에 따라 달랐다. 1902년에는 맨해튼과 브롱크스에서 쓰레기 처리권을 갖는 민간 사업자들이 당국에 10만 7천 달러를 냈는데, 이듬해에는 7만 1천 달러를 냈다.[38]

재활용 폐기물의 시장 가격은 수거된 양에 따라 달라졌다. 어떤 사업자들은 특정한 물질만을 수거했다. 1904년 뉴욕의 어느 쓰레기장에서는 일꾼들이 넝마, 금속, 종이만을 수거했는데, 이것은 전체 쓰레기의 31퍼센트 정도였다. 다른 쓰레기장에서는 목재, 유리, 주머니, 카펫, 신발, 모자, 밧줄, 끈까지 전체 쓰레기의 49퍼센트가 수거됐다. 보스턴의 소각장으로 보내진 쓰레기 중에서는 25퍼센트가 재활용 쓰레기로 분류되어 판매되었다. 쓰레기를 뒤져 재활용품을 골라내는 과정을 묘사한 글을 보면 "종종 은수저나 보석 같은 값나가는 물건이 발견되곤 했다"든가, "(쓰레기 고르는 일꾼이) 세 개의 진주 브로치를 줍는 것을 보았다"는 등의 '의외의 수확'에 대한 내용이 많이 나온다. 하지만 "종종"이라는 것은 과장된 것이다. 쓰레기를 뒤져 건져 내는 물건들의 대부분은 (이런 값나가는 것들이 아니라) 19세기에 늘상 재활용되던 익숙한 것들이었다. 1895년 민간 사업자 카를로 데 마르코Carlo De Marco가 워링에게 제출한 목록에는 넝마, 신발, 기름, 뼈 등이 언급되어 있다.(은이나 진주가 발견되면 워링에게 보고하지 않았을 것이다.)[39]

당국자들은 재활용 물질을 골라내는 과정을 기계화하고자 했다. 『금속 노동자Metal Worker』에 실린 기사에는 1884년 뉴욕 잭슨 가 부두에 설치된 "이상한 기계"에 대한 내용이 나온다. 이 기계로 말하자면, "말똥과 모든 종류의 가정 쓰레기를 돈으로 바꾸기 위해 고안된" 것이었다. "많은 이탈리아 이민자들과 증기 동력으로 돌아가는 거대한 넝마와 뼈 수거기"라고 설명된 이 기계는 쓰레기를 이리저리 흔들고, 체로 거르고, 물에 띄우거나 가라앉혀서 물질들을 구분해 냈다. 그러면 이탈리아 이민자들이 양 옆에 서서 사용 가능한 뼈, 금속, 유리, 넝마, 종이를 건져 냈다. 20년 후, 보스턴, 버팔로, 로체스터, 워싱턴, 컬럼버스, 피츠버그, 뉴욕 등 많은 도시의 소각로는 쓰레기들이 컨베이어 벨트를 통해 소각로로 들어가는 시스템을 갖추게 되는데, 노동자들이 컨베이어 벨트 양쪽에 서서 팔릴 만한 것들을 골라냈다. 기록에 따르면, 다른 곳은 몰라도 적어도 뉴욕에서는 노동자들이 골라내는 물건에 따라 분업이 이뤄져 있었다. "마닐라지만 골라내는 사람, 전나무 펄프 종이만 골라내는 사람, 신발만 골라내는 사람, 옷과 헝겊만 골라내는 사람, 병과 캔과 금속만 골라내는 사람" 등과 같이 말이다. 골라낸 재활용품들은 "큰 압축기로 보냈는데, 종이는 이곳에서 포장하고, 신발은 따로 추려 팔았다. 이 신발들은 대부분 손을 본 다음에 가난한 사람들이 신었다." 그러나 매트리스와 침구류는 위생상의 이유로 소각되었다.[40]

위생 당국자 중 많은 수가 쓰레기를 가장 위생적이고 효율적으로 처리하는 방법은 소각이라고 생각했다. 소각은 음식물 쓰레기, 재 쓰레기, 기타 쓰레기를 분리할 필요가 없다는 이점도 있었다. 소각은 영국과 기타 유럽 도시들에서 1870년대부터 성공적으로 실험되었고, 1880년대 중반에는 미국에도 이러한 내용들이 알려지면서 많은 관심을 불러일으켰다. 1887년 〈전미도시공학학회American Society of Civil Engineers〉에서 발표된 논문에는 리즈에 설치된 "쓰레기 킬러"에 대한 설명이 나온다. 이 장비는 24시간 안에 60톤의 쓰레기를 없앨 수 있었다. 굴뚝은 원래 25미터 높이였지만, 냄새에 대한 불평이 많아서 45미터 굴뚝으로 교체되었다. 새 굴뚝은 대기 중으로 방출되는 먼지를 완화하는 특수 연통으로 되어 있었다. 이 논문은 바다에 투기하는 것보다 소각이 낫다며, 뉴욕도 소각장을 설치해야 한다고 조언했다. 뉴욕의 쓰레기는 쓸 만한 석탄 조각들을 이미 가난한 사람들이 다 골라 간 뒤라서 효율적으로 태우기 어렵다는 의견도 있기는 했지만 말이다.[41]

1893년 시카고 박람회에는 원유를 연료로 사용하고 "항상 점검할 수 있도록 개방되어 있는" 소각로 모델이 출품되었다. 박람회 행사 중 하나로 열린 〈세계공중보건회의World's Public Health Congress〉에서 모스 대령이 발표한 논문에 따르면, 이 소각로는 "모든 음식 쓰레기, 하수 찌꺼기, 폐기물, 분뇨, 동물 사체" 등을 처리할 수 있도록 만들어졌다. 모스 대령은 이 소각로가 이중으로 불을 때는 시스템을 갖추고 있어서 악취, 독기, 매연을 발생시키지 않는다고 주장했다. 불길 하나는 쓰레기를 태우고 또 다른 불길은 연기와 가스를 처리한다는 것이었다. 모스는 소각로를 오랫동안 지지해 왔는데, 소각로 장비를 만드는 여러 업체와 금전적인 이해관계도 있었다. 한때 모스 대령은 박람회에 나온 소각로 모델을 제조한 회사인 〈이글 위생 쓰레기 소각 회사〉의 뉴욕 지부 이사를 지냈다.[42]

1893년 〈건강 보호를 위한 부르클린 여성회Woman's Health Protective Association〉에서 연설을 하면서 모스 대령은 뉴욕에 소각로 프로그램을 확대해야 한다고 주장했다. 당시에는 의료 폐기물 소각로가 이스트 16번가 끝에 하나 설치되어 있을 뿐이었다. 의료 폐기물을 태울 수 있다면 다른 것이라고 못 태울 게 뭔가? 시카고와 필라델피아가 그런 위생 보호시설에 돈을 들일 수 있다면 뉴욕이 못 할 이유는 뭔가? 모스 대령은 소각로를 설치하고 운영하는 비용이, 쓰레기를 바다로 30킬로미터나 끌고 나가서 버리는 쓰레기 배를 짓고 운영하는 비용보다 크지 않으며, (소각로에서 나오는) 재를 비료로 판매할 수도 있을 것이라고 주장했다.

『뉴욕 타임스』는 모스의 연설을 다룬 기사에서 미국의 다른 도시들의 소각로 사용 현황을 설명했다. 기사에 따르면, 매사추세츠 주의 로웰에서는 처음에는 콜레라 공포 때문에 소각로가 "상당한 반대"에 부닥쳤지만 "불쾌한 냄새나 건강에의 악영향 없이 운영되면서 반대가 잠잠해졌다." 또 보스턴에서도 다양한 소각로가 실험되었고, 남부 도시들에서도 더운 날씨에 전염병에 대한 위험이 커지면서 쓰레기 소각로 설치가 증가했다.[43)]

처음에 소각로 설치 시도가 실패했던 도시들에서도, 분리수거가 필요 없고 쓰레기를 완전하게 없애 준다는 소각로의 장점 때문에 기업들은 소각로에 계속 투자했다. 밀워키에서는 1887년 〈피닉스 쓰레기 소각로 컴퍼니Phoenix Garbage Gremator Comoany〉가 쓰레기 수거와 처리 둘 다에 대해 시로부터 계약을 따냈다. 하지만 시민들은 이 소각로가 운영되자마자 불평을 쏟아냈다. 어떤 시민은 『센티넬Sentinel』에 "죽일 듯한 악취가 (…) 달에 가 있는 사람까지 마비시킬 정도"라고 썼다. 설상가상으로, 이 소각로는 여러 차례 개보수를 했는데도 처리해야 할 분량의 쓰레기를 다 처리하지 못했다. 그래서 1889년에 시 당국은 압력과 화학 처리를 통해 재활용 쓰레기를 골라내는 "쓰레기 감소 장치"를 실험적으로 도입했다. 그러나 이것마저 실패하자 밀워키 당국은 다시 소각로로 방향을 틀었고, 1910년에 드디어 성공적으로 소각로가 가동되기 시작했다. 이 소각로는 1955년까지 운영되었다.[44)]

소각로에서 나오는 재는 비료로 팔렸고, 소각장 운영과 조명에 필요한 연료를 (쓰레기를 태워) 자체적으로 조달할 수 있는 소각로도 나와 있었다. 하지만 유기물질 쓰레기와 기타 폐기물이 여전히 가치를 지니고 있다는 전통적인 사고방식을 가진 사람들에게는, 이런 것들을 싹 태워 버리는 것이 낭비로 여겨졌다. 미국에서 벌어진 한 논쟁에서는 런던의 사례가 등장했는데, 런던에서 소각장을 도입하려 하자 시민들이 그것을 "죄가 되는 헤픈 짓"이라며 반대했다는 것이다. 그 지역의 〈자원 절약 협회〉 대표는 단순히 "님비"(NIMBY, Not in My Backyard)적 반대를 넘어서는 주장을 폈는데, 그에 따르면 "이 폐기물들에서 가치 있는 물질들을 골라내지 않고 모두 태우는 것은 곧 돈을 사악하게 낭비하는 것"이었다.[45]

화학자 브루노 턴Bruno Terne도 1893년에 〈필라델피아 프랭클린 인스티튜트〉에서 이와 비슷한 주장을 폈다. 턴은 음식물 쓰레기를 화학적으로 처리하는 회사에서 일하고 있었는데, "인과 질소를 함유한 물질(비료)을 저 대륙에서 이 대륙으로 들여오느라 수많은 선박을 운영하는 동안, 이것을 함유한 자연 비료는 낭비되고 있다"고 주장했다. 도시의 음식물 쓰레기에 대해 턴은 이렇게 말했다. "모든 유기물질을 완전하게 없애려면 소각이 가장 좋은 방법이라는 것은 틀림이 없다. 그리고 극단적인 위생 지상주의자들에게는 이것만이 유일한 쓰레기 처리 방법으로 여겨질 것도 틀림없다. 하지만 그것의 경제적인 결과는 어찌할 것인가?" 또한 턴은 소각로에서 나오는 재를 분석해서 그것이 비료로 유용하지 않다는 것을 밝혔다. 게다가 소각로를 운영하려면 노동력과 연료가 들었다. 턴은 음식물 쓰레기에서 기름을 분리해 내고 나머지를 말리는 것이 더 합리적인 방법이라며, 두 가지 모두 되팔 수가 있어서 "우리 사회의 살림에 크게 보탬이 되어 줄 것"이라고 주장했다. "이 진보의 세기에, 우리가 가진 화학 지식과 최신의 완전한 기계를 가지고도 이 유용한 물질을 단지 없애 버릴 목적으로 태운다는 것은, 더구나 한편으로는 그 물질들을 다른 곳에서 사 오기 위해 기를 쓰면서 다른 한편에서는 태워 없앤다는 것은, 야만으로 되돌아가는 것과 마찬가지다."[46]

음식물 쓰레기에서 기름을 추출하고 물기를 말리는 두 가지 작업을 하기 위해 다양한 기계와 화학 처리 방법이 고안됐다. 이 둘을 합쳐 "(쓰레기)

감소 공정"이라고 부른다. 기름은 화학 용매나 열을 이용해 추출했다. 기름이 제거되고 난 나머지 음식물 쓰레기는 "탱키지tankage"라고 불렸는데, 탱키지는 (적어도 이론적으로는) 말려서 비료로 팔 수 있는 유기물질이었다. 감소 공정은 유럽에서 시작됐지만 미국에서 더 큰 성공을 거뒀다. 이를테면, 워링 대령은 뉴욕에서 이 공정을 강력하게 지지하고 홍보했다. 감소 공정은 값비싼 장비를 구입할 여력이 되는 큰 도시에서만 도입할 수 있었다. 비용 문제에 관한 논란이 있었지만, 감소 공정을 지지하는 사람들은 유용한 물질을 팔면 감소 공정 운영에 들어가는 비용을 상쇄할 수 있다고 생각했다.[47]

감소 공정은 전통 농업 사회에서 이뤄지던 재사용 습관의 현대적이고 도시적인 첨단기술 버전이라고 할 수 있다. 감소 공정을 개발한 공학자와 화학자들은 행정 분야뿐 아니라 산업계 곳곳에서 벌어진 효율성 제고 운동과 관련이 있었다. 도시 쓰레기에서 유용한 물질을 추출해서 그것을 팔아 시 재정을 확충하려는 노력은, 제품 생산 과정에서 나오는 부산물과 산업폐기물을 수익성 있게 활용하려는 산업계의 실험과 연결되었다. 이러한 노력은 시카고의 거대 육가공 업체들이 주도했다. 사업이 커지면서 육가공 업체들은 어마어마한 양의 뼈, 뿔, 털, 지방, 피를 부산물로 갖게 되었다. 개인 푸주한이라면 이런 부산물의 양이 너무 적어서 별다른 쓸모가 없겠지만, 이렇게 대량으로 있으면 무언가의 원자재가 될 가능성이 생긴다. 〈스위프트〉와 〈아머〉의 화학자들은 부산물을 이용해 비누와 비료를 만들었다. 전통 사회에서도 가축을 잡고 난 부산물로 비누와 비료를 만들었지만 〈스위프트〉와 〈아머〉가 만든 비누와 비료는 현대적으로 상품화된 물건이었다. 또한 육가공 업체들은 부산물을 이용해 화약, 윤활유, 화장품 등과 같이 전통 사회에는 없었던 새로운 물건도 만들었다. 육가공 업계 이외에도 여러 산업에서 대량생산으로 생긴 막대한 산업폐기물을 활용하기 위해 많은 연구를 했고, 때로는 국제적인 연구도 이뤄졌다. 도시 쓰레기를 처리하는 방법으로서의 감소 공정에 대한 관심은, 이러한 산업계의 발전에 힘입은 바가 크다.[48)

감소 공정의 결점은 악취였다. 밀워키의 감소 공장이 시내에 문을 열었을 때, 사업가 3백 명은 〈웨스트사이드 악취 반대 위원회West Side Anti-Stench〉를 만들어 감소 공장의 악취가 "우리의 수면과 식사를 빼앗아 갔다"고 항의했다. 그들 중 많은 사람들이 공장을 둘러보던 중에 구토를 했다. 위원회가 시를 상대로 고소하겠다고 하자 감소 공장은 문을 닫았고 음식물 쓰레기는 미시간 호수에 투기되었다. 그러자 이번에는 호숫가 주민들이 항의를 했다. 한 신문은 이렇게 언급했다. "음식 쓰레기 문제는 뱅쿠오의 유령(햄릿의 맥베스에 나오는 유령. 옮긴이)처럼 도무지 가라앉으려고 하지를 않는다." 날씨가 선선해졌을 때 감소 공장은 일시적으로 문을 열었고, 도시 외곽에 감소 공장을 짓기 위해 새로운 회사가 세워지기도 했다. 그러나 기나긴 정치적 과정 끝에 밀워키는 소각로를 또 하나 지었다. 이러저러한 과정들을 겪으면서, 감소 공장을 지으려는 도시들은 불평이 나와 봐야 가난한 사람들뿐인 곳에 공장을 두면 된다는 것을 점차로 파악하게 되었다.[49)

1914년이 되면 미국에 45개의 감소 공장이 지어지는데 이 가운데 사용되는 것은 22개뿐이었다. 기술이 발달해서 물질을 더 잘 추출하고 악취를 줄일 수 있었지만, 거기에서 추출한 물질들을 팔아서 얻는 수익이 얼마나 되느냐가 논란거리였다. 1906년, 파슨스는 『도시 쓰레기 처리』 조사에서 이렇게 지적했다. "감소 공장을 운영하는 비용이 얼마인지는 정확히 공개되지 않았지만 거기서 추출되는 물질을 팔아 받는 돈으로 비용을 감당하지 못한다는 것만은 틀림없다. 감소 공정 시스템을 연구하기에 앞서 먼저 해결해야 할 문제는, 이 물질들이 이러한 공정을 통해 분리해 낼 만한 가치가 있느냐는 것이다."[50]

감소 공정과 달리, 소각 방식은 널리 인기를 끌었다. 1914년이 되면 거의 3백 개의 소각장이 미국과 캐나다에서 가동된다. 1908년에서 1914년 사이에 지어진 88개의 소각장 중 절반 가까이는 남부 지역에 있었는데, 기후가 더워서 쓰레기를 빨리 처리해야 했기 때문이다. 그러나 소각 방식은 1930년대 말 위생 매립 방식이 인기를 끌게 되면서 점차 줄어들었다. 영국에서 개발된 위생 매립 방식은 20세기 후반이 되면 미국의 주된 쓰레기 처리 방법이 된다. 소각 방식처럼 매립 방식도 각 가정이 1차적으로 분리할 필요가 없었다. 점차 도시 당국은 가정에서 쓰레기를 분리수거해야 한다는 규정을 없앴고, 2차 대전 이후 가정용 음식물 쓰레기 분쇄기가 널리 쓰이면서 그런 규제는 거의 사라졌다. 1970년대 환경 운동가들이 분리수거를 제창했을 때 이것은 새로운 것처럼 보였지만, 사실상 오래도록 가정에서 이뤄지던 활동이었을 뿐 아니라 여러 도시에서 오래전부터 갖고 있던 규정이었다. 물론 오늘날과 달리 19세기 말, 20세기 초의 분리수거는 지구 환경을 위해서가 아니라 도시 위생을 위해 도입되었고, 분리되는 물질은 플라스틱 병이나 알루미늄 캔이 아니라 재 쓰레기나 음식물 쓰레기였다. 하지만 오늘날 우리가 분리수거를 하는 것이 뭔가 새로운 일이라 생각하는 것은 잘못된 것이다.[51]

쓰레기와 계급

19세기 말과 20세기 초가 되면, 공공 사안으로서 빈곤 문제와 쓰레기 문제가 서로 연결된다. 오늘날에는 '쓰레기 문제'라고 하면 풍요로움의 문제를 연상시키지만, 당시에는 빈곤 문제와 결부되었다. 진보 시대의 사회 개혁가들과 사회 복지사들은 젊은이들이 넝마주이로 나서는 현상을 빈곤 문제의 일부로 생각했으며, 이 '사회적인 문제'(그들은 이것이 산업화로 인한 여러 문제와 복합적인 관계가 있다고 생각해 사회적인 문제라고 불렀다.)의 해결책을 찾아야 한다고 주장했다. 루이스 하인Lewis Hine은 쓰레기장을 뒤지는 넝마주이의 사진을 찍었고, 〈헐 하우스〉는 넝마주이의 아이들에 대한 글을 썼으며, 이들을 '보호'하기 위한 공공 조직과 민간단체들이 설립되었다. 당국이 대책 마련에 나서야 한다는 진보 시대적 토론의 결과, 쓰레기장 자체를 규제하는 규정들이 마련되었다. 소비문화가 발달하고, 편리성을 위해 물건을 버린다는 개념이 생겨나면서, 이제 재사용, 재활용, 브리콜로지는 가난한 사람들의 일로 여겨지게 되었다.

도시 위생 개혁과 관련한 논의들은 이민자 빈민층의 쓰레기에 특히 관심을 보였다. 쓰레기 처리를 시 당국이 행정적으로 맡기 이전에, 가난한 사람들이 밀집해 사는 지역에는 부자 동네보다 더 많은 쓰레기가 쌓여 있었다. 가난한 사람들은 집 안에 물건들을 쌓아 둘 공간이 부족했고 부자들이 하듯이 민간 업자를 고용해서 쓰레기를 수거해 가게 할 수도 없었던 것이다. 조사 결과를 보면 쓰레기를 더 많이 배출해 내는 사람들은 상대적으로 부유한 미국인들이었지만, 쓰레기에 대한 논의들은 '인간쓰레기'라는 비유와 함께 가난한 이탈리아인, 폴란드인, 보헤미안, 독일인, 러시아인 이민자들을 쓰레기 문제와 결부시켰다. 이는 1901년에 자유의 여신상 동판에 새겨진 엠마 라자루스Emma Lazarus의 시에서도 볼 수 있다. "내게로 오라. (…) 너희 지치고 가난한 자들… 해변의 낙담한 쓰레기 같은 인생들, 집 없는 인생들."[52]

파슨스의 『도시 쓰레기 처리』에는 쓰레기와 빈민층을 연관해 생각하는 관념이 더 분명하고 상세하게 드러난다. 파슨스는 가난한 사람들이 많은 곳과 재래시장 근처에서는 가소성이 높은 쓰레기가 가장 적게 수거된다고 밝혔다. 가난한 사람들은 상인들이 버린 썩어 가는 음식을 주워 먹었고, 쓰레기를 뒤져 무엇이건 타는 것은 연료로 썼기 때문이다. 이와 대조적으로, 1인당 가정 폐기물의 양으로 볼 때 가장 많은 양을 배출하는 곳은 "대형 상점, 부유층의 집, 그리고 그에 걸맞은 호텔과 레스토랑들이 있는" 지역이었다. 이런 부유층 가정의 쓰레기에는 아직 채 타지 않은 석탄이 특히 많이 포함되어 있었다.

파슨스는 그 다음 단락에서 훈계조로 이렇게 언급했다. "교육 수준이 가장 낮은 러시아인, 폴란드인, 스칸디나비아인, 이탈리아인, 유대인 이민자들이 사는 공동주택 지역에서는 종종 가장 부주의하고 더러운 종류의 쓰레기가 배출된다. 이들의 쓰레기에는 목재, 종이, 포장 상자 등과 같이 불에 잘 타는 물질이 적다. 그 사람들이 연료로 쓰려고 이미 주워 갔기 때문이다." 공동주택 지역의 쓰레기가 유독 더러웠다는 것은 사실일 것이다. 가소성 물질이 적게 포함되어 있다는 말은, 다시 말하면 생선 대가리나 과일 껍질 같은 것이 많이 들어 있었다는 뜻이니까. 하지만 이것은 그들이 "부주의해서" 그런 게 아니었다. 하인들에게 쓸 만한 석탄을 재에서 골라내라고 가르칠 생각조차 하지 않는 부자들과는 달리, 가난한 사람들은 쓰레기에서 유용한 것들을 골라내는 데 매우 세심한 주의를 기울였던 것이다.

파슨스는 가난한 사람들의 나쁜 습관을 고치기 위해 "엄격한" 위생 검사를 해서 "그들이 쓰레기를 합당한 장소와 적절한 수거 통에 버리도록 교육하고 강제해야" 한다고 주장했다. 그러나 파슨스는 가난한 사람들은 무지하고, 비좁은 주거 공간에 사는데다, "청결과 질서에 대한 개념이 부족해서" 그들의 습관을 고치는 일이 매우 어렵다고 한탄했다. 파슨스는 자신이 제안하는 해결책을 "교육"이라고 말했지만, 검사와 강제를 강조한다는 점에서 사실은 규제라고 보아야 할 것이다. 또한 "청결과 질서에 대한 개념이 부족한" 사람들이라는 대목은, 파슨스가 "부주의하고 더러운 종류의 쓰레기"는 부주의하고 더러운 종류의 사람들에 의해 배출되는 것이라고 믿고 있었음을 드러낸다.[53]

존 맥고우 우드베리는 이보다는 동정적인 시각을 갖고 있었다. 우드베리는 1903년 『스크리브너즈*Scribner's*』에서 쓰레기를 제대로 분리하지 않아서 거리 청소 당국을 골치 아프게 하는 데는 두 계층의 사람들이 "똑같이 문제"라고 지적했다. "범죄에 가까울 정도로 부주의한 부자들과 그들의 개념 없는 하인들"도 무지한 빈민들만큼이나 나쁘다는 것이었다. "분리수거가 안 되어서 이것저것이 최악의 상태로 마구 섞여 있는 쓰레기는 빈민 지역에서 나오는지 몰라도, 가장 부도덕한 방식으로 섞여 있는 쓰레기는 5번가의 부유한 동네에서, 그곳 사람들이 고용한 민간 쓰레기 수거 업자의 수레에 실려 오는 것이다."[54]

사람들이 쓰레기를 길에 버리지 않는 부유한 계층의 거주지와는 달리, 로어 이스트사이드에서는 문이나 창문 밖으로 버려져 길에 쌓인 음식물 쓰레기를 당국이 날마다 18톤씩 치워야 했다. 우드베리는, 그 지역은 최근에 들어온 이민자들이 살고 있는데, "대부분은 러시아의 유대인 구역에서 온 사람들"로 "11세기 수준의 위생 개념과 습관을 가지고 왔다"고 비난했다. 우드베리는 음식 쓰레기로 가득 찬 러시아와 폴란드 마을의 길거리 배수구를 묘사하면서, 그런 것에 익숙한 사람들에게 위생 습관을 가르치는 것에 대해 난감해했다. "이러한 위생 관념을 가지고 있는 문화권에서 왔기 때문에, 이민자들에게 음식물 쓰레기와 재 쓰레기를 분리해서 각각을 그에 맞는 분리 통에 담아야 한다는 우리의 개념을 가르치는 것이 매우 어렵다." 우드베리는 자신이 하는 일과 그 일의 어려움에 대해 얼마간의 엄살과 자기과시를 부렸다. 이를테면 분리수거에 대한 법 규정을 자신의 부서가 영어 이외에도 여러 개의 언어로 공지했다고 했는데, 이것은 그의 부서뿐만 아니라 당시 많은 도시 당국에서 일반적으로 하던 일이었다.[55]

빈민층에 대해 매우 동정적인 시각을 가진 저널리스트와 개혁가들이라고 해도 편견에서 벗어나지는 못했다. 제이콥 리스는 자신의 대표 저서인 『또 다른 절반이 사는 법How the Other Half Lives』(1890)에서 당시 도시 개혁 운동가들이 가졌던 태도의 표준이라 할 만한 것을 보여 준다. 맨해튼의 이탈리아 이민자 슬럼가인 "빈 병 골목"(바틀 앨리)에 대해 "어디에서나 누더기, 악취 나는 뼈, 곰팡내 나는 종이 무더기가 있었다"고 묘사했다. 또 이들이 사는 집들의 앞 공터에는 판잣집이 세워져 있었는데 "온갖 종류의 낡은 판자로 이어졌으며, 이곳 이탈리아인들이 '재고'를 말리는 공간으로 쓰였다"고도 언급했다. 리스는 7월에 이 지역의 어느 집을 점검하러 온 검사관의 말을 인용해서, (그 집에는) 여섯 명의 사람들이 누더기를 분류해 뜨거운 스토브에서 빨래를 하고 있었는데, 바로 그 옆에 아픈 아기가 누워 있었고, 실내 온도는 46도였다고 언급했다. 그러나 리스가 "쓰레기 더미"라고 부른 것이 그곳에 사는 사람들에게는 팔아서 소득을 올려 줄 수 있는 유용한 물건들이었고, 리스가 아동 학대라고 여긴 것이 그 사람들에게는 슬프지만 먹고 살려면 어쩔 수 없이 받아들여야 하는 일이었다.[56]

개혁가들은 위생에 대해서만 지나치게 우려한 나머지 가난한 사람들의 문화와 필요는 고려하지 않았다. 특히 이는 쓰레기통을 뒤져 음식을 구하는 문제와 관련해 두드러지게 드러났다. 역사학자 데이비드 나소가 언급했듯이, 당시의 개혁가들은 쓰레기통에서 썩다시피 한 고기와 야채를 골라내는 아이들은 부끄러움도 모르고 맛도 느낄 줄 몰라서 그런 일을 한다고 생각했다. 하지만 나소는 "개혁가들은 구역질을 느낀 음식물일지라도 가난한 아이와 그 가족들은 그 음식을 앞에 두고 구역질을 하는 것이 사치였을 것"이라고 지적했다. 역시 역사학자인 데이비드 워드David Ward도 이러한 개혁가들의 무심함을 지적했다. 19세기와 20세기 초 도시 관련 문헌에 들어간 감성적인 삽화를 보면 가난과 누추함을 나타내기 위해 보편적으로 등장하는 소재가 방금 한 빨래가 널려 있는 빨랫줄이었다. 중산층이나 상류층은 빨래를 해 주는 여성이나 상업적인 빨래 업체에 자신들의 빨랫감을 보냈기 때문에 이들의 거주지에는 빨랫줄이 없었던 것이다.[57]

빨래라는 청결함의 상징마저도 더럽고 누추한 것으로 보이게 만드는 강한 편견을 생각해 본다면, 개혁가들이 도시에 쓰레기 수거 시스템을 도입하는 과정에서 가난한 사람들의 생존이 위협받는 것에 대해 별로 개의치 않은 것도 놀라운 일은 아니다. 밀워키에서는 도시의 쓰레기 처리 시스템이 도입되자 넝마와 고철 등을 주워 생계를 꾸리던 가난한 이민자들의 생계가 큰 타격을 받았다. 먹고살 길이 끊기게 되어 분개한 이들은 공중 보건의 개선이 가져올 이점의 중요성을 깎아 내렸다. 노동계급을 대상으로 하는 어느 신문에는 이런 글이 실렸다. "부자들의 코를 구하기 위해 우리의 위장이 고통 받아야 하는 것은 유감스러운 일이다."[58]

워링 대령은 도시에 수익성을 가져다 줄 폐기물 거래를 가난한 사람들의 영역에서 떼어 내고자 하는 단호한 입장을 가지고 있었다. 워링은 "공공 안전과 공공 재정을 위해 시 당국이 직접 폐기물 거래를 담당하거나" 아니면 "당국이 완전하게 통제할 수 있는 민간 업자와 계약을 해서, 시민들이 버리기를 원하는 모든 것을 처리해 주고 폐기물을 직접 거래인에게 들고 가서 팔아야 하는 수고도 덜어 주어야 할 것"이라고 밝혔다. 그의 계획에 따르면 각 가정은 종이, 병, 넝마, 캔 등이 어느 정도 모였을 때 창문에 카드를 걸어 놓으면 당국의 수거용 수레가 그것들을 가지러 오게 되어 있었다. 따라서 재활용이 가능한(즉 가난한 사람들이 주울 수 있는) 폐품은 애초에 길거리에 쌓이지 않게 되는 것이었다. 워링은 "딸랑딸랑 종을 울리며 거리를 돌아다니는 민간 손수레꾼을 금지하거나, 그들을 시 당국이 고용해야" 하며, 이는 뉴욕뿐 아니라 다른 곳에도 적용되어야 한다고 주장했다. 또 워링의 계획에 따르면 각 가정은 넝마와 같은 재활용 폐품을 고물 행상인에게 팔지 말고 당국의 허가를 받은 폐품 거래인에게만 팔도록 해야 했다. 폐품 거래 허가는 고정된 사업체가 있는 곳에만 내주어야 하며 허가를 받은 업체는 "(당국의) 적절한 감독을 받아야" 했다. 이렇게 하면 길거리에는 쓰레기도 없어지고 쓰레기를 줍는 빈민층도 없어지므로 일거양득이 되리라는 것이었다.[59)]

폐품 활용과 자선단체들

시 당국에 쓰레기 수거 및 처리 시스템이 존재한다는 것 자체가 중산층 사람들이 더 많은 것들을 버리도록 촉진하는 효과를 낳았다. 그중 꽤 많은 사람들은, 쓸 만한 물건을 버리더라도 진보적인 시 당국의 재활용 시스템에서 그것들이 어떻게든 잘 분류돼 활용될 것이므로 결국 낭비되는 것은 없으리라고 믿으면서 안심했다. 하지만 아무리 그렇다 해도 어떤 물건들은 내버리기에는 너무 멀쩡했다. 특히 아직도 퀼트나 깔개 따위를 직접 만들어 쓰는 사람들이 보기에는 더욱 그랬다. 19세기의 전통적인 재사용 시스템이 무너진 뒤에도, 버려지는 물건들이 여전히 잠재적인 가치를 지니고 있으리라는 믿음과 가정에서의 재사용 습관은 사라지지 않았다.

시 당국의 쓰레기 처리 시스템이 정착되어 가는 동안, 새로운 종류의 자선단체들이 생겨나 각종 기부 물품을 받기 시작했다. 문을 두드리는 걸인에게 남은 음식을 주던 개인적인 관계는 새로운 종류의 제도화된 자선 행위, 즉 물건들을 〈구세군〉 같은 단체에 기증하는 방식에 자리를 내주었다. 이런 단체들은 가난한 사람들에게 일자리, 영혼의 구원, 그리고 (적은 돈으로도) 소비자가 될 수 있는 기회를 제공했으며, 도시 중산층들에게는 자신이 원하지 않는 물건을 고귀하게 처분할 수 있는 길을 제공했다. 중산층이나 상류층 사람들은 이제 자선단체에 기부를 하게 됨으로써 걸인이나 넝마주이를 대할 때 느껴야 했던 사회적인 불편함을 덜 수 있었고, 자신이 버린 물건을 다시 보아야 하는 당황스러움(작은 도시들에서는 이런 일이 흔했다.)에서도 벗어날 수 있었다. 또한 이 단체들은 "쓰레기냐 아니냐"의 판단에도 새로운 관점을 가져왔다. 이제 사람들은 쓸모없는 쓰레기라고 판단하지 않으면서도 물건을 버림으로써 수선하거나 고쳐 만드는 수고를 피할 수 있게 된 것이다.

〈구세군〉, 〈굿윌 인더스트리〉, 〈생뱅상드폴 소사이어티St. Vincent de Paul Society〉 등이 주도한 이 새로운 방식의 자선사업은 재활용과 빈곤층을 연관시키는 개념을 강화했고 거기에서 득을 보았다. 이런 단체들은 대부분의 수입을 넝마, 폐지, 고철 등의 대량 판매에서 얻었기 때문에 폐품 거래 시장에서 중요한 위치를 차지했고, 폐기물 거래 업체들과 경쟁 관계에 있었다. 또한 이 단체들의 활동은 "가난한 사람을 어떻게 돕는 것이 적절한가"의 문제에 대해 당시에 널리 퍼져 있던 사고, 즉 적선은 좋지 않은 방식이며 가난한 사람들이 스스로를 도울 수 있게 해야 한다는 개념과 잘 맞아떨어졌다. 이 단체들에서는 가난한 사람들에게 직업 기회를 제공했다. 가난한 사람들은 무상으로 적선을 받는 것이 아니라, 옷이나 가구 등을 고치거나 종이 넝마를 분류하는 일을 (페드로니 휘하가 아닌) 자선단체에 속해서

하게 된 것이다. 또한 (자선 활동에 대한 당시의 이론에 따르면) 가난한 사람들이 모멸감을 느끼지 않으려면 기증받은 물건이라도 그냥 가져가면 안 되고 적은 돈이라도 내고 구매하는 형식을 취해야 했다. 그들은 자선단체가 운영하는 중고품 가게에서 아주 적은 돈을 내고 옷가지 등을 살 수 있었다. 1899년에 나온 〈구세군〉 소책자에 따르면 사람들은 (《구세군 상점》에서) 옷가지들을 "명목상의 아주 낮은 가격으로 살 수 있는데, 이것은 실비를 충당하기에는 충분한 정도이면서, 동시에 물건을 사러 오는 사람들에게는 이것이 적선이라는 느낌을 주지 않을 수 있는 수준으로 책정된 것"이었다.[60]

가난과 자선에 대한 이런 식의 접근 방법을 이보다 먼저 보여 준 곳들이 있었다. 1890년대의 경제 불황기에 브루클린에서는 중산층 여성들로 구성된 모임 〈조각회Fragment Societies〉가 생겨났다. 이들은 헌 옷을 모은 뒤 가난한 사람들을 고용해 수선하게 하고 임금을 지급했다. 수선한 옷은 빈민층 사람들에게 매우 싼 가격에 팔았다. 하지만 〈조각회〉는 여전히 예전 방식, 즉 적선 개념에 따른 대면적 인간관계를 유지하고 있었다. 리만 애봇Lyman Abbott 목사는 이렇게 설명했다. "부유한 가정 하나가 가난한 가정 하나를 보살펴 준다는 개념이다. 즉 한 가정에서 나오는 못 쓰는 물건이나, 그 가정에서 기증한 물건, 또는 〈빈민 생활 안정 협회〉에서 나온 물건들이 다른 가정의 필요를 충족시켜 주는 것이다." 애봇은 부유한 독자들을 상대로 한 글에서, 자선단체 등을 통해 이뤄지는 현재의 제도화된 자선 활동에 대해 비판했다. 애봇은 바쁜 사람들이 가난한 사람을 도우려고 시간을 내는 것이 어려운 일이라는 것은 인정하지만, 그래도 사람과 사람이 직접 대면하는 일은 매우 중요하다며, 독자들에게 가난한 사람들을 고용해 소소한 일거리를 주려는 노력이라도 해야 한다고 촉구했다. "'됐어요! 우리가 직접 이웃을 사랑하는 것은 너무 힘들고 번거로운 일이에요. 나 대신 이웃을 사랑해 줄 비서가 있답니다'라고 말하는 것만으로는 이웃을 사랑하라는 신성한 의무를 다한다고 할 수 없다."[61]

교회는 수십 년 동안 인근 지역의 빈민 구호와 국내·해외 선교 활동을 위해 옷가지를 모아 왔다. 그런데 이런 옷가지들이 다 헌 옷은 아니었고 중상류 여성들이 바느질 모임에서 기부용으로 만든 단순한 디자인의 새 옷들이 많았다. 중상류 여성들은 자신의 헌 옷은 계속 고쳐 입었다. 그런 옷은 아무리 헌것이라도 가난한 사람이 입기에는 너무 우아하다고 생각했던 것이다. 19세기 말이 되면 손바느질도, 바느질 모임도 점차 사라지지만, 많은 단체들이 가난한 사람들을 위한 옷을 만드는 데 힘을 기울였다. 종종 이런 단체들은 여성이 운영진이고 수혜자도 여성과 아이들 위주였지만, 남성들이 운영진에 참여하는 경우도 있었고 수혜자에 대해 따로 성별을 규정하지 않는 곳도 있었다. 샌프란시스코만 보더라도 다양한 목적의 단체들이 있었는데, 〈프란체스카 구호회Francesca Relief Society〉는 직물, 옷가지, 명절 옷 등을 여성과 어린이에게 제공했고, 〈남북전쟁 종군자를 위한 숙녀회Ladies of the Grand Army of the Republic〉는 참전 용사들에게 옷가지를 주었다. 〈미즈파 클럽Mizpah Club〉은 옷을 만들어서 성실한 빈민층에게 주었고, 〈영맨 인스티튜트Young Men's Institute〉는 겨울철에 입을거리를 필요로 하는 사람들에게 의류를 제공했다. 이러한 옷가지를 마련하기 위해 어떤 단체는 헌 옷을 모았지만, 또 어떤 단체는 (저렴한) 기성복을 새것으로 구매했다.[62]

폐품을 재활용해서 자선 활동에 사용하는 일의 전형을 만들어 낸 〈구세군〉은 1865년 런던에서 감리교 목사 윌리엄 부스William Booth가 설립했다. 1879년에는 군대식 조직 구조와 명칭을 갖추었고, 이듬해에 뉴욕에서도 활동을 시작했다. 이것이 런던 밖으로의 첫 번째 진출이었다. 초기의 접근 방법은 엄격하게 복음주의적이었다. 교회와 신도 모두의 영혼을 구원한다는 것이었다. 1890년 부스는 『암흑의 영국에서In Darkest England and the Way Out』라는 책에서 자신이 추진하는 일의 "사회적 계획안"을 소개했다. 계획안에 따르면, 〈구세군〉은 영혼을 타락에서 구하기 위해 '거류지colonies'를 만들며, 도시 거류지는 사람들에게 음식과 머물 곳, 그리고 〈구세군〉 공장에서의 일자리를 제공한다. 〈구세군〉 일을 할 의사가 있으며, 나쁜 습관을 버렸다는 것을 증명해 보인 사람은 농촌 거류지로 파견해 자립심과 능력을 육성하게 한다. 이렇게 해서 새로 태어난 교인은 해외 거류지에서 〈구세군〉 선교 활동을 하게 된다.[63]

미국에서 특히 성공을 거뒀던 〈구세군〉의 폐품 재활용 활동도 이러한 계획의 일부로 생각해야 한다. 뉴욕에서의 폐품 재활용 활동은 1897년 〈폐품 수집 여단salvage brigades〉에서부터 시작됐다. 몇 명의 실업자들이 손수레를 밀고 도시를 돌아다니면서, 헌 옷을 수집하고 구세군 미국 사령관 프레더릭 부스 터커(Frederick Booth-Tucker, 부스의 사위)의 메시지를 전했다. 뉴욕의 〈폐품 수집 여단〉은 재정상의 이유로 곧 활동을 접었지만, 몇 달 안에 보스턴, 뉴와크, 저지시티, 시카고 등에서 〈폐품 수집 여단〉이 생겨났다. 〈구세군〉은 〈폐품 수집 여단〉을 전국적으로 발전시킬 계획을 가지고 있었는데, 한 설립자는 폐품 수집 활동이 미국 내 〈구세군〉의 사회 활동에서 "가장 강력한 것 중 하나"가 될 것이라고 정확하게 예견했다. 2년 안에 〈구세군 산업부〉는 19곳의 〈산업의 집Industrial Homes〉을 운영하게 된다. 〈산업의 집〉은 폐품을 모으고 수선하는 일을 담당했는데, 이곳에서 일하는 사람들에게 묵을 곳, 음식, 그리고 폐품 수집과 수선에 들어가는 실비를 지급했다. 보스턴에서는 〈구세군〉에 기부를 하는 5백 개의 가정에 폐품 수거용 바구니가 놓여졌다. 매우 성공적이던 〈시카고 구세군〉은 매주 25톤의 폐지

를 처리했고, 시 당국으로부터 몇 개 구역의 거리에서 폐지를 치우는 일의 계약을 따냈다.[64]

〈산업의 집〉은 대체로 3층이나 4층 건물로, 아래층에는 소매상점, 기부받는 부서, 가구 수리 작업실, 창고, 사무실, 폐품 분류 및 포장 작업실 등이 있었고, 위층에는 부엌, 식당, 독서실, 오락실, 기숙사 등이 있었다. 오래 일한 사람과 운영진은 독립된 침실을 사용했다.[65]

〈산업의 집〉은 급격하게 증가했다. 1904년 무렵에는 49개의 〈산업의 집〉에서 1,100명의 남성이 숙박을 하고, 70명의 운영진이 일하고 있었으며, 의류, 가구, 기타 고물뿐 아니라 폐지도 매달 천 톤씩 처리했다. 3년 후에 그들이 처리하는 폐지는 매달 2,500톤으로 늘어난다. 1909년이 되면 〈산업의 집〉은 미국 내 〈구세군〉이 벌어들이는 연간 소득 2백만 달러 중에 큰 부분을 차지하며, 〈산업의 집〉 건물들의 부동산 가치도 전체 미국 〈구세군〉이 보유한 부동산 가치 150만 달러 중에서 상당한 부분을 차지하게 된다. 〈산업의 집〉은 〈구세군 산업의 집 컴퍼니〉에 의해 운영되었는데, 〈구세군〉이 운영하던 다른 기업(은행 하나, 보험회사 몇 개, 그리고 유니폼과 개인용품 등을 제조하던 〈릴라이언스 트레이딩 컴퍼니Reliance Trading Company〉 등)과 마찬가지로 사람에게 기부뿐 아니라 투자도 받았다. 우선주는 주식 시장에서 거래되었고, 보통주는 경영권을 유지하기 위해 〈구세군〉이 보유했다.[66]

〈구세군〉은 찾아오는 사람이면 아무것도 묻지 않고 누구나 받아들인다는 점에서 당시의 자선단체들과 달랐다. 대부분의 자선단체는 찾아오는 사람들을 직접 면접하거나 〈자선단체 협회〉 등과 같은 범단체 조직을 통해서 그들이 도움을 받을 만한 '자격'이 있는지, 다른 단체나 기관에서 이미 도움을 받고 있지는 않은지 등을 조사했다. 이런 조사 과정은 빈곤에 대해 감정을 배제하고 '과학적'으로 접근한다는 관점을 보여 준다. 이런 관점에서 보자면, 아무것도 묻지 않고 자선을 베푸는 〈구세군〉의 방식은 만성적으로 의존적인 계층을 만들어 낼 뿐이었다. 〈구세군〉은 모든 영혼은 구제될 수 있다는 입장을 가지고 있었다. 1898년에 〈구세군〉의 한 장교는 이렇게 말했다. "찾아온 사람이 어떤 사람인지 알아보기 위해 귀중한 시간과 돈을 낭비하지 않는다. 우리는 오직 두 종류로만 사람들을 구분할 뿐이다. 일할 의사가 있는 사람과 없는 사람."[67]

가장 전망 있어 보이는 사람들을 위해 〈구세군〉은 직업 소개 기관도 운영했다. 즉 일할 사람을 외부 고용주에게 소개해 주고 수수료를 받는 것이었다. 그러나 길거리를 떠돌던 사람이 전부 다 노동 능력이 있는 것은 아니어서, 의지는 있으나 능력이 부족한 사람들은 〈구세군〉의 〈산업의 집〉에서 자체적으로 받아들였다. 부스 터커는 이렇게 설명했다. "알코올 의존증 때문이거나, 아니면 단순한 불운으로 신체가 불완전한 사람, 혹은 유혹에 저항하기에는 도덕적인 힘이 약한 사람들, 그들 말로 '운이 다한 사람들'이 이 사회의 밑바닥 사람들을 구성하고 있다." 이 불운한 사람들은 〈구세군〉의 시설에서 일하도록 배치되었다. "사회에서 필요로 하지 않는 이들이 (〈구세군〉에서는) 폐품을 수집하고 분류하고 수선하고 판매하는 (유용한) 일에 고용되었다"는 것이다. 〈뉴잉글랜드 구세군〉의 1903년 연례 보고서에 따르면, 이들 중 상당수는 〈구세군〉에서 일할 수 없었더라면 거리에서 구걸을 하거나 물건을 훔쳐서 생활하거나 감옥에 있게 되어 "납세자에게 부담이 될 뿐 아니라, 사회의 희생양이자 위험 요인이 되었을 것"이었다. 보고서는 "그러나 그들이 이제 우리 도시의 가정에서 버린 것들에서 도움을 받는다"며 "우리는 '우리의 도시가 필요로 하는 것'이 '우리의 도시가 버린 것들'로 충족될 수 있음을 믿으며, 그것을 증명해 보일 것"이라고 선언했다.[68]

〈구세군〉에 대한 연구 가운데 1908년에 뉴욕에 있는 〈산업의 집〉 두 곳에 살면서 일하는 109명의 이야기를 담은 것이 있다. '17번'은 미국에서 태어난 마흔 살 홀아비 목수인데, 아내는 사망했고 아이는 누나와 살고 있었으며, 그의 목공 도구는 전당포에 잡혀 있었다. 조사자에 따르면 '17번'은 "매우 심한 알코올 의존증 같았다." '45번'은 독일에서 온 스물다섯 살 남자인데, 무직이지만 "명민하고 능력이 있어 보였다." '45번'은 "패터슨에 가족이나 친척이 있었지만 그들에게 편지 쓰는 것을 부끄러워했다." 이 연구는 몇몇 통계 수치들을 제공하고는 있지만 연구에 언급된 표본이 두 곳의 〈산업의 집〉에서 어떤 비중으로 추출되었는지, 그들이 어떻게 채택되었는지 등에 대해서는 설명하고 있지 않다. 어쨌든 이 109명 중에서 대략 3분의 2 가까이가 외국계(주로 아일랜드나 독일)였으며, 84퍼센트는 스무 살에서 서른 살 사이의 미혼이었다. 29퍼센트는 직업이 있었으며, 3분의 2가량은 적어도 3개월 동안 실업 상태였다.(〈산업의 집〉에서 일한 기간도 실업에 포함되었다.) 이 조사는 109명 중 약 3분의 1에 대해 "노동 능력이 있다"고 평가했다.[69]

〈구세군〉 문헌들은 〈산업의 집〉을 영혼을 구하는 기관이라기보다는 비즈니스 기업으로 보고 있다. 예배 모임이 〈산업의 집〉에서 열리기는 했지만 의무적으로 참석해야 하는 것은 아니었다. 부스 터커는 〈산업의 집〉이 기술이 있는데도 실업 상태인 사람들에게 일시적으로만 일자리를 제공하는 곳이라고 설명했다. "그 사람들 각자가 가진 기술에 걸맞은 일자리를 공급하려면 막대한 자본이 필요할 것이다. 그러나 폐품, 헌 옷, 헌 신발, 낡은 가구, 포장 상자, 빈 병 같은 것들을 수집하고 파는 것은 최소 비용으로 최대한 많은 일자리를 공급할 수 있다." 1923년 장교 평가를 위한 핸드북에는 "사람들을 적절하게 고용·관리하여 사업을 효율적으로 운영하는 능력"이 "그들을 영적으로 교화하는 능력"보다 더 중요한 것으로 되어 있으며, 1929년 문서에도 비슷한 내용이 나온다.[70]

그 무렵이 되면 〈구세군 상점〉에서 〈구세군〉의 새로운 활동가가 들어오는 경우가, 〈산업의 집〉을 통해 들어오는 것보다 더 많아졌다. 즉 사람들이 〈산업의 집〉 노동자로서보다는 〈구세군 상점〉 고객으로 〈구세군〉을 접하게 되는 경우가 많았던 것이다. 〈미국 동부 남성 사회사업부〉 대장은 "현재 우리 군단의 각종 활동에 정기적으로 참여하는 수천 명의 사람들은, 처음에 〈구세군 상점〉에서 좋은 인상을 받아서 시작하게 된 사람들일 것"이라고 말했다. "〈구세군 상점〉을 통해 우리는 각별히 전도가 유망한 종류의 사람들을 만난다. 바로 우리가 '구세군 병사'로 찾고 있는 사람들 말이다. 〈구세군 상점〉을 찾는 고객들은 대부분 절망적으로 가난하지는 않고 매우 열심히 일하는 근면한 노동자들이지만, 자신의 소득으로는 보통의 가게에서 일반적인 시장 가격으로 물건들을 구매할 수 없기 때문에 우리 가게에 오는 사람들이다."[71]

〈산업의 집〉에서 일하는 사람들과 〈구세군 상점〉을 찾는 고객들 이외에도, 〈산업의 집〉 시스템이 필요로 하는 사람들이 또 있었는데, 바로 쓰지 않을 물건을 이곳에 기증하는 사람들이었다. 일반적으로 이들은 정말 부자들은 아니었고(진짜 부자들은 버릴 물건을 하인에게 주는 경우가 많았다.), 중산층이거나 심지어 가난한 축에 드는 사람들도 있었다. 『하퍼스 위클리』는 〈시카고 구세군 상점〉의 초라한 물건들을 묘사하면서 "이곳을 아무리 뒤져 봐도 부잣집에서 나왔을 법한 물건은 찾을 수가 없다"며 이곳의 물건들은 "가난한 사람들이 더 가난한 사람들을 도우려고 하는 감동적인 마음을 보여 준다"고 썼다. 〈구세군〉 운영진은 기증품을 주는 사람들을 "가난하다"고 묘사하지는 않았고, "그저 중산층"이라고 표현했다. 1909년경이면 〈구세군〉은 중산층 거주 지역에서 정기적으로 기증품을 수거해 오는 시스템을 갖추게 된다. 사람들은 고물상에게 팔아 돈을 마련할 수 있는 경우가 아니라면 버리거나 남에게 주지 않았을 잡동사니 물건들을 모아 두었다가 〈구세군〉 마차가 오면 기증했다.[72]

　〈구세군〉 말고도 헌 옷가지와 중고 가정용품들을 모으러 다니는 자선단체가 또 있었다. 1895년 에드거 제임스 헬름스Edger James Helms 목사가 감리교 선교 교회인 〈모건 채플Morgan Chapel〉을 운영하기 위해 보스턴의 빈민가에 도착했을 무렵에는 아직 〈구세군〉의 폐품 수집 활동이 정착되기 전이었다.(〈모건 채플〉은 나중에 〈굿윌 인더스트리〉가 된다.) 이후 몇 년 동안 헬름스는 헌 옷가지들을 모으고 동네의 가난한 여성들을 중심으로 바느질 모임을 만들기 시작했다. 바느질 모임의 여성들은, 헬름스가 모은 헌 옷가지를 수선하는 일을 하고 받은 적립금으로 자신들이 고친 옷을 살 수 있었다. 〈구세군〉의 활동 사례가 널리 알려진 1902년 무렵, 〈모건 채플〉은 일하는 사람들에게 임금을 제공하고 그들이 수선한 옷을 팔아서 소소한 현금 수입을 올렸다. 헬름스는 〈모건 채플〉의 일에 대해 이렇게 설명했다. "사람들에게 넝마나 다름없는 옷을 입게 하는 것은 좋은 자선이 아니다. 남이 준 것이 아니라도 이미 너덜너덜해진 자신의 옷을 입어야 하는 것만으로도 나쁜 일이다. 따라서 우리는 바느질이나 구두, 가구 수선을 할 줄 아는 사람들에게 일거리를 줘서, 기부 받은 헌 옷과 헌 물건들이 좋은 상태가 되도록 했다. 이렇게 고친 물건의 가격은 헌것들을 수거해 오고, 닦고, 수리하는 데 들어가는 실비에 준해 책정되었다. 이 과정에서 누구도 가난해지거나 손해를 보지 않았다. 물건이 필요하지만 새것으로 살 여력은 안 되는 가난한 사람들이 이곳에서 저렴한 물건을 구입했으며, 그들이 지불한 돈은 그것들을 수선하기 위해 고용된 또 다른 가난한 사람들의 소득이 되었다." 이러한 대의명분에 활발하게 참여하던 커피 거래인 프레드 무어Fred C. Moore는 커피 포대를 중산층 가정에서 기부 물건들을 모으는 자루로 활용하자는 아이디어를 냈다. 머지않아 〈체이스 앤 샌본Chase & Sanborn〉 커피 회사에서 포대 자루 수천 개를 기증했고, 이 포대 자루들은 '기회의 주머니' 혹은 '굿윌 주머니'라 불리며 이 단체의 핵심 전략이자 상징으로 자리잡았다.[73]

〈모건 메모리얼 협동조합Morgan Memorial Cooperative Industries〉은 1905년에 비영리 자선 기구가 되었다. 〈구세군〉과 마찬가지로, 〈모건 메모리얼〉의 폐품 활용 활동도 더 큰 프로그램의 일부였다. 이 단체는 도시 빈민층의 집, 노숙자 쉼터, 여름 캠프 등과 같은 사회봉사 및 종교 교육 프로그램을 운영했다. 하지만 〈구세군〉과는 달리 〈모건 메모리얼〉의 폐품 사업은 남성뿐 아니라 여성들에게도 일자리를 제공했으며 이념적으로 훨씬 더 자유주의적이었다. 일요일 오후에 열리는 '민중 포럼'에는 저명한 연사들이 와서 여성참정권, 사회주의, 극기와 중용, 노동조합주의, 아동 노동 등의 주제에 대해 강연했다. 처음부터 이 단체는 종파를 초월할 것을 명시적으로 선언했고, 〈구세군〉과 달리 기독교인으로 사람들을 거듭나게 하는 것을 우선 목표로 삼지 않았다. 〈모건 채플〉은 유니테리언파派에게 자금을 받았지만, 운영자는 감리교 목사여야 한다는 단서가 있었다. 다른 도시로 조직이 확대되면서 다양한 개신교 종파들이 참여했고, 가톨릭이나 유대인이 이사회에 참여한 곳도 있었다. 곧 〈모건 채플〉은 감리교단의 위계 조직에서 공식적으로 분리되어 나왔다.[74]

보스턴의 뒤를 이어 브루클린, 샌프란시스코, 로스앤젤레스에서 〈모건 메모리얼〉이 활동을 시작했다. 먼저 폐품 수거 활동으로 시작해서, 그 수익으로 또 다른 사회사업에 필요한 재정을 댄다는 것이 일반적인 계획이었다. 1915년, 브루클린의 〈모건 메모리얼〉은 〈굿윌 인더스트리〉로 이름을 바꾸었다. 3년 후 〈감리교 가정선교이사회〉는 다른 도시들에서도 〈굿월〉을 설립하는 것을 돕고 지역 간 정보 교류 등을 원활히 하기 위해 〈굿월 인더스트리 사무국〉을 두었다. 1년 안에 클리블랜드, 덴버, 버펄로에 새로운 〈굿월〉 작업장과 상점이 생겼고, 뉴욕, 필라델피아, 세인트폴, 피츠버그에서의 설립 계획도 세워졌다. 〈굿월〉의 조직적인 활동은 1차 대전에서 부상당한 상이군인들의 직업 훈련을 맡는 계약을 정부에서 따내면서 더욱 활성화되었는데, 이는 장애인에게 일자리를 제공한다는 〈굿월〉의 취지를 더욱 공고히 해 주었다.[75]

남부 캘리포니아의 〈굿월〉은 로스앤젤레스에 사는 멕시코계 이민자들을 대상으로 한 선교 활동에서 출발했다. 1916년 12월, 설립자인 캐더린 히긴스Katherine Higgins는 헬름스의 방문에 감화되어 "제1감리교구 라틴아메리카 선교 이사회"에 낡은 커피 포대 2백 개를 개당 11센트에 구매하는 것을 허용해 달라고 요청했다. 그러고는 스페인어로 발행되는 신문에 "우리가 사람들이 스스로를 도울 수 있게 돕는 것을, 여러분이 도와주세요"라는 광고를 내 헌 옷이든 가구든, 깨진 유리나 망가진 깡통만 아니라면 뭐든 기증해 달라고 호소했다. "'굿월 주머니'에 담길 물건들은 가난한 남미계 여성들이 고칠 것이고, 또 충분히 낮기는 하지만 사 가는 사람들의 자존심을 유지해 줄 수는 있는 가격으로 남미 여성들에게 팔릴 것입니다. 물론 경우에 따라서는 돈을 받지 않고 물건을 주는 것도 필요하겠지요." 상점은 1918년 3월에 처음 문을 열었고, 그날 총 220명의 고객이 와서 126달러의 현금 수입을 올려 주었다. 이 단체는 급속히 성장했고, 1만 개의 가정에 '기회의 주머니'를 건다는 계획도 세웠다. 6월에는 상점의 분점이 문을 열었고 영어, 스페인어, 러시아로 된 전단지에 광고를 했다. 1920년에 〈굿월〉은 큰 건물로 이사를 갔고, 추가 확장 계획도 세웠다. 8개월 안에 노동력을 세 배 이상 늘리고, 1923년까지는 일곱 배로 늘리며, 분점도 추가로 연다는

계획이었다.[76)]

〈남부 캘리포니아 굿윌〉의 하루는 기도 모임(의무적으로 참석해야 하는 것은 아니었다.)으로 시작됐다. 이 단체는 노동자를 위해 '미국 사회에 적응하기' 와 '성경' 등의 교육 프로그램을 제공했고, 스페인어와 영어로 예배를 진행했다. '미국 사회에 적응하기' 강좌는 보스턴의 〈모건 메모리얼〉에서도 열렸다. 보스턴에서는 노동자를 위한 예배가 하루에 두 번 열렸고, 상점에서도 점심 식사 전에 찬송과 예배를 제공했다. 하지만 〈굿윌〉의 진짜 복음은 노동이었다. 대공황기에 〈굿윌〉 운영진은 "버려진 물건을 수리하고 손보는 데 최대한의 노동력을 제공하기 위해 모든 노력을 다해야 한다"고 생각했다. 사실 〈굿윌〉의 도움을 받는 사람 중 실업자가 많은 것은 대공황 때뿐 아니라 늘상 그래 왔고, 〈굿윌〉의 폐품 재활용 정책은 대공황 이전에 이미 확립되어 있었다. 1926년에 〈굿윌〉의 공식 문헌은 "노동은 위대한 활력소"라고 기록하고 있다. "낙심하고 상처받은 사람이라도 낡은 의자를 고치면서 자신의 운명과 절망까지 함께 고쳐 낸다"는 것이었다. 또 그들은 자신들이 받는 보수 때문에 "힘을 얻고, 새로운 동기 부여를 받으며, 새로운 가능성을 얻을" 수 있었다. 이 글을 쓴 심리학자에 따르면, "노동은 사람을 회복시키기 위해 하나님이 주신 것 중 가장 위대한 것"이었다. 1920년대에 〈모건 메모리얼〉은 직업 상담과 진로 적성 검사 등을 맡는 심리학자 두 명을 운영진에 두고 있었다. 〈구세군〉과 마찬가지로, 〈굿윌〉은 일시적인 일자리를 자체적으로 제공하기도 하면서, 외부 기업에 영구적인 일자리를 알선해 주는 소개소 역할도 했다.[77)]

가톨릭 단체 중에서도 〈굿윌〉이나 〈구세군〉과 비슷한 일을 하는 곳이 있었다. 〈생뱅상드폴 소사이어티〉가 그런 단체였다. 〈생뱅상드폴〉은 1933년 파리에서 설립된 가톨릭 평신도들의 조직으로, 미국에서는 1845년에 세워졌다. 초기에는 대부분의 재정을 성당 문 앞에 놓아 둔 자선 모금함을 통해 마련했다. 〈굿윌〉, 〈구세군〉에 비해 폐품 활용 사업은 늦게 시작됐고 성장 속도도 느렸지만, 일부 도시들에서는 〈굿윌〉, 〈구세군〉에 필적할 만한 성장세를 보이기도 했다. 폐품 활용 사업은 이 단체의 전통과도 잘 맞아떨어지는 일이었다. 원래 〈생뱅상드폴〉에는 각 교구에 "의류함 관리인"을 둔다는 규칙이 있었는데, 이는 "가난한 사람들은 먹을거리만큼이나 입을거리를 필요로 하며, 그것들을 구해다 주기 위해 우리는 돈을 쓰기보다는 우리의 수고를 들여야 하기 때문"이었다.[78]

〈생뱅상드폴〉의 첫 번째 폐품 사무국은 1911년 필라델피아에 세워졌다. 처음에는 그다지 성공적으로 수익을 내지 못했지만, 추기경, 사제 등에게 찬조를 얻어 작은 창고를 빌리고 말도 몇 마리 구비할 수 있었으며, 점차 빈민 아동을 위한 여름학교, 빈민을 위한 장례식, 선원 레크리에이션 센터 등을 운영할 만한 이윤을 남기게 되었다. 밀워키 지부는 1914년에 '옷 창고'를 두었다. 물건들은 교구 부속 학교들을 통해 수거했는데, 옷가지로만 한정하지 않고 종이, 고철, 빈 병, 중고 가구 등도 받았다. 지부 보고서는 "폐품들은 사무실 운영과 폐품 수집 등에 들어가는 실비를 부담하기 위해 판매된다"며 "첫 해에는 적자가 났지만, 다달이 수입이 증가하고 있다"고 밝혔다.[79]

1917년에 설립된 〈생뱅상드폴 LA 폐품 사무국〉에서는 가난한 여성들이 자신이 구매하는 물건에 대해 노동력으로 대금을 치를 수 있었고, 이듬해에 시작된 〈샌프란시스코 폐품 사무국〉은 장애인만 고용했다. 하지만 〈굿윌〉과는 달리 〈생뱅상드폴〉은 자신의 주된 기능이 일거리 제공이라 보지 않았고, 그보다는 자선의 기능을 강조했다. 즉 중상류층이 풍요와 과잉을 누리는 가운데, 가난한 사람들은 부족한 게 많다는 것을 강조하는 것이었다. 예를 들면, 샌프란시스코 사무국은 이렇게 호소했다. "숨어 있는 당신의 보물을 우리 사무국으로 가져다주세요. 헌 드레스, 낡은 양복과 코트, 오래도록 신지 않은 신발 같은 것들을 가져다주세요. 당신의 집 다락, 창고, 옷장 어딘가에 가난한 아이들이 학교에 입고 갈 만한 옷을 만들 수 있는 물건들이 있을 거예요. 한 가족에게 따뜻한 이불이 되어 줄 게 있을 수도 있고요. 한 남성을 번듯하게 입혀서 그 사람이 일자리를 구하는 데 도움을 줄 만한 것들도 있을지 몰라요." 즉 〈생뱅상드폴〉의 슬로건은 "당신이 버린 물건이 다른 사람에게는 귀중한 물건이 될 수 있습니다"였다. 〈구세군〉과 〈굿윌〉의 슬로건은 노동에 의해 사람과 사물이 재탄생한다는 데 강조점을 둔 반면, 〈생뱅상드폴〉의 슬로건(이는 자선의 아이러니를 보여 준다고도 할 수 있겠는데)은 가난한 사람이 사물에 의해 재탄생한다는 데 의미를 두고 있었던 것이다.[80]

폐품 재활용 사업을 하던 자선단체들은 많은 비판에도 직면했다. 노동 단체들은 자선단체가 지불하는 임금이 최저 수준에 못 미친다고 지적했다. (최저임금법이 통과된 이후에도 비영리 기구는 최저임금보다 낮게 임금을 주는 것이 허용되었다.) 폐품 거래 업체들은, 자선단체는 공짜로 기부받는 폐품을 자신들은 돈을 주고 사야 하기 때문에 가격 경쟁에서 밀린다고 불평했다. 또한 자선 활동에 쓰라고 기부한 돈과 물자가 반드시 가난한 사람들을 돕는 데만 쓰이는 것은 아니라는 비판도 있었다.

가장 많은 비판은 〈구세군〉에 쏟아졌다. 초창기에는 언론이 집요하게 〈구세군〉을 물고 늘어졌고, 〈구세군〉 병사들은 그들이 구원하고자 하는 사람들과 경찰에게 종종 폭력을 당했다. 1890년에 『암흑의 영국에서』가 출간되자, 영국의 저명한 학자들이 부스의 "사회적 계획안"을 비판하고 나섰다. 불가지론자이자 진화생물학자인 토머스 헉슬리Thomas Huxley, 번역가

이자 철학자인 버나드 보산케Bernaed Bosanquet, 공산주의 단체인 〈영국 사회
민주연맹〉을 결성한 헨리 메이어스 하인드먼Henry Mayers Hyndman, 〈런던
자선단체협회〉 사무국장이던 찰스 스튜어트 로치Charles Stewart Loch 등이 그
러한 사람들이었다. 『타임즈』에 시리즈로 실린 기고문(나중에 책으로도 나왔
다.)에서 헉슬리는 부스를 독재자라고 표현했다. "영혼 구제 기관의 번영과
영광이 영혼을 구제하는 수단이 아니라 목적이 되었다"며 헉슬리는 〈구세
군〉이 "맹목적 복종으로 지탱되는 조직적 폭력"이고 "종교의 거죽을 뒤집
어썼지만 독재적인 사회주의"라고 비난했다. 무엇보다도 헉슬리는, 부유
한 사람들에게 그들이 기부한 돈을 〈구세군〉이 제대로 쓸 것이라고 믿지
말라고 경고했다.[81]

　유력 인사들로 구성된 한 위원회에서 〈구세군〉의 명예를 회복시켜 주는
조사 보고서를 내놓기도 했지만, 1906년에 런던과 뉴욕에서 존 맨슨John
Manson의 『구세군과 대중The Salvation Army and the Public』이라는 책이 나오자
논란이 더 불거졌다. 맨슨은 〈구세군〉을 "거대한 투자 비즈니스"라고 부르
면서 재무 보고서가 부적절해서 투자나 기부를 하려는 사람들이 〈구세군〉
의 활동을 잘 파악할 수가 없다고 지적했다. 또한 〈구세군〉이 다른 기업들
보다 낮은 임금을 지불함으로써 임금과 가격 모두를 내리누르는 압력으로
작용한다고 주장했다.[82]

　1909년 컬럼비아 대학에 다니던 에드윈 기포드 램Edwin Gifford Lamb은 맨
슨이 지적한 내용을 조사해 학위 논문을 썼다. 에드윈 기포드 램은 〈구세
군〉의 종교적 색채에 대해서는 비판적이었지만, 〈산업의 집〉 활동과 〈구세
군〉이 빈민가에서 벌이는 대부분의 활동에 대해서는 대체로 긍정적인 입
장이었다. 하지만 램은 이러한 활동의 의미가 〈구세군〉의 비즈니스 중심적
사고에 의해 퇴색된다고 지적했다. 이를테면 수익을 잘 내지 못하는 〈산업

의 집〉은 가난한 사람들에게 도움이 되고 있더라도 문을 닫거나 이사를 가야 했다. 램은 〈구세군〉이 훌륭한 사회사업을 하고 있기는 하지만, 비판자들이 언급하는 문제들 역시 일반적으로 사실이라고 결론 내렸다. 〈구세군〉 운동이 "땅에 떨어진 인간 존엄성을 끌어올린다는 원래의 목적과, 비즈니스 기업으로 수익을 내며 존속 · 확장해야 한다는 경제적 목적 사이에서 떠돌고 있다"는 것이었다. 〈구세군〉은 다른 단체와 협동하기를 거부했고, 재무 상황과 거래 내역을 대중에게 공개하지 않았고, 회계 보고서에서 재무 성과를 부정확하게 밝혔고, 잘 운영되는 사회사업을 통해 모은 돈을 종교적인 선전을 위해 사용했고, 중앙집권적이고 군대식인 지도부는 내부 분열과 같은 "심각한 결과들"을 초래했다. 그러한 분열의 예로는 윌리엄 부스의 아들과 며느리가 반발을 일으킨 것이 대표적인데, 그들은 결국 〈구세군〉을 떠나 〈미국 의용군Volunteers of America〉을 창설했다.[83]

램은 〈구세군〉이 가격을 낮게 치고 들어오는 것에 대해 폐품 거래 업체들이 분개할 만하다고 언급했다. 램에 따르면 〈구세군〉 장교들은 자신들의 상점에서 판매하는 물건의 가격을 시세보다 낮게 매긴다고 인정하면서 이를 "(오히려) 폐품 거래 업체들이 가난한 사람들의 돈을 등쳐먹고 있는 것"이라고 정당화했다. 램은 또한 〈구세군〉 장교들이 종이나 넝마는 낮은 가격으로 밀고 들어오지 않는다고 주장했지만, 이 주장을 액면 그대로 믿기는 어렵다고 지적했다. 1912년에 어느 폐품 거래인이 말했듯이, 〈구세군〉과 기타 교회 단체들은 공짜로 기부 받은 물건들을 싸게 팔아서 "넝마와 폐지 업계에 큰 위협"이 되었다. 이 폐품 거래인은 "자선단체에 기부하는 사람들은 그 물건들이 직접적으로 가난한 사람들을 돕는 데 모두 쓰이는 줄 알고 매년 수천 달러어치씩 기부하지만, 실상 그 단체들은 그것을 팔아서 폐품 거래 업계에 속해야 마땅할 이득을 챙긴다"고 불만을 토로했다.[84]

여러 비판들이 제기되었지만, 〈구세군〉은 일반적으로 사람들의 지지를 얻었다. 술집에서 종교 예배를 열어 주는 등 빈민가에서 벌이는 활동을 보고 사람들은 구세군이 밑바닥의 사람들에게 진심 어린 관심을 갖고 있다고 생각했다. 구세군의 활동은 가난한 사람들에게 적선을 할 것이 아니라 그들이 스스로를 돕는 법을 (강제적으로라도) 배울 수 있게 해야 한다는 개념과 부합되었다. 종교를 사회 개혁과 결부시키고자 했던 더 포괄적인 개신교 운동은 〈구세군〉의 활동에 종교적인 후원이 되어 주었다. 1886년 뉴욕의 목사들은 "〈구세군〉은 뉴욕과 미국의 모든 기독교 교회가 공감할 만한 가치를 가지고 있다"고 주장했다. 7년 뒤 회중교회파 목사이자 사회비평가인 조사이어 스트롱Josiah Strong은 많은 수의 "도둑, 도박꾼, 술주정뱅이, 매춘부"가 "〈구세군〉의 영웅적인 믿음과 노력을 통해서" 구원되었다고 언급했다. 19세기 말과 20세기 초의 〈구세군〉 문헌들을 보면 주지사, 신문 편집자, 성직자, 유명한 기업인 등에게 받은 감사장이나 표창장의 내용이 많이 나온다. 이를테면 1903년의 〈구세군〉 문헌에는 한 신문 기사가 인용되어 있는데, 그 기사에는 "한때 불신의 눈초리를 받고 놀림감이 되었던 〈구세군〉은 꾸준하고 우직하게, 지치지 않고 자선사업을 벌여 나감으로써 처음에 구세군을 비난했던 사람들조차 칭찬과 존경을 표하지 않을 수 없게 만들었다"고 쓰여 있었다. 1920년이 되면 한때 널리 퍼졌던 비판은 잊혀지고, 〈구세군〉은 1906년 샌프란시스코 지진 때 벌인 구호 활동과, 1차 대전 중 주방, 병원, 구급차 등을 지원하며 벌인 활동 등으로 사람들의 기억 속에 남게 된다.[85]

〈구세군〉에 쏟아졌던 비판은 폐품 활동을 벌이는 다른 자선단체들에게 반면교사가 되어 주었다. 에드거 제임스 헬름스는 〈굿윌〉의 활동으로 번 돈이 교회 운영에 쓰이지 않아야 한다고 주의를 주었다. 또한 유대인이나 가톨릭에서 기증받은 것을 팔아서 번 수익으로 감리교 목사의 봉급을 주어서도 안 된다고 지적했다. 가난한 사람들을 도우라고 기증하는 헌 옷가지는 가난한 사람들을 돕는 데 쓰여야 마땅하다는 것이었다. 하지만 〈굿윌〉은 그곳에서 일하는 사람들에게 최저임금보다 낮은 보수를 준다는 비판에서는 자유롭지 않았다.(이것은 다른 단체도 마찬가지였다.) 실제로 〈굿윌〉은 비영리 단체에는 최저임금법이 적용되지 않는다는 점을 십분 활용해 임금을 낮게 유지했으며, 부적절하게 낮은 임금 때문에 사람들이 금방 떠났다. 예를 들면, 보스턴에 있었던 넝마 분류 및 직조 공장은 채용 규모가 2백 명이었는데, 1년 동안 거쳐 간 사람들의 연인원은 3천 명이나 되었다. 1921년에 열린 〈굿윌〉 전국 회의에서 남부 캘리포니아 지부 담당자는, "최저임금과 관련해 비판이 제기됐지만 〈캘리포니아 산업복지위원회〉는 〈굿윌〉이 비영리 자선 기업으로서 최저임금 준수 의무에서 면제된다는 판결을 내렸다"고 보고했다.[86]

전쟁 시기의 쓰레기와 평화 시기의 쓰레기

계속 증가하던 쓰레기의 양이, 미국이 1차 대전에 참전했던 짧은 기간 동안에는 감소했다. 물가는 비쌌고, 재사용을 촉구하는 물자 절약 운동이 벌어졌으며, 노동력 부족 때문에 도시 당국의 쓰레기 수거도 축소됐다. 수거되는 1인당 쓰레기의 양은 10퍼센트가량 줄었다. 많은 도시에서 음식 쓰레기를 돼지 먹이로 사용하는 등 물자 절약에 중심을 둔 쓰레기 처리 방식을 도입했지만, 이미 가정에서 최대한 아끼고 난 뒤라 수거된 쓰레기에서 건질 만한 것은 별로 많지 않았다. 예를 들면, 사람들이 고기를 덜 먹었기 때문에 감소 공장에서 추출되는 기름의 양이 30퍼센트나 줄었다.[87]

정부는 가정에서의 재활용과 분리수거를 권장하기는 했지만 의무화하지는 않았다. 1차 대전 중에는 배급제가 도입되지도 않았고 고철 수집 운동이 벌어지지도 않았다. 이는 미국이 참전한 기간이 짧았기 때문일 것이다. 그러나 〈상공이사회Commercial Economy Board〉(나중에 〈전시산업위원회〉의 '물자절약부'가 된다.)가 기업을 대상으로 도입한 물자 절약 조치는 소비자들에게도 영향을 미쳤다. 경영 이론가 아치 쇼Arch W. Shaw가 제창한 개념을 바탕으로, 〈상공이사회〉는 기업이 제품의 스타일, 종류, 크기, 색상 등을 줄이도록 하는 표준화를 주도했다. 대부분의 업계에서 표준화는 기업 재정에 크게 도움이 되었다. 제품의 종류가 적으면 생산과 유통 과정을 단순화할 수 있기 때문이다. 287가지에 달하던 자동차 타이어는 2년 만에 9종으로 줄었고, 326종류나 되던 강철 쟁기는 75종으로 표준화되었다. 타자기에 들어가는 띠지는 원래 150가지 색상이나 있었지만 이제 5종만이 생산되었다. 고무로 코팅한 비옷은 아예 생산이 중단되었다. 의류 업체들은 직물 사용을 최소화하기 위해 모델과 디자인의 수를 제한했는데, 디자인에서 불필요한 장식을 피하고 원모보다는 재생 쇼디를 사용하며 가벼운 직물을 사용하도록 권장되었다. 나중에 〈국가방위협의회〉의 소장이 주장한 바에 따르면, 1918년에 미국 정부는 프랑스 대사를 불러서 직물을 적게 사용하는 디자인을 만들도록 파리의 디자이너들을 설득할 방법을 강구해 달라고 요청했다고 한다.[88]

허버트 후버 대통령, 식품국, 농무부, 〈국가방위협의회〉가 합동으로 진행한 식품 절약 운동은 이 운동에 참여함으로써 전쟁 수행 노력에 동참하라고 여성들을 독려했다. 농무부 장관은 소책자에 쓴 글에서 이렇게 호소했다. "가정을 떠나 전장에서 부상자를 간호하고 돌보는 여성들이 분명 명예로운 일을 하고 있지만, 종군 간호사가 아니라고 해서 애국적인 복무에서 면제된다고 생각하면 안 된다. 가정에 있는 여성들이 식품 절약이라는 중대한 문제에 진심으로 마음을 쏟고 집에서 할 수 있는 근검절약 방법을 익혀 실천한다면, 주부의 앞치마도 종군 간호사 제복 못지않은 유니폼으로 여겨지게 될 것이다."[89]

후버 대통령도 직접 나서서 미국인들에게 밀과 고기를 먹지 말고, 설탕 소비를 줄이며, 곰팡이 핀 빵도 다시 구워 먹고, 버려지는 기름을 활용해 비누를 만들도록 독려했다. 1917년에 진행된 두 차례의 서약 운동 기간 동안 50만 명의 사람들이 집집마다 돌아다니면서 주부들에게 "우리집 살림을 내 환경이 허락하는 한 식품국이 제공한 지침과 조언에 맞게 수행할 것을 약속한다"는 서명을 받았다. 서약 캠페인은 극장의 '4분 연사'(영화 상영 전에 짧은 공보 연설을 해 주는 자원 봉사자)들에 의해서도 진행되었다. 캔 식품 소비를 절반이나 줄여야 한다는 것을 꺼려하거나 정부가 자신의 부엌 살림에까지 지나치게 간섭한다고 생각하는 개인들의 저항이 있었고, 반전反戰 사회주의자들과 독일인 이민자들의 정치적인 반대도 있었지만, 천만 명 이상의 여성이 여기에 서명을 했다. 서명을 한 여성에게는 옷에 달 배지와 창문에 붙일 카드가 지급됐다.[90]

농무부는 『식품 절약 시리즈Food Thrift Series』라는 소책자를 발간했는데, 여기에는 음식을 보존하는 원리, 텃밭 가꾸기, 병조림하기, 조리법 등이 담겨 있다. 이 소책자는 미국의 가정이 연간 7억 달러어치의 식품을 버리고 있다고 지적했다. 제대로 보관하지 않아 음식을 상하게 만들어 버리고, 조리할 때 태우거나 설익혀서 음식을 못 먹게 만들어 버리며, 식재료를 준비하는 과정에서 음식을 낭비해 버리고, 먹고 남은 음식은 잘 처리할 방법을 몰라서 버린다는 것이었다. 『식품 절약 시리즈』는 음식을 서늘한 곳에 덮개를 덮어서 보관하고 쥐나 족제비가 닿지 않는 곳에 두라고 조언했다. 또 남은 음식으로 수프나 스튜를 끓이는 법, 곰팡이 핀 빵을 요리에 활용하는 법, 탈지유로 커티지 치즈 만드는 법 등의 조리법도 제공했다.[91]

전쟁 중에 발간된 요리책들도 비슷한 지침을 담고 있다. 앨리스 깃첼 커크Alice Gitchell Kirk의 『실용적인 식품 경제Practical Food Economy』(1917)는 「기름을 하나도 낭비하지 마세요!」라는 훈계조의 섹션을 담고 있는데, 〈국가방위 농업위원회〉 오하이오 지부가 발간한 책자를 기초로 만든 내용이었다. 에밀리 홀트의 『완벽한 주부』 1917년 개정판은 일반적인 해시와 크로켓 조리법을 제공하면서 "밀 절약 빵"을 만드는 법도 설명했다. 유럽 주부들은 남은 음식으로 맛있고 영양가 있는 음식들을 만드는 법을 알고 있는데 미국 주부들은 그렇지 못하다는 오래된 지적이 이 책에도 나온다.(당시에는 전쟁 때문에 미국과 유럽의 생활 습관 차이가 더 극적이고 극명하게 여기저기서 언급되었다.) "미국의 한 가정이 버린 음식으로 유럽의 한 가정이 잘 먹을 수 있으리라는 것은 정말로 상식이다."[92]

절약 캠페인의 또 다른 주제는 의류였다. 농무부 장관은 『식품 절약 시리즈』 소책자 중 하나에서, 직물도 농업 생산품이라는 점을 짚으며 이렇게 지적했다. "옷가지가 불필요하게 버려진다는 것은, 누군가를 따뜻하게 해 줄 수 있는 유용한 자원이 일시적인 유행만을 위해 소비되었다는 것을 의미한다. 현 시기에 여성들은 옷가지들을 더 실용적인 관점으로 다루어야 할 것이다." 그리고 이런 경고로 끝을 맺었다. "절약을 강제가 되지 않게 하려면 유행이 되게 하자." 그러나 이러한 위협은 (효과가 하나도 없었다고까지는 할 수 없겠지만) 이미 소비문화의 습관에 익숙해진 소비자들에게 크게 영향을 주지는 못했다.[93]

상무부는 전쟁 후에도 재활용을 이어 가기 위한 계획들을 내놓았다. 〈미국 폐품 재활용 사업부〉가 정부 부서와 〈구세군〉, 〈상공회의소〉, 〈미국 노동총연맹〉과 같은 단체들과 함께 지역별로 〈폐품 재활용 협의회〉를 설립한다는 것이었다. 계획에 따르면 이 협의회를 통해 종이, 헌 모직물, 고무, 면, 가죽, 각종 고철 금속을 모으며, 폐품 거래 업체들에게는 그들이 협력한다면 적절한 가격 유지를 보장해 주는 것으로 되어 있었다. 또 전쟁이 끝나도 "폐품을 낭비하지 마세요, 모으세요!"라는 구호 아래 대규모의 회합과 대중 교육 활동을 지속한다는 내용도 담겨 있었다.[94]

하지만 이러한 계획은 제대로 실행되지 못했다. 전쟁 중에 행했던 절약 방식을 평화 시에도 적용하려는 여러 계획들이 나왔지만, 미국인들은 곧 소비문화와 버리는 문화로 되돌아갔다. 전쟁이 방향을 잠깐 돌려놓는가 싶었지만, 위기는 지나갔다. 중산층의 쓰레기 배출은 다시 상향 곡선을 그리기 시작했고 도시 당국의 수거 및 처리 시스템도 본궤도로 돌아왔다. 〈굿윌〉과 〈구세군〉의 활동은 번창했고, 재사용과 재활용은 가난한 사람들과 관련된 이야기라는 관념이 굳게 뿌리 박혔다. 뉴욕 주 뉴버그의 폐품 거래인 패트릭 하트Patrick Hart는 1923년에 잡지 기자와의 인터뷰에서 폐품 거래인이 다루는 가정 폐기물의 대부분은 시골 여성과 이민자들에게서 나온다고 말했다. 하트는 기업체들과의 거래에 더 집중하기 위해 이미 수십 년 전에 가정집들을 돌며 폐품 모으는 것을 중단한 터였다.[95]

〈구세군〉의 소책자들은 사람들에게 집을 구석구석 잘 살펴서 기부할 만한 폐품이 방치되어 있지 않은지 보라고 촉구했다. 1926년에 발간된 소책자에서는 이렇게 호소하고 있다. "쓰레기통에 헌 신문지가 있거나, 안 입는 옷이 옷장 구석에서 좀벌레만 불러들이고 있거나, 거의 망가진 의자가 기우뚱한 채 구석에 놓여 있다고요? 〈구세군〉 연금술사의 손을 거치면 이것은 밑바닥에 가라앉은 사람들이 늪지 같은 처지에서 벗어나는 데 도움을 줄 수 있을 거예요." 누구나 그런 물건을 가지고 있었다. 여기에서 핵심은 어떤 물건이 어딘가의 누군가에게는 가치가 있지만 중산층 가정에서는 가치가 없는 것으로 규정된다는 것이었다. 그래서 〈구세군〉 소책자는 〈구세군〉에 기증하는 폐품들이 쓰레기이기도 하지만(이미 쓰레기통에 있거나, 옷장 속에서 삭아 가고 있거나, 기우뚱한 채 놓여 있다.) 동시에 쓰레기가 아니기도 하다고(좀벌레를 "불러들이지만" 좀벌레에게 먹히지는 않았고, "거의 망가졌지만" 완전히 못 쓰게 되지는 않았다.) 표현하고 있는 것이다.

프레더릭 부스 터커가 썼던 초기 글에 드러나는 것과 마찬가지로, 이러한 표현은 "버려진 물건들"과 "버려진 인생들"을 연결시키고 있다. 〈구세군〉 소책자는 루비와 다이아몬드가 진흙과 검댕에서 나오듯이, "하나님과 인류의 사랑은 인간성의 남루함에서 귀중하고 가치 있는 성품을 끌어낸다"고 주장했다. 그러면서 이 소책자는 그다지 전형적이라고는 볼 수 없는 사례를 들고 있다. "태생이 좋고 교육도 잘 받은 남자가" 음식물 쓰레기통을 뒤지고 있는 것을 〈구세군〉 사람이 보고서 〈산업의 집〉으로 데리고 왔더니 곧 자신의 원래 모습을 되찾더라는 것이다. 그 남자의 아버지 친구이자 예전 고용주였던 사람이 남자가 달라졌다는 이야기를 듣고 다시 일자리를 주겠다고 했지만, 그는 〈구세군〉 활동가로 남기를 선택했다고 한다.[96]

상점에서 나오는 수입을 늘리기 위해 〈구세군〉은 현대적인 판촉 기법을 도입했다. 1909년 이전에 이미 각 상점은 매장별로 조직되지만, 이제는 옷들을 잘 거는 법, 물건들을 선반에 잘 전시하는 법, 가장 많은 돈이 되어 줄 가구들을 모아 오는 일 등에 초점이 맞추어졌다. 예전 같으면 넝마로 팔렸을 헌 옷 중 일부는 판매용으로 분리되었다. 〈구세군〉은 뉴욕에 서점도 열었다. 뉴욕에서는 일반 소비재를 파는 잡화점도 35개나 운영되고 있었다. 1929년이 되면 미시시피 동부의 〈산업의 집〉에서는 폐지 수입보다 〈구세군 상점〉에서 나오는 수입이 더 많아진다. 하지만 남부에서는 성공적으로 수익을 내는 〈산업의 집〉이 거의 없었다. 대부분의 백인 중산층은 안 쓰는 물건이나 헌 옷을 (임금을 적게 주는 대신) 흑인 가정부에게 주거나 팔았기 때문이다. 게다가 남부에서는 폐지 거래 시장이 형성되어 있지 않아서, 오래된 신문을 모아도 수입이 되지 못했다.[97]

　　1920년대 중반이 되면 〈굿윌〉은 26개 도시에서 운영되면서 연간 1만 5천 명에서 2만 명(이들 대부분은 노인이나 장애인이었다.)에게 일자리를 제공했으며, 약 50만 가구가 굿윌 주머니에 헌 물건을 기증했다. 그리고 역시 비슷한 숫자의 가정이 〈굿윌〉 상점에서 물건을 샀다. 보스턴에서는 트럭이 정기적으로 돌면서 60개 마을 10만여 가정에서 폐품을 수거했고, 〈굿윌〉 공장에서는 일꾼들이 넝마와 폐지를 열네 등급으로 분류하고 낡은 헝겊으로 새 옷을 만드는 일을 했다. 〈남부 캘리포니아 굿윌〉은 특히 성장세가 두드러졌는데, 1920년에는 9천5백 개의 '굿윌 주머니'를 수거하던 것이, 1929년에는 21만 8천 개로 늘었다. 매출도 1919년 8천7백 달러에서 약 10년 후에는 25만 달러 이상으로 늘었다.[98]

　　각 지역의 〈굿윌〉 지부는 물건들을 수집하고 처리하는 새로운 방법들을 속속 시도했다. 한 도시에서는 보이스카우트가 하루 3천 개의 가정에 주머니를 배포했고, 다른 곳에서는 〈굿윌〉의 여성 분회가 주머니를 배포했다. 어떤 곳들에서는 거울에 은도금을 하고 냄비와 주전자를 수리하는 '양철 공방'을 운영했다. 저지 시티에서는 이탈리아 이민자 여성들이 작업장에서 "15세기, 16세기 이탈리아 리넨을 고스란히 재현한" 직물을 만들었다. 〈남부 캘리포니아 굿윌〉에서는 낡은 면 셔츠로 속옷 바지를 만들고, 좋은 직물 조각들로 아기 모자를 만들고, "지금은 유행이 지난 넓은 삼각형 옷깃 치마로" 남자아이의 양복을 만들었다. 가정의 침모들은 만들다 망친 의류나 재단하고 남은 직물들을 보내 오기도 했다. 그리고 〈구세군〉과 마찬가지로 〈굿윌〉도 현대적인 비즈니스 방식, 마케팅 회의, 판촉 사원을 위한 교육 등을 도입해서 상점 운영을 현대화했다.[99]

1922년의 전국 대회에서는 (헌 물건을 수리하는 것 이외에) 물건을 직접 제조하는 공장과 종이 공장을 설립하자는 의견이 승인되었다. 남자아이들의 양복, 어른 남성 바지 등과 같이 헌 옷으로 기증되는 경우가 많지 않은 옷은 직접 만들고, 깔개 공장과 쇼디 공장을 지어 넝마를 팔지 말고 직접 활용하자는 의견도 나왔다. 헌 구두의 사용에 대해서는 의견이 분분했는데, 볼티모어는 구두를 중동에 기증했고, 세인트루이스는 포대 단위로 포장해서 팔았으며, 버팔로는 〈어린이를 위한 감리교회의 집〉에 연료로 제공했고, 클리블랜드는 수선하지 않은 상태로 한 켤레에 20센트에 팔았다.[100]

폐품 활용 단체들이 성장하고 제도화되면서 결점도 생겨났다. 1921년 사업의 침체기 동안 밀워키의 〈생뱅상드폴〉 폐품 사무국은 폐품을 많이 수거하지 못한데다가 폐품의 시장 가격도 떨어져서 곤란을 겪었다. 연례 보고서는 "(상황이 그런데도) 우리는 뜻있는 일에 동참하고자 하는 후원자들을 실망시키지 않기 위해 그것들을 여전히 계속 모아야 한다"고 불평했다. 하지만 영업 상황은 곧 회복되었다. 〈굿윌〉, 〈구세군〉과 마찬가지로 〈생뱅상드폴〉은 1920년대에 성업을 이뤘다. 1924년에 밀워키의 〈생뱅상드폴〉은 창고와 가구 수리 작업장, 소매 점을 갖춘 새로운 건물을 열게 된다. 이듬해에는 상점 2호점을, 그 다음해에는 3호점을 열었다. 밀워키 사무국은 "8208번으로 전화하세요. 그러면 폐품 사무국의 트럭이 달려갈 겁니다"라고 광고했다.[101]

사람들의 지지를 얻고 법적인 보호도 받으면서 자선단체들은 사람들이 원치 않는 물건들을 처리하는 중요한 수단이 되어 주었다. 남부 캘리포니아에서는 적어도 34개의 자선단체가 폐품을 모으러 다녔다. 한때는 헌 옷과 가구를 어떻게 고쳐 만들고 어떻게 집에서 재사용할 것인지를 알려 주었던 가사 지침서들은, 이제 그것들을 팔거나 기증하라고 조언했다. 1923년에 초판이 출간된 후 대학의 가정경제학 교재로 널리 쓰였던 벤자민 앤드류스Benjamin R. Andrews의 『가정경제학Economics of the Household』은 모든 폐기물은 어떤 식으로든 누군가가 사용할 수 있다며, 원치 않는 물건들은 "〈구세군〉의 산업 부서와 같은 자선단체에" 기증하는 방법이 있다고 조언했다. 기증할 수 없을 정도의 쓰레기만 도시 당국의 쓰레기 수거를 통해 버려야 하는데, 이것도 "그 폐기물에 담긴 마지막 가치를 다 뽑아낼 수 있는 방식으로 다뤄야 한다"고 했다. 컬럼비아 대학 교육대학원(당시 '가정경제학' 과정으로 매우 저명하던 학교였다.) 교수였던 앤드류스는 원치 않는 물건을 팔라고 조언하기도 했다. 기업체들이 폐기물을 팔아서 돈을 벌려고 노력하듯이, 가정도 그래야 한다는 것이었다. 한 가지 예외는 의류였다. 앤드류스는 헌 옷을 재활용해야 할 "사회적인 책임"이 있지만 그것들의 경제적 가치를 되살려야 할 모든 이유에도 옷가지를 파는 것에 대해서는 일종의 금기와 같은 "이상한 감정"이 있다고 언급했다. 앤드류스는 그런 경우에는 자선 기관에 주는 것(교회에서 때때로 열리는 바자회든, 아니면 〈굿윌〉이나 〈생뱅상드폴〉의 상점 같은 곳이든)이 매우 적절한 방법이라고 말했다.[102]

앤드류스는 『가정경제학』에서 전후의 번영기에 어울리는 재사용의 모델을 제시했다. 나무로 된 짐짝 상자와 바구니가 도시의 쓰레기장에 버려지는 것을 개탄하면서, 앤드류스는 "적어도 그것들을 불쏘시개나 독립기념일의 어린이 행사에라도 사용해야 한다"고 말했다. 또 "소풍에서 쓸 모닥불용으로 낡은 나무 상자들을 포드 자동차에 싣고 가는 것"을 묘사하면서, 앤드류스는 가정 쓰레기들이 오락과 레크리에이션을 위한 연료로 "영혼을 고양하는" 목적에 사용될 수 있을 것이라고 언급하기도 했다.[103]

1. Editorial Board of the University Society, *Save and Have, a Book of 'Saving Graces' for American Homes* (New York: University Society, 1919), pp. 105, 108, 121.

2. *Harper's Household Handbook: A Guide to Easy Ways of Doing Woman's Work* (New York: Harper, 1913), p. 108; Emily Holt, *The Complete Housekeeper* (Garden City: Doubleday, Page, 1917), pp. 40~41, 380, 382; Mrs. Julia McNair Wright, *The Complete Home: An Encyclopedia of Domestic Life and Affairs* (Philadelphia: J.C. McCurdy, 1879), pp. 56~57.

3. S. Maria Elliott, *Household Hygiene* (Chicago: American School of Home Economics, 1907), pp 115~116 (part of a "complete home study course", the Library of Home Economics, with volumes by Ellen Richards, Mary Hinman Abel, Isabel Bevier, and Anna Barrows, among other distinguished home economists); Helen Kinne and Anna M. Cooley, *Shelter and Clothing: A Textbook of the Household Arts* (New York: Macmillan, 1913), pp. 327~331. On home economics, see Susan Strasser, *Never Done: A History of American Housework* (New York: Pantheon, 1982), pp. 202~213; Carolyn Goldstein, "Mediating Consumption: Home Economics and American Consumers, 1900~1940", Ph.D. dissertation, University of Delaware, 1994.

4. Rocco Corresca, "The Biography of a Bootblack", *Independent*, Dec. 4, 1902, p. 2865.

5. S. M. Hunt, "Old Days in the Rag Trade", *Paper Trade Journal*, July 11, 1912, p. 60.

6. Robert A. Slayton, *Back of the Yards: The Making of a Local Democracy* (Chicago: University of Chicago Press, 1986), p. 28; David Nasaw, *Children of the City: At Work and at Play* (Garden City, NY: Anchor, 1985), p. 88; Harry H. Grigg and George E. Haynes, *Junk Dealing and Juvenile Delinquency*, text by Albert E. Webster (Chicago: Juvenile Protective Association, [1919?]); Benjamin R. Andrews, *Economics of the Household: Its Administration and Finance* (New York: Macmillan, 1923), pp. 421~422.

7. Henry Mayhew, *London Labour and the London Poor: A Cyclopedia of the Condition and Earnings of Those That Will Work, Those That Cannot Work, and Those That Will Not Work*, 4 vols., 1861~1862 (New York: Dover, 1968); George G. Foster, *New York by Gas-Light and Other Urban Sketches*, 1850, ed. Stuart M. Blumin (Berkeley: University of California Press, 1990), p. 189; Charles Loring Brace, *The Dangerous Classes of New York, and Twenty Years' Work among Them* (New York: Wynkoop & Hallenbeck, 1872), pp. 152~153; Frank Norris, *McTeague: A Story of San Francisco*, 1899 (New York: Penguin, 1982), p. 81.

8. Lyman Horace Weeks, *A History of Paper-Manufacturing in the United States, 1690~1916* (New York: Lockwood Trade Journal, 1916), p. 68n; Charles Dawson Shanley, "The Small Arabs of New York", *Atlantic Monthly*, Mar. 1869, p. 284.

9. Christine Stansell, *City of Women: Sex and Class in New York, 1789~1860* (Urbana: University of Illinois Press, 1987), pp. 50~51, 144n, 205; Jeanne Boydston, *Home and Work: Housework, Wages, and the Ideology of Labor in the Early Republic* (New York: Oxford University Press, 1990), p. 91.

10. James D. McCabe, *New York by Sunlight and Gaslight* (Philadelphia; Douglass Brothers, 1882), pp. 584~585; Jacob August Riis, *The Children of the Poor* (New York: Johnson Reprint, 1970), p. 27. On scow trimming, see Martin V. Melosi, *Garbage in the Cities: Refuse, Reform, and the Environment, 1880~1980* (Chicago: Dorsey, 1981), pp. 71~72.

11. *Waste Trade Journal, Waste Trade Specifications, Compliments of the Waste Trade Journal* (New York: Atlas, n. d.), passim.

12. National Association of Waste Material Dealers, *Fifteenth Anniversary Blue Book, 1913~1928* (New York: National Association of Waste Material Dealers, 1928), pp. 9. 17~19, 47~49; *Waste Trade Journal, Waste Trade Specifications, 1917* (New York: Atlas, 1917), pp. 13~14.

13. Carl Bridenbaugh, *Cities in the Wilderness: Urban Life in America, 1625~1742* (New York: Capricorn, 1964), p. 18; "One Alley's Trash Is a Treasure to Archaeologists at Mall Dig", *Washington Post*, Nov. 9, 1994, p. C1.

14. John Duffy, *The Sanitarians: A History of American Public Health* (Urbana: University of Illinois Press, 1990), pp. 69, 86; Judith Walzer Leavitt, *The Healthiest City: Milwaukee and the Politics of Health Reform* (Princeton: Princeton University Press, 1982), p. 123.

15. Melosi, *Garbage in the Cities*, pp. 20~21; Leavitt, *Healthiest City*, p. 4.

16. Leavitt, *Healthiest City*, pp. 4, 125~126; "Disposal of Refuse in American Cities", *Scientific American*, Aug. 29, 1891, p. 136 (reprint of articles originally published in *Sanitary News*).

17. "Disposal of Refuse in American Cities", p. 136.

18. Daniel Eli Burnstein, "Progressivism and Urban Crisis: The New York City Garbage Workers' Strike of 1907", *Journal of Urban History* 16 (Aug. 1990), p. 400; Civic Improvement League of Saint Louis, Public Sanitation Committee, *Disposal of Municipal Waste*, St. Louis, 1906, p. 2. See also David Ward, *Poverty, Ethnicity, and the American City, 1840~1925: Changing Conceptions of the Slum and the Ghetto* (Cambridge: Cambridge University Press, 1989), p. 31; Elizabeth Fee and Steven H. Corey, *Garbage! The History and Politics of Trash in New York City* (New York: New York Public Library, 1994), p. 24.

19. Suellen Hoy, *Chasing Dirt: The American Pursuit of Cleanliness* (New York: Oxford University Press, 1995), pp. 74~75, 81. See also Melosi, *Garbage in the Cities*, pp. 35~36, 122ff.; Suellen Hoy, " 'Municipal Housekeeping': The Role of Women in Improving Urban Sanitation Practices, 1880~1917", *Pollution and Reform in American Cities, 1870~1930*, ed. Martin V. Melosi (Austin: University of Texas Press, 1980), pp. 173~198.

20. Jane Addams, *Twenty Years at Hull-House*, introd. and notes by James Hurt (Urbana: University of Illinois Press, 1990), pp. 164~167.

21. Helen Campbell, *Household Economics: A Course of Lectures in the School of Economics of the University of Wisconsin* (New York; G.P. Putnam's, 1896), pp. 200~202, 205~206; Kinne and Cooley, *Shelter and Clothing*, p. 48.

22. Quoted in Daniel Thoreau Sicular, "Currents in the Waste Stream: A History of Refuse Management and Resource Recovery in America, M.A. thesis, Department of Geography, University of California, Berkeley, 1984, pp. 39~40.

23. Gwendolyn Wright, *Building the Dream: A Social History of Housing in America* (New

York: Pantheon, 1981), p. 173.

24. Burnstein, "Progressivism and Urban Crisis", p. 387; H. de B. Parsons, *The Disposal of Municipal Refuse* (New York: John Wiley, 1906), p. 27; Civic Improvement League of Saint Louis, *Disposal of Municipal Waste*, p.5.

25. John McGaw Woodbury, "The Wastes of a Great City", *Scribner's Magazine*, Oct. 1903, p. 396; George E. Waring, Jr., "The Disposal of a City's Waste", *North American Review*, July 1895, p. 55; Melosi, *Garbage in the Cities*, pp, 24~25. See also Joel A. Tarr, "Urban Pollution-Many Long Years Ago", *American Heritage*, Oct. 1971, pp. 65~69, 106.

26. Rudolph Hering and Samuel A. Greeley, *Collection and Disposal of Municipal Refuse* (New York: McGraw-Hill, 1921), p. 37; Melosi, *Garbage in the Cities*, p. 160.

27. For a similar argument about how New York's size and density influenced the national debate about housing conditions, see Ward, *Poverty*, pp. 61, 79.

28. E. R. Conant, "Refuse Disposal in Southern Cities with Particular Reference to Savannah, Ga., and Its New Incinerator", *American Journal of Public Health* 5 (Sept. 1915), p. 905; "Disposal of Refuse in American Cities", p. 136.

29. Leavitt, *Healthiest City*, pp. 124, 135; Woodbury, "Wastes of a Great City", p. 399.

30. Conant, "Refuse Disposal in Southern Cities", p. 904; Melosi, *Garbage in the Cities*, p. 167.

31. Waring, "Disposal of a City's Waste", p. 54; Leavitt, *Healthiest City*, p. 129; Melosi, *Garbage in the Cities*, pp. 165~166.

32. Melosi, *Garbage in the Cities*, pp. 168~169; Sicular "Currents in the Waste Stream", p. 61; "Cremating Garbage", *American Architect and Building News*, Mar. 11, 1893, p. 155; Woodbury, "Wastes of a Great City", p. 396.

33. Helen Campbell, "As to Ashes and Rubbish", *American Kitchen Magazine* 12 (Aug. 1900), pp. 174~176.

34. Woodbury, "Wastes of a Great City", pp. 388~390, 395.

35. Sicular, "Currents in the Waste Stream", p. 76; Melosi, *Garbage in the Cities*, p. 157. On civic groups, see Melosi, *Garbage in the Cities*, pp. 105~106.

36. U.S. Food Administration, *Garbage Utilization: With Particular Reference to Utilization by Feeding* (Washington: GPO, 1918), pp. 8, 12; Melosi, *Garbage in the Cities*, p. 170; Hering and Greeley, *Collection and Disposal*, pp, 41, 258; U.S. Department of Agriculture, *Feeding Garbage to Hogs*, Farmers' Bulletin 1133, Aug. 1920.

37. Food Administration, *Garbage Utilization*, p. 11; see also Department of Agriculture, *Feeding Garbage to Hogs*, p. 6.

38. Waring, "Disposal of a City's Waste", p. 50; Woodbury, "Wastes of a Great City", p. 400; Parsons, *Disposal of Municipal Refuse*, p. 23.

39. Parsons, *Disposal of Municipal Refuse*, pp. 22~23; Campbell, "As to Ashes and Rubbish", p. 175; Waring, "Disposal of a City's Waste", p. 50.

40. *Metal Worker* article reprinted in *American Architect and Building News*, June 7, 1884, p. 274; Hering and Greeley, *Collection and Disposal*, pp. 302~307; Woodbury, "Wastes of a Great City", p. 400.

41. "The Destruction of House Refuse", *American Architect and Building News*, Apr. 23, 1887, pp. 197~199.

42. W.F. Morse, "Disposal of Waste at the World's Columbian Exposition", *Science*, Dec. 8, 1893, pp. 316~317. On Morse's work for Engle, see Melosi, *Garbage in the Cities*, p. 173.

43. "Cremating Garbage", *American Architect and Building News*, Mar. 11, 1893, pp. 155~156.

44. Leavitt, *Healthiest City*, pp. 129, 154.

45. Woodbury, "Wastes of a Great City", p. 400; "Destruction of House Refuse", pp. 197~199.

46. [Bruno Terne], "The Utilization of Garbage", *American Architect and Building News*, Sept. 23, 1893, pp. 185~186.

47. See Irwin S. Osburn, "Disposal of Garbage by the Reduction Method", *American Journal of Public Health* 2 (Dec. 1912), pp. 937~942.

48. On meatpackers' byproducts, see William Cronon, *Nature's Metropolis: Chicago and the Great West* (New York: W. W. Norton, 1991), pp. 250~254. On byproduct chemistry more generally, see David C, Mowery and Nathan Rosenberg, *Technology and the Pursuit of Economic Growth* (Cambridge: Cambridge University Press, 1989), pp. 54~57. See also P. L. Simmonds, *Waste Products and Undeveloped Substances: A Synopsis of Progress Made in Their Economic Utilisation during the Last Quarter of a Century at Home and Abroad*, 3rd ed. (London: Hardwicke and Bogue, 1876); Theodor Koller, *The Utilization of Waste Products: A Treatise on the Rational Utilization, Recovery, and Treatment of Waste Products of All Kinds*, 2nd rev. and enl. English ed. (London: Scott, Greenwood, 1915); Henry J. Spooner, *Wealth from Waste: Elimination of Waste a World Problem* (London: G. Routledge, 1918); Frederick A. Talbot, *Millions from Waste* (Philadelphia: J. B. Lippincott ; London: T. F. Unwin, 1920); Arturo Bruttini, *Uses of Waste Material: The Collection of Waste Materials and Their Uses for Human and Animal Food, in Fertilisers, and in Certain Industries, 1914~1922* (London: P. S. King, 1923).

49. Leavitt, *Healthiest City*, p. 132.

50. Sicular, "Currents in the Waste Stream", p. 52; Parsons, *Disposal of Municipal Refuse*, p. 95.

51. Martin V. Melosi, "Sanitary Services and Decision Making in Houston, 1876~1945", *Journal of Urban History* 20 (May 1994), pp. 385, 395.

52. Melosi, *Garbage in the Cities, pp. 161~162; Hering and Greeley, Collection and Disposal*, p. 38.

53. Parsons, *Disposal of Municipal Refuse*, p. 6.

54. Woodbury, "Wastes of a Great City", p. 390.

55. Woodbury, "Wastes of a Great City", p. 398.

56. Jacob A. Riis, *How the Other Half Lives: Studies among the Tenements of New York* ed. Sam Bass Warner (Cambridge: Belknap Press of Harvard University Press, 1970), p. 46.

57. Nasaw, *Children of the City*, p. 98; Ward, *Poverty*, pp. 17~18, 33~34, 77.

58. Leavitt, *Healthiest City*, p. 127.

59. Waring, "Disposal of a City's Waste", pp. 51, 54. See also Sicular, "Currents in the Waste Stream", pp. 33~34.

60. *The Salvation Army in the United States* (New York, 1899), reprinted in Frederick Booth-Tucker, *The Salvation Army in America: Selected Reports, 1899~1903* (New York: Arno, 1972), n. p. See also Madeleine Ginsburg, "Rags to Riches: The Second-Hand Clothes Trade, 1700~1978", *Costume: The Journal of the Costume Society* 14 (1980), p. 130.

61. Lyman Abbott, "The Personal Problem of Charity", *Forum* 16 (Feb. 1894), pp. 666~669.

62. C.K. Jenness, *The Charities of San Francisco: A Directory* (San Francisco: Book Room Print, for the Department of Economics and Social Science, Stanford University, 1894), pp. 17~20, 49.

63. Aaron Ignatius Abell, *The Urban Impact on American Protestantism, 1865~1900* (Hamden, CT: Archon, 1962), p. 119.

64. E. H. McKinley, *Somebody's Brother: A History of the Salvation Army Men's Social Service Department, 1891~1985* (Lewiston, PA: Edwin Mellen, 1986), p. 42; Edward H. McKinley, *Marching to Glory: The History of the Salvation Army in the United States of America, 1880~1980* (San Francisco: Harper & Row, 1980), p. 57; Commander Booth-Tucker, *The Social Relief Work of the Salvation Army in the United States*, Monographs on American Social Economics 20, ed. Herbert B. Adams (New York: League for Social Service, 1900), reprinted in Booth-Tucker, *The Salvation Army in America*, p. 23; Herbert A. Wisbey, Jr., *Soldiers without Swords: A History of the Salvation Army in the United States* (New York: Macmillan, 1956), p. 103. See also "Odds-and-Ends Charity", *Harper's Weekly*, Dec. 2, 1899, p. 1220.

65. Edwin Gifford Lamb, "The Social Work of the Salvation Army", Ph.D. dissertation, Columbia University, 1909, p. 17.

66. Lamb, "Social Work", pp. 10~11, 25~26.

67. Wisbey, *Soldeirs without Swords*, pp. 102~103. On Charity Organization Societies, see Michael B. Katz, *In the Shadow of the Poorhouse: A Social History of Welfare in America* (New York: Basic, 1986), pp. 66~84; Roy Lubove, *The Professional Altruist: The Emergence of Social Work as a Career, 1880~1930* (Cambridge: Harvard University Press, 1965), pp. 1~21.

68. Commander Booth-Tucker, *Light in Darkness, Being an Account of the Salvation Army in the United States* (New York: Salvation Army, 1902), n.p.; *Love's Labor Not Lost, Being the Annual Report of the Salvation Army for Boston and the New England States in the Eighteenth Year of Its Work* (Boston: Salvation Army, 1903), p. 8.

69. Lamb, "Social Work", pp. 41, 48, 62.

70. Booth-Tucker, *Social Relief Work*, p. 23; McKinley, *Somebody's Brother*, p. 87.

71. Robert Sandall, *The History of the Salvation Army, Vol. III: 1883~1953* (London: Thomas Nelson, 1955), p. 128.

72. "Odds-and-Ends Charity", p. 1220; Lamb, "Social Work", p. 18.

73. John Fulton Lewis, *Goodwill: For the Love of the People* (Washington: Goodwill Industries of America, 1977), p. 90.

74. Earl Christmas, *The House of Goodwill: A Story of Morgan Memorial* (Boston: Morgan

Memorial, 1924), p. 158.

75. Christmas, *House of Goodwill*, pp. 45~46, 154~155; Horace Warren Kimbrell, *This is Goodwill Industries* (New York: Newcomen Society in North America, 1962), pp. 13~16; Lewis, *Goodwill*, pp. 64~66; Ralph Welles Keeler, "Men and Goods Repaired", *World Outlook*, May 1919, pp. 18~19.

76. Betty Harris, *With Courage Adequate... With Dignity Intact: The Story of Goodwill Industries of Southern California* (Los Angeles: Goodwill Industries of Southern California, 1971), pp. 14~15, 17, 19~21, 27~29; Christmas, *House of Goodwill*, p. 152.

77. Harris, *With Courage Adequate*, pp. 34~35; Christmas, *House of Goodwill*, pp. 58~60, 63~64, 68~70, 75, 88: *The Goodwill Industries: A Manual* (Boston: Morgan Memorial Goodwill, 1935), p. 5.

78. Daniel T. McColgan, *A Century of Charity: The First One Hundred Years of the Society of St. Vincent de Paul in the United States* (Milwaukee: Bruce, 1951), vol. 1, p. 53; vol. 2. pp. 18~19, 435~436.

79. McColgan, *Century of Charity*, vol. 2. pp. 187~188; Albert Paul Schimberg, *Humble Harvest: The Society of St. Vincent de Paul in the Milwaukee Archidiocese, 1849~1949* (Milwaukee: Bruce, 1949), pp. 54, 102.

80. McColgan, *Century of Charity*, vol. 2. p. 7.

81. Lamb, "Social Work", p. 11; T. H. Huxley, *Social Disease and Worse Remedies: Letters to the "Times" on Mr. Booth's Scheme, with a Preface and (Reprinted) Introductory Essay* (London: Macmillan, 1891), pp. 7, 10~11; Bernard Bosanquet, *'In Darkest England' on the Wrong Track* (London: Swan Sonnenschein, 1891); Henry Mayers Hyndman, *General Booth's Book Refuted* (London: Justice Printery, 1890); C. S. Loch, *An Examination of "General" Booth's Social Scheme, Adopted by the Council of the London Charity Organization Society* (London: Swan Sonnenschein, 1890). Loch's and Bosanquet's critiques were reprinted, along with that of the Reverend Canon Philip Dwyer, in C. S. Loch, *Criticisms of "General" Booth's Social Scheme, from Three Different Points of View* (London: Swan Sonnenschein, 1891).

82. John Manson, *The Salvation Army and the Public: A Religious, Social, and Financial Study* (London: George Routledge; New York: E. P. Dutton, 1906), p. vi.

83. Lamb, "Social Work", pp. 26~36, 132~139.

84. Lamb, "Social Work", pp. 34~35, 132; Hunt, "Old Days", p. 60.

85. Robert H. Bremner, *The Discovery of Poverty in the United States*, 1956 (New Brunswick: Transaction, 1992), pp. 29, 124; Abell, *Urban Impact*, p. 122; *Love's Labors Not Lost*, pp. 22, 28; "From Our Friends", *Servants of the Poor; or, Solving Social Problems* (Boston: Salvation Army, 1902), n. p.; Michigan Historical Records Survey Project, Works Projects Administration, "Inventory of the Church Archives of Michigan: Salvation Army in Michigan", Apt. 1942, pp. 7~8.

86. Lewis, *Goodwill*, pp. 116, 119~120: Christmas, *House of Goodwill*, pp. 47~50.

87. Hering and Greeley, *Collection and Disposal*, pp. 39~41; Sicular, "Currents in the Waste Stream", p. 74~75.

88. Grosvenor B. Clarkson, *Industrial America in the World War: The Strategy behind the Line* (Boston: Houghton Mifflin, 1923), pp. 209~231; Benedict Crowell and Robert Forrest Wilson, *The Giant Hand: Our Mobilization and Control of Industry and Natural Resources, 1917~1918* (New Haven: Yale University Press, 1921), pp. 64~70; Bernard M. Baruch, *American Industry in the War*, 1921 (New York: Prentice-Hall, 1941), pp. 62~72. See also Robert D. Cuff, *The War Industries Board: Business-Government Relations during World War I* (Baltimore: Johns Hopkins University Press, 1973), pp. 216, 234~235; Andrews, *Economics of the Household*, p. 382.

89. U.S. Department of Agriculture, *Food Thrift Series* (Washington: GPO, 1917), no. 4, p.1.

90. U.S. Committee on Public Information, "Win the War by Giving Your Own Daily Service", *National Service Handbook* (Washington: GPO, 1917), pp. 84~85; William J. Breen, *Uncle Sam at Home: Civilian Mobilization, Wartime Federalism, and the Council of National Defense, 1917~1919* (Westport: CT: Greenwood, 1984), pp. 122~123; David M. Kennedy, *Over Here: The First World War and American Society* (New York: Oxford University Press, 1980), p. 118; Alfred E. Cornebise, *War as Advertised: The Four Minute Men and America's Crusade, 1917~1918* (Philadelphia: American Philosophical Society, 1984), pp. 87~99.

91. Department of Agriculture, *Food Thrift Series*, no.1, pp. 2, 4; no. 2, p. 1; no. 3, pp. 1, 4~6; no. 5, p. 6.

92. Alice Gitchell Kirk, *Practical Food Economy* (Boston: Little, Brown, 1917), pp. 78~79; Holt, *Complete Housekeeper*, pp. 167, 184ff.

93. Department of Agriculture, *Food Thrift Series*, no. 4, p. 1. See also Andrews, *Economics of the Household*, pp. 419~420.

94. U.S. Department of Commerce. Waste-Reclamation Service, *Waste Reclamation: Organization, Functions, and Objects of the National and Local Service* (Washington: GPO, 1919).

95. Andrews, *Economics of the Household*, p. 279; Rex Stuart, "Billions in Junk!" *American Magazine*, June 1923, pp. 62, 179.

96. Agnes L. Palmer, *Twenty Two: The Time between 1904~1926: Reviewing the Progress of the Salvation Army in the United States under the Leadership of Commander Evangeline Booth* (New York: Salvation Army, 1926), pp. 67~68.

97. Lamb, "Social Work", p. 19; Sandall, *History of the Salvation Army*, p. 128; McKinley, *Somebody's Brother*, p. 88; Edward H. McKinley, "Brass Bands and God's Work: One Hundred Years of the Salvation Army in Georgia and Atlanta", *Atlanta History* 34 (Winter 1990~1991), p. 14. On employers selling castoffs to servants, see Tera Hunter, *To 'Joy My Freedom: Southern Black Women's Lives and Labors after the Civil War* (Cambridge: Harvard University Press, 1997), p. 106.

98. Christmas, *House of Goodwill*, pp. 47~50, 149~151; Harris *With Courage Adequate*, pp. 19~21, 27~30.

99. Christmas, *House of Goodwill*, p. 86; Lewis, *Goodwill*, pp. 117, 120, 124; Harris *With Courage Adequate*, pp. 29~30.

100. Lewis, *Goodwill*, p. 124.

101. McColgan, *Century of Charity*, vol. 2, p. 195; Schimberg, *Humble Harvest*, pp. 103~104.

102. Lewis, *Goodwill*, p. 116; Andrews, *Economics of the Household*, pp. 418~419, 421. On Andrews, see Goldstein, "Mediating Consumption", p. 49.

103. Andrews, *Economics of the Household*, p. 420.

소비사회에서의 소유와 폐기

1935년 펜실베이니아 주 이스턴 근처의 폐차장.(사진: 워커 에반스, 의회 도서관 제공)

릴리안 길브레스Lillian Gilbreth는 뉴저지에서 활동하던 경영 컨설턴트였다.(나중에 두 자녀가 릴리안을 기리는 전기 『열두 명의 웬수들Cheaper by the Dozen』을 썼고, 같은 제목의 영화에서 머너 로이가 릴리안 역을 맡아 열연하기도 했다.) 릴리안은 대체로 뉴저지에 있는 집과 사무실에서 일했지만, 1926년 9월에는 뉴욕으로 출장을 갔다. 〈존슨 앤 존슨Johnson & Johnson〉의 R. W. 존슨과 신상품 시장조사에 대해 의논하기 위해서였는데, 그 신상품은 생리대 '모데스'였다. 회의를 마치고 뉴저지로 돌아온 릴리안은 월경에 대한 자료를 분석하고 여러 전문가들과의 인터뷰를 포함하는 연구를 하자고 제안했다.

이 연구의 핵심은 여성들이 어떤 종류의 생리대를 어떻게 사용하며 어떤 생리대를 원하는지 알아보는 설문 및 면접 조사였다. 주된 설문 대상은 여대생이었지만 직장 여성과 '집에 있는 여성'도 포함하게 되어 있었다. 릴리안의 설문 조사팀(조사원 세 명과 대학생 연구 보조원들로 이뤄졌다.)은 래드클리프 여대, 배사 여대, 웰슬리 여대, 스미스 여대, 뉴저지 여대, 존스홉킨스 의대, 안티오크 대학, 디트로이트 노멀 스쿨 등에 천 개가 넘는 설문지를 보냈고, 개별 인터뷰를 했으며, 여대생들을 모아 요샛말로 '포커스 그룹 인터뷰'라 할 만한 소그룹 심층 면접 조사를 했다. 존슨은 이 연구를 위해 길브레스에게 6천 달러를 지불했다.[1]

시장조사는 원래 릴리안의 전문 분야는 아니었다. 릴리안은 남편이자 동업자인 프랭크와 함께, 공장에서의 효율성 제고에 대한 연구를 통해 테일러의 과학적 경영 이론을 발전시키는 일을 주로 했다. 효율성에 대한 테일러의 접근 방식이 시간 절약 위주였다면, 길브레스 부부는 '동작 연구'에 중점을 둬서 불필요한 동작에 들어가는 노력을 줄임으로써 생산성을 높이는 방법을 연구했다. 그러나 1924년(릴리안이 〈존슨 앤 존슨〉과 회의를 하기 2년 전)에 프랭크가 숨지고 고객사들이 길브레스 부부가 차린 경영 컨설팅 회사 〈길브레스Inc.〉와의 계약을 취소하면서, 일감을 수주하는 것이 절실해진 릴리언은 시장조사 쪽으로 방향을 돌린 것이었다.[2]

상품화된 생리대는 이미 수십 년 전에 시중에 나왔지만, 생리대를 사서 쓴다는 것은 전혀 일반적인 일이 아니었다. 많은 여성들은 여전히 직접 면과 리넨 헝겊을 접어 생리대를 만들어 썼다. 생리대는 현대적 상품이라기보다는 헌 물건을 브리콜뢰적 감각으로 융통해서 집에서 만드는 물건이었던 것이다. 생리대 재료로 쓸 헝겊을 구매하는 경우는 있었는데, 기저귀에도 많이 사용되었던 '버즈아이'(새눈 무늬가 있는 직물. 옮긴이)가 인기였다. 여성들은 집에서 만든 생리대를 핀으로 속옷에 고정시키거나 벨트나 끈을 이용해 몸에 고정했다. 더러워진 생리대는 물에 담가 두었다가 빨아서 다시 사용했다. 여력이 되는 여성들은 무명, 거즈, 외과용 솜 등을 이용해서 한 번 사용하고 버리는 일회용 생리대를 만들기도 했다.[3]

이미 시중에 수십 종의 생리대가 상품으로 나와 있었고, 유통 업체인 〈몽고메리워드〉는 1895년에도 일회용 생리대를 광고했다.("빠른 흡수, 살균 처리. 빨 필요가 없고 사용 후에는 태우면 됩니다. 여행 중에 진가를 발휘하며, 세탁비보다 쌉니다.") 위생과 세균에 대한 새로운 우려와 생리혈에 대한 오래된 금기, 그리고 우편 통신판매를 통하면 밖으로 드러내지 않고도 생리대를 구매할 수 있다는 점 때문에 생리대 제품은 관심을 끌었지만, 열두 개에 50센트라는 가격은 너무 비쌌다. 남아도는 헝겊 조각으로 돈을 안 들이고도 만들 수 있다는 점을 생각하면 더욱 그랬다. 일회용 생리대 제품이 널리 쓰이기 시작한 것은 〈킴벌리클락Kimberly-Clark〉이 1920년에 '코텍스'를 선보이면서부터였고, '코텍스'는 한동안 부동의 점유율 1위를 차지했다. '코텍스'의 주원료는 1차 대전 당시 〈킴벌리클락〉이 붕대용으로 개발한 셀루코튼 cellucotton이었다. 초기의 '코텍스' 광고는 종군 간호사들이 셀루코튼 붕대를 생리대로 사용하기 시작했다고 언급하고 있으나, 역사학자들 사이에는 종전 후 셀루코튼 재고가 너무 많이 쌓여서 그것을 처리하기 위해 새로운 제품(생리대)을 개발했다고 보는 견해도 있다. 1937년 『포춘Fortune』에 실린 기사에도 비슷한 내용이 나온다. 전쟁 후 셀루코튼 시장이 붕괴하자 셀루코튼을 대량생산했던 〈킴벌리클락〉은 "거기에 투자한 돈을 다 잃지 않으려면 서둘러 신제품을 개발해야 했다"는 것이다.[4]

시카고에 있던 찰스 F. 니콜스Charles F. Nichols의 광고 대행사 카피라이터였던 월레스 메이어Wallace Meyer가 '코텍스'의 첫 번째 광고를 담당했다. 니콜스는 『레이디스 홈 저널』에 생리에 대해 공개적으로 이야기하는 것을 가로막는 금기를 깨야 한다는 의도를 담은 세련된 광고 시안들을 제시했다. 『레이디스 홈 저널』은 "계속해서 광고 내용의 수준이 높아야 한다는 조건으로", 그리고 "('코텍스' 광고를 게재한다고 해서) 비슷한 유사 제품들의 광고를 앞으로 『레이디스 홈 저널』에 다 싣겠다는 뜻이 아니라는 전제하에", 그 광고들을 게재하기로 했다. 그런데 이후에 나타난 현상은, 유사 잡지들이 너도나도 '코텍스' 광고를 싣는 거였다. 얼마 지나지 않아 『하퍼스 바자』, 『굿하우스키핑』, 『레드북』, 『보그』, 그리고 수많은 신문들이 '코텍스' 광고를 게재한 것이다. 메이어는 이어서 업계 저널들을 공략했다. 특히 (약국 업계 저널을 통해) 약사들에게 약국이 마땅히 '코텍스'를 취급해야 하며, 잘 보이도록 선반에 진열하면 고객이 생리대를 달라고 점원에게 말해야 하는 부끄러움을 피할 수 있을 것이라고 설득했다. 1922년과 1923년에 〈킴벌리클락〉은 공중 화장실에 생리대 자판기를 설치했다. 그 이후에 나온 '코텍스' 광고에는 자판기 사진이 등장한다. 1924년 〈킴벌리클락〉은, 이제는 인기 상품이 된 '코텍스'의 광고 대행사를 앨버트 래스커Albert Lasker가 경영하는 〈로드 앤 토마스Lord & Thomas〉로 바꾸었다. 래스커의 전기 작가에 따르면, 래스커가 개인적으로 〈킴벌리클락〉을 찾아가서 "내가 정말로 가장 광고하고 싶은 제품은 '딱 한 번만 쓰도록 되어 있는 제품'"이라고 말해 담판을 지었다고 한다.[5]

1927년 무렵, '코텍스' 광고는 "상류층 여성의 80퍼센트 이상은 일반적인 방법을 버리고 '코텍스'를 택했다"고 주장하면서, 더러워진 생리대처럼 낡은 습관도 쉽게 버릴 수 있다고 이야기했다.(〈로드 앤 토마스〉는 광고주들에게 새 광고를 수주할 때도 비슷한 전략, 즉 일류 제품을 만드는 회사는 〈로드 앤 토마스〉를 택한다는 식으로 마케팅을 했다. 자사가 만든 '코텍스' 광고가, 사람들이 광고 문구를 읽는다는 것을 증명한 "진정 성공적인 광고"였다고 주장하면서 말이다.) 그러나 '코텍스'가 시장점유율은 높았을지 모르지만, 시장 자체가 아직 작았다. 생리대를 직접 만들고 빨아서 쓰는 옛 방식이 여전히 주류였다. '코텍스'의 광고 문구를 보면, 경쟁 상대로 집에서 만든 생리대를 염두에 두고 있음을 알 수 있다. "빨래를 할 필요가 없어요."[6]

길브레스가 인터뷰했던 "현대적인 여대생과 직장 여성들"은 대체로 시중에 나와 있는 생리대를 구매해서 쓰고 있기는 했다. 경제적으로 여력이 있는 "상류층 여성"이어서 직접 만들어 쓰는 것과의 가격 차이를 무시할 수 있었다는 것도 이유가 되었겠지만, 이들이 새로운 것을 잘 받아들이는 젊은 세대라는 점도 크게 작용했다. 길브레스는 이들 대부분이 원래는 집에서 생리대를 만들어 사용하다가, 학교나 직장 때문에 집을 떠나 객지 생활을 하게 되면서 상품으로 나와 있는 생리대를 사서 쓰기 시작했을 것으로 추측했다. 주거 공간이 더 좁고, 시간이 더 없고, 생리대 재료(헝겊 조각)를 모을 기회도 더 적어졌기 때문이다. 방 한 칸짜리 좁은 아파트에 헝겊 조각을 보관해 둘 공간을 마련하기도 어려웠고, 그들은 넝마나 헝겊 조각을 열심히 모으지도 않았을 뿐더러, 무엇보다도 자신이 너무 바쁘다고 생각했다. 하지만 시중에 나와 있는 10여 개의 제품을 설명하면서, 길브레스는 이 중 어느 것에도 그 여성들이 정말로 만족하지는 않는다고 결론을 내렸다. 만들어 쓰던 생리대에 적응이 되어 있던 여성들은, 직접 만드는 것이 파는 것보다 더 편안하고 사용하기 좋다고 생각했다.[7]

여성들은 개인적인 선호와 신체적 특성에 맞게 생리대를 만드는 법을 알고 있었기 때문에, 시중에 나온 표준화된 제품을 그대로 사용하지는 않았다. 그보다는 상품으로 나와 있는 생리대를 완제품이 아니라 재료나 반제품 정도로 여겼다. 길브레스가 인터뷰한 여성 중 81퍼센트는 사 온 생리대를 고쳐서 사용했다. 탭을 줄이거나 가장자리를 자르기도 했고, 많으면 빼내고 부족하면 채워 넣는 식으로 생리대 속을 조절하기도 했다. 또 속을 가운데 쪽으로 밀어서 모양을 바꾸기도 했다. 길브레스가 지적한 대로, 사람마다 각기 다른 크기의 제품을 필요로 했고 같은 사람이라도 시기에 따라 다른 크기의 생리대가 필요했다. 손으로 만들던 기술과 기질을 활용해서, 1920년대의 여성들은 상점에서 구매해 온 제품도 얼마든지 다시 손볼 수 있는 물건으로 간주했다.[8]

길브레스의 〈존슨 앤 존슨〉 조사 보고서는 가장 강력한 경쟁사 제품인 '코텍스'에 대해 매우 비판적이었다. '코텍스'는 저렴하고 널리 쓰이고 있

기는 했지만, "너무 크고, 길고, 넓고, 두껍고, 뻣뻣했다." 〈존슨 앤 존슨〉
에 제품 리뷰를 보내 온 웨스트버지니아 주의 V. V. 데이비드슨 부인은 '코
텍스'의 문제점을 이렇게 설명했다. "코텍스는 가장자리가 네모낳고 거칠
어서 뚱뚱한 여성은 살갗이 쓸려 착용할 수가 없다. 또 폭이 너무 넓고 가
장자리가 각져 있어서 몸집이 작은 여성이나 어린 소녀들도 착용하기 힘
들다. (…) 자동차로 장거리를 가야 할 경우에는 일회용 생리대가 꼭 필요
한데, 이때도 '코텍스'는 닿는 면이 너무 거칠어서 매우 불편하다." 길브
레스에 따르면 〈존슨 앤 존슨〉의 제품인 '뉴팩'도 그리 나을 것은 없었다.
"뉴팩은 (…) 소재가 좋아서 부드럽고 편안할 수는 있겠지만, 너무 넓고 부
피도 크다."[9]

그러나 제품으로 나와 있는 상태가 얼마나 불편하든 간에 '코텍스'는 고
쳐 만들기 쉽다는 장점이 있었다. 거즈를 열어 곧바로 속을 채우거나 빼낼
수 있었고, 한 생리대에서 셀루코튼을 한 겹 빼내 다른 생리대에 쉽게 끼
워 넣을 수도 있었다. 특히 이 부분이 R. W. 존슨에게는 약점이었는데, 존
슨의 신제품 '모데스'의 속은 천을 접어 겹겹이 채워 넣은 것이 아니라 갈
갈이 찢어서 채운 것이었기 때문이다. 시장조사에 대해 논의하기 위해 주
고받은 서신에서 존슨은 릴리안에게 이렇게 물었다. "해결해야 할 매우 중
요한 문제 하나는 생리대를 소비자들이 고쳐 만들 수 있도록 제조할 필요
가 있느냐 하는 것입니다. 우리는 수년간 '모데스'를 연구해 왔는데 (…)
우리 제품은 '코텍스'나 '매이키트'와 달리 소비자들이 두께를 두껍거나
얇게 조정하는 것이 쉽지가 않습니다. 따라서 우리는 이렇게 고치고 조절
할 수 있다는 점이 중요한지 아닌지 알아야 합니다. 만약 그게 중요하다면
신제품을 새로운 시각에서 검토해야 할 것입니다." 이에 대해 길브레스는
'매이키트'에 대해서는 걱정할 필요가 없다고 했다. "매이키트는 거즈와

종이로 된 재료 세트를 가지고 구매자들이 만들어 써야 하는데, 어차피 직접 만들어야 한다면 소비자들은 다른 재질의 재료를 사서 쓰고 싶어할 것입니다." 하지만 '코텍스'에 대해서는 이야기가 달랐다. 존슨은 현재 점유율 1위를 달리고 있는 '코텍스'의 점유율을 빼앗아 오고 싶어했는데, 길브레스의 설문 조사에 응한 사람들은 쉽게 고칠 수 있는 것이 '코텍스'의 장점이라고 분명하게 언급했던 것이다.[10]

그러나 생리대를 고쳐서 조절할 수 있다는 점만으로 소비자를 완전히 만족시키지는 못했다. 생리대를 사용할 때 여성들이 가장 신경을 쓰는 점, 즉 생리 중이라는 사실을 숨기고 싶어한다는 것은 시중에 나와 있는 생리대를 고쳐 만든다고 해결될 수 있는 문제가 아니었던 것이다. 상품으로 나와 있는 생리대를 구매한다는 것은, 한때는 여성이 자신의 헝겊 조각 상자와 맺는 사적인 관계였던 것을 공적으로 드러내야 한다는 새로운 종류의 어려움을 야기했다. 셀프서비스 방식의 슈퍼마켓이 생기기 전에는 생리대를 사려면 약국의 점원에게 이야기를 해야 했는데 약국 점원은 대체로 남자였다. 게다가 1920년대에는 얇고 타이트한 옷이 유행했기 때문에 여성들은 "옷이 아무리 얇고 딱 달라붙어도 겉에서 전혀 티가 안 나는 생리대"를 원했다.(이때는 아직 탐폰이 나오기 전이었다. 대표적인 탐폰 브랜드인 '탬팩스'가 나온 것은 1936년이 되어서였다.)[11]

길브레스가 인터뷰한 여성들이 밝힌 또 다른 고민거리는 다 쓴 생리대를 버릴 때 어떻게 해야 흔적을 남기지 않을 수 있느냐는 것이었다. 응답자들은 '1회성'에 관심이 있다고 말했는데, 이것은 단지 빨아서 다시 쓰지 않고 바로 버리는 것을 선호한다는 의미에서만이 아니었다. 그들이 원한 것은 휴지처럼 변기에 넣고 물을 내리면 되는 제품이었다. '코텍스'는 바로 이 점을 마케팅 전략으로 삼고 있었다. 뜯어서 고치기 쉽다는 것은 뜯어서 버리기 쉽다는 뜻이기도 했다. '코텍스' 사용 설명서에는 다 쓴 생리대를 하수관으로 내려 버리는 방법이 나와 있었다. 거즈를 제거하고 속을 잘게 찢은 후 몇 분간 물이 스며들게 됐다가 물을 내리면 된다는 것이었다. 초기 제품의 광고에는 "한 번 쓰고 버려도 될 정도로 값이 싸며, 상자에 쓰여 있는 대로만 하면 쉽게 내려 버릴 수 있다"고 되어 있었다. 〈로드 앤 토마스〉는 1927년 광고에서 "간단히 내려 버리세요"를 큰 글자로 강조했다. 그 아래에는 우아한 여성이 화장실에 서 있는 그림과 함께 (아마도 변기 물을 내릴 수 있는 상태가 될 때까지 기다리고 있는 중인 모습일 것이다.) "휴지만큼 버리기 쉬워요"라고 쓰여 있다.[12]

설명서대로 해서 성공적으로 변기에 생리대를 내려 버린 경우도 물론 있었을 것이다. 앞서 언급한 웨스트버지니아 주의 데이비드슨 부인은 〈존슨 앤 존슨〉에 보낸 리뷰에서, 변기에 버릴 수 있다는 1회성이 "코텍스를 쓸 때 진짜로 편리한 유일한 점"이라고 언급했다. 길브레스의 조사에 응했던 또 다른 여성은, 〈존슨 앤 존슨〉의 시제품을 '코텍스'와 같은 방식으로 내려 봤더니 시간이 너무 오래 걸리더라고 불평했다. 하지만 많은 여성들이 사실은 '코텍스'도 물에 잘 내려가지 않는다고 지적했다. 한 응답자는 "이론상으로는 가능할지 모르겠지만, 실제로는 그렇지가 않다"고 언급했다. 또 '코텍스'를 변기로 내려 버리려면 가장자리를 잘라서 생리혈에 젖은 생리대 속을 찢어야 하는데, 그게 더러워진 헝겊 생리대를 빨래하는 것보다 결코 덜 불쾌하다고 할 수 없었다. 또 그 과정을 다 기다려서 물을 내릴 때까지 계속 화장실에 있어야 한다는 것도 실용적이지 못했다.[13]

화장실에 오래 죽치고 있어야 하는 것으로만 끝나면 그나마 다행이었다. 한 여성은 남자 친구 부모님 댁에서 정말 부끄러운 꼴을 당한 이야기를 했다. "저는 '코텍스'가 변기에서 쉽게 내려간다고 알고 있었거든요.

그 집 화장실에서 다 쓴 생리대 하나를 변기에 넣었어요. 그리고 식사를 한참 하고 있는데 식당 한쪽 천정에서 물이 새더니 물바다가 되는 거예요. 다들 벌떡 일어나고 남자 친구의 아버지가 무슨 일인가 알아보러 올라갔어요. 결국 배관공이 와서 생리대를 꺼내는 것으로 문제는 일단락되었는데, 창피해서 죽는 줄 알았어요." 남자 대학에서 열리는 댄스파티에 초대받아 간 여학생들은 그런 일이 생길까 봐 '코텍스'를 변기에 넣지 않고 둘둘 말아서, 나중에 파티장에서 나올 때까지 안 보이는 곳에 잘 숨겨 두었다. 길브레스는 이렇게 적었다. "그러다가 그만 깜빡 잊고 안 들고 나오는 경우가 자주 있는데, 남자, 여자, 모두를 참 난감하게 만드는 일이다."[14]

대학 관계자들도 생리대로 막힌 파이프를 뚫느라 골머리를 앓는다고 말했다. 또 〈메트로폴리탄 생명보험〉 회사는 파이프가 막혀서 숱하게 고생을 한 후에, 회사 건물에 설치된 '코텍스' 자판기 15개(매달 4,500개씩의 생리대를 판매하던)를 없애기로 했다. 이 회사의 담당자는 (길브레스의) 설문 조사에서, '코텍스' 설명서가 하라는 것처럼 변기로 내려 버리는 것이 이론적으로는 가능할지 모르지만, 〈메트로폴리탄 생명보험〉에서 일하는 여성 중 사용 설명서를 자세히 읽는 사람은 별로 없고, 설명서대로 시간을 들여 따라하는 사람은 더더욱 없다고 말했다. 그래서 변기에 내려 버릴 수 있다고 광고하지 않는 다른 회사 제품을 비치하기로 했다는 것이다. 그는 그 제품이 더 부드러울 뿐 아니라, 제조 회사가 자판기도 ('코텍스' 자판기보다) 더 좋은 것으로 제공했다고 말했다.[15]

길브레스는 〈존슨 앤 존슨〉의 신제품을 변기에 내려 버릴 수 있다는 식으로 광고하지 말 것을 제안했다. 길브레스는 세상에 어느 생리대도 변기로 쉽게 내려가지는 않는다고 단호하게 주장하면서, "플러시다운 아이디얼"(Flush Down Ideal, 변기에 내려 버릴 수 있는 이상적인 제품이라는 뜻. 옮긴이)이라는 브랜드의 생리대가 "완전히 소비자를 오도하고 있다"고 맹렬히 비난했다. 길브레스는 "위생 당국자들과 기숙사 사감은, '지금처럼 사용하면 생리대는 늘 파이프를 막히게 할 것입니다'라고 말하는 광고를 더 좋아할 것"이라고 언급했다. 길브레스는 이렇게 제대로 된 정보를 주어 교육을 하는 것이 '코텍스'가 하듯 소비자를 오도하는 것보다 낫다고 생각했다. 길브레스는 "'코텍스'에 대한 불만 중 가장 심각한 것은, 하라는 대로 해도 변기에서 안 내려간다는 것이 아니라, 마치 그것이 실제보다 훨씬 쉬운 일인 것처럼 광고한다는 것"이라고 지적했다.[16]

길브레스의 시장조사 결과를 바탕으로 〈존슨 앤 존슨〉은 더 부드럽고 흡수가 잘 된다는 점을 내세우면서 '모데스'를 시장에 내놓았다. 그리고 '코텍스'에게 처음으로 심각한 도전장을 내밀 수 있을 만큼 막대한 마케팅 자금도 할당했다. 10년 후, 소비자 연맹은 19종의 생리대 제품에 대한 등급을 매기면서, "옛날 방식의 헝겊 생리대가 이제 너무 구식이 되었기 때문에 공공사업 촉진국(처럼 예산에 쪼들리고 고루한 기관마저)도 값싼 일회용 생리대를 허용했다"고 언급했다. 여성들은 이제 오랫동안 이어져 온 재사용의 습관을 버리고 구체적인 이점을 제공하는 일회용 상품을 택했다. 시중에 나온 생리대 제품은 각 개인의 특성에 맞는 맞춤형은 아닐지라도, 더 깨끗하고, 시간을 더 많이 절약해 주고, 바깥세상에서 활동하는 것을 더 쉽게 해 주었다.[17]

현대적 상품과 현대적 쓰레기

생리대의 역사는 소비문화의 발달이 얼마나 복잡한 과정인지를 잘 보여준다. 역사학자 로랜드 마천드Roland Marchand가 언급했듯이, '코텍스' 광고는 광고 업계 종사자들이 어떻게 현대 소비문화의 전도사 역할을 했는지 보여 주는 좋은 사례다. 애초부터 '코텍스' 광고는 이것이 "현대적인 제품"임을 강조했다. 1922년의 광고를 보면 "전등과 전화가 구식인 삶의 방식을 바꾸었듯이, '코텍스'는 생리대 사용에 새로운 방식이 도래할 것임을 알려 준다"고 나와 있다. 또 다른 광고는 대조의 표현 기법을 이용했다. "횃불 대신 전등, 손으로 쓴 양피지 대신 인쇄된 책, 여성들에게 고등교육을 금지하던 것 대신 권장하는 것…. 습관과 전통은 바뀐다. 삶의 조건은 향상된다. 할머니와 어머니는 '버즈아이'와 엄청나게 부피가 큰 생리대를 사용했다. 오늘날에는 '코텍스' 덕분에 생리대 사용 방식에 새로운 가능성이 만들어지고 있다." 약국 업계 전문지에 실린 광고도 비슷한 메시지를 담고 있다. "옛날 사람들은 병만 났다 하면 치료랍시고 거머리로 피를 빨아내도록 했다. 열병이 난 사람은 물을 마시지 못하도록 했고, 폐결핵 환자들은 밀폐된 방에 갇혔다. 이제 그러한 날들은 지나갔다. 그와 함께, 몸에 걸치는 모든 것을 집에서 만들던 시절도 지나갔다."[18]

특히 '코텍스'의 광고는 여성에 대한 현대적 관념에 초점을 맞추었다. 여성 잡지에 나오는 대부분의 광고와 달리, '코텍스' 광고는 가정에서 집안일 하는 여성의 모습을 싣지 않았다. '코텍스'는 여성들의 바깥 생활을 돕는 제품이었기 때문이다. 어떤 광고는 여성들이 여행하는 모습을 담았는데, 상류층 여성이나 그 하녀들이 여행 가방에 '코텍스'를 챙겨 넣는 장면이 나오는 것도 있었고, 여성이 기차를 타는 모습만 보여 주는 것도 있었다. 한 무리의 여성이 영화관이나 클럽에 모여 있는 모습도 광고에 등장했다. 또 초기 '코텍스' 광고 중 하나에는 여성이 사무실에서 일하고 있는 모습이 나오기까지 한다. 이 광고에는 사무실의 열려 있는 책상 서랍 속으로 '코텍스'가 보이고, 그 옆에 이런 광고 문구가 나온다. "코텍스는 현대 여성의 핸드백에 꼭 들어 있어야 하는 것이다. 타자기가 현대 비즈니스에 꼭 필요한 것처럼."[19]

　처음 몇 년 동안 '코텍스'는 상류층을 상대로 한 잡지들에만 광고를 실었지만, 1928년에는 젊은 노동자 계급 여성을 상대로 하는 잡지 『트루 스토리True Story』에도 광고를 실었다. 1세대 이민자 여성은 사회 개혁가들이 제공하는 "과학적인" 정보나 개인 위생에 대한 현대적인 조언을 별로 귀담아 듣지 않았을 것이다. 그러나 미국에서 태어난 그 딸들은 "미국식으로 생리하는 방법"이라는 식으로 광고를 하는 제품에 관심을 보였다. 역사학자 머천트에 따르면, '코텍스'는 상류층 여성을 위한 잡지에서와 마찬가지로 『트루 스토리』에 실은 광고에서도 "상류층 여성들이 사용해 온 제품"이라는 점을 "단호하고 반복적으로" 강조했다. '코텍스'는 소비자들이 그 제품을 택하기만 하면 부유층의 특성이라고 여겨졌던 까다로움이라든가 감식안, 혹은 그 부유층이라는 사회적 지위 자체를 얻을 수 있게 된다는 듯이 광고했다.[20]

　그러나 생리대에는 ('현대적'이라거나 '상류층과 동일시할 수 있다'는 것보다) 더 실용적인 장점이 있었다. 오늘날의 여성은 환경 운동가라고 할지라도 직접 만들고 빨아서 다시 쓰는 생리대로 돌아가려고 하지 않을 것이다. 생리대의 여러 장점을 생각해 보았을 때, '코텍스'가 시장에서 거둔 성공은 기발한 광고 때문이라기보다는 제품 자체의 특성 때문이었던 측면도 있다. 좋은 제품의 존재를 소비자에게 알려 주는 교육적 역할에 광고 의의가 있다고 주장하는 광고 업계 종사자들은, 생리대의 성공이야말로 광고가 (머천드가 설명한 이데올로기적 기능보다는) 그러한 "교육적" 기능을 제대로 수행한 증거라고 말하고 싶어할 것이다.

　그러나 생리대의 성공은, 제품이 성공하느냐 아니냐는 문화적인 맥락에 달려 있다는 점을 보여 주는 사례로 파악할 때 더 잘 이해될 수 있다. 명백하게 바람직해 보이는 신상품도 성공적으로 시장에 진입하려면 다른 제품이나 문화적인 습관이 미리 닦아 둔 밑바탕이 필요하다. 새로운 욕구와 필요는 이전에는 그런 것이 존재하지 않았던 곳에서, 오랫동안 지켜져 왔던 관습이 변화하는 곳에서 생겨난다. 물론 여성들이 구매한 것은 '현대성'이 아니라 생리대였다. 그러나 생리대는 현대적인 태도와 습관을 상징했고, 또 현대적인 태도와 습관 덕분에 만들어질 수 있었다. 청결과 편리함을 연관 짓는 새로운 관념과 그에 따른 생활 습관이 퍼지면서 버리는 것이 나쁜 일이 아닐 뿐 아니라 삶의 질에 기여하는 일이기도 하다는 사고방식이 널리 받아들여지지 않았더라면, 생리대는 상업적으로 성공할 수 없었을 것이다. 현대인이 물질세계와 맺게 된 새로운 관계는 한 번만 쓰고 버리는 물건, 도시 당국의 쓰레기 수거 시스템, 새로운 물건의 유용성을 편리성이나 경제적 번영과 결부시키는 태도 등이 서로 연결되면서 형성됐다. 이는 이 시기에 점차로 가난한 사람들의 영역이 되어 버린 브리콜리지적 관계와는 매우 다른 것이다.

테크놀로지와 기업 운영 방식에서 벌어진 생산 및 유통 혁명은 이런 현대적 관계의 기초를 마련했다. 1899년에서 1927년 사이, 미국 산업계가 생산한 물건의 양은 거의 세 배가 되었고, 산업에서 기계들이 사용한 에너지는 네 배가 되었다. 미국의 산업은 규격화된 제품들을 어마어마하게 쏟아냈고, 사람들은 집에서 만들던 물건 대신 그런 제품을 사느라 돈을 썼다. 전등이 기름 램프를 몰아내는 식으로, 새로운 제품과 기술은 옛 물건과 기술을 구닥다리로 만들었다. 〈하인즈〉와 〈캠벨〉의 조리된 수프와 소스, 〈퀘이커〉와 〈필즈버리〉의 포장 오트밀과 밀가루, 〈콜게이트〉와 〈피앤지〉의 치약과 비누같이, 다양한 종류의 포장 식품과 포장 세제는 전국적으로 광고

되고 유통되었다. 이러한 거대 기업은 대량생산으로 단가를 낮출 수 있어서 값싼 상품을 내놓을 수 있었다. 1920년대가 되면 노동계급의 가정에서도 포장 제품과 소형 가전제품을 볼 수 있게 된다.[21]

이전의 '고객'들은 필요한 물건을 자신이 개인적으로 잘 알고 지내는 제조공들이나 상점 주인들에게 구매했다. 그런데 이제 고객들은 대량생산된 물건을 구매해 사용하는 '소비자'가 되었다. 복잡한 유통 구조 망 속에서, 개인 소비자는 중앙집권적 조직을 갖추고 전국적으로 영업을 하는 거대 기업과 관계를 맺게 된 것이다. '소비자'들은 체인 슈퍼마켓이나 우편 통신판매를 통해 물건을 구매하고, 제품에 대한 정보를 그것을 만든 사람들에게 직접 듣는 것이 아니라 설득의 달인들이 만든 광고를 통해 얻게 되었다. 이러한 변화는 대공황 즈음에 (완전히 보편화되지는 않았다 해도) 이미 미국인의 생활 습관에 단단히 둥지를 틀고 있었다. 로버트와 헬렌 메릴 린드 Robert and Helen Merrell Lynd는 1929년에 발표한 인디애나 주 먼시 주민들에 대한 연구에서 이렇게 설명했다. "삶의 수준이라는 측면에서 보면, 1890년에는 사람들이 평평하고 정체된 면 위에서 살아갔다. 그들의 시야는 자신들이 아는 사람들로 한정되었고, 다른 사람들이 살아가는 방식을 알 수 있는 기회는 거의 없었다. 그러나 1920년대 말이 되면, 영화, 잡지, 광고들 덕에 모두가 경사면 위에 살게 되었다. 내가 어느 지점에 있든 간에, 그 위로 맨 꼭대기까지 더 많은, 좋은 것들을 가진 다른 사람들의 삶이 쭉 보이는 것이다."[22]

마케팅 활동 자체도 한 번 쓰고 버려지는 것들을 많이 만들어 냈다. 포장 상자, 광고로 두툼해진 신문과 잡지, 통신판매 카탈로그, 단기적인 진열을 위해 마련된 진열 카드 등은 모두 짧은 기간만 사용하도록 고안되었다. 1897년 〈시어스〉는 786쪽짜리 상품 안내서와, 세부적인 제품에 대한 24

개의 특별 부록 상품 안내서를 제작했다. 〈더치 보이〉 페인트는 1911년에 9만 5천 명의 딜러와 페인트칠하는 사람에게 정기 잡지를 발송했다. 〈코카콜라〉는 2백만 명에게 코카콜라 무료 쿠폰을 우편으로 발송하면서 애틀랜타(코카콜라 본사가 애틀랜타에 있다. 옮긴이) 이외의 지역으로 성장했다. 〈하인즈〉는 모든 종류의 잡지에 광고를 하는 한편, 5백 명의 판촉 사원들을 풀어서 잡지에 새로운 광고가 나올 때마다 식품점들이 그에 맞게 진열장에 견본과 광고를 바꿔 놓도록 지도했다. 이를테면, 1911년 추수감사절용으로 나온 다진 고기 광고는 2만 5천 곳의 식품점에서 진열되었다가, 그 다음 번 광고가 돌 때 모두 버려졌다.[23]

'코텍스'가 나오기 수십 년 전부터도 일회용 포장은 편리함과 청결함을 앞세워 시장에서 널리 홍보되었다. 1899년 〈내셔널비스킷〉은 '유니다 비스킷'을 '이너실In-Er-Seal' 상자곽에 담아 판매했다. 특허를 받은 이 상자곽은 마분지와 파라핀지로 만들어져 있는데, (제조사에 따르면) 크래커에 더러운 것들이 들어가거나 습기가 차는 것을 막아 주었다. 1905년 〈프로필랙틱Pro-phy-lac-tic〉은 자사의 칫솔을 주문하면 "노란 상자에 담겨 여러분 댁까지 안전하고 깨끗하게 도착할 것을 보장한다"고 광고했다. "알지도 못하는 사람의 손가락 자국이 난 지저분하고 세균이 우글거리는 칫솔 더미에서 나온 것은 사지 마세요." 제품을 무더기로 쌓아 놓고 파는 옛날 방식에서 볼 수 있었던 크래커 통이나 칫솔 더미는 긴 역사의 흐름 속에서 사라질 운명이었다. 그리고 현대적 방식에서도 사라질 운명에 처한 것들이 있었는데, 이것은 역사의 흐름 속에서가 아니라 즉각 사라지게 되어 있는 것들이었다. 노란 칫솔 상자와 '이너실' 상자곽은 바로 폐기되어 부엌이나 아파트의 소각로에서 태워지거나 시의 수거 차량이 가져갈 쓰레기통에 버려지게 된 것이다.[24]

어떤 제조 업체들은 아직 뭔가를 버리는 것이 익숙하지 않은 소비자들에게 자사의 포장재를 재활용하는 방법을 제안하기도 했다. 담뱃갑은 도시락 통으로 쓰일 수 있도록 고안되었다. 방수용 황산지 '패터슨'은 씻어서 다시 사용할 수 있었다. 이 회사는 버터 제조 업체들에게 자사의 황산지를 이렇게 광고했다. "귀사의 광고가 찍혀 있는 종이로 제품을 싸면, 세균을 막아 제품의 품질을 향상시킬 수 있고, 주부들이 버터를 쌌던 황산지를 다시 사용할 때 광고 효과도 낼 수 있습니다." 그러나 '패터슨'은 일회용품의 제왕이기도 했다. '패터슨'은 황산지를 두루마리 형태로 팔면서 이것이 가정에서 쓰임새가 매우 다양하다고 광고했는데, 설거지에 있어서는 황산지가 "여러 번 사용하는 행주보다 위생적으로 더 가치가 있다"고 주장했다. "값이 싸서 한 번 쓰고 태워 버릴 수 있기 때문"이라는 것이었다.[25]

종이 회사 〈패터슨〉과 〈내셔널비스킷〉 같은 회사들이 판매한 제품은, 당시 테크놀로지의 근본적인 변화를 겪은 주거 환경과 잘 맞아떨어지는 것들이었다. 전기, 수도, 가스는 문자 그대로 가정을 공공의 세계에 연결시켰고 통신의 범위를 확대시켰다. 또 사람들이 일상에서 물질세계와 맺고 있는 관계에 변화를 가져왔다. 전기, 가스, 수도 시스템은 불을 피우고, 램프를 청소하고, 나무와 석탄과 물을 나르는 일을 없애 주었다. 이로써 불을 때야만 난방과 조명을 할 수 있고 물은 모두 밖에서 길어 와야만 했던 사람들은 상상도 해 보지 못했던 수준의 청결함이 가능해졌다.

이와 함께 새로운 쓰레기가 생겨났고 물건을 버리는 것에 대한 새로운 태도도 생겨났다. 현대식 가열 도구와 난방 장비가 낡은 스토브와 난로를 대체하고, 알루미늄 냄비와 에나멜 도금한 강철 냄비가 무쇠 솥을 몰아내면서, '기술적 구식화' 현상이 가정 영역에서 벌어지고 있었다. 예전에는 아궁이에서 태울 수 있었던 폐지, 부엌 쓰레기, 포장지, 나무 찌꺼기는 스

팀 히터나 가스스토브에서는 태울 수가 없었다. 등유 심지나 가스등 필라
멘트 맨틀과 달리 전구는 타서 없어지지 않았다. 그래서 이것들은 면도날,
껌, 담배꽁초, 종이로 된 위생용품 등 일회성의 진수를 보여 주는 여러 가
지 폐기물과 함께 쓰레기통으로 들어가게 되었다.

그래도 오래 유지되어 온 재활용 습관은 여전히 남아 있었다. 모든 사람
이 새 제품을 갖고 있지는 않았다는 것이 이유가 될 것이다. 중서부 시골
에서는 많은 사람들이 수도를 설치하느니 자동차를 사는 편을 택했다. 또
대부분의 농촌 지역에서는 정부가 대공황 이후 불황 극복을 위한 공공사
업을 시행하기 전까지는 전기가 들어오지 않았다. 도시 노동자들 중에서
도 소득과 인종에 따라 소비 습관이 달랐다. 하지만 영화, 잡지, 라디오는
지역, 인종, 소득 수준을 막론하고 모두에게 소비의 기준을 제시하기 시작
했다. 그리고 광고가 제시하는 관념, 가치관, 이상적인 모습 등은 모든 지
역과 모든 계급의 사람들에게 영향을 미쳤다.[26]

더 이상 브리콜뢰의 정신과 물건의 쓰임새를 끝까지 찾아내는 습관은
사람들이 사물을 대하는 방식이 아니었다. 물건들은 이제 새로운 기술이
나왔다든가 새로운 스타일이 유행한다는 이유로 한물간 것으로 여겨지게
되었다. 이는 부자들에게만 해당되는 것이 아니었다. 유행과 더불어 청결
함과 편리함도 물건을 버리는 충분한 이유가 되었다. 현대식 제품의 광고
와 홍보는 유행, 기술적인 우월함, 편리함, 깨끗함 등에 초점을 맞췄는데,
이는 물건들을 재활용하는 방법을 찾아야 한다는 쪽보다는 버려야 한다는
주장에 힘을 실어 줬다. 이러한 현상들이 한데 합쳐져서, 사람들이 물질세
계, 생산 방식, 폐기 방식과 맺는 관계가 새롭게 변화되었다.

청결함과 종이 제품

1927년에 길브레스는 〈존슨 앤 존슨〉 시장조사 보고서를 쓰면서, 인터뷰 대상인 여대생들이 목욕을 자주 하고 속옷을 매일 갈아입는다고 가정할 수 있었다. 하지만 당시로서는 이것이 전혀 일반적인 일이 아니었기 때문에 길브레스는 보고서에 이를 특이 사항으로 기재하면서 젊은 여성들은 "깨끗한 옷과, 개인적인 호사를 누린다는 느낌"에 대한 갈망이 있다고 기록했다. 욕실, 세탁기, 세탁 서비스, 싸고 기능성 있는 가루비누, 구매할 수 있는 가격대의 기성복 덕분에 현대 여성은 "할머니나 어머니 세대보다 훨씬 높은 위생 기준"을 갖게 되었다.[27]

'코텍스'가 소개되던 1920년쯤이면 이미 청결 관념이 널리 퍼져 있었는데, 이게 없었더라면 생리대 마케팅은 성공하지 못했을 것이다. 중상류층은 남북전쟁이 끝날 무렵부터 이미 깨끗함을 도덕적 우월함으로, 더러움을 도덕적 타락으로 여겼다. 그리고 산업화가 되면서 더 쉽고 더 싸게 청결을 유지할 수 있게 되었다. 세면대, 대야, 욕조, 수건, 배관 부품, 도시 위생에 필요한 각종 장비 제조업 등이 번성하면서 청결은 커다란 사업이 되었다. 비누 제조는 이제 가정주부나 양초 제조공의 영역이 아니라 주요 산업 중 하나였다. 신문과 잡지에서, 또 학계와 사회단체에서 활동하는 가정경제학자들을 통해서 널리 퍼진 세균병리학은, 불결함은 위험한 것이라는 인식을 높여 놓았다. 먼지와 오물이 질병을 유발할 수 있는 미생물을 몰고 다닌다는 것을 사람들이 알게 되면서, 안락함과 도덕성이 과학과 결합되었다. 1890년 이후 대중 잡지의 건강 관련 기사들은 세균에 대한 내용과 사람들이 세균에 접하게 되는 경로 등을 집중적으로 다루었다.[28]

길브레스가 시장조사 보고서를 쓰던 무렵에는, 도로가 포장되고 자동차가 보편화되면서 도시 쓰레기 중 가장 불쾌했던 것(말똥)이 사라지게 되었다. 석유와 가스도 나무와 석탄을 쓰던 시절에 나오던 어마어마한 먼지를 줄여 주었다. 가정에 실내 배관이 갖춰지고 상업적인 세탁 서비스가 확산되면서 몸, 옷, 집을 상당한 수준으로 깨끗하게 유지하는 것이 가능해졌다. 1차 대전 이후의 주택 붐 덕택에, 이미 중산층 가정에서는 일반화되어 있었던 욕실을 노동계급 가정도 둘 수 있게 되었다. 미국에서 욕조의 수는 1921년과 1923년 사이에 두 배가 되었고, 청결 용품에 대한 1인당 지출액은 1900년에서 1929년 사이에 두 배 이상이 되었다.[29]

　일회용 종이 제품이 등장하면서, 청결과 관련한 문제라면 오래 쓰도록 만들어진 물건보다 바로바로 버리도록 되어 있는 물건을 사용하는 쪽이 나을 수 있다는 생각이 확산되었다. 19세기 말과 20세기 초에 종이 옷깃paper collars, 화장실 휴지, 공공장소용 종이컵과 종이 수건 등 몇 가지 일회 용품이 일반화되었다. 1860년대 말에 목재 펄프와 같은 넝마 대용품이 개발되어 종이 값이 하락하기 전까지는 너무 비싸서 상용화될 수가 없던 것들이었다. 그러나 1868년이 되면 여물통, 타구, 손 대야, 양동이, 바구니 등이 종이로 만들어져 시중에 나온다. 뿐만 아니라 커프스, 옷깃, 셔츠 앞섶shirt bosom, 단추, 모자, 보닛, 태피스트리, 커튼, 카펫, 기계의 벨트 등 온갖 물건들도 종이로 만들어졌다. 조엘 먼실Joel Munsell은 종이 업계의 역사를 다룬 『종이와 종이 제조의 역사Chronology of the Origin and Progress of Paper and Paper-Making』에서 "(이 시기에는) 종이로 무엇을 만들 수 있는가가 아니라, 무엇이 종이로 만들어질 수 있는가가 문제였다"고 언급했다. 이러한 종이 제품 중에는 내구재로 광고된 것도 있고, 소모재로 광고된 것도 있었다.[30]

　특히 일본의 제조 업자들이 여러 창조적인 물건들을 내놓았다. 일본과의 교역은 1868년 메이지 개혁 이후에 이뤄졌는데, 수년 안에 일본은 손수건, 방수 비옷, 심지어 숯 위에 올려놓고 조리할 수 있는 냄비까지 만들 수 있는 수백 종류의 종이를 미국에 선보였다. 한 미국 수입업자의 광고에는 일본에서 제조된 종이 여물통, 종이 개수통, 종이 타구, 종이 주전자, 종이 사발, 성경 구절이 인쇄된 종이 자선함 등이 등장한다. 하지만 이런 것들은 기본적으로 새롭고 진기한 것에 속했고, 대부분의 사람들은 예전처럼 헝겊 손수건, 도자기 그릇, 금속 냄비를 사용했다.[31]

실질적으로 널리 사용된 일회용 종이 제품의 첫 번째 주자는 종이 옷깃과 종이 커프스였다. 단추로 붙였다 뗐다 할 수 있는 종이 옷깃은, (이전에 유행했던) 옷깃 없는 남성용 셔츠 위에 붙여서 유행 지난 옷도 계속 입을 수 있게 해 주었고, 옷깃이 더러워졌을 때 옷 전체를 다 빨지 않아도 되어서 일을 많이 덜어 주었다. 1860년에는 아직 종이가 꽤 비싸던 시절인데도, 보스턴에서만 60만 장의 종이 옷깃이 제조되었다. 남북전쟁 중에는 북부 지역의 면화 부족 때문에 종이 옷깃 시장이 번성했다. 전쟁이 끝나고 얼마 후 『애틀랜틱 먼슬리』는 미국인들이 "글씨 쓸 때 사용하는 것만큼이나 많은 양의 종이를 목에 두르는 데 사용하고 있다"고 언급했다. 1872년에 〈종이 옷깃 제조업 협회〉는 업계가 연간 1억 5천만 장의 옷깃과 커프스를 생산하고 있다고 밝혔다. 종이 옷깃은 1920년대까지 매우 광범위하게 사용되었다.[32]

값싼 종이 덕분에 널리 상용화된 또 다른 제품은 화장실 휴지였다. 많은 사람들이 화장실에서 신문지를 사용했지만, 1870년대까지만 해도 폐지는 고물상에 팔 수 있었기 때문에 화장실에서 신문지를 쓰는 것은 돈을 쓰는 것이나 마찬가지였다. 이후 몇십 년간은 싸구려 종이로 만들어진 통신판매 상품 안내서가 신문지의 자리를 대신했다. 노스다코타 주의 아나 소렌

슨은 1904년 자신의 집에 있었던 뒷간에 대해 이렇게 회상했다. "좋은 〈시어스로벅〉 상품 안내서가 있으면 운이 좋은 거였죠. 〈시어스〉와 〈몽고메리〉가 있을 때는 우리는 항상 〈시어스〉를 썼어요. 〈몽고메리〉는 뻣뻣해서 아팠거든요." 노스다코다 주의 또 다른 여성 미니 네스는 자신의 가족들은 (화장실에서) 상품 안내서를 썼지만 "손님용으로는 복숭아 포장 종이와 사과 포장 종이를 모아 두었다"고 말했다.[33]

휴지 업체들은 휴지가 (신문지나 상품 안내서보다) 더 부드럽고 깨끗하다고 광고했다. 1885년, 〈알바니 휴지 회사〉는 인쇄된 종이를 (화장실에서) 사용하면 치질의 직접적인 원인이 된다"고 굵은 글씨로 강조했다. ("수많은 가정에서 사람들이 불량한 화장실 휴지 때문에 생긴 상처로 소리 없이 고통받고 있다"고 했던, 1930년대 〈스카티 티슈Scott Tissue〉의 '공포 유발 마케팅'의 원조였다고 할 수 있을 것이다.) 이미 통증을 겪고 있는 사람들을 위해 〈알바니〉는 약물 처리가 된 휴지도 판매했다. 〈알바니〉의 광고는 자사의 휴지가 모두 물에 잘 풀어진다며, 인쇄된 종이를 사용하면 변기가 막히는 문제를 일으킬 수 있다는 점도 은근히 내비쳤다.[34]

화장실 휴지는 19세기 말 20세기 초가 되면 널리 쓰이게 된다. 아직 업계는 거대 기업 중심이라기보다는 지역의 작은 업체들이 제조해 인근 지역에서 유통시키는 형태였지만 말이다. 뉴욕 주 피닉스의 〈조지 마서 앤 컴퍼니George C. Mather & Company〉는 1903년에 사각 티슈 브랜드 10여 종류와, 두루마리 화장지 브랜드 16종류를 판매했다. 어떤 것은 공공장소를 대상으로 판매됐고, 어떤 것은 소매 시장용이었다. 약품 처리를 한 화장지도 여전히 판매되었다. 한 회사는 파인 타르(pine tar, 소나무에서 채취한 물질로 피부병 약으로 쓰인다. 옮긴이) 휴지를 판매하면서, "치질에 좋으며, 상쾌한 아로마가 퍼지고 독기를 정화시켜 주기 때문에 변기, 옷장, 하수관 등의 오염을 막

는다"고 광고했다.[35]

화장실 휴지가 위생상의 강점이 있다는 것은 군이 설명이 필요 없는 일
이었을 수 있지만, 종이컵의 경우에는 (위생상의 이점에 호소하려면) 사람들이
세균에 대한 지식을 알고 있어야 했다. 종이컵이 널리 쓰일 수 있었던 것
은, 공공장소(특히 기차와 기차역)에서 일반적으로 쓰였던 공용 컵이 눈에 보
이지 않는 미생물을 퍼트린다는 점을 알린 공중 보건 교육 덕택이었다. 종
이컵 제조사들은 공중 보건 당국과 팀을 이뤄서, 정부가 장거리 교통수단
에서 공용 컵 사용을 금지해야 한다는 캠페인을 전개했다. 1912년에 이 캠
페인은 성공했고, 종이컵 제조사들은 기차와 기차역 납품을 놓고 경쟁하
게 되었다.[36]

〈스톤 앤 포시스Stone & Forsyth〉는 자사 제품인 '핀백 컵(Finback Drinking
Cup, 작은 종이 봉투 같은 납작한 형태에 지느러미 모양의 손잡이가 달린 종이컵. 옮긴이)'
을 객차의 내부 인테리어와 잘 어울리는 '마호가니 청동' 자동판매기와 함
께 제공하겠다고 광고했다. 〈스톤 앤 포시스〉는 영업 대상인 기차 업체에
"이 컵은 조끼 주머니나 가방에 넣어 다니면서 여러 번 사용할 수 있다"며
"뉴욕 센트럴도 단번에 천만 장을 주문했다"고 설명했다. '헬스 컵Health
Kup' 제조사인 〈개인 위생 컵 컴퍼니Individual Drinking Cup Company〉는 더 수
익성 있는 아이디어를 가지고 있었다. 다시 쓸 수 없는 컵을 만들어서 더
많이 판매한다는 것이었다. 이 회사는 자사의 '아름다운 컵'은 다시 사용
하려고 컵을 접으려고 하면 부서지도록 되어 있다'고 설명했다. 1914년이
되면 '헬스 컵'은 〈로드 앤 테일러〉를 비롯한 가게들과 〈내셔널 캐시 레지
스터〉, 〈US 스틸〉, 〈아머〉, 〈아메리칸 캔〉, 〈J. P. 모건〉 등의 건물에 비치되
며, 1919년에 '딕시 컵'으로 이름을 바꾼다.[37]

일회용 종이컵은 심각한 반대에도 부닥쳤다. 대부분의 공공장소에서는

종이컵을 사용하려면 동전을 넣는 자판기를 써야 했는데, 사람들은 전에는 공짜였던 공용 컵에 돈을 내는 것을 꺼려했다. 또 부유한 여행객들은 접을 수 있게 만들어진 금속이나 셀룰로이드 컵을 지니고 다녔다. 어떤 사람들은 쓰레기통 안에 들어 있는 종이컵을 주워서 사용했다. 수도꼭지에 입을 대고 마시거나 물탱크의 뚜껑을 컵 대신 사용하는 식으로, 컵을 사용하지 않고 물을 마시는 사람도 있었다. 자판기에 대한 물리적 저항도 벌어졌다. 1913년 윌슨 대통령의 취임식이 열리던 동안, 워싱턴의 중앙 기차역인 유니온 스테이션에서는 군인들이 종이컵 자판기를 부수었다. 몇몇 공공장소에서는 종이컵 자판기 대신 식수대를 설치했다. 식수대도 처음에는 사람들이 입구에 입을 대고 마시기 때문에 청결하지 못하다는 공격을 받기는 했지만 말이다.[38]

그 다음으로 종이컵 업체들이 마케팅에 나선 곳은 약국 음료대였다. 이곳에 비치된 물컵을 종이컵으로 대체하려는 것이었다.(약국에서는 기차에서와는 달리 사용 후에 매번 컵을 씻기는 했다.) 공용 컵을 몰아내기 위한 캠페인이 처음 벌어졌던 1910년대에는, 약국 음료대에 놓는 용도로는 종이컵에 대한 수요가 거의 없었다. 그러다 1920년대 중반에 한 약국 업계 저널은 "공용 컵이 지속적으로 전염성 있는 질병을 옮기는 도깨비들을 품고 있다는 견해가 점점 확신을 얻고 있다"고 언급했다. 보건 이사회들의 지원을 받아 이뤄진 현미경 조사 결과 박테리아의 증거가 드러났고 신문들이 이를 보도했다. 약국 업계 저널 기사는 공용 유리컵을 법으로 금지해야 한다고 시의적절하게 주장했다. 사실 공용 유리컵은 이미 내리막길을 걷고 있었다. 나중에 약국 음료대에서 널리 쓰이게 될 고깔 모양의 종이컵을 제조한 〈보텍스 매뉴팩처링 컴퍼니Vortex Manufacturing Company〉는 1925년에 자사의 컵이 미국 식수대 중 60퍼센트에서 사용되고 있다고 주장했다. 약국 입장에서 보자면 종이컵은 청결 말고도 장점이 있었는데, 깨지는 경우가 없고 씻는 데 드는 인건비도 줄일 수 있었다.[39]

약국 음료수대에는 종이컵 말고도 일회용품이 또 있었다. 1887년에 M.C. 스톤M. C. Stone이 특허를 받은 종이 빨대였다. 자연산 빨대(주로 호밀 줄기)는 잘 부러졌고 이끼 같은 것으로 막혀 있는 경우도 있었다. 상태가 좋은 것이라고 해도 너무 가늘어서 마실 때마다 빨대가 세 개나 네 개씩 필요했다. 스톤은 자사의 종이 빨대가 "쓰기 쉽고, 청결하고, 완벽하다"며 크기도 "한 개면 충분할 정도로" 크다고 광고했다. 사업 관점에서 더욱 좋은 것은, 종이 빨대는 "한 번만 사용해도 흔적이 남기 때문에" 딱 한 번만 사용하고 버릴 수 있다는 점이었다. 스톤은 "빨대 하나를 두 번 쓰고 싶어하시는 분들께는, 그런 습관은 좋지 않다고 말씀드리겠다"고 조언했다. 하지만 아무리 그게 빨대 같은 사소한 물건일지라도, 무언가를 딱 한 번만 쓰고 버린다는 것은 여전히 많은 사람들에게 생소한 개념이었다. 그래서 스톤은 "사용한 빨대는 반으로 잘라 담뱃불 붙이는 심지로 쓰면 매우 좋다"고 재활용 방법을 제안했다. 1895년, 『내셔널 바틀러스 가제트National Bottler's Gazette』는 스톤의 빨대를 "진기한 물건"이라 부르면서 '종이 빨대'라는 명칭은 다소 적절치 않다"고 말했다. 23년 후, 이 잡지는 포장된 빨대가 음료수 병입업자들에게 좋은 광고 매체가 될 수 있다고 조언하면서, (스톤의 회사도 포함해서) 포장에 광고 문구를 인쇄해 주는 빨대 업체 네 곳을 소개했다.[40]

종이컵과 종이 빨대처럼, 종이 수건도 공공장소에 대한 위생 조치의 일환으로 광고됐다. 공용 컵을 몰아내기 위한 캠페인에서 대대적으로 승리를 거둔 종이 제품 제조 업계는, 이어 공용 수건을 표적으로 삼았다. 하지만 여기에서는 그리 크게 승리하지 못했다. 거의 한 세기가 지난 오늘날의 상황을 보면, 공용 컵은 역사 속에 사라지고 없는 반면 둘둘 말린 헝겊 수건은 공중 화장실에서 아직 사용되는 경우가 있으니까 말이다. 수건이 어떻게 세균을 퍼뜨리는지는 대번에 와 닿지 않았을 뿐더러, 헝겊으로 된 수건을 대체할 수 있을 정도로 부드럽고 질기며 싼 종이를 개발하는 데는 오랜 시간이 걸렸다. 유명 브랜드인 〈하이지닉Hygienic〉의 광고를 보면 초기 종이 수건들의 결점이 무엇인지 알 수 있는데, 이 광고는 자사 제품이 "얼굴과 손의 물기를 닦아도 조각조각 찢어지지 않는다"고 주장했다. 어쨌든 종이 수건은 20세기 초반 수십 년에 걸쳐 점차적으로 공중 화장실에 도입됐으며, 1920년대 동안 종이 수건의 생산은 세 배 이상 증가했다.[41]

그러나 가정에서는 종이 수건이 아직 거의 쓰이지 않았다. 〈스캇 페이퍼 컴퍼니Scott Paper Company〉는 1912년에 이미 『리터러리 다이제스트*Literary Digest*』에 자사의 종이 수건을 광고했고, 1920년대가 되면 『굿 하우스키핑』이 적어도 네 개의 종이 수건 브랜드 광고를 싣기는 했다. 효율적인 살림에 대해 많은 저술 활동을 벌였던 크리스틴 프레더릭도 튀긴 음식의 기름을 빼고 음식을 싸거나 닦는 데, "비위생적인 넝마 행주 대신" 종이 수건을 사용하라고 권했다. 종이 수건을 쓰면 빨래의 수고도 덜고, 청결함도 더 잘 유지할 수 있다는 것이었다. 프레더릭은 "깔끔하고 위생적인 환경을 만드는 데 종이 제품들보다 더 많이 기여한 부엌 용품은 없을 것이다"라고 말했다. 하지만 대부분의 여성은 튀긴 음식의 기름은 폐지를 이용해 뺐고, 음식은 낡은 버터 포장지나 눅눅한 헝겊으로 쌌고, 그릇이나 식탁은 넝마 행주로 닦았다. 종이 수건은 너무 비쌌기 때문이다. 5만 3천 가구를 대상으로 한 1939년의 시장조사에 따르면, 부엌에 종이 수건을 둔 집은 19퍼센트뿐이었다.[42]

세균병리학은 손수건에 대해서도 위생 문제를 제기했다. 하지만 '세안

티슈' 역시 대대적으로 쓰이지는 않았다. 1913년 『굿 하우스키핑』은 많은 가정이 침구류를 빨 때 이용하고 있는 상업 세탁 서비스가 건강한 사람들의 빨랫감을 폐병이 있는 사람들의 빨랫감과 섞어서 전염을 일으킬 수 있다고 경고했다. 6년 후, 이 잡지는 더러운 손수건은 다른 빨랫감에서 분리해서 소금이 들어 있는 빨래 대야에 '주의해서' 넣어 두어야 한다고 조언했다. 하지만 종이 손수건(1870년대부터 일본에서 수입된 것들이 있기는 했다.)은 너무 비쌌다. 그래서 1924년에 〈킴벌리클락〉이 두 번째 셀루코튼 제품인 '크리넥스'를 선보이기 전까지 종이 손수건은 별로 알려져 있지 않았다.[43]

'세안 티슈'나 '크리넥스'라는 이름(Kleenex는 '깨끗한'이라는 뜻인 '클린clean'과 발음이 비슷하다. 옮긴이)이 말해 주듯이, 처음에 이들 제품은 닦아 내는 용도, 특히 얼굴을 닦는 세안 용품으로 홍보되었다. 1927년의 광고 "콜드크림을 제거하는 옳은 방법과 그른 방법"은 '크리넥스'만이 콜드크림을 제대로 닦아 낼 수 있으며 "수건으로 닦고 그것을 빨래하는 것보다 비용도 덜 든다"고 주장했다. 여기에 함께 실린 작은 딸림 광고에는 "감기에는 절대로 손수건을 사용하지 마세요"라는 제목과 함께 "많은 의사들이" 감기에 걸렸을 때 손수건 대신 '크리넥스'를 권하고 있다는 말이 나온다. 〈킴벌리클락〉은 시장조사 결과 사람들이 '크리넥스'를 세안 용도보다는 코를 푸는 용도로 더 많이 사용한다는 것을 알고 광고를 수정했다. 처음에는 '크리넥스'를 세안용 수건이라고 광고했지만, 그보다 일반적인 손수건으로 제품을 재정의한 것이다. 그러면서 '크리넥스'는 성인 여성뿐 아니라 남성과 어린이에게까지 시장의 범위를 확대할 수 있었다. 〈스캇〉과 마찬가지로 〈킴벌리클락〉은 1930년대에 "세균이 득실거리는 손수건이 우리 사회의 골칫거리"라고 광고하면서 공포 유발 마케팅을 벌였다.[44]

그러나 사람들은 여전히 헝겊으로 된 손수건을 쓰고 상업 세탁 서비스를 이용해 손수건을 빨았다. '크리넥스'는 대공황기에 가격을 내렸고 티슈 판매는 1935년에서 1939년 사이에 거의 세 배가 되었지만, 1940년에도 1인당 사용량은 1년에 한 상자가 채 못 되었다. 개별 소비자들이 생활 습관을 바꾸도록 하는 것보다, 〈로드 앤 테일러〉나 〈US 스틸〉 같은 회사가 건물 화장실에 종이 수건을 비치하도록 만드는 것이 더 쉬웠다. 회사들에는 인건비를 줄일 수 있다는 점을 강조해 종이 수건을 판매할 수 있었기 때문이다. 기업에서는 세탁 비용이 장부에 기록되므로 그것을 줄일 수 있다는 것은 눈에 바로 드러나는 장점이 되지만, 가정에서는 어차피 세탁은 해야 하니까 손수건이나 행주를 빨지 않아도 된다는 것이 그리 가사 일을 많이 줄여 주는 것으로 와 닿지 않았던 것이다.[45]

종이 수건처럼 종이 냅킨도 대체로 공공장소에서 사용되었다. 하지만 19세기 말과 20세기 초가 되면 이것은 가정용으로도 광고가 되는데, 소풍이나 파티용으로 주로 판촉되었으며 다양한 색상과 무늬가 있는 것들이 시중에 나왔다. 〈데니슨Dennison〉은 1897년에 이러한 종이 냅킨 제조를 시작했고, 〈시어스〉는 1900년 상품 안내서에서 종이 냅킨을 다루고 있다. 1911년, 호화 잡지 『컨트리 라이프 인 아메리카Country Life in America』에 실린 광고에서 〈데니슨〉은 자사의 종이 냅킨이 사냥 여행에 가져가기 좋다고 주장했다. 제조 공정이 기계화되면서 종이 냅킨 시장은 더욱 발달했다. 1912년에 도입된 냅킨 접는 기계는 점점 기능이 개선되어 도드라진 엠보싱 냅킨도 만들 수 있게 되었다. '가정 살림 공학자' 크리스틴 프레더릭은 1920년에 쓴 책에서 "양질의" 종이 냅킨과, "다마스크 천과 정말 비슷한 모양의" 종이 식탁보를 권장하고 있다. 하지만 2차 대전이 끝날 때까지도 종이 냅킨은 (가정에서보다는) 주로 중저가 레스토랑이나 음료수 판매대에서 사용되었다. 이것들은 대체로 음료 병입 업체들이나 맥주 회사들이 자사 광고를

찍어서 레스토랑과 음료수 판매대에 대는 것이었다.[46)]

크리스틴 프레더릭은 종이 접시 사용도 권장했다. 종이 접시는 1914년이 되어서야 〈시어스〉 상품 안내서에 등장하고 이후로도 한동안 신기한 것으로 여겨졌지만, 프레더릭은 설거지를 안 해도 되고, 아이스박스 안에서 사용할 수도 있고, 파이를 구울 때도 쓸 수 있다며 가정에서 종이 접시 사용을 권장했다. 프레더릭은 어떤 종이 접시들은 "진짜 도자기"처럼 보인다며 "더 이상 소풍을 갈 때만 사용할 것이 아니라" 아이들의 식사나 심지어는 어른들의 상차림에도 쓸 수 있다고 주장했다. 사실 종이 접시는 매우 비쌌기 때문에 프레더릭은 파라핀지를 접시 위에 깔아서 종이 접시를 여러 번 사용하라고 조언했다. 파라핀지 역시 "날마다 새로운 용도로 개발되고 있는" 현대적 상품이었다. 파라핀지는 보통 두루마리 형태로 판매되었지만, 주머니 모양으로 접혀 나오는 것도 있었고(이런 것들은 음식물 쓰레기통 안에 대어 쓰는 데 사용할 수 있었다.), 케이크 팬에 맞도록 동그란 레코드판 형태로 나오는 것도 있었다. 프레더릭은 "코스 요리를 차려 낼 때, 음식이 바뀔 때마다 파라핀지를 새로 깔면 종이 접시 한 개로 전체 코스를 (물론 수프는 제외하고) 다 대접할 수 있다"고 언급했다. 프레더릭에 따르면, 도자기 느낌을 낸 종이 접시는 열두 개에 25센트지만, 그 돈이면 파라핀지 천 장을 살 수 있었다.[47)]

편리함의 유혹

크리스틴 프레더릭이 일회용 종이 제품에 관심을 가졌던 것은 '살림의 효율화'를 일구겠다는 열망 때문이었다. 프레더릭은 여기에 일생을 바쳤고, 테일러와 길브레스 등이 발전시킨 기업 효율성의 원칙을 가정 살림에 적용하는 책과 글을 썼다. 『레이디스 홈 저널』에 쓴 칼럼과 두 권의 저서 『새로운 살림: 가정 경영의 효율성 연구The New Housekeeping: Efficiency Studies in Home Management』(1913)와 『살림 공학: 가정의 과학적 경영Household Engineering: Scientific Management in the Home』(1919)에서 프레더릭은 여성들에게 자신의 일에 대해 계획을 세우는 것, 정신노동과 단순 노동을 구분해서 계획하는 것 등에 대해 설파했다. 그러나 프레더릭은 가정 영역과 산업 영역 사이의 근본적인 차이점에 대해서는 별다른 설명을 내놓지 않았다. 사실 가정에서는 이윤 추구의 동기가 없고, 주부 혼자서 일하기 때문에 분업이 이뤄지지 않으며, 어린아이들이 있기 때문에 불가피한 비효율이 발생할 수밖에 없다는 점 등 때문에 기업과 다른 측면이 많은데도 말이다.[48)]

테일러가 업무 수행에 필요한 시간을 계산해 작업을 재구성함으로써 시간을 절약하려 했다면, 프레더릭은 '소비'를 효율성의 수단으로 삼았다. 이는 광고 업계와 프레더릭이 밀접한 관련을 맺고 있다는 데서도 드러나는데, 크리스틴 프레더릭은 1912년에 〈여성광고연맹League of Advertising Women〉을 창립했고, 남편인 조지 프레더릭은 두 개의 주요 광고 업계 저널인 주간 『프린터스 잉크Printers' Ink』와 월간 『광고와 판매Advertising and Selling』에서 편집자를 지냈다. 점차 크리스틴 프레더릭은 주부들에게 살림 조언을 하던 것에서 "소비 부인에게 홍보를 하는" 기업들에게 컨설팅을 하는 쪽으로 초점을 옮겼다. "소비 부인에게 홍보하기"는 크리스틴 프레더릭이 1929년에 낸 책의 제목이기도 하다.

1920년대에 가정의 효율성이라는 슬로건을 내세운 사람으로는 릴리안 길브레스도 있었는데, 길브레스의 경력은 이 일에 아주 안성맞춤이었다. 길브레스는 〈존슨 앤 존슨〉에 생리대 '모데스'에 대한 시장조사 보고서를 제출한 해인 1927년에 『가정주부의 일The Home-Maker and Her Job』을 펴내면서, "기업에서 성공적인 것으로 판명된 낭비 절감 방법을 가정에 적용하는 책"이라고 소개했다. 이 책은 효율성 제고를 위한 시간 연구와 동작 연구를 가정에 적용하는 방법을 제시하고 있다. 산업 효율성 분야에서 혁신을 가져온 사람으로서, 길브레스는 크리스틴 프레더릭보다 테일러주의의 기술적인 측면을 더 잘 이해하고 있었다. 또한 효율성의 수단으로 소비를 직접 독려하지는 않았다. 하지만 길브레스도 프레더릭과 마찬가지로 허투루 버려지는 시간과 불필요한 동작에 들어가는 노력의 낭비만을 문제 삼았고, 물자 낭비는 다루지 않았다. 길브레스의 책과 프레더릭의 『가정 공학』, 그리고 이 분야의 고전이라 할 만한 테일러의 『과학적 경영Scientific Management』과 프랭크 길브레스의 『과학 경영의 기초Primer of Scientific Management』는 모두 노동 과정에만 초점을 맞추고 있으며, 물자의 낭비라는 주제에 대해서는 놀라울 만큼 아무런 언급도 하지 않는다.[49]

"가정 효율성"은 광고의 언어로는 "편리함"으로 해석되었다. 여기에서 편리함이란 여성들의 편의, 혹은 가정생활의 편리성을 말하는 것으로, 다양한 제품의 광고 · 홍보에서 그 제품이 돈을 지불해 구입할 만한 가치가 있는 것이라는 주장의 근거로 사용되었다. 공장에서의 효율성과 마찬가지로 가정에서의 편리함도 시간과 노력을 줄이는 것을 목표로 했다. 하지만 공장 효율성에는 없는 또 다른 의미도 지니고 있었다. 공장 효율성은 각업무에 대해 고용주 관점에서 "가장 좋은 단 하나의 방법"을 찾아내는 것으로, 이는 노동으로부터의 해방을 약속해 주는 것은 아니다. 그러나 가정용품 광고 속의 '편리함'은 주부들을 고된 노동에서 해방시켜 줄 것이라고 약속했다. 현대적 제품은 전통적으로 여성들이 담당하던 일, 즉 물건을 보살피고, 손보고, 끝까지 사용하기 위해 노력하는 일의 부담을 줄여 줄 것이었다. 녹슬지 않는 알루미늄 냄비라든가 일회용 손수건 같은 것을 사면,

한때는 하인을 둔 부자들만의 전유물이었던 "여가를 즐기는 라이프스타일"을 가질 수 있게 될 터였다.

철학자 토마스 F. 티어니Thomas F. Tierney는 '편리함'이 '기술 문화'와 궤를 같이 하는 것이라고 설명했다. 티어니는 편리함은 "테크놀로지가 현대성에 대해 갖는 영향력" 중에서 핵심적인 것이며 "현대적 자아를 구성하는 데도" 핵심이라고 주장했다. 티어니에 따르면, 테크놀로지 덕분에 현대의 가정생활은 "의식주에 대한 물질적인 요구를 만족시키는 것 자체"가 아니라 그것을 "빠르게 만족시키는 것"에 신경을 쓰게 되었다. 실제로 현대사회에서 신체의 물질적인 필요라는 것은 (배고픔을 채우고 추위를 누그러뜨리는 것을 의미하기보다는) 일종의 '제약'을 없애는 것, 즉 시간을 좀먹는 '불편함, 장애, 귀찮음'을 없애는 것을 의미한다. 그리고 현대 기술이 낳은 제품은, 그러한 불편을 줄여 줌으로써 물질적인 필요를 최대한 적은 시간에 해결할 수 있도록 해 주기 때문에 소비자들의 관심을 끈다.[50]

실제로 '편리함'의 의미에서 노동 시간을 줄여 준다는 부분은 매우 중요했고, 광고들은 '세균'에 대해서 열을 올리고 이야기했던 것만큼이나 '속도'에 대해서도 열심히 이야기했다. 1923년 '핫포인트Hotpoint' 진공청소기 광고는 "시간을 낭비하고 싶지 않은 여성들은 '핫포인트' 진공청소기가 간단하고 안정성 있다는 점을 높이 평가합니다"라고 주장했다. 포장 식품들은 분 단위로 시간을 제시했다. '휘트나(Wheatena, 오트밀처럼 뜨겁게 먹는 아침식사용 즉석 시리얼 브랜드 중 하나. 옮긴이)'는 "끓는 물에 2분"이면 조리할 수 있었고, 〈보덴Borden〉의 농축 우유는 핫초콜릿과 마카롱을 만드는 데 필요한 휘핑크림을 "9분 만에" 만들어서 주부들이 남편의 사랑을 받을 수 있게 해 주었다. 시리얼 '그레이프 너트Grape Nuts'는 아예 조리를 할 필요가 없어서 현대 가정에서 아침 식사를 준비하는 문제를 해결해 주었다. 1927년에 나온 '그레이프 너트' 광고에는 현대식 가정에서 부부가 허둥지둥 바쁜 아침을 보내는 모습과 탁자 위의 시계가 나란히 화면에 등장하면서, "도대체 방법이 없는가?"라는 문구가 나온다. 광고의 내용은 이렇다. "시침과 분침이 믿을 수 없는 곳에 있을 때 (…) 시간과 기차는 우리를 기다려 주지 않는다는 오래된 경구가 실감날 때 (…) '아침 식사를 준비하는 것'이 곧 '히스테리컬해지는 것'을 의미할 때 (…) 어떻게 할 것인가? 어떻게 할 것인가? 도대체 방법이 없는가?"[51]

시간을 절약하는 방법 중 하나는, 길브레스가 공장에서의 시간 및 동작 연구에서 밝혔듯이 물건들을 바로 손닿는 곳에 두어서 발품을 아끼는 것이다. '편리성'을 이런 식으로 해석하는 것은 기업 마케팅에 특히나 도움이 되었는데, 소비자들이 같은 물건을 두세 개씩 보유하도록 설득할 수 있었던 것이다. 1920년대 후반에 〈AT&T〉는 "편리함을 위해 손닿는 곳에 전화기를" 두라고 제안했다. 전화 사용을 확대하고자 기획된 이 광고는, 전화기를 소비재가 아니라 시설 장비로 여기는 인식을 불식시키기 위한 것이었다. 가정용품 광고가 다 그랬듯이, 이 전화 광고도 상류층 이미지를 이용했다. 광고에는 잘 차려입은 여성과 하녀의 모습이 나오고, 그와 함께, 옷방, 서재, 일광욕실 등 일반 사람들은 갖고 있지도 않은 방들에 전화기를 추가로 놓으라는 광고 문구가 나온다.[52]

자사 제품을 구입하면, 금전적 여력이 안 되어서 하녀를 못 두는 사람들도 하녀를 고용한 것이나 마찬가지일 것이라고 주장하는 광고도 많았다. '핫포인트'는 다리미, 토스터, 고데기, 식탁용 풍로 등이 포함된 소형 가정용품 라인을 '핫포인트 서번트'(서번트servant는 하인이라는 뜻. 옮긴이)라고 이름 붙였다. 〈펠스 나프타Fels-Naptha〉는 자사의 비누에 들어 있는 나프타(석유를 경유와 휘발유로 정제할 때 나온다. 세제 등 석유화학제품의 원료로 쓰인다. 옮긴이)

는 "마치 수백 명의 작은 도우미가 빨래를 비벼 빨아 주고 있는 것처럼 느끼게 해 줄 것"이라고 광고했다. 〈피앤지〉의 '나프타' 빨래 비누는 "단지 비누가 아니라 빨래로부터의 해방"으로 여겨질 것이라고 광고했다. 세탁 세제에 대한 광고들은 자사 제품이 빨래에 들여야 했던 수고에서 여성을 해방시켜 주고 그에 들이던 시간을 다른 일에 쓸 수 있도록 해 준다고 약속했다. 그리고 실제로, 비누를 직접 만들고 빨랫물을 길어다 데워서 써야 했던 어머니 세대를 기억하는 여성들에게는 시중에 나와 있는 세제와 꼭지만 돌리면 나오는 수돗물이 해방을 가져다주는 것으로 보였을 것이다.[53]

편리함은 효율성을 넘어서 자유의 상징이었다. 이는 제품을 구입함으로써 얻을 수 있는 삶의 질의 향상을 의미했고, 걱정으로부터의 해방, 호사스러움, 안락함을 의미했다. 즉 역사학자 윌리엄 리치William Leach의 표현을 빌자면, 편리함이라는 개념은 "순수한 안락"을 의미했다고 볼 수 있다. (윌리엄 리치는 19세기 말과 20세기 초의 백화점들이 제공하던 서비스가 고객에게 어떤 만족감을 주고자 했는지를, "순수한 안락"을 의미하는 독일어 "게뮤트리카이트Gemütliichkeit"로 설명했다.) "적어도 사물의 세계에서는, 사람들이 재탄생, 해방, 고통 없는 낙원, 새로운 영원을 발견할 수 있으리라는 것"이었다. (리치는 백화점의 '서비스'에 대해 언급한 것이었지만) 가정용품 광고는 이러한 편리함, 즉 순수한 안락을 '제품'을 구입함으로써 얻을 수 있는 것처럼 제시했다. 1925년에 〈GM〉의 계열사인 〈델코 라이트 컴퍼니〉는 "당신의 가정에 전기냉장고의 편리함을 가져다 놓으세요"라고 광고했다. 광고에 따르면 이 전기냉장고는 "전자동이어서 (아이스박스처럼) 얼음은 물론, 아무것도 챙길 필요가 없는" 것으로, "몇 날이 가고 몇 주가 가도 신경 쓸 필요가 없는 자동식이기 때문에 얼음을 밖에서 가져다 날라야 하는 모든 귀찮음에서 해방시켜 주는" 제품이었다.[54]

편리함은 노동 자체로부터의 해방을 의미했다. 이러한 일반적인 주장은 모든 종류의 제품 광고에 적용됐다. 1925년에 〈GE〉는 한 광고에서 18세기의 여성이 양초 심지를 담그는 그림 옆에 이런 문구를 넣었다. "전등이란 얼마나 편리한지! 미국에 온 초기 개척자들은 양초 만드는 법을 배워야 했다. 여성의 일 중 가장 고된 일이었다. 그러나 당신은 손가락만 까딱하는 것으로 불을 밝힐 수 있다." 〈암스트롱〉은 자사의 리놀륨 장판으로 마루를 깔면 "마루를 닦아야 한다는 것조차 잊을 수 있을 것"이라고 장담했다. 리놀륨은 "가끔 먼지만 털어 주어도 티끌 하나 없이 깨끗하게 유지되며 시간과 노력을 무한하게 절약할 수 있기 때문"이라는 것이다. "50년 뒤 그 집을 팔았을 때 새 주인이 장판을 제거하고 싶어한다면 골치가 좀 아프겠지만" 말이다.[55]

실제로는 양초를 만드는 것이 18세기 여성의 일 중 가장 고된 것은 아니었고 가장 비중을 많이 차지하는 일도 아니었지만, 〈GE〉가 우리에게 가르쳐 주는 역사적 사실이 있기는 하다. 1920년대가 광범위한 기술이 가정에 도입되어 가는 전환기였다는 사실이다. 양초를 집에서 만드는 것은 아무도 하지 않았겠지만, 집마다 처지에 따라 들여놓은 장비나 용품이 달랐고, 따라서 여성들의 가사 노동의 종류와 양도 달랐다. 인디애나 주 먼시의 가정집들에 대해 연구한 린드 부부는 이렇게 설명했다. "같은 집이라도 자동차와 진공청소기가 있다는 점에서는 20세기에 속하면서도, 욕조가 없다는 점에서는 18세기나 19세기에 속하는 것처럼 보일 수 있었다. 골목을 지나다 보면, 어떤 집에서는 빗자루를 쓰고 있고, 그 다음 집에서는 카펫 청소기를 쓰고 있고, 그 다음 집에서는 진공청소기를 쓰고 있는 것을 볼 수 있다." 세탁 세제 광고는 빨래판을 쓰는 여성과 세탁기(당시에는 아직 배관과 연결이 되지 않아서 손으로 펌프질을 해야 하는 세탁기였다.)를 쓰는 여성 모두를 공략했다. 〈피앤지〉는 1925년에 야심차게 내놓은 종이비누 모양의 세제 '칩소 CHIPSO'에 대해, 세탁기를 쓰건 빨래판을 쓰건 "일을 반으로 줄여 줘서" 여성들에게 "빨래하는 부담을 크게 덜어 준다"고 광고했다. "기억하세요. '칩소'는 특정한 방식에만 사용할 수 있는 특수한 세제가 아니에요. '칩소'는 '빨래하는 방식을 바꾸면 도와드리지요'라고 말하지 않아요. '칩소'는 '원하는 방식대로 빨래를 하세요. 그게 어떤 방식이건 더 쉽게 해 드릴게요'라고 말해요." '라프랑스LaFrance'의 세탁 표백제 광고도 비슷한 내용으로 소비자를 공략했다. 공짜로 '라프랑스' 세제 한 상자를 받을 수 있는 쿠폰에 실린 광고는 "어떤 사람은 세탁기를 쓰고, 어떤 사람은 대야를 쓰고, 어떤 사람은 삶아서 빨지만" 쿠폰만 가지고 오면 모두가 "빨래 일을 절반으로 줄이게 될 것"이라고 약속했다.[56]

여기에서 핵심은 모든 여성이 일을 절반으로 줄여야 한다는 것, 어떤 방식으로 빨래를 하든 여성들이 매우 힘들게 일할 필요가 없어야 한다는 것이었다. 20세기가 되기 전에 지배적이었던 삶과 노동에 대한 관념은 여성들이 허드렛일 하는 것을 정당화하는 데 불과한 것으로 여겨졌다. 이 시기 광고에는 '허드렛일drudgery'이라는 단어가 자주 나온다. 가스레인지의 온도 조절 장치인 '윌콜레이터Wilcolator' 제조사는 "'오븐을 들여다보고 있어야 하는' 허드렛일에서 벗어나세요"라고 광고했다. 마치, "한때는 오븐의 온도를 확인하는 것이 심각하게 부담스럽고 시간이 많이 걸리는 일이었던 시절이 있었지요"라고 말하는 듯하다. 광고는 이어서 이렇게 이야기한다. "현대 여성은 더운 부엌에서 오븐을 들여다보느라 시간과 힘을 낭비하기에는 그 시간과 힘을 쏟을 더 중요한 일이 많을 거예요. (…) '윌콜레이터'가 없는 레인지는 이미 구식이에요. 자동 시동기가 없는 자동차가 구식이듯이 말이지요. '윌콜레이터'도, 자동 시동기도, 힘겹고 귀찮은 당신의 일을 줄여 드리기 위해 나온 것입니다. 당신은 그런 힘겹고 귀찮은 일을 겪어서는 안 되니까요." '배큐에트Vacuette' 제조사에 따르면 전기를 쓰는 것조차 불편한 일일 수 있었다. 이 제품의 광고는 이렇게 말했다. "비전기식 청소기가 얼마나 편리한지! 배큐에트는 모터도, 코드 선도 없고, 무언가에 연결해야 할 필요도 전혀 없습니다. 청소에서 허드렛일을 줄여 드립니다."[57]

여성 잡지 여름호에 실린 광고들은 자사 제품이 여성들의 일하는 날을 마치 휴가처럼 만들어 줄 것이라고 말했다. 1925년 8월, '슈레드 휘트' (Shredded Wheat, 시리얼의 일종. 옮긴이)는 "당신을 위한 진짜 휴가"를 선언했다. "물론 남자들은 휴가를 가져야지요. 하지만 남자의 아내와 어머니는 어떤가요? 별장을 청소하거나 콘도에서 요리를 하는 건 휴가가 아니에요. 야외의 맑은 하늘 아래에서 부엌일에 대한 걱정 없이 한 달을 지내는 것, 이것이 진짜 휴가지요. '슈레드 휘트'가 있으면 바로 그 진짜 휴가를 가지실 수 있습니다. 조리하지 않아도 바로 먹을 수 있어요." '후버Hoover' 진공청소기의 광고는 제품을 통해 얻을 수 있는 휴가가 짧다는 점을 인정했다. 한 여성이 자녀들과 시골에서 꽃을 따고 있는 그림과 함께, 이 광고는 "왜 여성에게는 휴가가 없는가"라고 묻는다. "당신이 항상 원해 왔던 여가 시간, 여름이면 그렇게도 생각나는 잠깐의 '휴가'. 후버가 있다면 그 휴가를 가질 수 있습니다." 광고는 계속해서 이 청소기가 가진 장점을 나열했다. "더러움 없는 집, 오래가는 깔개, 허드렛일로부터의 해방. '후버'가 있다면 이 모든 것이 가능하지만, 당신은 그 무엇보다도 '후버'가 가져다줄 한두 시간의 여가를 가장 좋아하실 거예요."[58]

편리함(짧은 휴식이 가능하고 일은 쉬워졌으며, 주의를 기울이거나 책임져야 하는 일에서 자유로워진)은 청결함과 더불어 다양한 제품의 광고 초점이 되었으며,

둘 다 미국식 생활 방식이 제공하는 특권으로 제시되었다. 편리함은 너무나 많은 제품에서 장점으로 선전이 된 나머지, 현대적 삶의 목표, 새로운 생활 방식의 구성 요소, 현대를 살아가기에 필요한 소비재 상품 일체와 동격이 되었다. 한때는 하인이 있어야만 누릴 수 있던 청결함과 편리함은, 이제 물건들을 사고 또 버림으로써 누릴 수 있는 것이 되었다. '크리넥스'가 있으면 늘 깨끗한 손수건이 있는 것이나 마찬가지일 테니까.

하루살이들의 제국

말 그대로 일회용품인 '크리넥스', '코텍스', '슈레드 휘트' 시리얼 상자는 사람과 사물이 맺는 20세기식 관계를 단적으로 보여 준다. 점점 많은 제품이 곧 쓸모없어지거나 구식이 되리라는 것을 전제로 만들어지고 판매되었다. 프랑스의 사회비평가 질 리포베츠키Gilles Lipovetsky는 현대 소비문화를 "하루살이들의 제국"이라고 부르면서, 이것의 핵심은 유행의 원칙(스타일 변화에 따라 제품이 구식화되는 것)이 의류뿐 아니라 더 많은 제품으로, 그리고 부자들에게만이 아니라 더 많은 사람들에게로 확대되는 것이라고 설명했다. 그리하여 "사회 전체가 매력적이면서 수명이 짧은 물건들로 재구조화되었다"는 것이다. 또 유행의 원칙으로 인한 "(제품의) 짧은 수명과 체계적인 구식화는 대량생산과 대량 소비 시스템의 내재적인 특성이 되어 왔으며, 소비자들은 새것이 당연히 헌것보다 우월하다고 생각하게 되었다." 리포베츠키에 따르면 소비사회는 욕망의 무한한 확장에 의존하고 있다. 소비사회에서의 생산와 소비 과정은 구식화obsolescence, 유혹seduction, 세분화diversification의 원칙에 따라 조직되는데, 바로 이러한 소비사회의 핵심적인 특징이 "유행의 일반화"인 것이다.[59]

유행의 확장 과정은 마케팅의 역사와 관련이 있다. 1910년대가 되면 제조 업체들은 시장이라는 것이 이미 존재하는 수요에 따라 형성되는 것이 아니라, 시장 자체가 개발되고 확장될 수 있다는 것을 알게 된다. 마케팅 전문가들은 시장을 넓히고 판매를 증가시키기 위한 원칙들을 마케팅 업계 저널에 소개했다. 이를테면, 제품을 다르게 정의내리는 것이 시장 확장의 한 방법이 될 수 있었다. 캠핑이나 광산 탐사용으로 판매되었던 '카네이션' 우유는 가정용으로 재정의돼 '모던 밀크맨'이라는 브랜드로 다시 태어났다. 제품을 활용할 수 있는 방법이 더 많이 있다는 점을 알림으로써 시장을 확대할 수도 있었다. '슈레드 휘트' 시리얼, '베이커' 초콜릿 등은 시리얼과 초콜릿을 많이 사용하는 다양한 음식의 조리법을 소비자들에게 알리면서 마케팅을 했다. 〈피앤지〉는 '아이보리' 비누가 목욕용과 세탁용으로 모두 쓰일 수 있다고 광고했다. 계절 상품으로 여겨지던 것들에 대해 연중 수요를 창출할 수도 있었다. 또한 제조 업체들은, 축음기에서 통조림에 이르기까지 그게 어떤 제품이건 간에, 제품을 세분화해서 다양한 종류와 가격대로 만들어 내놓으면 판매가 늘어난다는 것을 알게 되었다.[60]

소비자들이 헌 물건을 완전히 다 쓰기 전에 새 물건을 사도록 하는 것도 시장을 키울 수 있는 전략이었다. '유행'이 바로 이를 위한 수단이었다. 많은 소비재가 프랑스 비평가 롤랑 바르트Roland Barthes가 '유행의 원칙fundamental to fashion'이라고 설명한 것에 따라 판매될 수 있었다. "옷이 다 해어지자마자 새것으로 대체되는 경우에는 유행의 과정이 존재하지 않는다. 해어진 다음에도 그 옷을 계속 입어야 하는 경우에는, '빈곤화'의 과정이 존재한다. 하지만 입을 수 있는 것보다 더 많은 옷을 사는 경우라면, 유행의 과정이 존재할 수 있다. 그리고 구매 속도가 옷이 닳는 속도보다 빠를수록 유행의 영향은 커진다." 리포베츠키는 여기에 한 가지 원칙을 더 추가했는데, 제품들은 "결코 획일적으로 제공되지 않는다"는 점이었다. 소비자들은 여러 가지 모델 중에서 원하는 것을 고르고, 다양한 옵션 중에서 무엇을 부착할지를 선택한다. "오뜨꾸뛰르만 그런 것이 아니라, 대량생산도 더 많은 버전, 더 다양한 종류의 선택지, 그리고 개인 맞춤형에 대한 수요"를 내포한다.[61]

　미국인은 의류를 통해 유행의 개념을 배웠다. 완벽하게 멀쩡한 옷이라도 구식일 수 있다는 생각은 1850년대 중산층 여성 잡지를 통해 소개되었다. 『피터슨*Peterson's*』, 『프랭크 레슬리 레이디 매거진*Frank Leslie's Lady's Magazine*』, 『고디스 레이디스 북*Godey's Lady's Book*』 등은 최신 디자인이 새겨져 있는 '패션 접시'와, 그러한 디자인으로 옷을 만드는 데 도움이 될 기초적인 설명서를 펴냈다. 그러나 당시의 사람들은 잡지에 나오는 유행을 따르기 위해 새 옷을 사기보다는 헌 옷을 새 디자인대로 고쳐 만드는 경우가 많았다. 이와 달리 1920년대에는 성별과 계층을 막론하고 대부분의 미국인들은 옷을 사 입었다. 따라서 유행에 관심이 있다면, 그리고 구매할 여력이 있다면, 사람들은 새 옷을 구매함으로써 유행을 따라갔다. 예전에는 옷을 만든다는 것이 누구나 날마다 해야 하는 노동이자, 예술적 감각을 발휘하는 수공예이자, 대표적인 브리콜리지였으나, 이제는 굳이 할 필요는 없는 일이 되었고, 곧 취미 생활이 되었다. 여성들은 바느질에 들어가는 노동에 더 이상 가치를 부여하지 않았으며, 헌 옷을 가치 있게 이용하는 데 필요한 바느질 기술도, 헝겊 조각도 갖고 있지 않았다. 공장에서 누군가 모르는 사람이 재단하고 꿰맨 기성복은, 직접 만들었거나 잘 아는 사람이 만든 옷보다 더 쉽게 내버리거나 〈굿윌〉 같은 단체에 보내 버릴 수 있었다.[62]

　유행에 비판적인 사람들은 처음부터 유행이 의류만의 문제가 아니라는 점을 지적했다. 1867년 H. C. 가드너 부인은 잡지 『레이디스 리포지토리 *Lady's Repository*』에서 이렇게 말했다. "유행이 우리의 의복을 통제하는 것으로만 만족한다면 우리는 유행이 파고드는 것을 크게 문제 삼지 않아도 될 것이다. 하지만 유행이 영향을 미치지 않는 것이 있던가? 유행은 애굽의 개구리 떼(성경에 나오는 이야기로, 여호와가 이집트에 내린 재앙. 옮긴이)처럼 우리의 침실로 밀고 들어오는데 말이다." 가드너 부인은 이 글에서 당시 유행한 침실 가구를 묘사하면서, 사람들이 고작 "화려하고 번지르르한 외관 속에서 가난함에 떨기 위해" 추억이 서린 옛 물건들을 내버렸다고 비난했다. 반세기 후, 학자들은 유행의 원칙이 의류를 넘어 다른 품목으로도 확장된 것은 현대 소비문화 전반의 한 특성이라고 설명했다. 벤자민 R. 앤드류스는 1923년에 펴낸 『가정경제학』 교과서에서 현대 유행의 특징을 다음과 같이 열거했다. 1) 유행이 영향력을 미치는 사물의 엄청난 확장 2) 지역이나 계층의 경계를 쉽게 넘어 버리는 유행의 통일성 3) 정신 못 차릴 정도로 빠른 유행의 변화 속도. 경제학자 헤이즐 커크Hazel Kyrk도 비슷한 설명을 했다. "이제 소비재는 제품 특성에 '최신식'이라는 수식어를 포함하지 않으면 안 되게 되었다."[63]

　로랜드 머천드는 1920년대부터 의류 이외의 다양한 사물에 유행의 개념이 확산되기 시작했으며 이미 그 유행이 사람들의 일상에 깊이 파고드는 과정에 있었다고 설명했다. 특히 이것은 제품의 색상을 바꿈으로써 많이 이뤄졌는데, 색상을 바꾸는 것은 제품 사양이나 공장 설비를 바꾸지 않아도 가능했기 때문이다. 새로운 색상의 제품이 계속해서 나오면서, 롤랑 바르트가 말한 "닳는 속도"에 따라 구매하던 일상 용품들이 욕망의 속도에 따라 바꾸는 패션 상품이 되었다. 예전 같으면 흑백으로만 나왔을 제품들이 이제는 여러 색상으로 제조되었다. 〈파커Parker〉는 붉은 상자에 담긴 펜을 선보였고, 〈윌리스 오버랜드Wills-Overland〉는 1920년대 초 색상 자동차의 선두주자가 되었다. 로랜드 머천드에 따르면, 이후 몇 년간 "색상과 디자인에서의 주요 혁신들이 점점 가속화되었으며", 1927년 광고 업계 저널인 『프린터스 잉크』는 색깔이야말로 "비즈니스의 섹스 어필"이라고 했다.[64]

1925년, 수도 배관 장비 제조사인 〈크레인 컴퍼니Crane Company〉는 욕실을 다양한 색상으로 꾸미라고 제안했다. 곧이어 유통 업체 〈몽고메리워드〉도 "욕실에 설치되는 것들이 화사해야 한다는 현대적 요구"에 걸맞은 세면대, 욕조, 변기 제품을 광고했다. 수건 회사인 〈캐논밀Cannon Mills〉과 〈마텍스Martex〉는 고객들이 화사한 배관 설비와 어울리는 욕실 용품을 놓고 싶거나, 새로운 설비를 할 여력은 안 되지만 욕실을 꾸미고 싶을 경우를 위해, 이제까지는 단순한 흰색뿐이던 수건을 다양한 색상과 무늬로 만들어 시장에 내놓았다. "말하자면 심플한 바닐라가 피스타치오나 오렌지로 바뀌는 것입니다!" 〈캐논〉은 1927년 『레이디스 홈 저널』에서 수건과 비누를 세트로 놓으라고 조언했다. "잘 어울리고 아름답게 색상을 맞추는 것을 좋아하신다면, 물론 여성분들이라면 다 좋아하시겠지요, 일주일은 파란색과 오렌지색의 테두리가 있는 수건을 쓰고 다음 일주일은 라벤더색과 초록색을 쓰세요." 수건 광고는 욕실 패션을 계절별로, 혹은 주별로 바꾸는 것에 비용이 그리 더 들지 않을 것이라고 주장했지만, 물론 비용은 더 들었다.[65]

많은 여성들은 욕실 설비를 새로 구매할 여력은커녕, '배너티 코닥' (Vanity Kodaks, "특정한 의상과 색상을 잘 맞추기 위해 고안된" 카메라로, '앵무새 그린'을 비롯해 새의 이름을 딴 다섯 가지 색상이 있었다.)을 살 여유도 없었다. 이들은 혼수함을 꾸릴 때 백화점에서 산 화사한 욕실 수건만 넣는 것이 아니라, 밀가루 포대에 손으로 자수를 놓아 만든 행주도 넣었다. 하지만 그들도 완전히 멀쩡한 냉장고가 밋밋한 색상 때문에 구식이 된다는 원칙을 배워 가고 있었다. 크리스틴 프레더릭은 1929년에 이렇게 말했다. "여성들은 새 옷을 바라볼 때마다 느끼던 스릴을 이제는 "모든" 종류의 상품을 바라보며 느끼고 있다. 새로운 색상과 디자인의 제품을 사고, 교체하고, 바꾸고, 리모델링함으로써 말이다."[66]

구식화―산업 디자인에서의 테크놀로지와 스타일

테크놀로지와 관련된 물건을 파는 제조 업체들은 새로운 유행과 색상을 만들어 내는 것만으로 만족하지 않았다. 사람들은 헌것이 작동하더라도 새로운 테크놀로지가 나오면 새것을 산다. 20세기가 되기 전에는, '기술적 구식화'라는 개념은 공장에서 현재 작동하는 기계를 신식 기계로 바꿀 것이냐 아니냐를 결정하는 문제에서처럼 생산 영역에서의 의사 결정과 관련한 용어였다. 그러나 1920년대가 되면 이 개념은 소비자들의 일상생활과 관련 있는 용어가 된다. 이를테면, 처음에는 구식 등유를 신식 등유로 바꾸었다가 나중에는 전등으로 바꾸어 본 소비자들은 '기술적 구식화'와 관련한 의사 결정을 경험한 것이다. 소비와 관련된 굵직한 의사 결정은 늘 테크놀로지의 발전과 궤를 같이 해 왔다. 한때 미국인들은 실내 배관을 할 것인가, 자동차를 살 것인가 사이에서 고민했는데, 머지않아 실내 배관과 자동차 모두 일반화되었다. 또 새로운 테크놀로지는 계속해서 더 발전했다. 오늘날의 컴퓨터처럼, 자동차, 라디오, 축음기는 해마다 더 좋은 것이 나왔다. 이제 기술적 구식화는 공장에서 새 기계를 들일까 말까의 의사 결정뿐 아니라, 가정용품을 새로 살까 말까의 의사 결정도 포괄하는 말이 된 것이다.

많은 학자들이 '기술적 구식화'와 '스타일상의 구식화'를 개념적으로 구분하고자 했다. 미국 사회학의 초창기 학자 중 한 명인 에드워드 로스Edward A. Ross는 1908년에 "더 '나은 제품이기 때문에' 바꾸는 것"은 진보이고, 다른 이유로 바꾸는 것은 유행이라고 구분했다. 반세기 후에 밴스 패커드 Vance Packard도 저서 『쓰레기 제조자The Wast Maker』에서 스타일 변화를 이유로 한 제품 교체를 비난하면서, 기술 변화를 이유로 한 제품 교체는 옹호했다. 하지만 '기술적 구식화'와 '스타일상의 구식화'를 칼로 자르듯 구분할 수 있는 것은 아니다. 로스가 사례로 제시한 "효용성 위주의 제품"(만년필, 알람 시계, 전화기, 화장실 타일 등)은 1920년대가 되면 모두 유행의 적용을 받는 상품이 되는데, 그와 동시에 신소재나 새로운 테크놀로지가 적용되기도 해서 '기술적 구식화'의 특성도 함께 가지고 있었다. 사실, '기술적 구식화'와 '스타일상의 구식화'는 함께 진행되어 갔다. 소비자들은 더 기능이 좋으며 더 최신의 디자인으로 된 제품이 나오면 구매 유혹을 받았다.[67]

1920년대 말이 되면 라디오를 가진, 혹은 가지고 싶어하는 미국인들은 '기술적 구식화'와 '스타일상의 구식화'의 결합을 일상적으로 경험하게 된다. 한때 라디오는 쌍방향 미디어였다. 주로 기술 매니아적인 남성 애호가들이 헤드셋으로 음악을 들으면서, 아마추어 라디오 오퍼레이터를 통해 전파 신호를 받기도 하고 보내기도 했다. 그러나 이제 전파 신호의 송신은 거대 기업이 하는 일이 되었고, 프로그램에 채널만 맞추면 되는 청취자는 아무런 지식이나 기술이 필요없게 되었다. 1929년 크리스틴 프레더릭은 라디오를 '소비재'로 취급하면서, 라디오 등장 초기에는 구식화가 전적으로 기술적 진보에 의한 것이었다고 설명했다. 이때는 유행을 따른다는 것이 "3튜브에서 9튜브로 장비를 업그레이드 하는 것"이나 "1년에 두 차례 정도 기술적인 업그레이드를 하는 것" 등을 의미했다. 그러나 곧 제조 업체들은 라디오를 축음기나 책상과 결합했고, 스타일상의 유행도 타게 만들었다. 프레더릭은 이렇게 설명했다. "이제 사람들은 인테리어나 가구와 잘 어울리는 디자인의 라디오를 구매한다. 이것이 현재 시장이 돌아가는 주된 작동 방식이다."[68]

대공황 이전의 구식화 현상을 설명해 주는 가장 좋은 사례는 자동차다. 새로운 소비문화에서 가장 중요한 제품을 하나만 꼽으라면 단연 자동차일 것이다. 자동차는 가계의 소비 지출에서 압도적인 비중을 차지했고, 물리적 · 경제적 · 문화적 풍경을 바꾸었으며, 고속도로 건설을 촉진했고, 슈퍼마켓에서, 드라이브인 영화관에서, 모텔에서, 쇼핑이나 오락, 여행과 같은 일상적인 활동에 대해 새로운 접근 방식을 가져왔다. 자동차는 모든 제품에 적용할 수 있는 소비자 마케팅의 시범 사례였다. 만약 신기술이 적용되었다거나 디자인이 바뀌었다는 이유로 사람들이 잘 굴러가는 자동차를 버리고 새것을 사게 할 수 있다면, 다른 모든 물건에 대해서도 그렇게 만들 수 있을 터였다.

많은 역사학자들이 자동차 업계에서 벌어진 구식화 전략의 성공에 대해 연구했다. 특히, 단호하게 구식화 전략에 반대했던 헨리 포드가 어떻게 해서 압도적이었던 시장 점유율을 〈GM〉에 빼앗기게 되었는지가 관심의 대상이었다.(〈GM〉은 해마다 새로운 모델을 선보이는 전략을 취했다.) 포드의 몰락과 〈GM〉의 성장은 소비문화에서 유행과 변화가 얼마나 중요한지를 보여 주는 대표적 사례다. 헨리 포드는 자신이 (소비재를 판다기보다는) 기본적인 교통수단을 판매하고 있다고 여겼고, 모델을 변화시키는 것에 원칙적으로 반대했다. 헨리 포드는 1913년에 그 유명한 어셈블리 라인(assembly line, 컨베이어 벨트에서 분업에 의해 여러 부품을 조립하는 공정. 옮긴이)을 도입하기 이전에도 생산 효율성에 온 관심을 쏟았다. 그 결과 포드의 자동차는 가격이 계속 낮아질 수 있었다. 1909년 950달러이던 '모델 T 포드'의 가격은 1924년 290 달러까지 떨어졌다. 저렴한 가격이 포드의 유일한 마케팅 전략이었는데, 한동안은 매우 성공적이었다.

반면 〈GM〉은 스타일상의 변화에 승부를 걸었다. 1923년부터 〈GM〉은 매년 모델을 바꾸는 '연식' 개념을 단계적으로 도입했는데, 역사학자 리처드 테드로우Richard Tedlow에 따르면 "아무도 원하지 않았던 혁신"이었다. 이 전략을 이끈 〈GM〉의 회장 알프레드 슬론Alfred Sloan조차도 이것의 결점을 알고 있었다. 우선 많은 비판가들이 지적했듯이 모델을 바꾸려면 비용이 많이 들었다. 생산 설비에도 압력이 되었다. 그리고 다른 요소보다 통제와 예측이 힘든 스타일과 유행에 초점을 맞춰야 했고, 딜러와 판매 사원에게 새 모델의 특성을 계속 교육시켜야 했다. 이런 어려움에도 슬론과 〈GM〉 경영진은 새로운 방식으로 경쟁하고자 했고, 이 새로운 방식을 다뤄 나가는 데 필요한 역량도 갖추고 있었다. 매년 연식을 바꿀 수 있도록 유연하게 조절이 가능한 공장과 판매 조직망을 구축했던 것이다. 계속해서 새로운 모델을 내놓으면 해마다 홍보도 할 수 있었고, 그 밖에도 여러 가지 이점이 있었다. 무엇보다 이 시스템이 도입되면서 회사는 정기적으로 제품 혁신과 새 스타일 개발에 대한 계획을 세울 수 있게 되었다. 비용을 통제하기 위해 기술상의 큰 변화들은 제한되었다. 기술상의 주요 변화는 3년에 한 번씩만 적용되었는데, 이것은 차체를 찍어 내는 금형의 수명과도 일치했다. 기술 변화가 적용되지 않는 기간 동안에는 외관과 스타일에만 변화를 주었다.[69]

포드는 스타일 변화로 경쟁하는 것을 처음에 거부했다. 그러자 시장점유율이 떨어지기 시작했다. 1921년에는 미국 신차 시장의 55퍼센트를 점유하고 있었는데 1926년에는 30퍼센트로 떨어진 것이다. 1927년 봄이 되면

〈GM〉의 브랜드 중 하나(쉐보레)가 포드의 '모델 T' 판매를 앞질렀다. 로랜드 머천드의 말을 빌자면 이는 "시장 역사에서 브랜드 선호가 뒤바뀐 가장 놀라운 사례 중 하나"였다. 헨리 포드는 결국 고집을 꺾고, 1926년 생산 전체를 재정비하기 위해 공장 가동을 중단했다. 이듬해 포드는 '모델 A'를 내놓으면서 유명한 광고 업체인 〈N. W. 에이어 앤 선N. W. Ayer and Son〉을 고용했다. '모델 A'는 리포베츠키가 말한 "모델 수의 증가, 제품 세분화와 옵션 선택의 다양화, 개인화된 맞춤형 수요의 촉발"이 소비문화의 핵심이라는 점을 보여 주는 완벽한 사례다. '모델 A'에는 여러 가지 색상과 열두 개의 차체(세단, 쿠페, 로드스터, 스테이션 웨건 등)가 있었다.('모델 T'의 차체는 여섯 종이었다.) 〈에이어〉는 이런 광고 카피를 만들었다. "종류와 색상에서의 엄청난 다양성에 주목하세요."[70]

하지만 헨리 포드는 여전히 "포드는 영원하다"고 주장했다. 포드는 새 자동차가 "아주 튼튼하고 잘 만들어져서 누구도 다시 차를 살 필요가 없을 것"이라고 말했다. 포드와 에이어는 새 모델을 홍보하는 동시에, 예전 제품인 '모델 T'를 개조해 주는 서비스도 대대적으로 광고했다. 한 광고는 이렇게 말하고 있다. "'모델 T'에 들인 돈을 고스란히 지킬 수 있습니다. 〈포드〉사는 새로운 모델의 자동차를 만들고 있지만, '모델 T'를 여전히 자랑스러워합니다. 포드는 '모델 T'를 가지고 계신 분들이 최소한의 비용으로 그 차를 가능한 오래 사용하시기를 바라고 있습니다." 이 광고는 또한 8백만 대 이상의 '모델 T' 중 상당수가 아직 도로를 달리고 있다며, 이 자동차들은 "2년, 3년, 5년, 아니 그보다 더 오래라도 달릴 수 있을 것"이라고 주장했다. 포드는 '모델 T'를 가진 사람들에게 포드 딜러에게 자동차를 가지고 와서 부품을 교체하는 비용의 견적을 뽑아 보라고 권했다. 한 광고는, "'모델 T'를 개조하는 데는 비용이 아주 조금밖에 안 든다"며 엔진과 트랜

스미션을 바꾸고, 문을 조이고, 패널의 움푹 들어간 곳을 고치는 것 등에 들어가는 비용 내역을 상세히 제시했다.[71]

하지만 자동차 소유자들은 헌 자동차를 개조하는 것보다 폐기하고 새 차를 사는 것을 더 선호했다. 중고차 시장이 크게 발달하면서 새 차를 살 여력이 안 되는 사람들이라도 중고차를 살 수 있게 되었고, 이는 자동차의 전반적인 영향력을 더욱 확대시켰다. 중고차 시장은 신차 시장을 지탱해 주는 역할도 했다. 최신 모델이 아무리 끌리더라도, 쓰던 차를 처분할 때 돈을 하나도 받을 수 없다면 아무도 새 차를 사려고 하지 않았을 것이다. 딜러들은 중고차 보상 판매 정책(새 차를 사려는 사람이, 타던 차를 가지고 오면 새 차 가격을 낮춰 주는 것. 옮긴이)을 시행했다. 그러나 이들은 곧 너무 많은 중고 차 재고를 갖게 되었고, 보상 금액이 이윤을 갉아먹었다. 딜러들은 새 차 판매 할당량을 채워야 했고, 그러려면 고객의 헌 차를 되사 주어야 했기 때문에, 딜러와 제조사 간에 갈등이 일어났다. 이는 다시 중고차 시장을 확장시키는 데 기여했다. 딜러와의 갈등을 피하기 위해 제조사들이 중고 차 시장을 발달시키는 일에 새 차 시장에 들이는 것만큼이나 많은 공을 들 인 것이다. 알프레드 슬론이 자서전에서 언급했듯이, 이는 매우 "미묘한 균형"이었다. 모델을 바꾸려면 "새로운 것에 대한 수요를 창출할 수 있을 만큼, 다시 말하면 구모델에 대해 어떤 불만족을 불러일으킬 수 있을 만큼 새 모델이 새롭고 매력적이어야 하지만, 그와 동시에 구모델도 중고차 시 장을 찾는 소비자에게 만족을 줄 수 있을 정도로는 여전히 매력적이어야 했던" 것이다. 1920년대 말이 되면 중고차 시장 규모가 신차 시장 규모보다 커지고 대부분의 새 차는 중고차 보상 판매와 함께 이뤄지게 된다.[72]

자동차 시장은 다른 소비재 시장의 모범 사례가 되었다. 스타일 변화를 강조하고 매년 새로운 연식을 도입하는 것은 모든 종류의 제품에서 중요한 전략이 되었다. 〈필코Philco〉는 해마다 새로운 라디오를 내놓았고, 새로운 디자인과 함께 새로운 기술을 선보였다. "낡은 라디오를 지금 보상 판매로 처분하세요." 이렇게 권하면서 〈필코〉는 1934년에 "단파장 수신이 개선되고, 우아한 고급 목재 케이스에 담긴 49가지의 훌륭한 모델"을 추천했다. 〈시어스〉는 1932년에 유명한 산업 디자이너 레이먼드 로위Raymond Loewy에게 냉장고를 새로 디자인해 달라고 요청했다. 로위가 디자인한 첫 번째 '콜드스팟'은 1935년에 선을 보였고, 이후 해마다 새로운 모델이 나왔다. 다른 제조 업체들도 마찬가지였다. 생리대 '코텍스'도 "특허를 받은 세 가지 새로운 기능이 추가되어 있고, 근사한 상자에 담긴 1934년형 원더 소프트 코텍스"를 내놓았다.[73]

라디오와 냉장고 업계에서도 헌 제품을 어떻게 처리할 것인가를 둘러싸고 제조 업체와 딜러들 사이에 논쟁이 벌어졌다. 1929년 라디오 업계 저널인 『라디오 브로드캐스트Radio Broadcast』에는 「중고 라디오세트는 중고차와 같은가?」라는 글이 실렸다. 이 기사는 "라디오 업계는 자동차 업계가 겪었던 것과 정확하게 동일한 문제에 직면하기 시작했다"며 중고차 처리와 관련한 자동차 딜러들의 협력 사례를 제시했다. 이와 비슷하게, 가전제품 업계 저널인 『일렉트리컬 머천다이징Electrical Merchandising』도 중고 가전제품을 보상 판매하는 것과 개조해 주는 것에 대해 상세한 내용을 실었다. 이렇듯 저널에서 다뤄진 논쟁들은 중고 라디오, 중고 세탁기, 중고 냉장고에 대한 시장이 형성되면서 제조 업체와 딜러들이 직면해야 했던 새로운 문제들을 드러내 준다. 어떤 것을 중고로 팔고 어떤 것을 개조해야 하는가? 판매를 잃지 않으면서 보상 판매가 유발하는 높은 비용을 감당하려면 보상 판매에서 중고품에 대해 얼마를 지불해야 하는가? 무상 수리는 어느 정도까지 제공해야 하는가?[74]

새로움과 다름

계속해서 바뀌는 자동차와 냉장고는 사람들이 새로움을 찬양하고 오래된 것과 전통적인 것을 거부하도록 만들었다. 피스타치오빛 수건과 최신식 라디오가 아직 쓸 만한 수건과 라디오를 몰아내면서, 쓰던 물건들은 '쓰레기'로 분류되어 지하로 가거나 〈구세군〉에 넘겨지는 신세가 됐다. 끊이지 않는 새로움의 흐름은 전통 및 관습과 전쟁을 벌였다. 윌리엄 리치는 "새로움과 변화가 미국의 전통이 되었다"며 이를 "관습, 가치, 전통 관념 등을 즉시 굴복시키는 새로움의 컬트"라고 표현했다.[75]

유행의 원칙이 의류를 넘어서 모든 사물에 확산되고 부유층뿐 아니라 다른 계층으로도 퍼졌다는 것은, 모두가 새로움의 컬트에 동참하게 되었으며 그것을 계속 늘어가는 가정용품에 적용하게 되었음을 의미한다. 크리스틴 프레더릭은 모두에게 적용되는 이 원칙이 "미국 사회의 가장 낮은 저변, 즉 용도가 다하기 전에 물건을 폐기할 정도의 구매를 감당할 수 없는 9천3백만 명에 도달할 때까지 확대되고 있다"고 주장했다. 이 '저변'에 있는 사람들도 네다섯 번 주인이 바뀐 중고 자동차와 중고 라디오를 구매했다. 부자들에 의해 가속화된 구식화는 가난한 사람들 생활수준의 기준치도 높여 놓았다. 프레더릭은 거의 모든 사람들의 소비에서 예전에는 부자들만이 누릴 수 있었던 새로움의 요소, 즉 "단순한 필요를 넘어선 사치, 향락, 과잉, 쾌락 등의 요소"를 볼 수 있다고 설명했다. 당시 미국 인구가 1억 2천2백만 명이었는데 그중 4분의 3이나 되는 사람을 '저변'이라고 보는 크리스틴 프레더릭의 추산은 다소 적절치 않아 보인다. 또 크리스틴 프레더릭이 언급한 "모두가 소비문화에 참여하고 있다"는 점을 '사치'와 '향락'으로만 파악할 수는 없다. 네다섯 단계를 거친 중고차를 소유한 사람들은, 자신들의 삶의 질을 높여 주어야 할 이 기계를 고치느라 너무나 많은 시간을 자동차 밑에 기어 들어가서 보내야 했던 것이다. 하지만 중고 라디오는 노동자 계급을 소비문화로 이끄는 데 실제로 지대한 역할을 했다. 그리고 "사회의 저변"에 속하는 사람들은, 향락적으로 살지는 않았다 해도, 할아버지, 아버지 세대에 비해서는 더 많은 물건을 소유했고 더 많은 물건을 버렸다.[76]

크리스틴 프레더릭과 남편 조지 프레더릭은 소비문화의 확장 담론을 이끄는 명사였다. 크리스틴 프레더릭의 『소비 부인에게 홍보하기Selling Mrs. Consumer』(1929)와 조지 프레더릭의 『생산의 철학A Philosophy of Production』(1930)은 '진보적 구식화'라는 개념을 소개했다.(두 권 다 조지 프레더릭이 소유한 출판사 〈비즈니스 부어스〉에서 나왔다.) 크리스틴 프레더릭에 따르면 진보적 구식화는 첫째, "새로운 것이면 어떤 것이든지 보유하고자 하는" 마음가짐, 둘째, "새롭고 더 나은 것을 받아들이기 위해 **사물의 유용성이 자연적으로 수명을 다하기 전이라도** 물건을 버리는 것", 셋째, 새로운 물건과 새로운 경험을 갖기 위해 "비록 그것이 저축을 갉아먹는다 해도 소득의 상당 부분을" 지출하고자 하는 의향 등을 그 특징으로 한다.[77]

크리스틴 프레더릭은 이러한 태도가 미국의 특성이며, 진보적 구식화는 미국 번영의 원천이라고 주장했다. 크리스틴 프레더릭은 "유럽의 문화적인 지배"와 "낡은 골동품 숭배라고나 할 만한 생활의 기준"을 비판했고, "교양 있고 지각 있는 사람들은 오래된 물건들이 가득한 집에서 살면서 옛것을 숭배하고 새것을 경멸한다고 말하는 사람들"을 공격했다. 또한 "유럽식 생활 방식과 결별하는" 시대가 오고 있으며, 진보적 구식화는 "그러한 결별의 틈을 만들어 내는 칼날"이라고 언급했다. 크리스틴은, 유럽 사람들은 "매우 육중하고 영원토록 오래가는 물건을 단 한 번 사는 것"이 현명하다고 생각하고 "헌 옷을 입을 수 있는 한 새것을 절대로 사지 않는 것"이 좋다고 여기지만, 그러한 구매 방식은 진보의 속도를 늦출 뿐이라고 주장했다.[78]

크리스틴 프레더릭에 따르면 미국인은 그와 정반대였다. "소비 부인Mrs. Consumer"은 물건들을 더 이상 쓸 수 없을 때까지 쓰기보다는 "과학기술과 기계가 발전하는 속도에 발맞추어 제품을 구매할 때 행복해한다." 크리스틴 프레더릭은 이렇게 물었다. "빠른 기계들을 만드는 디자이너, 제조 업자, 발명가가 몇 주마다 새로운 유형의 넥타이와 양복을 선택할 수 있게 해 주어서, 그것들을 골라 입을 수 있는 것은 인류가 누릴 수 있는 즐거움일진데, 왜 지저분하고 시대에 뒤처진 낡은 넥타이와 낡은 양복을 다 떨어져 못 입을 때까지 입어야 하는가. 낡은 넥타이와 옷을 고수하는 것은 새로운 것들을 만드는 디자이너, 빠른 기계를 만드는 발명가, 새로운 것들을 제공하는 기업가들의 혁신을 저해하는 것이다. 여기에 무슨 문명과 교양이 있단 말인가."[79]

조지 프레더릭은 아내의 『소비 부인에게 홍보하기』를 출간한 이듬해에 『생산의 철학』을 펴내 동일한 주장을 펼쳤다. 이 책의 3분의 1은 조지 프레더릭이 직접 쓴 것이었고, 나머지는 헨리 포드, 버나드 바루크Bernard Baruch, 〈AT&T〉의 회장 등을 포함한 여러 산업계 거물들의 기고로 되어 있었다. 「구식화: 자유로운 지출과 창조적인 낭비」라는 장에서 조지 프레더릭은 구식화를 "건전한 생산 철학의 선봉"이라고 표현했다. 〈미국철강건설협회American Institute of Steel Construction〉의 이사이기도 했던 프레더릭은, 「구식화와 강력한 세일즈맨십」이라는 장에서 '진보적 구식화' 야말로 비즈니스의 새로운 기반이라고 주장했다. 조지 프레더릭은 진보적 구식화의 의미를 "반쯤 낡은 것들을 버리고 새것으로 바꾸려는 마음가짐을 갖고 있

는 것"이라고 설명했다.[80]

이를 반박하는 의견들도 있었다. 많은 학자들은 여전히 소비주의와 돈 쓰기 경쟁을 풍자적으로 분석하는 소스타인 베블런Thorstein Veblen의 『유한계급론The Theory of the Leisure Clas』(1899)을 읽었다. 기술자들은 계속해서 표준화를 주장했다. 너무 많은 스타일과 사이즈로 제품을 만들면 자원이 크게 낭비된다는 것이었다. 1914년에 주택 대출 은행가가 설립해 1920년대까지 활발히 활동한 〈미국근검절약회American Society for Thrift〉는 학교에 절약을 위한 강좌를 열자는 캠페인에서 근검절약주의자 네트워크의 핵심 축 노릇을 했다. 부부 연구자인 로버트 린드와 헬렌 메릴 린드는 인디애나 주 먼시에서 수행한 연구서 『미들타운Middletown』(1929)에서 크리스틴 프레더릭과 조지 프레더릭이 언급한 것과 비슷한 현상들을 관찰했지만, 크리스틴과 조지 프레더릭이 이에 대해 찬사를 보낸 반면 로버트 린드와 헬렌 메릴 린드는 비판적인 시각을 보였다. 하지만 사람들에게 절약 강좌는 대체로 낡은 윤리를 상징하는 것으로 여겨졌고, 새로운 소비문화에 빠져든 사람들이 귀 기울이게 만들려면 표준화와 근검절약의 가장 강력한 옹호자라 할지라도 소비문화를 어느 정도 인정해야 했다. 표준화를 주장하는 거의 모든 글을 보면, 여성의 모자나 소파 같은 것까지 표준화하자는 이야기는 아니라는 단서가 붙어 있다. 1925년, 『가정경제학 저널Journal of Home Economics』의 편집자는 세련된 절약은 "현명한 소비"를 말하는 것이라며 절약의 의미를 재정의했다.[81]

버리는 문화를 향하여

'광란의 20년대(The Roaring Twenties, 미국의 1920년대를 지칭하는 말. 급속한 산업화, 자동차 등 새로운 기술 문화와 소비문화의 확산, 월스트리트의 성장, 재즈 음악의 인기 등 이전 시기와 현격하게 다른 사회문화적 변화가 있었던 기간. 옮긴이)'는 번영의 시기를 뜻하는 것으로 여겨지지만, 이것이 과시적 소비의 시대는 아니었다. 경제 지표들은 상승했지만 미국인 모두에게 경제적 번영의 혜택이 고루 돌아간 것은 아니었다. 임금은 조금만 올랐을 뿐이고, 특히 여전히 산업 고용의 대부분을 차지하고 있던 비숙련 · 반숙련 노동자들의 임금은 미약하게만 올랐다. 또 농업, 광산업, 직물업과 같은 주요 산업에서 실업률이 높았다. 숙련공의 일자리조차 불안정하게 계절을 타는 일이 흔해서, '풀타임' 고용자들도 자주 해고되었다.

그렇지만 대부분의 가정은 물질세계와 새로운 관계를 맺어 나가고 있었다. 사람들은 어머니, 할머니 세대보다 더 적은 것들을 집에서 만들었고 더 많은 것들을 구매했다. 더 적게 모으고 더 적게 고쳤으며, 더 많이 버렸다. 가정에도, 동네에도, 도시에도, 옛 방식과 새 방식이 섞여 있었다. 사람들은 각기 다르게 옛 방식을 유지했고, 또 각기 다르게 새로운 것들을 받아들였다. '진보적 구식화'라는 개념을 한꺼번에 완전히 받아들인 사람은 없었다. 할머니들은 오래도록 해 오던 대로 살았다. 반면 손녀들은 설령 영화 속에서만 본 것일지라도 새로운 생활 방식과 새로운 제품을 갈망했다. 옛 방식 중 어떤 것들은 농촌에서 좀 더 오래 살아남았다. 또 다른 것들은 이민자들 사이에서 좀 더 오래 살아남았다. 하지만 이렇게 불균등한 발전 속에서도, 현대인들은 모두가 이 변화를 근본적인 변화로 여겼다.

새로운 소비문화는 사물을 버린다는 것의 개념을 변화시켰다. 또한 새로운 삶의 방식을 만들어 내었다. 이는 기술적 진보, 기업 조직의 변화, 새로운 이론과 관점, 한 번 쓰고 버리는 물건을 사용하는 습관, 도시 당국의 쓰레기 수거 시스템, 재사용을 빈민층의 행위와 연관시키는 편견 등이 모두 합쳐진 것이었다. 포장 제품은 사람들에게 버리는 습관을 들였고, 청결함이라는 새로운 가치관은 빠르고 완전하게 버릴 것을 강조했다. 공공장소에는 종이컵, 종이 수건, 종이 빨대가, 가정에는 '크리넥스' 같은 욕실 제품들이 놓이면서 그런 습관을 강화했다. 새로운 쓰레기들은 라디에이터와 가스스토브가 장착된 가정에서는 연료로도 쓰이지 못했다. 따라서 이제 그 쓰레기들은 모두 쓰레기통으로 가게 되었다.

새로운 소비문화에서 사람들은 금방금방 물건을 버렸다. 모두가 유행의 첨단을 걸을 수 있었다. 아니면 적어도 상당수의 사람들이 새로운 유행에 신경을 썼으며, 입을 만한 옷도 구식이 될 수 있다는 개념을 받아들였다. 유행 개념이 의류뿐 아니라 다른 제품까지 확장되면서, 사물이 수명을 다하기 전에 버리고 새것으로 교체하는 것이 권장되었다. 세분화된 모델과 다양한 색상의 제품이 나오면서, 소비자들은 이미 가지고 있는 물건도 더 구매했다. 기술적 구식화는 공장 설비에 대한 산업적 의사 결정이 아니라 일반 가정에서 낡은 램프나 스토브를 전등이나 가스스토브로 바꿀 때 하는 일상적 의사 결정의 문제가 되었다. 라디오와 자동차를 소유한 사람들은 쓰던 것이 (아주 많이 낡지는 않았다 해도) 최신 스타일이나 최신 기술에 비추어 볼 때 낡았으면 새것으로 구매했다.

새로움에 대한 선호와 새것이 곧 진보를 나타낸다는 믿음, 그리고 그러한 새 제품들은 현대성을 상징하기 때문에 바람직하다는 믿음은 현대적 생활 방식을 찬양하는 데 기여했다. 모든 것이 더 나은 삶을 위한 것이었고, 걱정이나 성가심 없이 호화스러운 생활을 하게 해 주는 것이었으며, 하인이 없는 여성들도 여가 시간, 사회적인 선행에 참여할 시간, 자녀들과 재미있고 가치 있게 보낼 시간을 갖게 해 주는 것이었다. 주거 환경과 관련한 테크놀로지가 근본적으로 변해서 평범한 가정도 부유층의 생활 방식대로 사는 것이 어느 정도 가능해졌기 때문에 이런 광고들이 더욱 효과를 발휘할 수 있었다. 이들이 제시하는 장점은 매우 구체적인 것이었다. 여성의 시간과 노동을 덜어 주고, 비누나 양초를 만드는 지난한 일이라든가 사물들을 관리하는 수많은 자잘한 일들, 물건들을 만들고 치우는 데 들어가는 노동에서 해방시켜 주는 것 등과 같이 말이다. 새로운 제품들은 사람들의 기준치를 올려놓았다. 그리고 소비 자체가 새로운 형태의 '노동'이 되었다. 하지만 생리대 사례가 보여 주듯이, 그것은 예전의 생활 방식에서 해야 했던 노동에 비할 바는 아니었다.

이러한 맥락에서 편리함, 사치스러움, 청결함의 수사학은 매우 강력한 것이었다. 그러한 수사학은 물질세계와 맺는 관계를 바꾸어 버린 많은 제품들을 성공적으로 판매했다. 몇십 년 사이에, 내구성 있고 재사용할 수 있는 것을 추구하던 가치관은 여가, 호사, 편리함, 청결함의 가치관으로 대체되었다. 1929년 무렵에는 이러한 새로운 방식들이 단단히 뿌리를 내리게 되었다. 대공황이나 전쟁 중의 물자 부족도 사람들이 새로이 갖게 된 진보의 관념을 뒤집어 놓지는 못했다.

4장 미주

1. R. W. Johnson to Lillian Gilbreth, Sept. 29, 1926; Lillian Gilbreth to R. W. Johnson, Sept. 30, 1926; "Report of Gilbreth, Inc.", p. 14, Gilbreth Collection, Special Collections, Purdue University Library. For an introduction to the study, and brief excerpts, see Vern L. Bullough, "Merchandising the Sanitary Napkin: Lillian Gilbreth's 1927 Survey", *Signs* 10 (Spring 1985), pp. 615~627.

2. See Ruth Schwartz Cowan, "Lillian Evelyn Moller Gilbreth", *Notable American Women, the Modern Period* (Cambridge: Harvard University Press, 1980), pp. 271~272.

3. Joan Jacobs Brumberg, " 'Something Happens to Girls': Menarche and the Emergence of the Modern American Hygienic Imperative", *Journal of the History of Sexuality* 4 (1993), pp. 112~114.

4. Fred E. H. Schroeder, "Feminine Hygiene, Fashion, and the Emancipation of American Women", *American Studies* 17 (Fall 1976), p. 107; Anne M. Spurgeon, "Marketing the Unmentionable: Wallace Meyer and the Introduction of Kotex", *Maryland Historian* 19 (Spring/Summer 1988), p. 17; "Cellucotton", *Fortune*, Nov. 1937, p. 196. Spurgeon offers the best account of the Kotex introduction.

5. Spurgeon, "Marketing the Unmentionable", pp. 20, 22, 26~29; John Gunther, *Taken at the Flood: The Story of Albert D. Lasker* (New York: Harper, 1960), p. 154.

6. *Ladies' Home Journal*, Nov. 1927, p. 79, reproduced in Roland Marchand, *Advertising the American Dream: Making Way for Modernity, 1920~1940* (Berkeley: University of California Press, 1985), p. 23; "Is Advertising Read?" Lord & Thomas and Logan advertisement, *Printers' Ink*, Apr. 21, 1927, pp. 74~75.

7. "Report of Gilbreth, Inc.", pp. 15, 16, 65.

8. "Report of Gilbreth, Inc.", pp. 13, 18, 90.

9. "Report of Gilbreth, Inc.", pp. 29, 33, 60, 65; [Mrs.] V. V. Davidson to Johnson & Johnson, Oct. 12, 1926, Gilbreth Collection, Special Collections, Purdue University Library.

10. "Report of Gilbreth, Inc.", pp. 13, 18, 24, 90; R. W. Johnson to Lillian Gilbreth, Sept. 29, 1926.

11. "Report of Gilbreth, Inc.", p. 7; Schroeder, "Feminine Hygiene", p. 108.

12. Kotex advertisements, *Ladies' Home Journal*, Apr. 1927, p. 96; Oct. 1927, p. 86; Nov. 1927, p. 79. The November ad is reproduced in Marchand, *Advertising the American Dream*, p. 23. See also Kotex advertisements, *Ladies' Home Journal*, Jan. 1923, p. 104; May 1923, p. 153.

13. [Mrs.] V. V. Davidson to Johnson & Johnson, Oct. 12, 1926; "Comments on Diaper Pad Report", n. p. [p. 2], Gilbreth Collection, Special Collections, Purdue University Library.

14. "Report of Gilbreth, Inc.", pp. 63~64.

15. "Report of Gilbreth, Inc.", pp. 20~21.

16. "Report of Gilbreth, Inc.", pp. 35, 44, 64, 132.

17. "Sanitary Napkins", *Consumers' Union Reports*, June 1937, p. 22.

18. Marchand, *Advertising the American Dream*, pp. 1~2, 20~22; *Good Housekeeping*, May 1922, p. 103 (quoted in Spurgeon, "Marketing the Unmentionable", p. 22); Kotex advertisements, *Good Housekeeping*, Dec. 1922, p. 206; and *Ladies' Home Journal*, Jan. 1923, p. 104; Spurgeon, "Marketing the Unmentionable", p. 28.

19. Spurgeon, "Marketing the Unmentionable", p. 25.

20. Brumberg, " 'Something Happens to Girls'", p. 104; Marchand, *Advertising the American Dream*, pp. 56, 196~197.

21. President's Conference on Unemployment, Committee on Recent Economic Changes, *Recent Economic Changes in the United States*, vol. 1. (New York: McGraw-Hill, 1929), pp. 97, 126; *Historical Statistics of the United States, Colonial Times to 1970*, (Washington: GPO, 1975), p. 8.

22. Robert S. Lynd and Helen Merrell Lynd, *Middletown: A Study in Modern American Culture* (New York: Harcourt, Brace & World, 1929), p. 83; see also p. 232.

23. See Susan Strasser, *Satisfaction Guaranteed: The Making of the American Mass Market* (New York: Pantheon, 1989), pp. 213, 189, 184, 195.

24. Reproduced in Strasser, *Satisfaction Guaranteed*, pp. 33~34.

25. James T. Rock, "Cans in the Countryside", *Historical Archaeology* 18 (1984), p. 110; "Paterson Pioneer" Parchment Paper, in Paper Products, box 1, Warshaw Collection of Business Americana, Archives Center, National Museum of American History, Smithsonian Institution (hereafter WCBA).

26. Mary Neth, *Preserving the Family Farm: Women, Community, and the Foundations of Agribusiness in the Midwest, 1900~1940* (Baltimore: Johns Hopkins University Press, 1995), p. 200.

27. "Report of Gilbreth, Inc.", pp. 13, 130.

28. Richard L. Bushman and Claudia L. Bushman, "The Early History of Cleanliness in America", *Journal of American History* 74 (Mar. 1988), pp. 1225~1226, 1228; Maureen Ogle, *All the Modern Conveniences: American Household Plumbing, 1840~1890* (Baltimore: Johns Hopkins University Press, 1996), p. 3; Andrew McClary, "Germs Are Everywhere: The Germ Threat as Seen in Magazine Articles, 1890~1920", *Journal of American Culture* 3 (Spring 1980), p. 34; Nancy Tomes, *The Gospel of Germs: Men, Women, and the Microbe in American Life* (Cambridge: Harvard University Press, 1998), passim.

29. Brumberg, " 'Something Happens to Girls'", p. 113; Bushman and Bushman, "Early History of Cleanliness"; Sulllen Hoy, *Chasing Dirt: The American Pursuit of Cleanliness* (New York: Oxford University Press, 1995); Stanley Lebergott, *Pursuing Happiness: American Consumers in the Twentieth Century* (Princeton: Princeton University Press, 1993), p. 149; Jacqueline S. Wilkie, "Submerged Sensuality: Technology and Perceptions of Bathing", *Journal of Social History* 19 (Summer 1986), p. 654.

30. Joel Munsell, *Chronology of the Origin and Progress of Paper and Paper-Making*, 5th ed. (Albany: J. Munsell, 1876), p. 203.

31. Munsell, *Chronology*, p. 223; "Japanese Paper Ware Manufactured by Jennings Brothers",

Paper Products, box 1, WCBA.

32. Munsell, *Chronology*, p. 171; G. Austin, "Rags", *Atlantic Monthly*, Mar. 1867, p. 370; Jane Celia Busch, "The Throwaway Ethic in America", Ph.D. dissertation, University of Pennsylvania, 1983, p. 83. On detachable collars, see Carole Turbin, *Working Women of Collar City: Gender, Class, and Community in Troy, New York, 1864~1866* (Urbana: University of Illinois Press, 1992), pp. 19~29.

33. Eleanor Arnold, ed., *Voices of American Homemakers* (Bloomington: Indiana University Press, 1985), pp. 195~196.

34. Marchand, *Advertising the American Dream*, p. 102; A. P. W. Paper Co. materials, Paper Products, box 1, WCBA.

35. George C. Mather & Co. to Fonda, Johnstown & Gloversville Railroad, July 17, 1903, Paper Products, box 1, WCBA. Manahan's Japanese Tar Sanitary Toilet Paper, Paper Products, box 1, WCBA.

36. Amendment to Interstate Quarantine Regulations, Paper Products, box 2, Drinking Cups folder, WCBA.

37. Letters, Stone & Forsyth to Fonda, Gloversville and Johnstown RR Co. Purchasing Department, Mar. 18, May 14, and Nov. 30, 1912, Paper Products, box 1, WCBA: Individual Drinking Cup Co. to W. H. Collins, Aug. 13, 1914, Paper Products, box 2, Paper Drinking Cups folder, WCBA; Busch, "Throwaway Ethic", p. 92.

38. "Sounding the Knell of Common Drinking Cup", *Survey*, Dec. 31, 1910, p. 508, "Public Drinking Water and Health", *Independent*, May 22, 1913; see also McClary, "Germs Are Everywhere", p. 37.

39. "Sounding the Knell", p. 508; Busch, "Throwaway Ethic", pp. 93~94.

40. "Stone's Patent Paper Julep Straws", *National Bottler's Gazette*, Apr. 5, 1895, p. 29; *National Bottler's Gazette*, June 5, 1895, p. 67; "Handing Drinking Straws", *National Bottler's Gazette*, Feb. 5, 1918, p. 89.

41. Busch, "Throwaway Ethic", pp. 96~97; Hygienic Paper Towel, Paper Products, box 1, WCBA. In 1929, about 52,000 tons of paper towels were produced every year; ten years earlier, the figure was a little over 19,000 tons of towels and napkins combined. See Busch, "Throwaway Ethic", p. 99.

42. Christine Frederick, *Household Engineering: Scientific Management in the Home* (Chicago: American School of Home Economics, 1920), p. 142; Vincent Vinikas, *Soft Soap, Hard Sell: American Hygiene in an Age of Advertisement* (Ames: Iowa State University Press, 1992), p. 94.

43. McClary, "Germs Are Everywhere", p. 36.

44. Kleenex advertisements, *Ladies' Home Journal*, Aug. 1927, p. 84; Feb. 1932, p. 112. See also *Good Housekeeping and Parents'* advertisements cited in Busch, "Throwaway Ethic", p. 155n176.

45. Busch, "Throwaway Ethic", p. 107.

46. Busch, "Throwaway Ethic", p, 84; Dennison advertisement, *Country Life in America*, Sept. 1,

1911, p. 21; Frederick, *Household Engineering*, pp. 143.

47. Busch, "Throwaway Ethic", p. 87; Frederick, *Household Engineering*, pp. 142~143.

48. See Susan Strasser, *Never Done: A History of American Housework* (New York: Pantheon, 1982), pp. 214~219.

49. Lillian M. Gilbreth, *The Home-Maker and Her Job* (New York: D. Appleton, 1927), p. vii.

50. Thomas F. Tierney, *The Value of Convenience: A Genealogy of Technical Culture* (Albany: State University of New York Press, 1993), pp. 6, 30, 36.

51. Hotpoint advertisement, *Ladies' Home Journal*, May 1923, p. 138; other advertisements reproduced in Marchand, *Advertising the American Dream*, pp. 57, 58, 143.

52. Marchand, *Advertising the American Dream*, pp. 117~119.

53. Fels-Naptha advertisement, *Ladies' Home Journal*, Nov. 1927, p. 47; Procter & Gamble advertisement from *Good Housekeeping*, Oct. 1916, p. 11, reproduced in Marchand, *Advertising the American Dream*, p. 10. See also, among many others, Hotpoint advertisement, *Ladies' Home Journal*, May 1923, p. 138.

54. William Leach, *Land of Desire: Merchants, Power, and the Rise of a New American Culture* (New York: Pantheon, 1993), pp. 112, 139ff., 149: Delco-Light advertisement, *Good Housekeeping*, July 1925, p. 132.

55. General Electric advertisement, *Good Housekeeping*, Oct. 1925, p. 227; Armstrong advertisement, *Good Housekeeping*, July 1925, p. 105.

56. Lynd and Lynd, *Middletown*, p. 175; Chipso advertisement, *Good Housekeeping*, Sept. 1925, pp. 118~119; LaFrance advertisement, *Good Housekeeping*, Sept. 1925, pp. 118~119; LaFrance advertisement, *Good Housekeeping*, July 1925, p. 130.

57. Wilcolator advertisement, *Good Housekeeping*, Sept. 1925, p. 150; Vacuette advertisement, *Good Housekeeping*, July 1925, p. 164.

58. Shredded Wheat advertisement, *Good Housekeeping*, Aug. 1925, p. 108; Hoover advertisement, *Good Housekeeping*, Aug. 1925, p. 101.

59. Gilles Lipovetsky, *The Empire of Fashion: Dressing Modern Democracy*, trans. Catherine Porter (Princeton: Princeton University Press, 1994), pp. 5, 134~135. "The Empire of the Ephemeral" is a literal translation of Lipovetsky's title.

60. See Strasser, *Satisfaction Guaranteed*, ch. 5.

61. Roland Barthes, *The Fashion System*, trans. Matthew Ward and Richard Howard (New York: Hill and Wang, 1983), pp. 297~298; Lipovetsky, *Empire of Fashion*, p. 80.

62. 1924년 린드가 먼시에서 인터뷰한 노동 계급 여성 중 3분의 2는 1주일에 바느질과 수선에 들이는 시간이 6시간 이하였고, 비즈니스 계층 여성 중 절반 정도는 1주일에 2시간 이하였다. 먼시에서 가장 큰 백화점 직물부 팀장은 천을 야드 단위로 구매하는 사람이 "1890년에 비하면 아주 적다"고 말했다. (*Middletown*, p. 165). On fashion plates, see Nancy Page Fernandez, "Innovations for Home Dressmaking and the Popularization of Stylish Dress", *Journal of American Culture* 17 (Fall 1994), pp. 27~28; Margaret Walsh, "The Democratization of Fashion: The Emergence of the Women's Dress Pattern Industry", *Journal of American History* 66 (1979), p. 301.

63. Mrs. H. C. Gardner, "Fashion", *Ladies' Repository*, May 1867, p. 263; Benjamin R. Andrews, *Economics of the Household: Its Administration and Finance* (New York: Macmillan, 1923), p. 384; Hazel Kyrk, *A Theory of Consumption* (Boston: Houghton Mifflin, 1923), p. 267.

64. Marchand, *Advertising the American Dream*, pp. 122, 123.

65. Ads reproduced in Marchand, *Advertising the American Dream*, pp. 125, 123.

66. Kodak advertisement reproduced in Marchand, *Adversiting the American Dream*, p. 134; Christine Frederick, *Selling Mrs. Consumer* (New York: Business Bourse, 1929), pp. 250~251.

67. Edward Alsworth Ross, *Social Psychology: An Outline and Source Book* (New York: Macmillan, 1908), p. 94.

68. Susan Smulyan, *Selling Radio: The Commercialization of American Broadcasting, 1920~1934* (Washington: Smithsonian Institution, 1994), p. 20; Frederick, *Selling Mrs. Consumer*, p. 253; see also Susan J. Douglas, *Inventing American Broadcasting, 1899~1922* (Baltimore: Johns Hopkins University Press, 1987), p. 303.

69. Richard Tedlow, *New and Improved: The Story of Mass Marketing in America* (New York: Basic, 1990), pp. 167~168. See also Jeffrey L. Meikle, *Twentieth Century Limited: Industrial Design in America, 1925~1939* (Philadelphia: Temple University Press, 1979), pp. 12~13. For a contemporary telling of the story, see Merryle Stanley Rukeyser, "General Motors and Ford: A Race for Leadership", *American Review of Reviews*, Oct. 1927, pp. 372~379.

70. Marchand, *Advertising the American Dream*, p. 156; Lipovetsky, *Empire of Fashion*, p. 80; "Announcing a Special Showing of Ford Cars" and "Complete Showing of Ford Cars", N. W. Ayer Collection, box 331, book 564, Archives Center, National Museum of American History, Smithsonian Institution.

71. Ford quoted in Marchand, *Advertising the American Dream*, p. 158; N. W. Ayer Collection, box 330, book 561. See also "Put your model T Ford in shape for thousands of miles of additional service" and "Years of Service in Model T Fords."

72. Tedlow, *New and Improved*, pp. 156, 163, 168; President's Conference on Unemployment, *Recent Economic Changes*, p. 61; Walter Davenport, "Old Cars for New", *Collier's*, Jan. 12, 1929, p. 8.

73. Philco advertisement, *Good Housekeeping*, Aug. 1934, p. 5; Meikle, *Twentieth Century Limited*, pp. 104~106; Kotex advertisement, *Good Housekeeping*, Aug. 1934, p. 150.

74. "Are Used Sets Like Used Cars?" *Radio Broadcast*, Oct. 1929, p. 321; see the following articles in *Electrical Merchandising*: "We Can't Afford to Junk Trade-Ins", July 1928, pp. 60~61, 84; "Do Trade-Ins Work?" Mar. 1936, pp. 31~32; "We're in the Junk Business", Oct. 1937, pp. 2~3, 29; "The Rising Tide of Trade-Ins", Dec. 1937, p. 23. "Trade-Ins Again", Feb. 1938, p. 100; Sam Farnsworth, "Trade-In-Tragedy", Mar. 1938, pp. 22, 89.

75. Leach, *Land of Desire*, pp. 4~5.

76. Frederick, *Selling Mrs. Consumer*, pp. 253~254.

77. Frederick, *Selling Mrs. Consumer*, p. 246. On progressive obsolescence and the Fredericks, see Marchand, *Advertising the American Dream*, pp. 156~160.

78. Frederick, *Selling Mrs. Consumer*, pp. 246~247, 251.

79. Frederick, *Selling Mrs. Consumer*, pp. 249~250.

80. J. George Frederick, ed., *A Philosophy of Production: A Symposium* (New York: Business Bourse, 1930), pp. 156, 227.

81. Quoted in David M. Tucker, *The Decline of Thrift in America: Our Cultural Shift from Saving to Spending* (New York: Praeger, 1991), p. 116. See, among many examples of thrift literature, American Society for Thrift, *The Thrift Propaganda in America*, (n. p. [1915?]); Arthur Henry Chamberlain, *Thrift Education: Course of Study Outline for Use in Years One to Eight Inclusive* (New York: American Society for Thrift, 1928); Philadelphia Chamber of Commerce Educational Committee, *Thrift: A Short Text book for Elementary Schools of Philadelphia* (Philadelphia: Chamber of Commerce, 1917): Mary Lillian Patterson, *How to Teach Thrift: A Manual for Teachers and Parents (To Be Used in Opening of Closing Exercises with Children between the Fourth and Tenth Grades)* (Oklahoma City: Harlow Publishing, 1927). See also Tucker, *Decline of Thrift*, esp. p. 69; for a typical standardization discussion, see Warren C. Waite, *Economics of Consumption* (New York: McGraw-Hill, 1928), pp. 73~74.

5장

불황기, 헌것 고쳐쓰기와 새것 구매하기

1930년대부터 1960년대 사이, 헝겊으로 된 밀가루 포대와 사료 포대를 만드는 업체들은, 나중에 재사용할 수 있게 무늬가 찍힌 직물로 포대 자루를 만들었다. 이 사진에 나오는 것은 〈베미스 컴 퍼니Bemis Comony〉의 제품인데 이 회사는 약 천 가지 무늬의 포대 자루를 제작했다. (〈베미스 컴 퍼니〉 제공)

리처드슨 라이트(Richardson Wright, 『하우스 앤 가든*House and Garden*』의 편집자이자 『초기 미국의 행상인*Hawkers and Walkers in Early America*』의 저자)는 1930년에 『하우스 앤 가든』에서 이렇게 주장했다. "현대 경제학에 따르면, '낭만적인 떠돌이 행상인'이 상징하는 근검절약이 대공황기인 오늘날에는 가장 해악을 끼치는 시민 의식이라고 볼 수 있을 것이다. 지난 시절에 그들은 중상류층 가정이 버리는 것을 사들여서 수리했다. 그런데 지금 우리는 기계의 시대에 살고 있다. 번영을 유지하려면 기계가 계속 돌아가도록 해야 한다. 그래야만 사람들이 일을 하고 임금을 받을 수 있기 때문이다. 바람직한 시민은 헌것을 고치지 않고 새것을 산다. 갈라진 신발은 버려야 한다. 그것을 깁지 말아라. 자동차가 말썽을 부리면 폐차장에 끌고 가라. 물이 새는 주전자, 부러진 우산, 멈춰 버린 시계는 쓰레기통으로 보내 잊어버려라. 번영을 유지하려면 기계가 계속 돌아가야 한다."[1]

라이트는 이 글에서 "구식화의 요인들"이라는 말을 썼다. 잘나가는 가정 잡지의 편집자였던 터라 크리스틴 프레더릭이 주장했던 '진보적 구식화'의 개념을 잘 알고 있었던 모양이다. 그런데 부주의하고 무책임한 낭비라고 생각되었던 행위들 덕분에 오히려 경제성장이 촉진된다는 라이트의 주장은 크리스틴 프레더릭이 제시했던 내용을 한층 넘어선다. 라이트

의 견해는 당시에 대공황의 원인을 설명하고자 했던 이론의 핵심을 보여
준다.

당시의 지배적인 견해는 사람들이 돈을 더 쓰기만 하면 불황기를 극복
할 수 있으리라는 것이었다. 1930년 인디애나 주의 한 신문에 실린 사설은
"불황은 심리적인 것"이라며 모두가 "지갑을 꽁꽁 묶어 놓은 끈을 풀기만
한다면, 나라 전체가 '행복한 날이 다시 돌아왔네'라고 노래하게 될 것"이
라고 주장했다. 대공황을 저소비 탓으로 돌리는 경제학자들의 이론도 기
본적으로는 이와 같은 맥락이다.[2]

하지만 대공황 직전에 사람들이 '저소비' 상태였다는 말은 '소비자'로
서 그렇다는 뜻이었다. 비누를 만들어 쓰는 사람은 없었고, 옷은 다들 사
서 입었으며, 바느질은 취미로나 했다. 대공황 무렵이면 적어도 젊은 층의
대부분은 완전히 '소비주의자'가 되어 있었다. 불황이 닥치자 그들도 나름
대로 헌것을 고쳐 쓰고 허리띠도 졸라맸지만 이는 '소비자로서의 우려' 때
문이었다. 직업이 있는 사람들(노동 가능 인구의 약 4분의 3)은 자동차, 침구 세
트, 유행하는 옷 등을 사 대던 1920년대의 소비 습관대로, 대공황기에도 계
속 소비자 신용을 사용해 물건을 구매했다. 소비자들은 식품을 절약하기
위해서라며 최신식 냉장고를 샀다. 또 돈을 아끼기 위해 저녁 시간을 집에
서 보냈지만, 재료 세트를 구매해서 퀼트를 만드는 식으로 소비 지출을 수
반하는 취미 생활을 했다.

광고와 디자인은 대공황기의 소비자를 유혹했다. 산업 디자이너들은 새
로운 색상, 새로운 디자인, 제품 활용에 대한 새로운 아이디어, 더 근사한
포장 등으로 사람들의 지갑을 여는 일에 착수했다. 역사학자 제프리 메이
클Jeffrey Meikle의 말을 빌리자면, 산업 디자인은 '불황이 낳은 자식'이었다.
광고 업체나 유통 업체라면 1920년대가 되기 전에도 제품의 외양에 신경을

썼겠지만, 제조 업체들은 대공황이 오기 전까지 제품 디자인에 별 관심을 갖지 않았다. 그러나 이제 제조 업체들은 1930년대를 특징짓는 '스트림 라이닝'이라든가 '아르데코 스타일' 등과 같이 디자이너가 제시하는 급진적인 아이디어를 기꺼이 시도했다. 그게 성공하든 실패하든 "잃을 것은 없었기" 때문이다. 메이클은 그렇게 해서 몇 년 사이에 제조 업체들 사이에 "산업 디자인이라는 것이 유행하게 되었다"고 설명했다.[3]

많은 제조 업체들이 디자이너를 고용해 제품의 포장을 혁신적으로 바꿨다. 〈킴벌리클락〉은 '코텍스'의 "세련되어 보이는" 새 포장이 고객의 호응을 얻고 있다고 자랑했다. 이 포장은 생리대 상자처럼 보이지 않아서, 생리대를 산다는 것을 드러내지 않고 살 수 있다는 점을 고객들이 높이 샀다는 것이다. '본아미Bon Ami'는 가루 세제를 두 개의 다른 포장으로 판매했는데, (광고에 따르면) 그중 아르데코 스타일의 검정색과 금색 '디럭스' 용기는 "어디에서나 잘 보이게 놓아 두고 싶을 만큼 세련된 디자인"으로 되어 있으며, 욕실의 어떤 색상 배합과도 완벽하게 조화됐다.[4]

『포춘』은 "포장을 살짝 바꾸는 게 좋을지, 확 바꿔야 할지에 대해서는 의견이 분분하지만, 어쨌든 포장을 새로 바꾸면 비용이 절감되거나 매출이 늘거나, 아니면 둘 다 달성되리라는 점에서는 모두의 의견이 일치한다"고 언급했다. 〈미국경영자협회American Management Association〉는 1931년부터 해마다 포장 전시회를 열어서 제품 포장 디자인 분야의 권위자들이 발표를 하도록 했다. 경영 업계의 저널은 포장 디자인 혁신의 성공 사례를 대대적으로 알렸다. 일례로 〈헤인즈Hanes〉는 양말과 속옷을 투명 주머니에 새로 포장했는데, 비용을 절감할 수 있었을 뿐 아니라 새 포장으로 제품을 내놓은 첫날 브루클린 백화점에서의 매출이 세 배가 되었으며, 그 이후에도 두 배 수준을 유지했다. 또 어느 식품 회사는 50개가 넘는 제품의 포장

을 바꾸어서 적게는 10퍼센트, 많게는 일곱 배나 매출을 올렸다.[5]

광고 업계는 자신들의 의도가 소비자들이 "낡은 것을 버리고 최신의 제품을 사도록 하는 것"이라고 공공연히 밝혔다. 광고 업자 어네스트 엘모 칼킨스Earnest Elmo Calkins는 1932년에 이렇게 언급했다. "이 과정에서 안타깝게 낭비되는 것이 있는가? 전혀 없다. 물건이 다 닳아 없어질 때까지 쓰는 것은 경제성장을 가져오지 않지만, 새것을 사는 것은 경제의 번영을 가져온다. 오늘날과 같은 산업사회에서는 모든 공장을 바쁘게 돌아가게 하는 것이 곧 알뜰하게 사는 것이다." 올더스 헉슬리Aldous Huxley는 같은 해에 출판된 『멋진 신세계Brave New World』에서 이를 다음과 같이 요약했다. 소설 속의 보육원에서, 잠자는 아기들에게 녹음된 테이프가 이렇게 속삭인다. "나에게는 새로운 옷들이 있어요. 헌 옷은 추잡해요. 우리는 항상 헌 옷들을 버려요. 헌 옷들을 없애는 것이 고치는 것보다 낫지요." 헉슬리는 이 보육원을 반反유토피아적인 사회에 속한 기관으로 묘사함으로써 현대의 소비를 풍자했다. 반면 칼킨스는 소비를 촉진하지 않는다면 우리가 갖게 될 유일한 대안은 "역사의 페이지를 거꾸로 넘겨서, 적게 갖고 최대한 오래 쓰던 원시사회로 돌아가는 것"이라고 주장했다. "우리는 복잡한 산업 사회를 만들어 냈다. 이 사회와 함께 나아가지 않는다면, 그것을 다 없애고 과거로 돌아가는 수밖에 없지 않겠는가."[6]

칼킨스가 운영한 광고 대행사의 산업 디자이너였던 로이 셸던Roy Sheldon 과 에그몬트 아렌스Egmont Arens는 산업 디자인의 역할을 '구식화'의 개념으로 정당화했다. 그들은 구식화가 "소비자를 위한 진보의 바로미터"라며, 새롭고 매력적인 제품을 사지 않고 고물을 재활용하려는 사람은 유행을 두려워하고 광고를 백안시하는 편견에 사로잡힌 사람이라고 주장했다. 이들에 따르면 구식화의 과정은, "더 좋고 더 편리하고 더 아름다운 물건들이 들어올 길을 열어 주며" 소비자가 "전통의 족쇄, 낡은 장비, 낡은 생각"에서 벗어나도록 해 주는 것이었다. 셀던과 아렌스는 낭비가 많기는 하지만 "낭비의 책임은 물어야 할 곳에 물어야 한다"며 "구식화 작업 자체가 낭비를 만들어 내는 것이 아니라 변화하는 유행에 저항하는 제조 업체들, 구식화를 거부하거나 그 진행을 막으려는 사람들이 낭비를 만들고 있는 것"이라고 주장했다. 셀던과 아렌스는 헨리 포드가 '모델 A'로 바꾸기 위해 공장 문을 닫아야 했던 것을 그러한 낭비의 명백한 사례로 들었다.[7]

셀던, 아렌스, 그들을 고용한 칼킨스, 그리고 그 밖의 광고 업계 종사자들은 실업률이 25퍼센트까지 올라가는 것에 대해 우려는 했을지 모르지만, 그들의 관심사는 '어떻게 하면 지출할 돈이 있는 다수에게 영향을 미칠 수 있는가'였다. 대공황 시기에 사람들은 적게 사고, 없이 지내고, 일상에서 수많은 작은 절약을 실천했다. 전국적으로 소매 매출은 1929년에서 1933년 사이 48퍼센트나 떨어졌다가 1930년대 말까지 서서히 상승했다. 하지만 품목에 따라 소비 변화의 폭은 달랐다. 식품과 생필품 매출은 대체로 일정하게 유지됐다. 돈이 있는 사람들은 친지를 돕거나 자신의 재무 안정성을 유지하기 위해 주로 사치품 소비를 줄였다. 예를 들면, 인디애나 주 먼시에서는 보석점이 가장 큰 타격을 받았는데 1929년에서 1933년 사이 매출이 85퍼센트나 떨어졌다. 그 다음으로 매출이 줄어든 곳은 목재소, 자동차 대리점, 과자점 등이었다. 외식하는 사람이 줄면서 레스토랑 매출도 63퍼센트가량 떨어졌다.[8]

그런데 무엇이 사치품에 속하는지에 대한 개념도 달라졌다. 한 세대 전만 해도 사치품이었던 전기와 자동차가 대공황 무렵에는(아직 완전히 보편화되었다고까지는 못 해도) 어느 정도 일반화되었다. 가정의 전기와 휘발유 사용은 대공황 기간 중에 오히려 증가했다. 신차 구매는 줄었지만 전체 자동차 등록 대수는 줄지 않았다. 사람들은 낡은 차를 몰지언정, 차를 안 몰지는 않았던 것이다. 그리고 두 개의 주요한 내구 소비재라 할 수 있는 라디오와 전기냉장고는 이 기간 중에 사치품의 범주에서 완전히 벗어났다.[9]

잡지에 나오는 내용으로 미뤄 볼 때, 집을 소유한 사람들은 리모델링도 했다. 불황기인 만큼 절약과 재사용의 아이디어를 여러 모로 리모델링에 활용하기는 했지만 말이다. 『하우스 뷰티플House Beautiful』은 현대식 가스 레인지와 찬장을 설치한 저택을 소개했는데, 활석으로 된 옛 싱크대와 그릇 건조대는 그대로 두고 재사용했지만, 높이를 더 편리하게 조절했고 미닫이식 수건걸이를 달았다. 리모델링을 하되 돈을 많이 들이지는 않으려는 사람들을 겨냥해서, 예전 같으면 가격도 싸고 이미지도 싸구려였던 '마디가 많은 송판' 이 스타일 있는 최신 유행으로 홍보되었다.[10]

정부는 리모델링을 촉진하기 위해 주택 보급 프로그램에 리모델링을 포함시켰다. 1934년에 통과된 '국민주택법' 에 따르면 주택 소유자들은 5퍼센트의 이자로 5년간에 걸쳐 상환하는 대출을 2천 달러까지 받을 수 있었다. 조사에 따르면, 당시 미국에 있는 집의 절반 이상이 수리를 할 필요가 있었다. 도시 주택의 적어도 4분의 1은 배관, 가스, 전기, 중앙난방 등이 되어 있지 않았다. 사람들이 정부의 대출 프로그램으로 돈을 빌려 이러한 집들을 업그레이드하면 지역 경제에 돈이 돌 것으로 기대됐다. 『굿 하우스키핑』은 "집을 새롭게 고치는 것이 주택 소유자의 애국적인 의무가 되었다" 며 이는 "가치와 개인적인 만족으로도 두 배는 이득이 되는 일일 뿐더러, 산업을 움직이고 국가가 정상적인 소비 생활로 돌아가게 하기 위해서 할 수 있는 비교적 작고 쉬운 일이기도 하다"고 독려했다. 여기에 『굿 하우스키핑』은 추가적인 동기 부여를 해 주었는데, 내장과 외장 리모델링을 가장 잘한 집에 5백 달러의 상금을 건 것이었다. 하지만 가정생활 잡지를 보는 대부분의 독자들에게 리모델링은 꿈만 꿀 수 있는 일이었다. 정부가 제공하는 적은 액수의 대출(1934년에서 1937년 사이 미국 가정 여덟 가구 중 하나가 이 대출을 받았다)로는 외장 페인트, 난방 시스템, 전기 설비 등에 드는 비용을 지불할 수 있을 뿐이었다. '국민주택법'은 새 집 구입에 더 많은 지원을 했다. 그리고 이 프로그램은 기존 집을 새로 고치는 것보다는 교외에 새 주거지를 개발하는 쪽으로 점차 방향을 틀었다.[11]

리모델링한 부엌에 헌 싱크대를 재사용하는 것은 경제가 어렵던 1930년대의 일반적인 현상을 반영한다. 즉 현대의 소비 방식이 고쳐 쓰는 옛 방식과 결합된 것이다. 사람들은 우선순위를 놓고 저울질을 하면서, 어떤 것에는 돈을 쓰고 (심지어는 펑펑 쓰고) 다른 것에는 지출을 줄였다. 예를 들면, 중서부의 농촌 여성인 애나 프랫 에릭슨Anna Pratt Erickson은 대공황 기간에 밀가루 포대와 설탕 포대를 활용해 침구류를 직접 만들고, 꽤 많은 식품을 병조림해 보관했으며, 돈을 절약하기 위해 전화선을 끊었다. 하지만 의류, 스토브, 라디오, 압력솥, 그리고 딸 도로시를 위한 최신형 '메이태그Maytag' 세탁기 등 여러 가지를 구입했다.[12]

애나 에릭슨뿐 아니라 많은 사람들이 대공황 기간에 라디오를 구매했다. 라디오는 약간의 전기 요금만 더 내면 몇 시간이고 오락을 즐길 수 있게 해 주는 물건이었다. 1936년의 어느 시장조사에 따르면(16개 도시, 5만 3천 가구를 대상으로 한 조사였다.) 미국인의 91퍼센트가 라디오를 소유하고 있었다. 9년 전에는 20퍼센트에 불과했는데 말이다. 1920년대와 마찬가지로, 대공황 시기에 라디오 마케팅은 '스타일상의 구식화'와 '기술적 구식화'에 기반해 이뤄졌으며, 따라서 해마다 새로운 모델이 나왔다. 대공황이 오자 제조 업체들은 가격을 크게 내리고, 고급 목재 케이스 대신 싼 금속과 플라스틱 케이스로 된 저가 소형 모델을 내 놓았다. 1933년에 라디오의 평균 가격은 35달러였고(1929년에는 133달러였다.), 판매된 라디오 중 절반가량은 일반 가정에서 구입할 수 있는 가격대의 소형 모델이었다.[15]

냉장고—사는 것이 아끼는 것이다

냉장고도 대공황이 시작되자 가격이 내려갔다. 냉장고는 라디오보다 훨씬 비싼 물건이었지만 라디오보다 판매가 더 크게 늘었다. 1920년대 말까지만 해도 아주 부유한 사람들만이 전기냉장고를 갖고 있었다. 1927년 중서부의 한 도시에서는 전체 가구 중 냉장고를 보유한 집이 0.5퍼센트도 채안 되었다. 그러나 1936년에는(앞서 언급한 16개 도시 대상 조사에 따르면) 미국 가정의 약 60퍼센트가 냉장고를 가지고 있는 것으로 나온다. 대공황 시기에 냉장고가 급속히 퍼진 것은 경제적으로 어려운 시기라는 점을 십분 활용한 마케팅의 덕이 컸다. 부유층을 대상으로 하는 『하우스 뷰티플』조차도 "할부를 통해 쉽게 구매하실 수 있습니다"라는 〈GE〉의 광고를 실었다.[14]

대공황기의 냉장고 광고는, 목돈이 드는 제품이지만 할부를 하면 일반 가정에서도 충분히 구매할 수 있다는 점을 알리는 것으로만 그치지 않았다. 한 발 더 나가, 냉장고를 사야만 돈을 아낄 수 있을 것이라고 주장했다. 〈GE〉는 당시 중상류층 대상 잡지였던 『코스모폴리탄』에 "전기냉장고에 투자하세요"라는 광고를 실었다. 마치 냉장고를 사면 거기에서 수익이 발생하기라도 한다는 듯이 말이다. "〈GE〉가 제공하는 편리함을 지금 누리세요. 한 달이라도 늦게 사면 그만큼 돈을 낭비하는 것이 됩니다. 〈GE〉 냉장고에 들인 돈은 다 뽑으실 수 있어요. 여러분이 매달 지출하는 식품 값의 20퍼센트에서 30퍼센트는 줄여 드리니까요. (…) 약간의 선금만 내면 내일 당장이라도 여러분의 부엌에 〈GE〉 냉장고가 놓일 거예요." 〈노르지Norge〉는 자사의 냉장고가 "한 달에 11달러까지 가계 지출을 줄여줄 것"이라며 이렇게 주장했다. "〈노르지〉를 **사기 위해** 절약하실 필요가 없어요. 노르지를 **사는 것**이 바로 절약하는 길이니까요." 그에 대한 근거로 내세운 것은 테크롤로지였다. "〈노르지〉만이 가진 '롤레이터 기술'" 덕분이라는 것이었다. 1934년 『굿 하우스키핑』에 실린 기사형 광고는 이렇게 언급했다. "넉넉한 (음식 보관) 공간이 투자할 가치가 있음을 증명할 것이다."[15]

주부들이 냉장고를 이용해 실제로 절약 효과를 보려면 식품 구매 습관과 조리 습관을 바꾸어야 했다. 그래서 새 냉장고들과 함께 나온 대공황기용 요리책들은 돈을 절약할 수 있는 요리법을 소개했다. 대공황 이전에는, 사치품의 지위를 차지하고 있던 냉장고의 위상에 맞게 요리책들에 컬러그림이 들어가 있고 장정도 양장본으로 되어 있었다. 남은 음식들을 사용해야 하는 이유를 설명할 때도 절약이라는 경제적인 문제는 부차적인 것으로만 등장했다. 가정경제학자 앨리스 브래들리Alice Bradley가 쓴 1929년의 요리책(《GE》 냉장고와 함께 나왔다.)은 냉장고 덕분에, 남은 음식을 새로운 종류의 조리법에 사용할 수 있는 가능성이 생겼다고 언급했다. 얼린 젤리 샐러드, 과일 크림, 젤리 모양으로 굳힌 수프, 육즙 젤리 등과 같이 말이다. 이러한 요리는 냉장고를 재료를 보관하는 용도뿐만이 아니라 '찬 요리를 만드는 조리 도구'로도 사용한 것이었다. 이와 마찬가지로, 『냉장고 요리 *Frigidaire Recipes*』(1928)는 남은 음식을 이용하는 조리법에 따로 한 장을 할애하고 있는데, 단백질과 비타민이 많이 들어 있어서 그냥 버리기는 아까운 음식들을 다시 활용하면 시간과 노력을 줄일 수 있다고 설명했다.[16]

반면 대공황기에 보급판으로 나온 『당신의 냉장고*Your Frigidaire*』(1934) 개정판은 경제적인 절약을 강조하면서, 식품을 어느 정도씩 구매해야 하는지, 남은 음식으로 어떤 음식을 만들 수 있는지 등에 대해 설명하고 있다.

「알뜰하게 장 보는 새로운 방법」이라는 섹션은 "냉장고는 음식을 매우 오래 보관할 수 있게 해 주므로 매달 상당한 양의 돈을 절약할 수 있다"고 언급했다. 여기에서도 그 근거는 기술이었다. (냉장고 제조사의 주장에 따르면) 길게는 일주일까지 냉장고에 음식을 보관할 수 있기 때문에, 주부들은 "남은 음식을 바로 다음 식사에서가 아니라 며칠 뒤에 내놓을 수 있어서, 같은 음식을 연달아 먹을 때 물리는 일을 막을 수" 있었다. 며칠 뒤에 식탁에 내놓으면 식구들은 이것이 얼마 전에 먹던 음식이라는 것을 거의 기억도 못할 테니 말이다. 따라서 장을 볼 때 식재료를 대용량으로 구매하거나 할인하는 품목을 활용함으로써 돈을 절약할 수 있었다. 할인 광고를 눈여겨보면서 로스트용 고깃덩어리나 스테이크를 싸게 팔 때 많이 사서 얼려 두었다가 스테이크는 주중에 먹고, 로스트는 일요일에 먹고, 남은 육즙과 고기는 아무 때라도 수프, 스튜, 크로켓 같은 것으로 활용할 수 있다는 것이었다.[17]

『당신의 냉장고』에 실린 냉장고 조리법 중에서 통조림 식품을 이용하는 것은 냉장고가 돈을 아껴 준다는 점을 더 노골적으로, 산수 책처럼 수치를 들어 설명하고 있다. "넘버 2(500g들이) 캔 하나의 으깬 파인애플은 15센트에 살 수 있는데, 같은 브랜드의 넘버 2.5(750g들이)는 19센트면 살 수 있다. 추가로 더 들어 있는 250그램의 값이 4센트밖에 안 되는 것이다. 파인애플의 절반은 일요일의 샐러드에 사용하고, 남은 것은 냉장고에 얼려서 목요일 저녁에 먹을 셔벗을 만들면 된다." 우유와 크림도 대용량으로 살 수 있고, 상추는 한 통에 10센트를 내는 대신 세 통을 25센트에 살 수 있었다. 이 책자에 따르면, "낭비됐을 뻔한 음식 부스러기들로 좋은 메뉴를 만들 수 있는데", 이는 "아끼는 동시에 높은 삶의 질도 누릴 수 있음을 의미"했다. 하지만 독자들이 '높은 삶의 질'을 '돈을 안 쓰고 사는 것'으로 오해하지 않도록, 위에 언급한 절약에의 교훈은 「오찬과 만찬용 코스 요리를 위한 애피타이저」에 할애된 장의 두 번째 페이지에 실려 있었다. 처음에 나오는 네 가지 요리 재료에는 캐비어까지 등장하는데, 대공황기에 냉장고를 구매한 일반 소비자들이 가지고 있을 법하지는 않은 재료다.[18]

남은 음식을 새로운 전기냉장고에 보관하는 것은 현대적 소비와 전통적 재활용의 습관이 결합된, '소비주의 시대의 브리콜리지'라고 할 수 있을 것이다. 이는 음식뿐 아니라 다른 영역에서도 드러났다. 면으로 된 밀가루 포대와 동물 사료 포대는 옷을 만드는 데 사용되었다. 이것은 사람들이 꼭 가난해서였다기보다는 기업의 마케팅 전술에 의한 것이었던 측면이 크다. 또 대공황기에 만들어진 퀼트는 주로 시중에 나와 있는 문양 패턴을 사서 만든 것이었다. 사람들은 대대적으로 광고가 된 솜 제품으로 퀼트 속을 채웠고, 조각 천으로 만든 덮개는 헌 옷이나 넝마가 아니라 퀼트용으로 시중에 나와 있는 조각 천 세트를 사서 만들었다. 집을 고친다는 것 역시 그에 필요한 것들을 가게에서 사 와야 한다는 뜻이었다. 그리고 일반적인 상점에 갈 여력이 안 되는 가난한 사람들도 〈굿윌〉이나 〈구세군〉의 상점에서 중고품을 구매해서 그것으로 필요한 것들을 만들었다.

밀가루 포대―다용도 포장재

매리언 포스트 월콧(Marion Post Wolcott, 1910~1990. 사진작가. 대공황기에 〈농업안정국〉 프로젝트의 일환으로 가난한 삶을 기록한 사진들을 찍었다. 옮긴이)의 〈농업안정국〉 사진에 등장했던 한 사람은 약 반세기 후에 월콧의 전기 작가에게 이렇게 말했다. "사진 속에서 내가 입고 있는 옷은 밀가루 포대로 만든 드레스 같아요. (…) 엄마가 포대를 끓이고 표백해서 거기 쓰여 있는 글자들을 없애던 기억이 나요. 무엇이건 쓸 만한 것으로 만들 수가 있었어요. 그렇게 하기 위해 늘 신경을 썼으니까요." 그러나 사실 대공황기의 밀가루 포대 옷은, 가난을 헤쳐 나가기 위한 노력을 보여 주는 것으로만 파악할 수는 없다. 찢어지게 가난한 사람뿐만이 아니라 대부분의 농촌 여성이 포대 자루로 옷을 만들어 입었다. 또한 포대 자루로 옷을 만드는 것이 단순히 개별 여성들의 솜씨와 착상에서만 나온 것도 아니었다. 그보다는 기업들이 수십 년 동안 벌인 마케팅의 결과인 측면이 컸다.[19]

면으로 된 포장용 포대를 재사용하는 방법은 1910년대와 1920년대에 농촌 여성들을 대상으로 한 잡지들에 처음 등장했는데, 이때는 다른 여러 가지 재사용법에 대한 정보와 함께 실려 있었다. 그러다가 대공황 기간에는 〈직물 포대 제조업 협회Textile Bag Manufacturers〉, 〈미국 면 협회National Cotton Council〉, 〈시어스 로벅〉, 〈4H 클럽〉 등과 같은 많은 업계 조직과 기업들이 "면 포대에 바느질하기", "밀가루 포대로 바느질하기", "집 안의 바느질을 위한 포장 포대의 마술" 등과 같은 다양한 제목의 소책자를 펴냈다. 여기에는 포대 자루로 앞치마나 홈드레스 같은 일상 용품과, 빗자루 덮개와 "토스트 주머니" 같은 선물 용품을 만드는 법이 나와 있었다. 포대 자루를 여미는 끈도 버리지 말고 이불이나 깔개 등을 묶는 데 사용하라고 조언한 책자도 있었다. 이러한 종류의 홍보는 수십 년간 계속되어서, 1950년대에도 〈미국 면 협회〉는 박람회가 열릴 때 포대 자루 공예를 후원했다.[20]

설탕과 밀가루 회사들은 포대를 재사용할 수 있다는 점을 광고에 활용했다. 어느 대형 제분소는 면직물 소재로 포대 자루를 만들고 그 위에 빨면 지워지는 잉크로 브랜드 이름을 찍었다. 그리고는 식품점에서 그 포대 자루를 활용해 만든 옷을 밀가루와 함께 진열하도록 함으로써 성공적으로 시장에 진입했다. 1933년에 〈서배너 설탕 회사Savannah Sugar Refining Corporation〉도 포대 자루 재사용에 대한 대대적인 광고를 벌였다. '딕시 크리스탈' 설탕 포대로 옷을 만드는 법이 적힌 소책자를 무료로 나눠 주고, 소매점과 시연 홍보 업체에 전단지를 보냈다. 식품점들에게는 설탕 포대 자루를 〈적십자〉와 지역의 학부모회에 기증하도록 독려했고, 기업 경영진은 이러한 단체와 함께 가난한 사람들을 대상으로 한 옷 만들기 프로그램을 열었다. 또 조지아 주 주지사가 이 회사의 설탕 포대로 만든 작업복을 입고 있는 모습을 사진으로 찍기도 했다.[21)]

면으로 만든 포대 자루를 재사용하는 것은 오랫동안 이어져 온 습관이었고, 특히 동물 사료와 씨앗이 담긴 포대를 구하기 쉬웠던 농촌에서는 더욱 그랬다. 재봉틀이 나오고 얼마 지나지 않은 1850년대에 성기게 직조된 모슬린 포대가 처음 나오자, 여성들은 늘상 해 오던 바느질에 포대 자루를 이용했다. 재활용된 포대 자루는 닭 사료 포대에서 이름을 따서 "닭 리넨"이라고 불리기도 했지만, 꼭 닭 사료만이 아니라 다양한 제품에서 나왔다. 설탕, 소금, 밀가루, 동물 사료, 씨앗, 비료 포대들이 옷, 기저귀, 생리대, 식탁보, 수건으로 활용될 수 있었다. 포대 자루는 퀼트에도 이용되었다. 염색을 해서 퀼트의 받침 천으로 사용하는 것이 일반적이었지만, 1930년대에는 글자가 그대로 찍혀 있는 밀가루 포대에 자수로 장식을 해서 그것을 퀼트 덮개로 사용하는 것이 유행하기도 했다.[22)]

포대 자루에 글자를 찍는 것은 1880년대에 등장하는데, 포대 자루 재활용에 대한 지침서의 핵심은 그 글자를 지우는 방법이었다. 어떤 경우에는 지우는 방법이 포대 자루에 제품 라벨과 함께 인쇄되어 있었다. 또 어떤 제조 업자들은 상표를 종이에 인쇄해서 포대 자루 솔기 사이에 꿰매 놓았는데, 이것은 물에 담가 두면 제거할 수 있었다. 노스다코타 주에 살던 마가렛 리엔Margaret Lien은 어린 시절에 포대 자루로 만든 속옷을 입었던 기억을 떠올리며, 자신의 어머니가 인쇄된 상표를 표백해서 지우는 일에 매우 능숙했다고 회상했다. "어머니가 하면 흔적도 없이 글자가 사라졌어요. 다른 사람들은 그것을 잘하지 못해서 엉덩이에 '필즈버리'라고 쓴 채로 다니곤 했는데 말예요."[23]

제조 업체들은 아예 '다목적 포장 용기'를 만들기도 했다: 안에 담긴 물건을 다 사용하고 나면 포장 용기를 다른 용도에 사용할 수 있도록 만드는 것이었다. 1930년대 초, 광고 업계와 포장 업계 저널은 기업들에게 다목적 용기를 적극 권장했다. 포장 용기 전문가인 래러비C. B. Larrabee는 다목적 용기를 만들면 두 가지 이점이 있다고 설명했다. 소비자들이 제품에 관심을 갖도록 해 구매를 유도할 수 있으며, 내용물을 다 쓰고 난 다음에도 용기를 버리지 않고 집 안에 두기 때문에 "해당 제품에 대해 늘 광고를 해 주는 효과가 있다"는 것이었다.[24]

다양한 아이디어의 다목적 용기들이 쏟아져 나왔다. 〈내셔널비스킷〉은 크래커를 어린이의 도시락 통으로 사용할 수 있는 용기에 담아 팔았다. 〈오션 스프레이〉 크랜베리 소스 용기는 저금통으로 쓸 수 있었다. 〈페퍼렐Pepperell〉 종이가 들어 있는 상자는 백게먼(backgamonn, 주사위를 던져서 하는 보드 게임의 일종. 옮긴이) 게임판으로 쓸 수 있었다. 〈보든〉의 맥아 분유는 설탕 통이나 커피 통으로 쓰기 좋은 에나멜 초록빛 병에 담겨 있었다. 〈부켓 렌서릭Bouquet Lentheric〉 향수는 유리병에 담겨 아이보리 플라스틱 쟁반에 얹혀 있었는데, 이것을 칵테일이나 코디얼 술을 담는 데 쓰면 "규방에서 연회장으로 논리적인 전환을 가능케 해 줄" 것이었다. 인조 가죽으로 된 〈힉콕Hickok〉의 대님과 멜빵 포장은 책 표지로, 플라스틱으로 된 넥타이핀 용기는 담배 곽과 작은 재떨이로, 벨트가 들어 있는 아연 통은 칵테일 만드는 도구로 쓸 수 있었다. 〈제너럴 펜슬 컴퍼니〉는 칵테일 쉐이커, 램프 베이스, 그리고 냉장고용 물병 등 세 가지 용도로 쓰일 수 있는 용기에 잉크를 담아 팔았다. 그리고 20센트의 배송료만 더 내면 그러한 용도로 바꾸는 데 필요한 용품을 제공했다.(이것을 열정적으로 칭찬한 『모던 패키징Modern Packaging』 기사는, 대체 램프 베이스로도 쓸 수 있을 만큼 커다란 용기에 담긴 잉크를 애초에 소비자들이 왜 필요로 할 것인지에 대해서는 설명하지 않았다.)[25]

마케팅 담당자의 입장에서 볼 때 다목적 용기에는 결점도 있었다. 광고업계 저널인 『프린터스 잉크』는 다용도로 쓰일 수 있게 하려고 용기를 너무 좋게 만들면 소비자들이 "내가 내용물이 아니라 포장 용기에 돈을 지불하고 있는 게 아닌가" 하는 생각을 갖게 될 우려가 있다고 지적했다. 래러비는 선물용으로는 다목적 용기에 들어 있는 제품이 매우 좋지만, 생필품 용도로는 평범한 용기에 담긴 것도 판매해야 한다고 제안했다. 어차피 한 가정에 도시락 통이나 재떨이가 그렇게 여러 개씩 필요하지는 않을 테니 말이다. 그리고 어떤 제품은 아예 다목적 용기라는 개념 자체가 먹히지 않았다. 대표적인 것이 생리대다. 릴리안 길브레스는, 설문 조사에 참여한 여성들은 어떤 용도로든 생리대 상자를 보관해 두길 원하지 않았으며, 따라서 '모데스' 상자는 장식을 하거나 견고하게 만들 필요가 없다고 〈존슨 앤 존슨〉에 조언했다. "(생리대 상자를 보관하겠냐는 질문에) 응답자들의 답변은 '맙소사, 아니요!'라고 혐오감을 표시하는 사람부터 '그걸로 크리스마스 선물 포장이라도 하게요?'라고 비꼬는 사람까지 다양했다."[26]

하지만 면으로 된 포대 자루로 말하자면, "생필품은 다목적 용기를 쓰지 않는 것이 좋다"는 래러비의 원칙에서 예외였다. 바느질을 자신이 직접 하는 여성들은 직물이 많아도 얼마든지 사용할 곳을 찾을 수 있었고, 불황기에는 더욱 그랬다. 따라서 직물로 된 포대를 제조하는 업체들은 포대 자루에 여러 문양을 넣어 다목적임을 강조하는 판촉을 벌였다.(특히 신소재 종이 포대가 나와서 면 포대와 경쟁을 하게 되면서 더욱 그랬다.) 천 가지 다른 문양으로 포대 자루를 만든다는 업체도 있었다. 인디애나 주에 살던 버지 바우어스 Virgie Bowers는 리넨처럼 보이게 직조된 사료 포대로 "온갖 것을 만들었다" 고 회상했다. "옥수수 씨앗 포대도 있었는데, 이건 근사한 식탁보 등을 만드는 데 주로 썼어요. 옥수수 포대는 조금 더 무거운 직물로 되어 있었는데, 네 장이면 사각 식탁에 덮을 멋진 식탁보를 만들 수 있었죠. 우리는 그것들을 태팅 레이스 뜨기나 크로셰 뜨기로 이어 붙이고, 그에 어울리게 테두리를 장식했어요. 그러면 정말 근사한 식탁보가 되었지요." 펜실베이니아의 한 여성은 "토요일 아침, 아버지가 사료 공장에 가실 때 따라가도 된다고 허락해 주면 얼마나 신이 났는지 모른다"고 회상했다. "제분이 끝나기를 기다리는 동안 포대 자루를 보면서 새 옷을 상상하곤 했죠."[27]

대공황이 끝날 무렵에는 매년 5천만 장의 밀가루 포대와 사료 포대가 팔렸다. 어느 기사에 따르면, 소득 수준을 막론하고 3백만 명의 농장 여성과 어린이가 포장재로 만든 옷을 입었다. 1백 파운드(45kg)짜리 자루에서 1미터가 조금 넘는 천을 얻을 수 있었는데, 여기에 들어가는 비용은 보증금 10센트였다. 자루 하나로 베갯잇 한 장을 만들 수 있었고, 자루 네 개면 식탁보나 침대 시트를 한 장 만들 수 있었다. 사료 저장소와 대형 곡물 창고는 자루를 되사들여 필요로 하는 사람에게 팔기도 했다. 또 빵 가게에서도 포대를 살 수 있었으며 친구에게 얻을 수도 있었다. 얼마 후에는 〈메이시〉와 〈시어스〉도 포대 자루를 세탁해서 행주용으로 판매했다. 포대 자루를 활용해 만들 수 있는 물건들을 시연했던 가정경제학자 펄 라피트Pearl Laffitte는 이렇게 회상했다. "포대 자루로 좋은 것들을 만들 수 있었어요. 유일한 흠이라면 빨래하는 날 번거로웠다는 거죠. 풀을 먹여서 다려야 했거든요. 그렇게 하지 않으면 입을 수가 없었어요."[28]

퀼트—취미와 돈벌이로서의 공예

대공황이 깊어지던 시기, 〈시어스 로벅〉(〈시어스 로벅〉은 예전에 최고의 옥수수 종자, 최고의 면화 줄기 등을 뽑는 경연 대회를 열었다.)은 미국 최고의 퀼트를 뽑는 대회를 열고 여기에 천 달러를 상금으로 걸었다. 경연 대회 소식은 신문에 광고됐다. 본선에 오른 작품은 1933년 '시카고 진보의 세기 전시회Chicago Century of Progress exposition'에 출품되어 현대적인 〈시어스 파빌리온〉 건물에 전시될 예정이었다. 영예의 대상 수상자는 퀼트의 문양이 전시회 주제와 잘 맞아 떨어질 경우 2백 달러를 추가로 받기로 되어 있었다. 또 대상 수상자는 백악관에서 영부인 엘리너 루스벨트도 만나게 될 것이었다. 『시카고 트리뷴Chicago Tribune』에 실린 경연 대회 광고에는 퀼트 용품에 대한 광고도 함께 게재됐다. "사용하기 좋은" 흰색 모슬린 10야드(약 9m)에 79센트, 유행하는 파스텔톤 새틴이 야드당 29센트였다. 광고에 따르면 시카고 본점에서 열릴 퀼트 쇼에는 "전국적인 지명도의 퀼트 전문가" 매 윌포드Mae G. Wilford가 와서 시연과 질의응답 시간을 가지며, 방문자들이 '진보의 세기 전시회'에 낼 작품을 계획하고 직물 고르는 것 등을 도와줄 예정이었다. 또 관람객들은 옷본도 공짜로 받을 수 있었다. "한때 할머니들의 소일거리였던 퀼트는 오늘날에도 즐거움이 됩니다. (…) 친구가 와서 직접 만든 아름다운 작품을 보여 줄 때까지 기다리지 마세요. (…) 당신도 지금 시작하세요."[29]

당시에 열린 퀼트 프로모션 행사 중 가장 큰 규모였던 '〈시어스〉 경연 대회'는 대공황기 퀼트 유행의 모습을 보여 준다. 〈시어스〉에는 2만 4천 점 이상의 퀼트가 출품되었고 이들 중 상당수는 본 전시회가 시작되기 전에 수백 군데의 지역 퀼트 쇼에서 전시됐다. '진보의 세기 전시회'를 구경 온

5백만 명의 관람객은 〈시어스 파빌리온〉 건물에서 본선에 오른 서른 점의 퀼트 작품을 볼 수 있었다. (이 박람회에는 그 밖에도 상업의 역사 디오라마, 모피 전시회, 전국 우량아 대회에 참가한 10만 2천 명의 아기 사진 등도 전시됐다.) 행사가 모두 끝난 뒤에 〈시어스〉는「퀼트 박람회를 당신에게」라는 특집 상품 안내서를 냈는데, 박람회에서 상을 받은 작품의 옷본과 만드는 법 등이 〈시어스〉가 판매하는 직물에 대한 광고와 함께 담겨 있었다.[30]

1910년대와 1920년대 초만 해도 퀼트는 사라져 가는 예술이었다. 예를 들면, 미네소타 주 박람회에서는 퀼트 출품 건수가 급격하게 감소했고, 그 나마도 대부분이 농촌의 젊은 여성이나 도시의 사교계 여성이 아니라 양로원의 노인들이 만든 것이었다. 그러다가 1920년대에 퀼트는 되살아났다. 1924년에 메트로폴리탄 미술관의 '미국관'이 문을 열면서, 미국의 전통 수공예가 고급 예술로 등극했고 18세기 공예 부흥 운동을 자극했다. 퀼트는 특히 가정 잡지에서 일하는 스타일리스트들과 실내 장식가를 고용해 집을 꾸미는 상류층 여성 사이에서 유행했다. 퀼트 수집가와 공예가를 다룬 책도 여럿 출판되어, 전통적 재활용 공예인 깔개와 퀼트에 대한 사람들의 관심을 불러 일으켰다. 이런 책 중 유명한 것으로는 다음과 같은 것들이 있다. 루스 핀들리Ruth Findley의『전통 퀼트와 그것을 만든 여성들Old Quilts and the Women Who Made Them』(1929), 캐리 A. 홀Carrie A. Hall과 로즈 G. 크레싱어Rose G. Kretsinger의『미국의 퀼트 로맨스The Romance of the Patchwork Quilt in America』(1935), 엘라 샤논 보울즈Ella Shannon Bowles의『핸드메이드 러그 Handmade Rugs』(1937).[31]

유행은 번져 나갔다. 〈시어스〉가 그랬듯이, 신문과 잡지도 상금을 걸고 퀼트 경연 대회를 열었다. 대도시에서는 퀼트 쇼가 열려서, 많게는 8백 개의 퀼트 작품이 전시되었고 2만 5천 명의 관람객이 작품을 보러 다녀갔다.

모든 계급의 여성들이 각자의 방식으로 퀼트 유행에 동참했다. 부유한 여성들은 바느질을 직접 하지는 않더라도 퀼트 작품을 연구하고 수집했다. 가난한 여성들은 퀼트를 만들어 팔았다. 중산층 여성들은 자신들이 쓸 침구로, 혹은 딸의 혼수로 퀼트를 만들었다. 이들 중 누구라도 〈시어스〉 경연 대회'에 출품을 할 수 있었다. 〈시어스〉 경연 대회'에는 꼭 자신이 직접 만든 것이 아니어도 출품할 수 있었던 것이다. 실제로, 상을 받은 정교하고 복잡한 문양의 퀼트는 출품자가 직접 만들지 않았음은 물론, 출품자는 이 퀼트를 누가 만들었는지도 몰랐다. 또 당시 대부분의 여성들은 직접 디자인을 하지 않고 시중에 나와 있는 옷본을 가지고 퀼트를 만들었다. 헌옷에서 조각 천을 잘라 둘 기술이나 인내심이 없는 사람을 위한 퀼트 재료 세트도 시중에 나와 있었다. 마케팅을 하는 사람 입장에서 보자면 이것 역시 퀼트 유행에 동참하는 좋은 방법이었다. 〈시어스〉 등 유통 업체들은 초보자용, 숙련자용 등 수준별로 재료를 팔았다. 그러다 2차 대전이 일어나서 직물 생산이 규제되고, 종이 부족으로 옷본 만드는 회사들이 문을 닫고, 여성들이 공장에서 일을 하게 되어 퀼트 만들 시간이 없어지면서 퀼트 유행은 끝이 난다.[32]

퀼트의 문양에도 유행이 있었다.('더블 웨딩 링(Double Wedding Ring, 고리 두 개가 서로 얽힌 로맨틱한 문양. 옮긴이)', '할머니의 꽃 정원', '선보넷 수(sunbonnet sue, 모자를 쓴 여자 아이 '수'의 여러 모습을 새긴 퀼트. 옮긴이)' 등이 유명하다.) 대공황기에 만들어진 퀼트 중에서 만드는 사람이 직접 디자인을 한 것은 거의 없었다. 퀼트 만드는 일에 창조성이나 정신노동이 필요하다면, 인쇄되어 있는 옷본에 나와 있는 몇 가지 색상 중에서 색깔을 고르는 것 정도였을 것이다. 어느 퀼트 수집가이자 역사학자는 "1925년에서 1970년 사이에 만들어진 퀼트 중에 이미 나와 있는 디자인이 아닌 것은 거의 없다"고 설명했다.

전국 각지에서 회사(대부분은 여성 혼자 창업한 소규모 회사였다.)들이 퀼트 옷본을 만들어 우편 통신판매로 팔았다. 대공황 기간 동안, 많은 신문과 잡지가 아플리케 장식 및 조각 천 만드는 법과 옷본을 게재했다. 한 퀼트 재료 업체에 따르면, 적어도 4백 개의 신문이 퀼트 관련 내용을 정기적으로 게재했는데, 대부분은 퀼트에 대한 칼럼 기사였다. 갤럽의 조사에 따르면, 퀼트 칼럼은 일요일자 신문 기사 중 가장 인기가 있었으며, 전체 여성의 거의 3분의 1이 퀼트 칼럼을 읽었다. 퀼트 속재료를 파는 업체들은 그 포장에 옷본을 찍어 판매하기도 했다. 특히 〈스턴스 앤 포스터〉의 면 속재료 제품 '마운틴 미스트'의 상자 곽에 찍힌 문양들이 유명하다. 이 회사는 수년간 120개 이상의 옷본을 찍어 냈으며, 전국적인 잡지에 광고하기도 했다.[33]

대공황기에 나온 퀼트의 문양은 현대적인 생활 방식을 형상화한 것이 많았다. 루스벨트 대통령의 개 '팔라'는 스카티 퀼트 디자인의 소재가 되었다. 1934년에 나온 어느 옷본은 오렌지색과 파란색의 비행기 모양을 담고 있었는데, 그 옷본을 게재한 신문은 "전통 공예인 퀼트에 비행기가 둥지를 틀었다"고 선언했다. 1939년 『캔자스시티 스타Kansas City Star』에는 푸른색과 흰색으로 디자인된 '리타의 선풍기'가 실렸다.(『캔자스시티 스타』는 매주 새로운 옷본을 지면에 소개했다.) 이 신문은 "백 년 전의 퀼트에 우유 젓는 막대가 등장했다면, 오늘날의 퀼트에는 선풍기가 일반적인 모티프가 되었다"고 설명했다.[34]

대공황기에 나온 신문과 잡지로 미뤄 보면, 당시의 퀼트 만들기는 소비 활동이었다. 신문 칼럼들은 퀼트를 버려진 헌 옷에서 잘라 낸 헝겊 조각이 아니라 새 직물을 사서 만들라고 권했다. 또 "오렌지와 그린"과 같은 현대적인 색상 조합과, 1920년대 화학 염료의 등장으로 가능해진 파스텔색 등 전에는 없던 완전히 새로운 색상을 선보였다. 넝마를 사용해서 만드는 데 효과적이었던 전통적인 디자인은 (특히 패턴이 없이도 가능했던 크레이지 퀼트와 통나무집 등) 촌스럽다고 여겨졌다. 브리콜리지가 아주 없어진 것은 아니었다. 새 직물을 살 여력이 안 되는 여성들은 모아 놓은 헌 직물에다 시중에 나와 있는 옷본 문양을 적용해 퀼트를 만들었다. 하지만 19세기 여성들도 그랬듯이, 대부분의 여성들은 살 수만 있다면 재료 천을 구매해서 사용했다.

현대의 퀼트 생산자(이자 소비자)를 획기적으로 편리하게 만들어 준 것은, 미리 분류되고 재단된 재료 천이 들어 있는 퀼트 재료 세트였다. 이것은 백화점과 통신판매를 통해 구매할 수 있었다. 『하우스 뷰티플』은 〈패치크래프트Patchcraft〉 사의 퀼트 세트를 소개하면서 다음과 같이 언급했다. "75년 전에는 세상이 느릿느릿 돌아가서 사람들은 시간을 때울 소일거리를 찾아내야 했지만 오늘날에는 사람들이 바빠서 시간이 없다. 그래도 조각천 퀼트를 만들어서 딸에게 물려주고 싶다면 미리 재단되어 있는 세트를 사면 된다. 퀼트 세트를 재봉틀로 꿰매면 매우 쉽고 빠르게 퀼트를 만들수 있다." 여기에 소개된 〈패치크래프트〉 퀼트 세트는 "할머니가 만들었던 어떤 퀼트 못지않게 좋았다." 가격은 7.5달러였으며 받침 천과 속을 채울 재료는 포함되어 있지 않았다. 또 〈시어스〉는 '세계 박람회' 퀼트 조각 천을 카탈로그 판매를 통해 25센트에 팔았다. 재료 천에 문양이 찍혀 있어 그 위에 자수를 놓으면 되도록 만들어진 퀼트 세트도 살 수 있었다. 1930년대에 가장 인기 있었던 아플리케 문양은 '선보넷 수'였는데 이것도 천에 찍힌 것으로 살 수 있었다.[35]

정말로 시간을 절약하고 싶다면 완제품 퀼트를 살 수도 있었다. 〈루이스빌 베딩 컴퍼니Louisville Bedding Company〉는 "18세기 미국의 마법과 아름다움이 날마다 현대의 가정으로 들어오고 있다"고 선언하면서, "초기 미국 가정의 매력을 오늘날의 가정으로 불러오려는 열망"을 충족시키려면 자사의 '올드 켄터키 퀼트'를 구매하는 것이 골동품 상점을 돌아다니는 것보다 훨씬 낫다고 주장했다. "골동품 퀼트는 별로 남아 있는 것이 없기 때문"이라는 것이었다. 〈메이시〉도 퀼트 완제품을 판매했다. 1938년 "수공예 미국 조각 천 퀼트 제2회 연례 쇼"에서 판매된 115개 완제품 퀼트의 가격은 19.98달러에서 64.54달러까지 다양했다.[36]

커버를 꿰매고, 속을 채우고, 받침 천을 대는 일 등은 모여서 했기 때문에 퀼트 만들기는 여전히 사교의 장이 되어 주었다. 1931년에 미네소타 주의 한 농촌 여성은 편지에 이렇게 썼다. "겨울에 외로움을 타지 않기 위해 퀼트를 만들려고 해. 여기 몇몇 여자들이 퀼트에 다시 관심을 갖게 되었거든." 아이오와 주 포트 애킨슨의 로즈 테키프Rose Tekippe가 〈시어스〉 경연 대회'에 출품한 "뉴욕 뷰티"라는 작품은 본선에 오른 작품 서른 점 중 하나였는데, 〈마운틴 미스트〉 포장 상자에 나온 옷본을 가지고 언니 아다가 연필로 퀼트 천 위에 밑그림을 그린 후 어머니가 운영하던 퀼트 모임 〈열두 명의 신실한 퀼트 메이커〉가 마무리 바느질을 해서 만든 작품이었다.[37]

'취미 활동'이라는 개념은 대공황기에 처음으로 일반화되는데, 중산층 여성들이 하던 퀼트와 그 밖의 수공예도 취미 활동이었다. 역사학자 스티븐 겔버Steven Gelber는 취미가 "노동의 윤리를 노동 자체가 위기에 처한 시기에까지 확장하는 역할을 했다"고 설명했다. 취미 생활로 돈은 벌 수 없지만, 하는 일은 노동과 매우 닮았고 노동의 가치를 강화시켜 준다는 것이었다. 다른 한편으로 보자면, 취미는 여가 시간을 '소비 활동의 시간'으로 만들었다. 취미 활동을 하려면 그에 필요한 재료와 도구를 구매해야 했던 것이다. 이러한 취미 용품 시장은 대공황 기간 동안에 확장되었다. 전동 공구의 매출과 함께, 책 매출, 브리지, 핑퐁, 백게몬 등 놀이 용품의 매출도 늘었다. 정원을 가꾸고 애완동물을 키우는 데 필요한 산업도 성장했다. 목공이나 퀼트처럼 뭔가를 만들어 내는 취미 활동에 지출을 하는 것은 돈을 절약하는 방법으로 정당화되기도 했다. 퀼트 재료를 사서 자신의 시간과 솜씨를 들이면 (자기 자신의 시간과 인건비를 고려하지 않는다면) 새로 사는 것보다 이불을 싸게 만들 수 있다는 것이다.[38]

중산층 남성들도 취미 생활에 필요한 것들에 돈을 씀으로써 돈을 절약하도록 권장되었다. 집을 손질하고 수리하는 것은 대공황 기간 동안에 취미 생활의 일종이 되었는데, 불황기에 남성들에게 돈을 절약할 수 있는 기회와 "스스로 해냄으로써" 자기 신뢰를 키울 수 있는 기회를 제공했다. 이 시기에 출간된 집 손질에 대한 책들은 '남성다움'의 개념에 새로운 의미를 부여했다. 중산층의 어엿한 남편은 무엇이든 할 수 있는 재주꾼이어야 한다는 것이었다. 이런 책들에는 부유한 남성들도 그러한 남성다움을 보여 주는 활동에 관심을 갖고 있는 것으로 묘사됐다. 이를테면, 인기 있는 잡지에는 부유한 기업인이나 유명한 남자 배우가 자신의 집에 공방을 두고 무언가를 직접 만드는 모습이 종종 등장했다.(물론 이런 잡지에는 퀼트 만들기를 너무나 좋아한다는 부유한 여성들도 많이 등장했다.)[39]

퀼트와 마찬가지로, 이 시기의 집 손질은 소비에 기초를 둔 활동이었다. 역사학자 조지프 콘Joseph Corn이 언급했듯이, 『파퓰러 미케닉스Popular Mechanics』 같은 잡지를 통해 남성들은 "코트용 옷걸이를 조절해서 모자도 걸 수 있게 만드는 법이라든가, 지저분하지 않도록 전선을 벽 가장자리를 따라 핀으로 고정시키는 법" 따위를 배웠다. 이것은 가난한 가정도 "상품들의 창고"가 되었다는 사실을 전제로 한 방법들이었다. 이 잡지에 따르면 돈을 많이 들이지 않고 물건을 만들거나 고칠 수 있는 사람은 "훌륭한 가내 수공예"를 하고 있는 것이었는데, 역설적으로 그는 소비자였다. 잡지에 나온 대로 하려면 독자들은 이미 소비재를 구입해 가지고 있어야 했다. 이를테면 『파퓰러 미케닉스』에 나오는 대로 솜씨를 발휘하려면 잡화점, 철물점, 목재소 등에서 물건을 사 와야 했던 것이다.[40]

광고 업계 종사자들은, 대부분의 사람들이 여행을 하거나 밤에 유흥을 즐길 여력은 없더라도 집에서 시간을 보낼 때 쓸 만큼의 돈은 가지고 있다고 전제했다. 『프린터스 잉크』는 1933년에 이렇게 언급했다. "사람들이 예전 호황기만큼은 지출할 수 없겠지만, 지출한 것을 즐길 '시간'은 더 많이 가지고 있다." 〈레저 연맹〉에서 내는 『취미 말 키우기』에서 광고 업자 어니스트 엘모 칼킨스는 실업자들에게는 게을러지는 것을 막아 주고 직업이 있는 사람들에게는 휴식을 제공해 주는 것으로 취미 생활을 독려했다.[41]

농촌 여성들은 수공예를 취미로보다는 아이를 돌보면서도 할 수 있고 농한기를 활용할 수도 있는 부업거리로 여겼다. 〈시어스〉도 이런 관점을 부추겼다. 퀼트 경연 대회에서 〈시어스〉는 "손으로 만든 퀼트는 아름다운 장식품이 되어 줄 뿐 아니라, 노는 시간을 돈 버는 시간으로 바꾸어 준다"고 언급했다. 〈농업 및 가정경제학 국가 지도국〉이 추진하는 정부 프로그램에는 많은 가정경제학자들이 참여해 일하고 있었는데, 이들은 농촌 여성들의 요청이 많아지자 퀼트 만들기 강좌를 프로그램에 포함시켰다. 1914년에 설립된 〈국가 지도국〉 프로그램은, 각 주의 대표적 대학들과 농무부가 농촌 남성을 대상으로 진행하던 농업 교육 과정과 비슷한 교육 프로그램을 농촌 여성들에게도 제공할 목적으로 시작되었다. 가정경제학자들이 농촌 가정을 방문해서, 여러 가지 강좌를 통해 농촌 여성들에게 새로운 제품과 노동 절약형 장비들을 소개하고, 채소 재배법이라든가 병조림하는 법과 같은 최신의 가사 경영 방식을 가르쳐 주었다.[42]

1921년에 이 프로그램이 연극과 음악 감상 등의 문화 프로그램을 시작하자, 농촌 여성들은 그보다는 바구니 세공이나 등자리 세공 등을 가르쳐 달라고 요구했다. 그렇게 해서 실제로 도입한 곳도 있었다. 앨라배마 주의 프로그램은 수공예가 농촌의 저개발 지역에 많은 이득을 줄 것이며 가정에 있는 여성과 여름 캠프에 참가한 아이들이 하기에 적합할 것이라고 주장했다. 그러나 코넬 대학의 가정경제학자들은, 그러한 공예는 자신들도 배워 본 적이 없으며, 또 자신들이 하기에는 너무 저급한 일이라고 여겨서 공예 강좌 여는 것을 거부했다. 한 가정경제학자는 "지적 수준이 낮은 여성들만 수공예 강좌를 요구하는 것이 아니라 식품영양학을 공부하는 게 더 나을 여성들까지도 수공예 강좌를 요청했다"며 어이없어했다. 하지만 1928년에 코넬은 결국 깔개 만들기 강좌를 열었고 농촌 수공예품을 도시에서 마케팅하는 법 등에 대한 정보를 제공했다. 이들은 깔개 공예를 가르치면서 색상을 '적합하게' 조합해야 한다고 강조했다. 한 가정경제학자는 농촌 여성의 미적 기준이 미술관이 아니라 "싸구려 상업 잡지와 시골 상점"에 맞추어져 있어서, 솜씨와 미적 감각에 잠재성이 있어 보이는 농촌 여성은 그것을 이끌어 줄 길잡이가 필요하다"고 말했다.[43]

대공황 기간 동안 〈국가 지도국〉 프로그램들은 취미 그룹을 만들어서 주 박람회 출품을 지원했다. 1935년에 아이오와 주 박람회에는 36명의 농촌 여성이 유화, 시, 웨딩 케이크, 수집품 등과 함께 퀼트와 깔개도 출품했다. 2년 후, 〈연방 지도국〉은 전국 순회 '농촌 예술 전시회'를 후원했는데, 수공예도 여기에 포함되었다. 〈공공사업 촉진국〉은 퀼트 등 수공예품이 소득원이 될 수 있다는 점을 인식한 뒤로, 서른 가지의 퀼트 포스트와 "베 짜기, 수공예, 손바느질이 계속해서 이어지도록 하는 것"의 중요성을 강조한 가정경제학자용 교수법 지침서 등을 펴내면서 퀼트 유행에 동참했다. 전통적인 가정 수공예를 촉진시키면 지역 산업에서 고용이 창출되리라는 것이었다. 영부인 엘리너 루스벨트도 애팔래치아, 캐롤라이나, 그리고 중서부 지방에서 지역 산업을 육성하는 데 관심을 보였다.[44]

폐품 활용 자선─기증, 물건을 버리는 새로운 방법

중고품 상점은 새 재료를 구매할 여력이 안 되는 사람들에게까지 "소비주의적인 브리콜라지"를 확장시켜 주었다. 워싱턴 주의 시골에 살던 비 코트렐(Vi Cottrell, 앞에 언급한 〈국가 지도국〉 프로그램의 가내 수공예 모임에 속해 있었다.)은 새 직물이 없었기 때문에 "〈구세군 상점〉에 가서 헌 어른 코트를 사서 아이들 옷을 만들곤 했다"고 회상했다. 알래스카 주의 에비 포스터는 남편이 "읍내에 있는 중고품 상점에 가서 풍성한 털을 댄 토마토 빛깔의 아름다운 코트를 사다 주었다"고 말했다. "그걸로 큰딸에게 방한복과 보닛 모자를 만들어 주었는데, 작아서 못 입게 될 때까지 입은 뒤에 여동생에게 물려줬죠. 둘째도 작아져서 못 입게 되면 한 살 어린 사촌에게 그것을 주었고, 그 애도 작아져서 못 입게 될 때까지 입었어요. 내 남편이 그 코트에 처음 지불한 가격은 25센트였어요."[45]

아름다운 털 코트가 중고품 상점에 나와 있을 수 있었던 이유는, 대공황 기간 동안 〈굿윌〉이나 〈구세군〉 같은 자선단체가 역설한, 중산층의 '오블리제' 덕분이었다. 이들 단체는 여유가 있는 사람들에게 물건을 버리는 새로운 방법을 제안했다. 기껏해야 깔개나 종이 원료로나 쓰일 수 있는 낡아빠진 넝마가 아니라, 유행이 지나서 자신들은 안 입지만 상태는 멀쩡한 옷을 처분하라고 독려한 것이다. 자선단체들은 이러한 물건을 기증하면 낮은 계층의 사람들이 소비자로, 또한 노동자로, 중산층과 비슷해지도록 하는 데 도움을 줄 수 있을 것이라고 주장했다.

예로부터 고물상에게 헌 물건을 파는 것은(아주 가난한 동네만이기는 했지만 이 당시에도 가능하기는 했다.) 특정 계층의 사회적 의무라기보다는, 사람들이 소소한 소득을 벌어들일 수 있는 방법으로 여겨져 왔다. 그러나 자선단체들의 홍보 활동 덕에, (대공황기에도 해고되지 않고) 아직 직장을 가지고 있는 사람들에게는 헌 물건을 고치거나 팔지 않고 선행을 위해 처분하는 것이 일종의 사회적 책임과 의무가 되었다. 돈이 넉넉하지 못한 사람들도 옷장을 정리해서 자신보다 더 가난한 사람들을 위해 선행을 할 기회를 마련할 수 있었다. 1932년 〈굿윌〉에 대해 쓴 어느 기사는 "대부분의 가정에서 다락에 있는 물건들은 짐만 되고 식구들의 후생과 행복에 도움이 되지 않지만", 이런 물건들에 대해 〈굿윌〉은 더 좋은 활용처를 찾아 줄 수 있다고 언급했다. 평균적으로 가정집의 다락에는 15달러어치의 고물들이 쌓여 있는데, 〈굿윌〉에서 그것을 수선하면 적어도 세 배는 가치가 더 나갈 것으로 추산되었다.[46]

중산층에 물건을 기부해 달라고 요구하면서, 자선단체들은 늘 그랬듯이 자신들이 바라는 것은 적선이 아니라고 강조했다. 가난한 사람들에게 그냥 주는 것이 아니라 단체가 운영하는 중고품 상점에서 돈을 주고 구매하도록 한다는 것이었다. 그러나 불황기에 이들 자선단체는 폐품 수거 활동을 펼치면서, 어려운 사람들을 돕는다는 점을 특히 많이 언급했다. 보스턴의 〈모건 메모리얼 굿윌〉은 1939년 뉴스레터에서 "이 어려운 시기에 우리는 의류가 매우 많이 필요합니다"라고 간곡하게 호소했다. "일자리를 구하기 위해 깔끔한 차림을 하려면 남성들은 옷이 필요합니다. 또한 저희 〈굿윌〉 작업장에도 옷을 수선하고 다리는 일에 사람들을 고용할 수 있습니다."[47]

〈굿윌〉은 기부할 것이 아무것도 없다고 생각하는 중산층 가정이 있다면 다시 한 번 더 찾아보라고 간청했다. 대공황 기간 중의 어느 가을에 〈모건 메모리얼〉의 뉴스레터는 이렇게 호소했다. "하루하루 겨울이 다가오면서 절망적으로 일자리를 찾아 헤매고 있는 사람들은 더 힘들어집니다. 저희는 여러분들이 적어도 봄가을에 한 번씩 대청소를 할 때마다 주머니를 하나씩 가득 채워서 저희에게 가져다주실 것으로 기대합니다." 주머니를 무엇으로 채워야 하느냐고? "집을 둘러보시고 필요 없을 것 같은 옷이나 기타 가정용품들을 담아 주세요."[48]

〈굿윌〉 전국 영업 본부의 내부 지침서에 실린 글을 보면, 일단 한번 기부한 사람은 계속 해야 할 의무가 있는 것처럼 되어 있다. 지침서에 따르면 "기부자들 중에 지난 6개월간 기부하지 않은 사람에게는 특별히 따로 연락을 해야" 했다. 그렇게 하면 그 사람들이 "봄가을 대청소 때 기부를 할 수 있게" 만들 수 있을 것이었다. 하지만 그들에게 헌 물건을 기증받으려면 일종의 마케팅 활동이 필요했다. "(그들에게 연락하는) 이 일을 맡는 사람은 가정방문 팀이나 전화 팀 중에서 가장 능력 있는 영업자여야 한다."[49]

대공황이 심해지면서 사람들은 헌 물건을 기증하기보다는 팔거나 고쳐 쓰게 되었고, 기증품을 받기 위한 자선단체들의 홍보 활동도 더 치열해졌다. 자선단체들은 지역의 기업들에게 도움을 구했다. 지역 라디오 방송국들은 광고 시간을 무료로 내주었다. 백화점은 중고품 보상 판매를 열고 거기에 들어온 중고품들을 자선단체에 주었다. 1937년에 〈시라큐스Syracuse〉 전화 회사는 일주일간, 전화로 시간을 알려 주는 서비스 번호에 사람들이 전화를 하면 짧은 〈구세군〉 메시지를 내보내 주었다. 〈구세군〉은 신문과 포스터로도 광고를 했다. 한 광고는 이렇게 묻고 있다. "가난한 사람이 종이를 먹을 수 있다면, 그래도 종이를 태우시겠습니까?" 또 "당신 집에 숨어 있는 보물들"과 "봄입니다. 대청소의 시기입니다"라는 팸플릿을 찍어서 집집마다 돌렸다. 지역 〈굿윌〉 지부들은 달마다, 혹은 분기마다 뉴스레터를 만들어 봄과 가을 대청소 시기에 기존 기부자와 부유한 동네에 사는 사람들에게 돌리도록 지침을 받았다. 〈굿윌〉의 활동가용 영업 지침서에는 〈굿윌〉이 성공적으로 운영되는 데 핵심은 "홍보, 홍보, 홍보!"라고 굵은 글씨로 적혀 있었다.[50]

〈구세군〉 장교들은 종이나 넝마를 폐품 거래인들에게 판매하는 것보다 〈구세군 상점〉에서의 소매 판매를 늘리는 쪽으로 노력을 기울였다. 〈구세군 상점〉에서 나오는 수입은, 중고품 거래 시장의 불확실성과 〈구세군〉에 호의적이지 않은 폐품 거래 업체들로부터 영향을 덜 받았으며 (직원) 1인당 훨씬 많은 수입을 가져다주었다. 자선단체들은 누구라도 살 수 있는 매우 싼 상점을 열어서 가난한 사람들이 적선에 의존하는 것을 막고 그들이 대공황의 상황에서도 소비문화에 포함될 수 있도록 했다. 이 단체들의 내부 경영 지침을 보면, 상점을 잘 꾸미고 상품 진열을 매력적으로 하는 일을 강조하고 있다. 〈구세군〉은 세일즈맨 정신, 명확한 가격 정책, 깔끔함, 광고, 상품 진열(예전에는 옷걸이에 옷을 거는 것 정도가 상품 진열의 전부였다.) 등에 대한 강연을 열었다. 〈굿윌〉 본부는 비싸게 광고비를 들여 신문에 광고를 내는 대신, 신문들이 지역 〈굿윌〉 상점들에 대한 기사를 싣도록 하는 홍보 활동에 힘을 기울였다. 〈구세군〉과 마찬가지로 〈굿윌〉의 영업 지침서도 진열, 재고 정리, 재고 파악 등에 대해 조언과 정보를 제공했다. 판매가 잘 되는 품목은 슬럼가가 아니라 번화한 쇼핑가에 점포를 열도록 조언하기도 했다. 또한 〈구세군〉과 〈굿윌〉 모두, 거래인이나 수집가들의 관심을 끌 만한 골동품은 따로 골라 특별한 구역에서 팔았고, 골동품만 취급하는 상점을 별도로 열기도 했다.[51]

하지만 가정에서 기부 물품을 모으는 일은 점점 힘들어졌다. 1939년 〈모건 메모리얼〉은 "'굿윌 주머니'가 털리는 일이 너무 많이 발생하고 있다"며 "사기꾼들이 〈굿윌〉 직원을 사칭하면서 사람들이 모아 놓은 것을 집어가는 일이 잦다"고 불평했다. 〈굿윌〉은 기증자들에게 진짜 〈굿윌〉 트럭은 그들이 부르지 않으면 오지 않는다고 알려야 했다. 또한 〈굿윌〉은 선행에 쓰라고 기부하는 것도 버리는 것의 한 형태라고 생각하는 사람들의 태도와도 싸워야 했다. 〈굿윌〉은 품질과 상태가 좋은 것을 기부해 달라고 계속해서 호소했다. "잊지 마세요!!! '굿윌 주머니'에 들어가는 모든 물건은 사람들에게 일자리와 그에 상응하는 임금을 주어 그들이 사랑하는 사람들에게 필요한 것을 마련해 줄 수 있게 합니다. 이것이 당신이 내놓는 물건들을 영광스럽게 하지 않는단 말입니까? 당신이 주는 선물이 이보다 더 잘 쓰이는 경우를 상상할 수 있으세요?" 이런 수사학이, 물건을 기부하는 사람들이 스스로 거룩한 일을 하고 있다고 느끼게 해 주었을 뿐 아니라, 실제로 상태가 더 나은 물건들을 기부하게 하는 데도 기여했다.[52]

물론 완전히 수선이 불가능한 물건들도 여전히 받기는 했다. 예를 들면 〈굿윌〉의 '폐품 활용부'는 폐지, 넝마, 고철 금속 등을 골라내 폐기물 거래 시장에서 판매했다. 1935년의 영업 지침서는, 그러한 폐품 판매가 일자리를 창출하며 〈굿윌〉 지부에 좋은 소득원이 된다고 강조했다. 이것이 수지가 맞기 위해서는 폐기물 시장 동향을 항상 주시해야 하며, 폐품 거래 업체들(그러니까 〈굿윌〉로부터 폐기물을 사들이는 사람들)이 흥정을 주도하도록 해서는 안 되었다. 하지만 〈굿윌〉은 항상 그랬듯이 자신의 우선적인 역할을 일자리 제공에 두고 있었고, 자신들의 목적은 헌 물건을 폐품으로 파는 것이 아니라 수리하고 수선하는 것이라고 여겼다. 이런 점에서 이러한 자선단체들은 기증받은 물건을 손보지 않고 그대로 판매하는 자선품 재판매 상점들과 차별화가 되었다. 〈굿윌〉은 판매되는 모든 상품이 손질된 것이라는 점에서 〈굿윌〉 상점이 러미지 세일(중고품 자선 장터. 옮긴이)과 다르다고 주장했다. 〈굿윌〉 지침서는 "우리는 버려진 물건들을 고치고 손보는 데 최대한의 인력을 집중하기 위해 갖은 노력을 다해야 한다"고 말하고 있다. "사용하기에 적합하지 않은 것이나 손보는 데 들어가는 비용이 너무 큰 것만을 제외하고" 가능하다면 모든 물건이 이 목적을 위해 쓰여져야 했다.[53]

대공황이 끝날 무렵 보스턴의 〈모건 메모리얼 굿윌〉은 영업 상황이 어려워졌다. 1940년 봄의 뉴스레터는 이곳 역사상 처음으로 "모든 종류의 수거품이 부족하다"고 호소했다. 또한 "우리의 친구들이 '굿윌 주머니'를 채워서 우리를 구제해 주지 않으면" 인력을 감축해야 할 상황이라고 했다. 〈굿윌〉 후원자들은 이에 화답을 해 주었지만, 기부된 것은 대부분 폐지와 넝마였다. 그러나 뉴스레터는 "이제 긴급히 필요한 것은 더 나은 옷, 더 나은 신발, 더 나은 가정용품"이라고 언급했다. 1940년에서 1941년으로 넘어가는 겨울에 이러한 호소는 절정에 달했다. "우리의 통제력을 벗어난 상황들 때문에 '위급 상황'이 왔습니다." 너무 많은 사람들이 헌 옷을 가난한 친구나 친척에게 주었고, 너무 많은 교회들이 중고품 벼룩시장을 열었다. 〈굿윌〉은 폐기물, 폐지, 넝마라면 충분히 있었지만, 좋은 옷과 좋은 가구가 필요했다. 〈굿윌〉은 꽉 차지 않은 '굿윌 주머니'라도 수거하러 가겠다고 했다. 다음번 뉴스레터에서 "저희의 호소에 응해 주셔서 감사합니다"라고 적었지만, 1941년 여름에는 기증받은 물건이 너무 질이 안 좋은 것들뿐이라는 불평이 다시 나온다. 드디어 대공황이 물러가기 시작했지만, 중산층의 오블리제는 여기까지였다.[54]

얼마 후 〈굿윌〉과 〈구세군〉은 2차 대전의 수혜를 입게 된다. 첫 대대적인 가정 폐품 수집 운동은 1941년 여름, 즉 미국이 참전도 하기 전에 진행되었던 알루미늄 수집이었다. 이것은 엉망진창인 홍보 때문에 잘 되지 않았지만, 〈굿윌〉은 전쟁과 영업을 연결시키는 전략이 전망이 좋다는 점을 간파했다. 1941년 연례 보고서에서 〈굿윌〉은 이렇게 언급했다. "승리를 위한 폐품 활용! 이 중요하고도 새로운 슬로건은 바로 〈굿윌〉이 오랫동안 강조해 온 것이다." 또 〈굿윌〉 운영진은 전쟁이 끝나면 폐품 활용과 장애인 재활활동에 경험이 있는 〈굿윌〉 같은 단체가 할 일이 많아질 것이라고 예상했다. 실제로 전쟁이 시작되고 머지않아 그런 일에 대한 요청이 들어왔다. 〈굿윌〉 작업장은 수많은 정부 계약을 따냈고, 구급함에 내용물을 넣거나 볼트와 너트를 골라내는 등 비숙련 노동자를 위한 일자리를 제공했다. 또 여러 폐품 수집 업체 및 거래 업체와 함께 〈굿윌〉은 헌 물건 버리는 것을 애국적인 행위로 바꾼 전시 폐품 수집 운동에 동원되었다.[55]

5장 미주

1. Richardson Wright, "The Decay of Tinkers Recalls Olden Days of Repairing", *House & Garden*, Aug. 1930, p. 48.

2. Robert S. Lynd, *Middletown in Transition: A Study in Cultural Conflicts* (New York: Harcourt, Brace, 1937), p. 17.

3. Jeffrey, L. Meikle, *Twentieth Century Limited: Industrial Design in America, 1925~1939* (Philadelphia: Temple University Press, 1979), p. 68.

4. Kotex advertisement, *Good Housekeeping*, Aug. 1934, p. 150; Bon Ami advertisement, *Cosmopolitan*, Mar. 1932, inside front cover; see also Bon Ami ad, *Good Housekeeping*, July 1934, p. 157.

5. "The Package as Merchandiser", *Fortune*, May 1931, pp. 76~81; "New Hosiery Pack Tripled First Day's Sales", *Packaging Digest*, June 10, 1934, p. 3; "700 Percent Sales Increase Followed Repackaging Plans", *Packaging Digest*, Nov. 10, 1934, p. 2.

6. Earnest Elmo Calkins, "What Consumer Engineering Really Is", introd., *Consumer Engineering: A New Technique for Prosperity*, by Roy Sheldon and Egmont Arens (New York: Harper, 1932), pp. 1~2, 7; Aldous Hexley, *Brave New World*, 1932 (New York: Harper Perennial, 1946), pp. 32~33.

7. Sheldon and Arens, *Consumer Engineering*, pp. 55~56, 61; see also Meikle, *Twentieth Century Limited*, pp. 71ff.

8. Calculated from *Historical Statistics of the United States, Colonial Times to 1970* (Washington: GPO, 1975), p. 843; Roland S. Vaile, *Research Memorandum on Social Aspects of Consumption in the Depression* (New York: Social Science Research Council, 1937), p. 18; Lynd, *Middletown in Transition*, p. 11.

9. Vaile, *Research Memorandum*, p. 19.

10. Eleanor P. Rand, "An Old-Fashioned Kitchen Replanned", *House Beautiful*, Aug. 1930, pp. 152~153; Robert Friedel, "Scarcity and Promise: Materials and American Domestic Culture during World War II", *World War II and the American Dream: How Wartime Building Changed a Nation*, ed. Donald Albrecht (Washington, DC: National Building Museum; Cambridge: MIT Press, 1995), p. 47; Carolyn M. Goldstein, *Do It Yourself: Home Improvement in 20th-Century America* (Washington: National Building Museum, 1998) pp. 19~21.

11. Mary Margaret McBride, "Spruce Up, America!" *Good Housekeeping*, July 1934, pp. 44~45, 153~156; "Now Is the Time to Modernize – Good Housekeeping Studio Offers $1000 in Cash Award", *Good Housekeeping*, Aug. 1934, p. 52; Kenneth T. Jackson, *Crabgrass Frontier: The Suburbanization of the United States* (Oxford: Oxford University Press, 1985), p. 206; Goldstein, *Do It Yourself*, p. 26.

12. Mary Neth, *Preserving the Family Farm: Women, Community, and the Foundations of Agribusiness in the Midwest, 1900~1940* (Baltimore: Johns Hopkins University Press, 1995),

pp. 203~204.

13. Vincent Vinikas, *Soft Soap, Hard Sell: American Hygiene in an Age of Advertisement* (Ames: Iowa State University Press, 1992), p. 94; R. O. Eastman, Inc., *Zanesville and 36 Other American Communities: A Study of Markets and of the Telephone as a Market Index* (New York: Literary Digest, 1927), p. 108; Meikle, *Twentieth Century Limited*, p. 97.

14. R.O. Eastman, *Zanesville*, p. 108; Vinikas, *Soft Soap, Hard Sell*, p. 94; General Electric advertisement, *House Beautiful*, Aug. 1930, between pp. 101~102.

15. General Electric advertisement, *Cosmopolitan*, Mar. 1932, p. 5; Katherine Fisher, "Breezy Notes on August Housekeeping", *Good Housekeeping*, July 1934, p. 127.

16. Alice Bradley, *Electric Refrigerator Menus and Recipes: Recipes Prepared Especially for the General Electric Refrigerator* (Cleveland: General Electric, 1929), pp. 11, 36; Frigidaire Corporation, "Left-Overs", *Frigidaire Recipes* (Dayton: Frigidaire, 1928), pp. 55~62.

17. *Your Frigidaire: Recipes and Other Helpful Information* (Dayton: Frigidaire, 1934), p. 13.

18. *Your Frigidaire*, pp. 14~15; see also Montgomery Ward, *Cold Cooking* (n. p.: Montgomery Ward, 1942), which was based on the Frigidaire book.

19. Paul Hendrickson, *Looking for the Light: The Hidden Life and Art of Marion Post Wolcott* (New York: Knopf, 1992), p. 101.

20. Neth, *Preserving the Family Farm*, p. 32; Roderick Kiracofe, *The American Quilt: A History of Cloth and Comfort, 1750~1950* (New York: Clarkson Potter, 1993), p. 233; Pat Nickols, "Feed, Flour, Tobacco, and Other Sacks: Their Use in the 20th Century", *On the Cutting Edge: Textile Collectors, Collections, and Traditions*, ed. Jeannette Lasansky (Lewisburg, PA: Union County Historical Society Oral Traditions Project, 1994), pp. 97~98; Anna Lue Cook, *Identification and Value Guide to Textile Bags* (Florence, AL: Books Americana, 1990), pp. 149~150.

21. William T. Laing, " You Sold Chemises, Not Flour!" *Printers' Ink*, Aug. 10, 1933, pp. 64~67; Ralph Crothers, "Salesman's Wife Helps Produce Advertising Idea", *Printers' Ink*, June 29, 1933, pp. 27~28.

22. Cook, *Identification and Value Guide*, p. 12; Kiracofe *American Quilt*, p. 233.

23. Cook, *Identification and Value Guide*, pp. 9~11; Eleanor Arnold, ed., *Voices of American Homemakers* (Bloomington: Indiana University Press, 1985), p. 154.

24. C. B. Larrabee, "Go Slowly with the Dual-Use Package", *Printers' Ink*, Dec. 22, 1932, p. 56.

25. H. W. Marks, "How to Squeeze Extra Profits Out of the Package", *Printers' Ink Monthly*, Dec. 1932, p. 27; "Borden's New Jar for Malted Milk Has Shelf Reuse", *Packaging Digest*, Sept. 10, 1934, pp. 1, 11; "From Boudoir to Banquet", *Modern Packaging*, Nov. 1934, p. 78; "Revision and Innovation", *Modern Packaging*, Dec. 1934, pp. 27~31; "Smartness Combined with Triple Duty", *Modern Packaging*, Dec. 1934, p. 56.

26. "Packages with a Second Use Have Added Sales Value", *Printers' Ink*, Feb. 16, 1933, p. 40; Larrabee, "Go Slowly", p. 56; Lillian Gilbreth, "Report of Gilbreth, Inc.", pp. 46~47, Gilbreth Collection, Special Collections, Purdue University Library.

27. Arnold, *Voices of American Homemakers*, pp. 154~155; Rita J. Adrosko, "The Fashion's in

the Bag: Recycling Feed, Flour, and Sugar Sacks during the Middle Decades of the 20th Century", paper delivered at the symposium "Textiles in Daily Life", sponsored by the Textile Society of America, Seattle, Sept. pp. 24~26, 1992.

28. Gertrude Allen, "Feed Bags De Luxe", reprinted in *Reader's Digest*, Mar. 1942, p. 111; Nickols, "Feed, Flour, Tobacco", pp. 97~98; Cook, *Identification and Value Guide*, p. 201; Arnold, *Voices of American Homemakers*, p. 154.

29. Reproduced in Maerikay Waldvogel, "Quilt Design Explosion of the Great Depression", Lasansky, *On the Cutting Edge*, p. 92.

30. Boris Emmet and John E. Jeuck, *Catalogues and Counters: A History of Sears, Roebuck and Company* (Chicago: University of Chicago Press, 1950), p. 629; Jeannette Lasansky, "The Colonial Revival and Quilts, 1864~1976", *Pieced by Mother: Symposium Papers*, ed. Lasansky (Lewisburg, PA: Union County Historical Society Oral Traditions Project, 1988), pp. 97~106.

31. Karal Ann Marling, "From the Quilt to the Neocolonial Photograph: The Arts of the Home in an Age of Transition", *The Arts and the American Home, 1890~1930*, ed. Jessica H. Foy and Karal Ann Marling (Knoxville: University of Tennessee Press, 1994), pp. 2, 9; Waldvogel, "Quilt Design Explosion", p. 85; Lasansky, "Colonial Revival and Quilts", p. 97.

32. Barbara Brackman, *Clues in the Calico: A Guide to Identifying and Dating Antique Quilts* (McLean, VA: EPM, 1989), p. 32.

33. Barbara Brackman, "Rocky Road to Kansas", *Kansas Quilts and Quilters*, ed. Brackman et al. (Lawrence: University Press of Kansas, 1993), p. 46; Waldvogel, "Quilt Design Explosion", p. 91.

34. Brackman, *Clues in the Calico*, pp. 30~31; Patsy Orlofsky and Myron Orlofsky, *Quilts in America* (New York: Abbeville, 1992), p. 80; Brackman, "Rocky Road", p. 43.

35. Jeannette Lasansky, *In the Heart of Pennsylvania: 19th & 20th Century Quilt-making Traditions* (Lewisburg, PA: Union County Historical Society Oral Traditions Project, 1985), p. 95; Brackman, *Clues in the Calico*, p. 32; Orlofsky and Orlofsky, *Quilts in America*, p. 80.

36. Lasansky, *In the Heart*, p. 95; Orlofsky and Orlofsky, *Quilts in America*, p. 82. On the working conditions of the women who did the quilting, see Jane S. Becker, *Selling Tradition: Appalachia and the Construction of an American Folk, 1930~1940* (Chapel Hill: University of North Carolina Press, 1998), pp. 143~144.

37. Orlofsky and Orlofsky, *Quilts in America*, p. 80; Brackman, *Clues in the Calico*, p. 33.

38. Steven M. Gelber, "A Job Your Can't Lose: Work and Hobbies in the Great Depression", *Journal of Social History* 24 (Summer 1991), p. 742.

39. Steven M. Gelber, "Do-It-Yourself: Constructing, Repairing, and Maintaining Domestic Masculinity", *American Quarterly* 49 (Mar. 1997), p. 87. See also Goldstein, *Do It Yourself*.

40. Joseph J. Corn, "The Birth of a How-to-Do-It Culture: Popular Mechanics and American Life, 1900~1950", lecture delivered at Princeton University, Mar. 23, 1993, pp. 21~22.

41. Arthur W. Wilson, "Home Hobbyists Offer a Market", *Printers' Ink*, May 4, 1933, p. 73; Gelber, "Job You Can't Lose", p. 744.

42. Waldvogel, "Quilt Design Explosion", p. 92; Katherine Jellison, *Entitled to Power: Farm Women and Technology, 1913~1963* (Chapel Hill: University of North Carolina Press, 1993),

p. 16; Carolyn M. Goldstein, "Mediating Consumption: Home Economics and American Consumers, 1900~1940", Ph.D. dissertation, University of Delaware, 1994, pp. 36~38.

43. Marjorie Patten, *The Arts Workshop of Rural America: A Study of the Rural Arts Program of the Agricultural Extension Service* (New York: Columbia University Press, 1937), pp. 170, 172; Kathleen R. Babbitt, "The Productive Farm Woman and the Extension Home Economist in New York State, 1920~1940", *Agricultural History* 67 (Spring 1993), pp. 91, 97.

44. Patten, *Arts Workshop*, pp. 10~12, 160~162; Geraldine Niva Johnson, *Weaving Rag Rugs: A Women's Craft in Western Maryland* (Knoxville: University of Tennessee Press, 1985), p. 138; Orlofsky and Orlofsky, *Quilts in America*, p. 82.

45. Arnold, *Voices of American Homemakers*, p. 153.

46. Janet B. Wattles, "'Jobs from Junk—Wages from Waste'", *Scientific American*, Feb. 1932, pp. 84~85.

47. "Notices of Importance to Our Contributors", *Goodwill*, Morgan Memorial ed., June-July-Aug. 1939. p.3.

48. "Will You Help Us—Now?", *Goodwill*, Morgan Memorial ed., Sept.-Oct.-Nov. 1939, p. 1; "Our Business Is FINDING JOBS", *Goodwill*, Morgan Memorial ed., Dec. 1939, Jan.-Feb. 1940, p. 1.

49. *The Goodwill Industries: A Manual* (Boston: Morgan Memorial Goodwill, 1935) p. 20. Emphasis added.

50. Edward H. McKinley, *Marching to Glory: The History of the Salvation Army in the United States of America, 1880~1980* (San Francisco: Harper & Row, 1980), p. 161; Edward H. McKinley, *Somebody's Brother: A History of the Salvation Army Men's Social Service Department, 1891~1985* (Lewiston, NY: Edwin Mellen, 1986), pp. 105~106; *Goodwill Manual*, pp. 21~22.

51. *Goodwill Manual*, p. 60.

52. "'Hijacking' and 'Kidnapping'", *Goodwill*, Morgan Memorial ed., Sept.-Oct.-Nov. 1939. p.4; "Will You Help Us—Now?" p. 1.

53. *Goodwill Manual*, pp. 53, 57~59, 62.

54. "An Urgent 'Open Letters'", *Goodwill*, Morgan Memorial ed., Mar.-Apr.-May 1940, p. 1; "You Can Help Us Keep These and Hundreds of Others at WORK!!" *Goodwill*, Morgan Memorial ed., Sept.-Oct.-Nov. 1940, p. 1; "An EMERGENCY EXISTS at Morgan Memorial", *Goodwill*, Morgan Memorial ed., Dec. 1940, Jan.-Feb. 1941 p 1 ; "DURING SPRING HOUSE-CLEANING TIME", *Goodwill*, Morgan Memorial ed., Mar.-Apr.-May 1941, p. 1.

55. "Collection Note", *Goodwill*, June-Aug. 1941, p. 4; John Fulton Lewis, *Goodwill: For the Love of People* (Washington: Goodwill Industries of America, 1977), pp. 250~251, 255.

끝까지 쓰자! 그리고 모으자!

주방 기름을 모으자는 포스터. 제2차 세계대전 중에 제작되었다.(헨리 코너Henry Koerner, 〈의회
도서관〉 제공)

일본의 진주만 공격(1941년 12월)이 있은 지 한 달 후, 워싱턴 주 프로서 Prosser의 고등학생들은 로터리 클럽이 후원한 폐품 수집 운동에서 폐지 10톤을 모았다. 2학년은 농부들이 〈프로서 자동차 서비스 센터〉에 가져다 놓은 폐지를 수거했고, 〈하이와이 클럽Hi-Y Club〉은 시내를 집집마다 돌아다니면서 사람들이 문 앞에 내놓은 것을 모아 왔다. 바느질 클럽 〈스티치 앤 채터Stitch and Chatter〉는 낙농 트럭 한 대에 거의 6백 킬로그램의 신문과 잡지를 모았다. 사회과 수업 학생들은 폐지 9톤을 큰 트럭에 실어서 야키마로 보냈다. 폐지는 야키마에서 판매되었고, 판매 금액은 〈지역방위협의회 local defence council〉로 들어갔다. 4월 말에 로터리 클럽 회장은 열정적인 폐품 수집 운동의 결과 폐신문지가 공급 과잉 상태가 되었기 때문에 폐지 거래 업체들이 이제는 잡지만 폐지로 받기로 했다고 말했다. 4개월 후에는 폐품 잡지마저도 시장을 찾을 수가 없어서 수톤의 종이가 운행 중단된 기차 화물칸에 그냥 쌓여 있게 되었다.[1]

그랬는데도 프로서는 1942년 여름에 벌어진 전국적인 폐고무 모으기 운동에서 할당량을 초과 달성했고, 이곳의 고등학교 학생들은 그해 가을 "모든 폐품 모으기 운동 중 가장 거대한" 것을 추진했다. "폐품을 거둬 들이자"는 구호 아래, 고철, 강철, 폐고무, 넝마 등을 집중적으로 모으는 프로그램이었는데, 2·3·4학년이 서로 경쟁을 벌였고, 10월에 총 153톤의 폐품을 모았다.(이것을 판 수익금으로는 운동선수들의 새 유니폼을 마련하기로 했다.) 이 프로그램은 학교 밴드, 여학생 트리오, 색소폰 솔로가 등장하는 개막 행사로 시작되었으며, 승리한 4학년을 위해 2·3학년이 준비한 댄스파티로 마무리되었다. 4학년생 다섯 명이 야키마 강에서 1,380파운드(약 626kg)의 헌 모터를 끌어와서 승리에 결정적으로 기여했다.[2]

2차 대전 중의 '가정 전선'*을 기억하는 사람들이 대번 떠올리는 것은 소비재 부족, 배급제 실시와 함께 진행된 폐품 모으기 운동이다. 2년 동안 미국은 전국 단위, 주 단위, 지방 단위에서 수백 가지의 폐품 모으기 운동을 전개해, 한 세기 전 사람들에게 익숙했을 고철, 폐고무, 폐지, 기름 등을 모았다. 단기적으로 진행된 프로그램 중에는 우유병, 음료수병, 털가죽 등을 모으는 운동도 있었다. 유타 주의 여성들은 귀금속을 모아 배로 태평양에 보내서 그곳에 파견된 군인들이 '남태평양 원주민'과 물물교환을 할 수 있도록 했다. 1943년에는 백화점 속옷 매장에서 낡은 실크와 속옷, 나일론 양말 등을 모으기도 했다. 실크는 큰 총을 발사하는 데 사용되는 화약 주머니로 안성맞춤이었는데, 빠르고 깨끗하게 타기 때문에 타고 남은 것이 다음 화약에 불을 붙이는 일이 없었다. 나일론 양말은 모아서 옷을 만들었다. 대도시나 작은 마을이나 할 것 없이 전국 각지에서 사람들은 공동체 의식을 발휘하며 바다 건너에서 싸우고 있는 남편, 오빠, 삼촌을 돕기 위해 움직였다.[3]

---

* home-front. 후방. 전쟁 시기 민간인 인구를 일컬으며 전쟁 중에는 모든 사회가 군대의 필요를 충족시키면서 적극적으로 군대를 지원해야 한다는 개념에 기반한 말이다. 이 책에서는 전쟁 수행 노력이 미국의 각 가정에서 어떻게 진행되었는지에 초점을 맞추고 있기 때문에, '가정에서 벌어지고 있는 전쟁'이라는 의미를 강조하기 위해 일반적인 번역어인 '후방' 대신 '가정 전선'으로 번역했다. 옮긴이.

폐품 모으기 운동은 전쟁에 꼭 필요한 '전략 물자'에 대한 사람들의 인식을 높여서, 정부가 배급제나 생산 제한 등의 강도 높은 조치를 시행하는 데도 기여했다. 1942년 초에 정부는 천연자원을 절약하기 위해 거의 6백 가지에 달하는 소비재 생산을 금지했다. 양말이나 아기용 고무 바지처럼, 일상적으로 필요한 물건들도 구하기가 힘들어졌다. 또 배급제가 도입되면서 석유, 신발, 고기 등은 개인이 구매할 수 있는 양이 법적으로 규제됐다. 소매 시장용으로 생산할 수 있는 품목도 제한되어서 새 자동차나 새 세탁기는 만들 수 없었다. 한때 그런 것들을 만들던 공장에서는 이제 탱크와 무기를 만들었다. 의류 업계는 겹자락 정장, 폭이 넓은 플레어스커트, 커프스 달린 바지 등을 만드는 것이 법으로 금지됐다. 또한 정부는 명시적으로 유행에 반대했다. 〈전시생산위원회War Production Board〉가 배포한 보도 자료에 따르면 정부는 "현재의 옷이 급격한 유행의 변화 때문에 낡은 것이 되는 일은 없을 것이라는 점을 미국 여성들에게 확신시키고자"했다. 기업이 사용할 수 있는 자원의 양도 규제됐다.(정부는 대신 플라스틱, 베니어판, 콘크리트 등에서 혁신을 이루라고 독려했다.) 폐품 모으기 운동은 정부와 기업도 기본적인 자원 부족을 겪고 있다는 점을 사람들에게 강하게 인식시켰다. 소비자들만 원하는 것을 못 구하고 있는 게 아니라는 것이었다.[4]

미국식 삶의 방식을 지켜내려면 절약과 희생이 불가피하다는 것이, 생산과 소비의 기회와 권리에 대한 정부의 강도 높은 간섭을 정당화했다. '미국식 삶의 방식American Way of Life'이라는 말은 결코 추상적인 개념이 아니었다. 루스벨트 대통령은 미국식 생활 방식이 '네 가지 자유'로 구성된다고 밝혔고, 노만 록웰Norman Rockwell은 이를 삽화로 표현했다. 그중 "가난으로부터의 자유"를 수호하는 것은 뉴딜이 약속한 것들을 지키기 위해 싸우는 것을 의미했다. 록웰의 그림 속에서 '가난으로부터의 자유'는 추수감사절의 풍부한 상차림으로 표현되었다. 그런데 이는 전쟁 중에는 가능하지 않은 것이었다. 따라서 적들을 무찌를 때까지 기다려야 했다. 전쟁 중의 희생은 이런 식으로 '응급 상황에 처한 소비주의'라는 개념과 연결되었다. 즉 희생할 필요가 없는 미래가 오리라는 기대, 전쟁이 끝나기만 하면 미국의 기업이 소비자들에게 다시 많은 것을 제공해 주리라는 기대에 기반해 있었다. 이런 관념은 전쟁 채권에 대한 홍보에서 명시적으로 드러났다. 지금 (채권을 사서) 저축을 하면, 언젠가 공장이 다시 소비재를 생산하게 되는 날에 수익으로 돌아오리라는 것이었다.[5]

정부는 전쟁이라는 위기를 해결하기 위해서는 시민들이 물자를 잘 관리하는 것이 필수적이라는 관점을 내세우면서, 사람들에게 옛 습관을 되살리라고 촉구했다. 1943년에 〈가격관리국Office of Price Administration〉이 발간한 세 번째 '전시 배급 통장' 뒤표지에는 **"필요하지 않은 것은 사지 마세요"**라고 쓰여 있었다. 〈가격관리국〉은 응급 상황에서는 절약 습관을 가져야 한다며 전쟁 전에 행했던 사치품 소비를 스파르타식으로 철저하게 희생하라고 간청했다. "끝까지 쓰고, 끝까지 입고, 고쳐 입고, 수선하세요"라는 슬로건도 있었다. 이보다 더 강한 표어도 있었는데, "끝까지 쓰고, 끝까지 입고, 고쳐서 사용하고, 없으면 없는 대로 살자"였다. 또 "총체적 방위에 대한 소비자 맹세"는 다음과 같은 문구로 되어 있다. "나는 소비자로서 민주주의 수호를 위해, 나의 가정, 지역사회, 국가가 만반의 태세를 갖추고 효율적이며 강해지도록 나의 역할을 다할 것입니다. 나는 신중하게 구매할 것입니다. 내가 소유한 물건들을 세심하게 다룰 것입니다. 아무것도 낭비하지 않을 것입니다." 정부의 포스터는 좀 더 간결했는데, 전형적인 표어는 "음식은 무기입니다"였다. "음식을 낭비하지 마세요. 현명하게 사용하세요. 신중하게 조리하고, 끝까지 다 먹으세요."[6]

대중 잡지들도 이런 관점을 퍼뜨리는 데 동참했다. 1942년 8월에 펄 벅은『콜리어Collier』에 쓴 글에서, 아무것도 낭비하지 않는 중국인의 일상생활을 소개하면서 독자들에게 "남은 음식 중 좋은 부분들을 버리지 말라"고 촉구했다. 중국에는 음식물 쓰레기통이라는 것이 존재하지 않는데, 남은 음식을 다시 요리에 쓰거나, 닭, 고양이, 개를 먹이거나, 퇴비로 쓰기 때문이라는 것이었다. 노동계급 여성을 대상으로 하는 잡지『리얼 스토리Real Story』는 애국적인 여성이라면 물건을 집에서 만들고 "거의 무한히 오래가게 관리함으로써 새것을 살 필요가 없게 만들어야 한다"고 주장했다. 이를테면 마룻바닥, 라디오, 테이블은 왁스칠을 해서 수명을 늘릴 수 있었다. "전쟁 채권을 사고, 〈적십자〉에서 일하고, 부엌에서 나오는 기름을 모으는 것과 함께, 집에 있는 모든 것을 아껴 사용하고 최대한 오래 활용해야 한다." 이 잡지에 실린「헌 옷 재활용 과정」이라는 기사는, 드레스나 스커트를 고치고 기우는 것이 "전쟁에서 승리하는 데 그리 흥미진진한 방법은 아닐 수 있겠지만, 매우 현실적인 방법"이라고 강조했다.『리얼 스토리』의 또 다른 기사는 "없이 지내는 것보다는 고쳐 만드는 법을 배우는 것이 훨씬 낫다"고 언급했는데, 이 잡지에는 해진 양말을 고치는 도구들에 대한 광고도 실려 있었다.[7]

　　부유한 여성들은 다른 사람들을 고용해서 양말을 수선하도록 할 수 있었다. 1990년대에 미시건 주의 한 여성은 이렇게 회상했다. "(미시건 주) 랜싱 시내에 여성들의 양말을 수선해 주는 가게가 문을 열었지요. 그런데 최근에 딸아이에게 그 이야기를 했더니, 거기가 뭐하는 곳인지 모르더군요." 1942년에『아메리칸 홈』(독자의 대부분은 드레스를 꿰매기보다는 구매하는 사람들이었다.)은 낡은 셔츠로 남성 속옷을 만드는 것과 포장용 끈으로 바닥 매트를 만들 수 있는 옷본을 제공하면서, 헌 물건들에 대해 "작년에는 우리가 그것을 '쓰레기'라고 불렀지만 지금은 달라졌다"고 언급했다. 또 헌 양초를 녹이고 실크 양말을 상하지 않도록 유리 항아리에 넣어서 어두운 곳에 보관하라고 조언했다. 남편들도 마차 바퀴로 야외용 테이블을 만들고, 구멍 난 정원 호스를 고무판이나 볼베어링으로 고치고, 정원에서 나온 쓰레기로 비료를 만들 수 있다고 했다. 비료를 만드는 법은 "승리를 위한 텃밭 손질법"을 가르쳐 주는 책들에서 많이 다루어졌는데, 이런 책들은 종자 가게에서 살 수 있는 비료 제품보다 더 좋은 토양 영양제를 집에서 만들 수 있다고 주장했다.[8]

표면적으로 보자면 2차 대전의 물자 부족과 선전선동은, 물건을 보관하고 돈을 아끼고 헌것을 고쳐 쓰는 것을 그만두고 돈을 펑펑 쓰라고 독려했던 소비주의의 가르침과는 정반대되는 방향처럼 보인다. 이 시기 미국 가정은 (대공황기에 그랬듯이) 절약할 수 있는 모든 방법을 동원했다. 대부분의 여성들은 적어도 일부의 옷이라도 고쳐서 입었다. 요리하고 남은 기름은 다들 가정에서 재활용했기 때문에 정부가 가정에서 나오는 폐기름을 전략물자로 수거하는 것이 어려울 정도였다. 새 자동차나 세탁기를 사는 것은 어림도 없었다. 미국인들이 어찌나 돈을 안 썼는지, 진주만 공격과 종전 사이에 개인 유동 자산이 거의 세 배가 되었다. 소비주의에 젖어 있던 젊은 여성들에게는 '가정 전선'에서의 실천이 매우 큰 희생이었을 것이다. 대공황 이후 십 년이 지났는데, 돈이 있는 사람들도 돈을 쓰지 못하는 분위기가 되었다. 공장에서 풀타임으로 일하고, 〈적십자〉나 〈승리 채권 운동〉에서 자원 봉사를 하느라 바쁜 여성들은, 여기에다 시간을 더 내서 헌것을 고치고 살림까지 알뜰하게 해야 했다.[9]

전시 태세와 전략 물자

1941년의 상황은, 미국이 전쟁에 참가할 경우에 실천해야 할 희생을 예행연습이라도 하는 듯이 보였다. 미국 경제 정책에 대한 토론은 온통 '전시 태세' 이야기였다. 1월에는 전시 경제 동원과 전략 물자 조달을 위해 〈생산관리국Office of Production Management〉이, 4월에는 임금과 가격을 규제하고, 인플레이션을 막고, 배급 계획을 수립하기 위해 〈가격관리국〉이 조직됐다.[10]

대공황에서 경기가 막 회복되던 때였던 만큼, 처음에는 대중 잡지 기사들의 톤이 이제는 절약을 좀 느슨하게 해도 된다는 식이었다. 『애틀랜틱 먼슬리』의 풍자적인 기사 「우리는 아무것도 버리지 않아요」는, 실제로는 쓸모도 없는데 일단 모아 놓고 보는 버릇을 우스개로 삼았다. 저자는 예전에 자신의 가족이 이상하게 생긴 스케이트와 신발, 깨진 도자기 조각, 반쯤 남은 약병까지 죄다 모으던 것을 그리운 듯 회상했다. "우리는 이렇게 생각했다. (버리면) 나중에 후회할지도 몰라. 언젠가 혹시 무지무지 끔찍한 재앙이 닥쳐서, 털이 다 빠진 너구리털 코트를 안 버린 게 천만다행이라고 생각하게 될지도 모르잖아." 『베터 홈 앤 가든』에 실린 기사 「나는 이 세 부류 모두와 결혼했다」는 여성을 다음과 같이 세 부류로 나눌 수 있다고 했다. "나중에 쓰려고 모으는 사람, 버리는 것을 부끄럽게 여겨서 모으는 사람, 쓸 데가 있을지 없을지 누구도 결코 알 수 없기 때문에 일단 모아 두는 사람." 기사는 세 번째 부류를 다시 다음과 같이 셋으로 나누면서 브리콜리지의 습관을 풍자했다. "첫째, 옷가지들을 모으는 여성(언제 무엇을 깁고 싶어질지 모른다.), 둘째, 단추를 모으는 여성(언제 단추가 필요할지 모른다.), 셋째, 왼짝만 남은 장갑을 모으는 여성(언제 오른짝을 갖게 될지 모른다.)." 저자는 아내가 유리병, 끈, 종이, 반쯤 남은 약병을 무조건 모아 두는 것을 우스개로 삼으면서도 자신 역시 낡은 모자, 무릎 나간 바지, 빈 양철 담배통 등을 버리는 게 쉽지 않다고 털어놓는 것으로 글을 맺었다.[11)

한편 기업 대상의 업계 저널들에는 물자 부족에 대한 내용이 자주 등장했다. 1941년 5월, 〈미국 알루미늄 컴퍼니〉는 포장 업체들을 상대로 낸 광고에서 "알루미늄을 많이 쓰던 회사들이 알루미늄 없이 운영해 나가야 하는 상황이 되어 가고 있지만, 당신의 알루미늄은 지금 배달되는 중입니다"라고 말했다. 『비즈니스위크』는 이렇게 낙관적이지 않았다. "민간 생산용으로는 한동안 알루미늄이 충분치 않을 것이다." 『모던 패키징Modern Packaging』은 이 상황에 대해 기막힌 분석과 전망을 내놨다. 포장 업체들은 청동, 니켈, 황동, 알루미늄 등을 구하는 데는 어려움이 있겠지만 종이, 유리, 플라스틱, 고무, 코르크 등은 필요한 만큼 조달할 수 있을 것이고, 전쟁 동원 때문에 기업 경기가 살아났으니, 1941년 명절 시즌에는 사람들이 선물을 많이 주고받으리라는 것이었다. 또 물자가 부족하더라도 포장 업계는 군대에 가 있는 2백만 명에게 보내는 선물 포장 수요로 호황을 맞으리라고도 내다봤다.[12)

1941년 6월, 정부는 위스콘신 주 메디슨과 버지니아 주 리치먼드에서 실험적인 알루미늄 재활용 운동을 벌였다. 6백 명의 〈메디슨 보이스카우트〉가 〈미국재향군인회American Legion〉와 〈해외참전용사회〉의 도움을 받아 집집마다 돌아다니면서 거의 2만 2천5백 킬로그램에 달하는 냄비와 주전자를 모았다. 하지만 『라이프』는 이러한 노력으로도 충분치 않을 것이라며, 미국인들은 "지금까지처럼 '절반의 노력'만 해서도 광적인 독일과 경쟁할 수 있다는 전 국민적인 환상을 버려야 한다"고 경고했다. 8년간 독일은 "모든 가정과 거리에서 모을 수 있는 모든 고철을 모아 왔고", 독일의 알루미늄 생산은 1934년에 미국을 넘어섰으며, "이제는 전 유럽에서 알루미늄을 확보할 수 있게" 되었다는 것이다.[13]

알루미늄 재활용 운동은 7월에 전국적인 운동으로 발전했다. 미군은 아이슬란드에 주둔하게 되었으며, 미국 함대가 영국 함대의 호위를 맡았고, 일본과의 교역은 중단되었다. 처음에는 알루미늄 모으기 운동이 굉장히 성공적인 것처럼 보였다. 수백만 명의 사람들이 냄비, 주전자, 프라이팬, 아이스크림 국자, 머리카락 마는 기구 등을 내놓았다. 뉴욕 시는 손상된 2톤짜리 트리보로우 다리 문을, 뉴저지는 독일의 체펠린형 비행선 힌덴버그 호의 파편(힌덴버그 호는 1937년에 사고로 폭발했다. 옮긴이)을 기증했다. 바이올리니스트 야사 하이페츠Jascha Heifetz는 알루미늄 바이올린을 기증했다. 또 『뉴욕타임스』에 따르면 디트로이트의 나이트클럽 고객들은 유명한 스트립 댄서 '집시 로즈 리'가 "알루미늄 부엌 용품을 딸각거리면서 하나씩 입을 때마다, (그리고 벗을 때마다) 헌 냄비를 하나씩 기증했다. 뉴욕 『데일리 미러Daily Mirror』는 '집시 로즈 리'의 춤을 "팬팬"(pan-pan, 프랑스 댄스 캉캉can-can을 연상시키는 언어유희. 옮긴이)이라고 불렀다. 『라이프』는 이러한 알루미늄 재활용 운동이 "정말 재미있었고", "대부분의 시민들에게 국가 방위를 위해 동참할 수 있는 첫 번째 기회를 제공했다"고 언급했다.[14]

하지만 9월이 되면 시민들은 자신이 기증한 냄비와 주전자가 "여전히 소방서나 법원 앞에 쌓여만 있는 것"에 대해 불평하기 시작한다. 『타임』은 이를 뉴욕 시장이자 시민 방위청장인 피오렐로 라 구아디아Fiorello H. La Guardia의 탓으로 돌렸다. 〈가격관리국〉이 제안했던 원래의 안은, 수거한 폐품을 폐품 거래 업자에게 판매하고, 그것을 거래 업자들이 다시 제련 업자에게 파는 방식이었다. 즉 기존에 존재해 왔던 폐품 거래 채널을 이용하되, 가격 통제를 통해 규제한다는 계획이었다. 하지만 라 구아디아는 이

제안을 거부했다. 라 구아디아는 폐품 거래 업자들이 규제 가격보다 거의 네 배나 높게 밀매매를 한다며, 이들을 통하지 말고 정부의 수거 위원회가 직접 제련 업자에게 폐품을 팔아야 한다고 주장했다. 하지만 (라 구아디아의 방식대로 실행되자) 제련 업자들이 난색을 표명했다. 예전에는 폐품 거래 업자들이 알루미늄을 폐품에서 이미 분류해 낸 상태로 제련 공장에 넘겼는데, 〈폐품수거위원회〉에서 온 것에는 냉장고나 유모차처럼, 정작 알루미늄은 아주 조금 들어 있고 부피와 무게만 많이 나가는 것들이 통째로 들어 있었던 것이다.(20킬로그램이 넘는 물건에 알루미늄은 달랑 50그램뿐인 것도 있었다.) 제련 업자들은 쓰지도 못할 것에 대해 화물 비용을 부담해야 했고, 분류 작업을 하기 위해 추가로 사람을 고용해야 했으며, 곧 창고 공간도 부족해졌다. 결국 이들은 〈폐품수거위원회〉로부터 폐품을 사지 않기로 했다. 공공장소에 폐알루미늄들이 그냥 쌓여 있는 것이 멀쩡히 보이는데도, 루스벨트 대통령은 이 폐품 수집 운동이 성공적이라고 선언했다. 하원 〈군사 소위원회〉는 수거 방식에 대해서는 비판했지만, 결과에 대해서는 칭찬했다. 11월에 〈긴급관리국Office for Emergency Management〉은 『우먼스 홈 컴패니언 Woman's Home Companion』에 실은 글에서 "하이렘 아저씨의 낡은 커피 주전자"가 정말로 유용하게 사용될 것이라고 강조했다. 하지만 몇 개월 후, 『비즈니스위크』는 알루미늄 모으기 운동은 대실패였다고 지적했다. "이 사진이 마지막으로 찍혔던 곳에는 아직도 이 냄비들이 쌓여 있다는 설이 있고, 알루미늄 모으기 운동은 정치적인 홍보 쇼였다는 설이 있으며, 어쨌든 이제는 더 걱정할 만큼 가정에 알루미늄이 남아 있지도 않다는 설이 있다."[15]

그러는 중에, 위스콘신 주 애플톤에서도 실험적인 폐품 모으기 운동이 시작되었다. 1941년 10월, 애플톤의 시장은 지역 유지들에게 "책임 있는 워싱턴 당국자들이" 애플톤을 지속적인 폐지 재활용 운동의 시범 도시로 만들면 어떻겠냐는 제안을 해 왔다고 언급했다. 애플톤의 폐지 중 약 25퍼센트 정도는 이미 재활용이 되고 있었다. 일부는 폐품 거래인에 의해서, 나머지는 〈구세군〉, 〈보이스카우트〉, 〈걸스카우트〉, 그리고 교회와 클럽이 후원하는 폐지 모으기 운동 등을 통해서였다. 하지만 여전히 일반 가정은 폐지를 모을 동기가 딱히 없었고, 모은 것을 쉽게 보낼 수 있는 통로도 마련돼 있지 않았다. 시장은 지역 유지들에게 폐지 재사용을 두 배로 만들 수 있는 전략을 내달라고 요청했다. 그 결과 〈보이스카우트〉, 〈걸스카우트〉는 "애플톤 공식 폐지 수집인"이라는 배지를 달았고, 주부들에게는 팸플릿이 배포되었으며, 버스에는 플래카드가 나붙었다. 애플톤의 모든 상인들은 제품 포장에 "이 상자를, 그리고 모든 폐지를 모으세요"라고 찍을 수 있는 고무도장을 지급받았다. 라디오 프로그램은 종이와 목재 펄프가 전투기와 군함의 청사진, 음식 보관 용기, 탄약, 셀룰로스 붕대 등을 만들기 위해 수거되어야 한다고 설명했다. 첫 수거일은 12월 6일 토요일 아침으로 계획되었다. 이 날은 일본이 진주만을 공격하기 하루 전이었다.[16]

일본이 진주만을 공격하기 전부터도, 사람들은 전시 동원이 시행되면 소비를 줄여야 한다는 것을 알고 있었다. 부유층을 대상으로 한 잡지인 『하우스 뷰티플』은 12월호에서 "더 적은 것으로 살고, 그것에 만족해야" 할 것이라고 언급했다. 세금과 물가 인상, 물자 부족, 노동력의 징집 등으로 인해 사람들은 생활 습관을 바꿔야 했다. 기사는 "대공황기에도 우리는 옛날 남부 플랜테이션의 백인 주인들처럼 유복한 생활을 해 왔다"고 지적하면서, 이제는 독자들이 물건을 만들고 고치는 일들을 직접 하는 법을 배워야 한다고 촉구했다. 연료를 절약해야 하고, 집은 단정한 상태로 유지해야 했다. "우리는 종종 낡은 것들을 고쳐 써야 할 것이다. 이제 더 이상 약간 해졌거나 진력이 났다고 해서 물건을 버릴 수는 없을 것이다. 우리는 빅토리아시대의 낡은 탁자를 화장대나 책상으로 써야 할 것이다. 망가진 침대에 페인트를 새로 칠해야 한다. 헌 옷가지들을 버리지 말고 깔개나 퀼트로 만들어야 한다." 또 텃밭 가꾸는 사람들은 퇴비를 만들도록, 요리사들은 "남은 음식을 수프 국물 내는 데 요긴하게 사용하도록" 권장되었다. 이런 내용은 부유층 가정을 대상으로 하는 잡지의 크리스마스 특집호답지 않지만, 이 잡지가 나오고 나서 며칠 후 미국은 참전을 했다.[17]

일본의 진주만 공격으로 미군 2천4백 명이 숨진 후, 미국 여론은 참전에 찬성하는 방향으로 굳어졌다. 정부는 즉시 물자를 통제하고 전시 생산 체제를 가동했다. 1월 중순 루스벨트 대통령은 〈가격관리국〉과 (이곳의 라이벌 기관인) 〈공급 우선순위 책정 및 배분 위원회Supply Priorities and Allocation Board〉의 업무를 통합해 맡을 〈전시생산위원회〉를 설립했다. 〈시어스〉의 전 임원이자 유명한 '뉴딜 사업가'인 도널드 넬슨Donald M. Nelson이 새로운 기구의 책임자가 됐다. 〈전시생산위원회〉는 공장을 (전쟁 장비 생산 용도로) 변경하고, 전시 생산 할당량을 부과하고, 기업에 물자 공급량을 제한하고, '물자 절약 명령'(M, Materials)과 '산업 생산 제한 명령'(L, Limitations)을 제정하는 등의 권한을 갖고 있었다.

〈전시생산위원회〉가 내린 명령은 대부분 제조업과 도매업에 관련된 것이었고, 소매 및 소비자 관련 업무는 〈가격관리국〉이 계속해서 맡았다. 93개의 〈가격관리국〉 지역 사무실은 소비재 가격을 규제하고 배급제를 실시하는 일을 진행했다. 〈전시생산위원회〉와 〈가격관리국〉 모두, 시민들과 관계를 맺는 일에 대해서는 전쟁 전에 이미 조직되어 있던 각 주의 방위 위원회 네트워크를 활용했다. 이를테면 〈물가관리국〉은 방위 위원회를 통해 배급 위원회를 구성했으며, 〈전시생산위원회〉는 방위 위원회를 통해 각 지역사회에서 폐품 운동을 조직했다.[18]

〈전시생산위원회〉는 즉시 업무에 착수해서, 일련의 생산 제한 명령(L)과 물자 절약 명령(M)을 발표하고 핵심 물자에 대한 사용을 금지했다. 245종류의 소비재 포장에 셀로판 사용이 금지되었고, 구리는 놋쇠 공장이나 폐품 거래 업체가 아닌 다른 곳으로는 보낼 수 없었다. 가장 심하고 광범위한 규제는 1942년 5월에 나왔는데, 철과 강철을 함유한 4백 개 이상의 제품에 대해 생산을 금지한 것이었다. 하지만 규제는 철회될 수도 있었다. 〈전시생산위원회〉는 업계에서 충분한 항의가 있으면 규제를 일부 수정하거나 철회할 수 있다고 했다. 한 역사학자는 〈전시생산위원회〉가 "제조 업체들의 요구에 유연하게 반응한다는 것을 자랑스럽게 생각했다"고 설명했다.[19]

포장 업계는 〈전시생산위원회〉 규제에 심각하게 타격을 받았다. 사용하던 자재 양을 줄여야 했을 뿐 아니라, 기계와 노동력의 사용도 제한을 받았던 것이다. 금속에 대한 규제가 시행되자 업계는 모양과 크기를 표준화했다. 1943년 3월에 양철 캔에 대해 더 강한 제약이 시행되자, 식품 가공·포장 업체들은 깡통 대신 유리와 종이 용기를 사용했다. 업체들은 되도록 생산 제한과 물자 절약 조치들을 자신의 제품을 홍보하는 기회로 이용하려 했다. '용사 시계'와 같은 애국적인 상품을 만들지 않는 회사라고 해도 역경을 활용할 수는 있었다. 이를테면 '페베코Pebeco' 가루 치약은 "전시에 걸맞게 새로운 절약형 용기"에 담겨 나왔다.[20]

얼마 후에는 종이도 전략 물자로 간주되었다. 1943년에는 심각한 종이 부족 현상이 벌어졌다. 종이는 해외 주둔 병사들에게 음식과 필요한 물품을 보내는 용기로 사용되었다. 태평양으로 가는 물품들은 날씨와 벌레에서 내용물을 보호하기 위해 더 겹겹이 포장해야 했다. 목재를 생산하는 우림 지역에서는 인력이 부족했고, 그나마 생산된 펄프는 탄약을 만드는 데 사용됐다. 전쟁 기간 내내, 전국적으로 벌어진 폐품 재활용 운동에서는 종이가 빠지지 않았다.(프로서의 경우처럼 모은 종이가 그냥 쌓여 있는 경우도 있었지만 말이다.) 학교들은 종이 1파운드를 한 표로 간주해 댄싱 퀸을 뽑는 '종이 인형 댄스파티'를 열었다. 라디오 프로그램인 "트루스 오어 컨시퀀시스Truth or Consequences"는 1943년 12월에 전국적인 종이 모으기 대회를 후원했으며, 가장 많은 종이를 모은 중서부의 어느 작은 학교에서 열린 댄스파티를 방송에 내보냈다. 1944년 가을에는 〈걸스카우트〉가 폐지 재활용 운동에 나섰고, 이듬해 봄에 〈보이스카우트〉는 폐지를 1천 파운드(약 450kg) 이상 모으는 사람에게 아이젠하워 메달을 수여했다. 전쟁의 막바지였던 1945년 여름에는, '더블 V' 프로그램(승리의 V와 전쟁 용사의 V)이 진행되었는데, 폐지 모으기에서 생긴 수익을 (전쟁 후에) 상이용사 병원 프로젝트에 사용한다는 것이었다.[21]

"일본군을 내버리자"

일본의 진주만 공격 이후 물자 공급이 빠듯해지면서 폐품 수요가 더욱 늘었다. 정부는 폐품을 모아서 분류하고 공장으로 보내는 일에 필요한 조직과 설비가 없었기 때문에, 이런 일을 해 오던 단체를 즉시 참여시켰다. 1942년 1월, 〈가격관리국〉은 〈굿윌〉에 폐품 수거량을 늘리라고 요구했고, 〈굿윌〉은 백 개가 넘는 도시에서 폐품 수집에 착수했다. 여름까지, 〈굿윌〉은 공장에서 처리할 수 있는 정도를 훨씬 넘어서는 폐품을 모았다. 정부는 사람들에게 폐품을 팔아서 그 돈으로 국가 방위 채권을 사거나 자선단체에 기증하라고 독려했다. 또 〈보이스카우트〉, 〈보이클럽〉, 〈구세군〉, 〈미국의용군Volunteers of America〉, 〈생뱅상드폴〉, 〈굿윌 인더스트리〉, 〈미국재향군

인회〉가 폐품 수거를 위한 공식 기구로 지정됐다.[22]

하지만 전략 물자에 쓸 폐품 수거가 자선단체들의 우선적인 관심사였던 것은 아니었다. 보스턴의 〈굿윌〉은 기부를 하는 사람들에게 '더 좋은 물건들'을 내달라고 계속 이야기했다. 〈굿윌〉은 뉴스레터에서 폐지, 고철, 고무, 직물은 일자리 창출과 국가 방위를 위해 필요하지만, 고쳐서 쓸 수 있을 만한 신발, 옷, 가구 등은 "일자리와 국가 방위, 그리고 장애인들을 위해 필요하다"고 호소했다. 어느 경우든, 정부와 자선단체의 관계는 항상 부드럽지만은 않았다. 샌디에이고에서는 〈전시생산위원회〉의 폐품 담당자가 시 소유의 트럭을 폐품 수거를 위해 징발하겠다고 하자 〈구세군〉, 〈굿윌〉, 〈미국의용군〉은 이에 반발해 폐품 수거에 참여하지 않겠다고 했으며, 시 당국자들도 위원회 계획에 반대했다.[23]

고철 금속 업계의 핵심 관계자들은 국가 방위를 위해 충분한 양의 고철을 모으는 것은 거대하고 복잡한 일이라며, 가정에서 나오는 고철만 모아서는 될 일이 아니라고 주장했다. 1942년 2월, 6백 명의 고철 거래인들은 시카고에서 열린 〈고철 철강 및 강철업 협회Institute of Scrap Iron and Steel〉 회의에서 1941년에 역사상 가장 많은 양인 4천7백만 톤이 모였다고 보고했다. 하지만 이것도 충분하지 않았다. 1942년의 고철 수요 추산치는 6천만 톤이었다.[24]

사회 명사들은 폐품 활용의 필요성에 대해 관심을 촉발시키려고 노력했다. 루스벨트 대통령은 백악관 창고의 물건들을 기증해 0.5톤의 고철을 내놓았다. 〈의회 도서관〉은 150톤의 폐지와 금속을 내놓았다. 미 〈육군성War Department〉은 1차 대전 기록을 마이크로필름으로 만든 후 그 서류와 서류를 담았던 캐비닛을 폐품으로 내놓았다. 『라이프』는 보스턴의 사교계에서 있었던 어느 파티에 대해 보도했는데, 손님들은 적어도 25파운드(약 11kg)의 고철을 가지고 와야 했고, 파티복 위에 덧입은 헌 옷을 벗어서 기증하는 '스크랩 쇼'에 참여했다. 보스턴 시장도 파티에 참석해서 연설을 했고, 주지사 레버렛 살톤스톨Levereet Saltonstall은 불참하게 되어 아쉬움을 밝히면서 노 젓기 연습 기구와 라디오를 보내 왔다.[25]

각 가정에서 폐품을 수거하는 것은 1942년 여름부터 본격화되었다. 6월 중순에 루스벨트 대통령은 라디오에서 미국과 연합군 국가들이 천연고무를 구할 수 없어 어려움을 겪고 있다며, 고무에 대한 전국적인 폐품 수거 운동을 선언했다. "현대의 전쟁은 고무 없이는 수행할 수 없는데, (미국으로의) 정상적인 고무 공급의 92퍼센트가 일본에 의해 중단되었습니다. (…) 일상에서 꼭 필요로 하는 고무를 내달라는 것이 아닙니다. 고무를 내놓고 그게 필요해서 다시 사야 한다면, 내놓지 마십시오. 남는 것, 어차피 쓰지 않을 고무를 기증해 주시기 바랍니다. 양은 아무래도 좋습니다. 5백 그램도 안 되건, 몇 킬로그램이 되건 말입니다. 어떤 형태여도 좋습니다. 폐타이어, 낡은 고무 비옷, 낡은 정원 호스, 헌 고무신, 목욕 캡, 장갑 등 고무로 만든 것은 무엇이건 됩니다. 고무라고 생각되는 것이 있거든 가장 가까운 수거 창고로 가져와 주십시오."[26]

『타임』이 지적했듯이, 알루미늄 재활용 운동에서의 "아직도 생생하고 고통스러운 기억"은 "폐품 모으기 운동이 제대로 돌아가려면 경험이 풍부한 폐품 거래 업체가 진행해야 한다"는 교훈을 주었다. 게다가 고무 모으기는 특히나 힘이 들었는데, 대부분의 폐고무는 적은 양씩 외딴 곳에 처박혀 있기 일쑤고 시골 지역에 띄엄띄엄 퍼져 있는 경우가 많아서 수거하러 가려면 비용과 시간이 많이 들었던 것이다. 그래서 실제로 정부는 경험 있는 폐품 거래인들, 즉 네 개의 가장 큰 폐고무 거래 업체에게 일을 맡겼다. 이 업체들은 정부가 설립한 〈고무 절약 회사Rubber Reserve Company〉의 대행사로서가 아니면 폐고무 거래를 하지 않겠다는 합의서에 서명하고 공장에서 나오는 폐고무 수거를 관리하고 가정에서 모은 고무를 사들이는 일 등을 했다. 소량의 고무를 모으기 위한 집하장으로는 주유소를 활용했다. 주요 석유 회사들은 이 일을 담당하기로 동의하고, 고무를 주유소로 가져오는 사람에게 정부를 대신해 파운드당 1센트를 지불했다.(물론 사람들에게 무료로 기증해 달라고 권하기도 했다.) 그러면 〈고무 절약 회사〉는 석유 회사들이 폐고무를 수거하는 데 들인 비용을 제외한 나머지 수익을 정부에 기증한다는 조건으로, 1톤당 25달러를 석유 회사에 지불했다. 폐고무 모으기 운동을 통해 45만 4천 톤의 폐고무가 모였는데, 이는 적어도 1년치 공급량은 되었다.[27]

『비즈니스위크』는 1942년의 폐고무 모으기 운동을 "연막"이라고 비난했다. 가스 배급제를 실시하기에 앞서 사람들의 관심을 돌리려는 시도였다는 것이다. 기사에 따르면 가스 배급제는 가스보다도 고무를 절약할 목적으로 계획되었는데, 정부는 이를 "사람들에게 이것이 절대적으로 필요한 것처럼 여겨질 때" 발표하려고 했다. 『비즈니스위크』는 (정부가) 업계를 생산 제한과 자원 제한 조치들로 "억누르더니", 이제는 "보통 사람들까지도 맘대로 다루고 있다"고 비난했다. 기사는 전쟁 홍보란 사람들이 전황이 안 좋다고 느낄 때 효과가 더 "빠르고 분명한 법이므로, 지금 아군의 패배를 열심히 알리면 나중에 배급 조치를 줄줄이 선언하는 데 밑바탕이 된다"고 설명했다. "만약 패배를 하지 않고 있어서 널리 알릴 만한 위기가 없으면, 당국자들은 온갖 경고를 남발함으로써 현재의 낙관주의를 없애려고 하는데, 이런 것이 성공적이지는 않다."[28]

1942년 여름에 벌어진 전국적인 폐품 수거 운동은 고무 모으기에 집중했지만, 각지에서 주 정부와 시 정부들은 고철, 종이, 주방 기름 등을 모으는 폐품 수거 운동을 벌였다.(지역의 기업이나 시민 단체가 이에 종종 협력했다.) 9월이 되면 미국의 모든 카운티가 적어도 한 가지의 폐품 수거 운동을 진행하게 된다. ("주요 산업 관계자 그룹의 자금을 받으며 그들을 대표하는") 〈미국 산업 폐품 재활용 위원회American Industries Salvage Committee〉는 폐품 수거 운동을 운영하는 법에 대한 팸플릿을 발간했다. 여기에서는 시 당국의 차량과 인력을 이용해 정기적인 폐품 수거 시스템을 갖추는 법 등이 소개됐다. 매사추세츠 주의 워체스터에서는 정부 〈위생국Bureau of Sanitation〉에 의해 폐품 수거 운동이 조직돼 1천1백 톤의 고철을 모았다. 『아메리칸 시티American City』는 "사람들은 고철을 가지고 있다. 그것을 내놓도록 하는 것은 우리의 시 정부에 달려 있다"고 주장했다. 이 잡지에 실린 사진에는 필라델피아 주 정부 계량국이 소매상점에서 수거한 고장난 저울을 고철로 쓰려고 부수는 모습도 나온다.『아메리칸 시티』는 또 각 도시들이 고철 판 돈을 갖지 말고 자선단체나 〈보이스카우트〉에(〈보이스카우트〉가 폐품 운동에 기여했을 경우) 주어야 한다고 주장했다.[29]

〈폐품 수거 위원회〉를 특별 구성해서 폐품 모으기 운동을 벌인 곳도 있었다. 보스턴에서는 폐기물 거래 업계와 〈보이스카우트〉, 그리고 학교들을 대표하는 위원회가 폐품 운동을 계획했고, 이를 보스턴 시장이 이끌었다. 전차와 게시판에 광고를 붙여 홍보를 했고, 전단지가 20만 가구에 배포되었다. 각 가정은 창문에 붙이는 카드를 지급받았다.(언제 고물상이 수거하러 오면 좋은지를 표시하는 카드였다.) 소량씩 나오는 폐품을 모으기 위해 폐품 수거 상자도 여기저기 비치되었다. 미주리 주 클린턴에서는 시장이 '전몰 장병 기념일Memorial Day'을 '폐품 모으는 날'로 선언해서 기업들이 그날 영업을 하지 말고 폐품 수집에 나서도록 했다. 미주리 주 상공회의소는 가장 많은 폐품을 보내는 시골 학교에 백과사전 한 질을 보내기로 했으며, 트랙터 업체 〈앨리스 첼머Allis-Chalmers〉의 미주리 주 딜러들은 폐품 모으기 광고를 후원했다. 이 광고에는 미국인이 아시아인을 깡통이 가득한 쓰레기통에 던져 버리는 모습과 함께 "일본 군인을 내버리자"는 문구가 쓰여 있었다.[30]

그 다음 번의 전국적인 폐품 모으기 운동(고철, 고무, 넝마 등을 모으는 운동이었다.)은 1942년 가을로 예정되었다. 이에 대한 준비로, 7월에 강철 업계는 150만 달러의 광고 캠페인을 후원했는데, 『뉴리퍼블릭』에 따르면 "사실상 모든 매체에" 전면 광고를 내는 것이었다. 또 유명 광고 대행사인 〈영 앤 루비캠Young & Rubicam〉은 얼마나 많은 폐품이 수집될 수 있을 것인지를 추산하기 위해 전국적인 조사를 실시했다. 이는 가을에 있을 폐품 모으기 운동에서 지역별 할당량을 정하기 위한 것이었다. 응답자 중 절반가량은 이미 지역에서 벌어지고 있던 폐품 수거 운동에서 폐품을 일부 내놓았지만, 3분의 2 이상이 아직도 내놓을 만한 폐품을 가지고 있었다. 고철 금속은 약 4백만 톤을 수거할 수 있을 것으로 추산되었고, 이 중 83퍼센트는 농촌 지역에 있는 것으로 나타났다. 고무도 상황은 비슷했다. 응답자의 3분의 2는 이미 고무를 기증한 적이 있지만, 3분의 1은 아직도 더 내놓을 고무를 가지고 있었다. 여기에서도 농촌 지역이 73퍼센트를 차지했다. 애초에 농촌에는 도시보다 폐품이 많았다. 농촌에는 낡은 자동차나 다리미뿐 아니라, 헌 트랙터와 쟁기 같은 것도 있으며, 도시보다 물건을 보관해 둘 공간도 넓기 때문이다. 또 농촌 사람들은 도시 사람들보다 더 많이 물건을 모아 두었다가 고쳐 쓰고 재사용하고 있었다. 그런데 폐품 모으기 운동은 이들이 브리콜라지를 할 수 있는 재료를 수거해 가 버렸다.[31]

1942년 가을, 막상 폐품 수거 운동이 시작되자 비판이 제기됐다. 『뉴리퍼블릭』은 정부의 혼란스러운 폐품 정책 때문에 강철 공장들이 어려움을 겪

고 있다고 비난했다. 8월에 〈카네기-일리노이 철강 회사〉는 고철 공급이
적절히 이뤄지지 않아 개방 화로식 용광로에 넣는 원료의 비중을 변경해
야 했다. 이 회사에서 쇳물이 용광로 밖으로 흘러넘치는 사고가 발생했을
때, 『뉴리퍼블릭』은 "아마도" 고철 공급 문제 때문에 원료 비중이 바뀐 것
이 원인일 것이라고 추측했다. 이 사고로 두 명의 노동자가 숨지고 한 명
이 심한 화상을 입었다. 『뉴리퍼블릭』은 고철 부족(과 그로 인한 사고)을 회사
탓으로 돌리기보다는 "워싱턴 당국의 폐품 운동" 탓으로 돌렸다. 이 사고
를 온전히 정부 탓으로 돌리는 것은 과한 측면이 있지만, 실제로 정부의
혼란스러운 정책에 대한 불만은 매우 설득력이 있었다. 고철을 다루는 정
부 기관이 적어도 네 개나 되었고, 그들 사이에도, 또 정부와 거대 고철 거
래인들 사이에도 업무가 어떻게 나눠지고 조정되는지가 불확실했다. 기사
는 "(조직 간에) 공조가 이뤄지지 않고, 목적도 제각각이며, 위계질서도 통
일되지 않았고, 책임 소재도 불명확"하다고 지적했다.[32]

정치적인 문제라기보다는 운영상의 문제인 것도 있었다. 하지만 어쨌든
이것도 혼란을 가중시키는 것이었다. 예를 들면 양철 깡통은 주석으로 도
금한 강철로 만들어진 것이기 때문에, 단순히 녹여서 될 일이 아니고 주석
과 강철을 분리하는 공정이 필요했다. 주석은 강철만큼이나 중요한 전략
물자로, 잠수함, 군함, 탱크, 트럭, 폭격기, 쌍안경, 수류탄, 의약 연고 튜
브, "시레트"(Syrette, 모르핀을 혼자 주사할 수 있는 키트.) 등에 쓰였다. 〈전시생산
위원회〉 팸플릿은 "주석 전쟁!"이라며 "미국은 주석 광산이 없는데, 일본
이 세계 자원의 70퍼센트를 통제하고 있다"고 호소했다. 하지만 주석 도금
을 분리해 내는 시설은 주석 수요에 한참 못 미쳤다. 게다가 주석 분리 공
장은 전국에 골고루 분포되어 있지 않았으며, 그나마 있는 분리 공장에서
도 평평하고 납작한 형태로 오는 산업용 고철을 선호했기 때문에 깡통은

잘 받지 않았다. 깡통은 지저분했고, 구겨진 깡통에서 주석을 분리해 내기가 쉽지 않았다. 그래서 깡통은 수거가 되는 곳도 있었고, 그렇지 않은 곳도 있었으며, 그냥 쌓여 있는 일도 비일비재했다. 〈영 앤 루비캠〉의 조사 결과, 깡통을 모아 둔 사람들 중에 그것을 어디로 보내야 할지 아는 사람은 3분의 1 정도에 불과했다. 주석 분리 공장 근처에 사는 사람들조차도 자신들이 모은 깡통을 수거해 가는 시스템에 접근하지 못하는 경우가 허다했다. 폐품 모으기 운동도 깡통을 포함하는 것도 있고 그렇지 않은 것도 있었다. 1942년 가을의 대규모 폐품 모으기 운동에서는 깡통을 모으지 않았다가, 이듬해 주석 분리 공장이 더 지어지면서 1943년의 폐품 모으기 운동에는 깡통도 포함됐다.[33]

그러나 폐품 모으기에 대한 정부의 선전선동은, 처리되지 못하고 쌓여 있는 깡통 더미나 운영상의 혼란을 인정하지 않았다. 대신 "씻어서 찌그러뜨리세요"라는 지침만 반복했다.(라벨과 꼭지를 떼고, 씻어서, 꼭지를 안으로 밀어 넣은 후, 밟아서 납작하게 찌그러뜨리라는 지침은 수십 년 후에 '가정 전선'의 기억을 되살리는 사람들이 자주 이야기하는 내용이다.) 폐품 수거 운동이 보인 여러 혼란스러운 상황에도, 정부는 사람들에게 깡통 모으기의 중요성에 대한 설교만 늘어놓았다. 〈전시생산위원회〉의 팸플릿은 재활용될 수 있는 양철 깡통 중 3분의 2가 버려지고 있다며, "양철 깡통을 버리는 것은 핵심적인 전쟁 물자를 낭비하는 것으로, 용서받을 수 없는 행위"라고 주장했다.[34]

기업들, 폐품 모으기에 손발 벗고 나서다

전국적으로 광고되고 각지에서 동원된 전쟁 초기의 폐품 모으기 운동은, '국가를 위한 희생'을 공동체의 가치로 만들려는 시도를 보여 준다. 요란한 선전과 함께 운동을 주도한 사람들은, 자신들이 지역사회를 뭉치게 해 공동의 적에 대항하고 있다고 주장했다. 전국 각지에서 벌어진 폐품 모으기 운동에는 개인들과 크고 작은 기업들이 함께 참여했고, 지역사회가 중앙 정부와 연결됐다. 하지만 이러한 연대는 정부와 대기업 위주로 되어 있는 오랜 권력 관계를 드러내고 또 강화했다. 예를 들면, 시카고에서 민간 방위 활동은 정치 조직들이 세력 강화를 위해 쓸 수 있는 좋은 수단이었다. 〈민간 방위위원회civil defense block〉의 구역 대표자는 정당의 해당 구역 대표였다. 정당의 지역 사무소는 마을 단위의 시민 방위 본부로 활용되었다. 전국 각지에서 지역의 유지인 상공인들이 폐품과 채권 운동을 주도했고, 부유한 기업가들이 주 정부와 지방 정부 〈방위협의회〉에서 위원 자리를 맡았다. 노조와 일반 사람들은 지도층 인사들이 실제 운영에 대해서는 경험이 없다고 불평했다. 중서부 지역의 한 당국자는 "대중들이 지역의 〈방위협의회〉를 신뢰하지 않는다는 것은 명확하다"고 보고했다. 협의회의 일부 위원들은 "너무나 바빠서" 일을 제대로 하지 않았다. 이들은 "지역 사회 공동체의 이해관계를 충분히 대표하지 않는다"는 비난을 받았고, 협의회가 "신문의 사교 칼럼에 이름이 오르내리는 명사들로만 채워져 있다"는 비판이 제기됐다.[35]

폐품 모으기 운동을 통해 기업가와 시민 사이의 협동이 이뤄지면서 지역 공동체가 건설되었고, 대공황기의 노동조합 운동과 소비자 운동 때문에 생겨났던 기업에 대한 불신도 해소되었다고 보는 사람들도 있다. 시카고 대학의 사회학자 페리 듀이스Perry Duis는 폐품 운동과 채권 운동이 도시의 혼돈과 일탈의 문제를 해소하는 데 도움을 주었다고 주장했다. 애국심에 기반한 행동들이 만들어 낸 "새로운 공동체 의식과 연대감이 경제적·인종적·종교적·민족적 장벽 사이에 다리를 놓았으며" 근처에 사는 낯

선 사람을 이웃으로 만들었다는 것이다.[36)]

하지만 만약 그런 지역 공동체가 존재했다손 치더라도(이러한 공동체의 형성을 부정하는 견해도 있다.), 이는 개인의 사생활을 희생함으로써 얻어진 것이었다. 공적 영역과 사적 영역의 경계였던 장소, 즉 다락, 지하, 골목, 딴채 등 사람들이 아직 버릴 준비가 안 된 물건들을 보관하던 곳은 공적인 조사와 감시의 대상이 되었다. 사람들은 이웃을 고발하라고 요구받았다. 지역 신문에 따르면, 미주리 주 클린턴에서는 유지들로 구성된 위원회가 "폐품을 팔지 않는 농부나 기업가를 소환하는 데 동의했다." "고철이 쌓여 있는 것을 보면 폐품 활용 위원회로 신고해야 한다"는 것이었다. 〈영 앤 루비캠〉의 조사자들은 가정과 농장의 고철과 고무 제품의 재고를 작성하기 위해 정부에 고용되었다. 조사 팀장은 팀원들에게 이렇게 말했다. "재고를 '완전하게' 조사한다는 것은 거실에 앉아서 주부에게 어떤 물건들을 가지고 있느냐고 묻는 것을 뜻하는 것이 아니다. 다락에 함께 올라가 보고, 부엌에 함께 들어가 보고, 지하실에 함께 내려가 보고, 차고, 딴채, 헛간, 뒤뜰에 함께 나가 직접 확인하는 것을 의미하는 것이다." 주부가 집 안을 수색하는 것을 거부할 경우 조사자들은 단호히 이렇게 설명해야 했다. "많은 사람들이 자신은 기증할 것이 없다고 하지만, 실제로 보면 많이 있습니다." 그러나 조사자들은 주부들을 너무 심하게 몰아대지는 않도록 주의를 받았다. "정부를 위해 일하는 것이기는 하지만, 우리는 사람들에게 원치 않는 것을 시킬 수 있는 직접적인 권한을 가지고 있지는 않다. 우리는 경찰이나 FBI 요원이 아닌 것이다."[37)]

폐품 모으기 운동이 성공하려면 규모를 막론하고 모든 기업들의 협력이 필요했다. 소규모 기업은 지역에서 운동을 추진하는 데 필요한 시설과 장비를 제공할 수 있었다. 트럭, 신문 지면, 라디오 방송 시간, 뒤풀이를 위한 레스토랑 시설 같은 것들 말이다. 대기업들은 광고 경험이 있었고, 전국적인 폐품 운동에 필요한 조직력이 있었다. 거대 석유 업체들도, 지역의 소규모 푸줏간들도 참여를 했다. 세인트루이스의 구멍가게는 고무를 가져오는 아이들에게 공짜 아이스크림을 주는 식으로 폐품 모으기 운동에 동참했다.[38]

첫 번째 대규모 폐품 모으기 운동이 벌어지기 몇 달 전인 1942년 2월에 농기구 생산 업체 〈인터내셔널 하비스터International Harvester〉는 1만 곳 이상의 딜러들을 폐품 수거 운동에 동원했다. 각 딜러들은 소책자와 포스터, 광고, 지역 신문에 넣을 홍보 문안 등을 지급받았다. 이들은 라디오 방송국에 광고 시간을 기부해 달라고 요구했고, 지역의 고물상에게 참여를 촉구했다. 또 농부들에게는 읍내에 빈 트럭으로 나가지 말라고 조언했고, 농촌으로 물건을 싣고 가는 딜러들도 빈 차로 나오지 말고 수집한 폐품을 싣고 나오라고 독려했다. 한 포스터에는 농부와 딜러가 소매를 걷어붙이고, 트럭과 탱크를 뿜어내는 전쟁 산업 기계에 고철을 집어넣는 모습이 나온다. 〈인터내셔널 하비스터〉는 농부들에게 지급할 영수증을 딜러들에게 제공했고, 딜러들은 폐품을 고물상에게 팔아 생긴 수익을 영수증 장부에 적힌 기록에 따라 농부들에게 나누어 주었다. 『비즈니스위크』는 〈인터내셔널 하비스터〉와 이곳의 딜러들이 "오직 농부와의 상호 작용에서 비롯하는 강한 유대감을 얻기 위해" 이렇게 나서고 있다고 언급했다.[39]

이 운동은 〈내셔널 고철 하비스트National Scrap Harvest〉로 확대되면서, 1942년 가을에 열린 대규모 폐품 모으기 운동의 일부가 되었다. 다른 농기계 회사들도 합세했다. 업계 협회인 〈농촌 장비 협회Farm Equipment Institute〉가 발간한 소책자는 이것이 모든 종류의 폐품, 특히 고철과 고무를 수거하기 위해 총력을 기울이는 운동이라고 선언하면서, 일부 농장들이 이제까지 있었던 폐품 수집 운동에 참여하지 않았으며, 참여한 곳들도 기증할 만한 것들을 다 내놓지는 않았다고 지적했다. 또 고철 거래인들이 수거된 폐품을 풀지 않고 더 높은 가격에 팔려고 한다는 농부들의 의심을 불식시키기 위해, 가격 상한제와 고철을 처리하고 등급을 매기는 데 들어가는 비용에 대해서도 설명했다.[40]

〈농촌 장비 협회〉는 각 지역에서 폐품을 모으는 구체적인 방식에 대해서는 일반론 수준에서만 언급했다. 주별·지역별 조직을 설립하고, 날짜와 할당량을 정하고, 필요한 활동들을 조절하고 홍보해야 한다고 제안했지만, 그것을 강제하지는 않았다. 협회가 제작한 책자는 "이 운동이 3일짜리가 될지, 1주일짜리가 될지, 2주일짜리가 될지는 지역 위원회의 열정과, 사용 가능한 장비, 그리고 예상되는 폐품의 양을 보고 결정하도록 하자"고 언급했다. 가득 찬 트럭과 넓은 터에 쌓여 있는 폐품은 기삿거리가 되어 줄 터였다. 폐품은 처리와 적재를 쉽게 하기 위해 고철 거래인 근처에 집하소를 두었다. 수익은 전쟁 채권에 투자하거나 교회, 〈적십자〉, 〈미군위문협회(USO)〉 등에 기증하기로 했다.(USO는 군인을 위한 여가 센터를 운영했다.) 폐품 모으기 대회를 열어서 "이긴 팀에게는 닭고기 저녁 식사, 진 팀에게는 콩"을 주는 행사를 하면 지역민의 관심을 불러일으킬 수 있을 터였다.[41]

〈농촌 장비 협회〉와 같은 업계 조직들은 자금을 모을 능력이 있고, 딜러들과 같은 업계 사람들을 동원해서 폐품을 수집하도록 할 수 있었기 때문에 폐품 모으기 운동에서 매우 중요했다. 〈미국 철 및 강철업 협회American Iron and Steel Institute〉는 (자동차, 고무, 석유 산업을 대표하는 업계 협회들의 도움을 받아), 1942년 가을의 폐품 운동에 2백만 달러의 광고 비용을 대기로 했다.(이 광고는 광고 대행사 〈맥캔 에릭슨McCann-Erickson〉이 맡았다.) 주방 기름 모으기 운동은 〈글리세린 및 관련업 협회Glycerine and Associated Industries〉가 〈미국 육류 협회American Meat Institute〉와 〈비식용 지방 생산업 협회Association of American Producers of Domestic Inedible Fats〉의 도움을 받아 후원했다. 〈포장업 협회Packing Institute of American〉와 〈접히는 튜브 제조업 협회Collapsible Tube Manufacturers Association〉는 "헌 튜브와 새 튜브를 교환하세요"라는 운동을 조직했는데, 이것은 치약이나 면도 크림 통으로 쓰이는 양철 튜브를 모으는 운동이었다. 튜브 운동은 약국을 집하장으로 활용했는데, 소비자들은 새 치약이나 면도 크림을 사려면 약국으로 빈 튜브를 가지고 와야 했다. 『비즈니스위크』는 이것이 "약국 입장에서 영업에도 좋고 대의명분에 참여할 수 있는 길도 되어 줄 것"이라고 언급했다. "약국을 폐품 모으기의 최전선에 서게 해 주는데다, 튜브를 모아 약국으로 가져오는 사람들은 그 약국에 들러 새 튜브를 사게 될 것이기 때문"이라는 것이다.[42]

폐품 모으기 운동의 언론 홍보는 〈전쟁광고협의회War Advertising Council〉가 조정했다. 이 협의회는 광고주, 광고 대행사, 언론이 자금을 댄 컨소시엄으로, 광고 대행사들이 활동을 주도했다. 〈전쟁광고협의회〉는 전쟁 후에 〈공공광고협의회Advertising Council〉로 바뀌게 된다. 이 협의회의 원래 목적은 "모든 광고에 전쟁 메시지를 넣는 것"이었다. 〈전쟁광고협의회〉는 정부에게 공짜로 광고 지면과 광고 방송 시간을 제공해 주고, 정부 프로그램의 홍보를 위해 광고 대행사가 가진 노하우를 제공했다. 정부 당국이 협의회에 연락을 해 오면, 협의회는 광고 업계 중에서 광고 카피와 레이아웃을 만들 사람들을 뽑고, 광고비를 후원할 기업을 모으며, 광고비를 대기로 한 기업은 해당 광고를 제작, 배포할 광고 대행사를 선정했다. 1942년 2월, 재무부가 전쟁 채권을 사는 사람에게 급여 공제를 해 준다는 것을 알리는 홍보 광고를 의뢰해 〈전쟁광고협의회〉의 첫 고객이 되었다.[43]

〈전시생산위원회〉의 도널드 넬슨은 〈전쟁광고협의회〉의 초기 후원자 중

한 명이었다.* 넬슨은 유통 업체 〈시어스〉 출신이었던 덕분에, 기초 산업 분야에 주로 있었던 정부의 다른 비즈니스맨들보다 소비자 마케팅에 대해 더 잘 알고 있었다. 1942년의 대규모 폐품 운동을 준비하면서, 넬슨은 140개 주요 신문의 발행인을 모아 회의를 소집해서 폐품 모으기의 필요성에 대해 이야기했다. 『뉴리퍼블릭』은 "이 회의 이후 고철을 모으는 것이 전쟁 수행에 얼마나 중요한지가 각 언론 매체에 기사로 쏟아져 나왔다"고 보도했다. "선전 구호도 근사했다. '폐품으로 일본을 폐기하자, 고물로 히틀러를 때리자!'"[44]

  하지만 홍보를 아무리 잘해도 폐품 모으기 운동은 곧잘 삐거덕거렸다. 〈전시생산위원회〉는 수거된 폐품을 폐기물 업계를 통해 처리해야 한다는 입장이었는데, 사람들이 폐기물 거래 업자들을 신뢰하지 않았기 때문이다. 1941년 알루미늄 모으기 운동에서 6백 파운드(약 270kg)의 알루미늄을 내놓은 워싱턴 주 패터슨의 프랭크 호그Frank Hogue는 이렇게 말했다. "이것들을 고물상에게 여러 번 팔 수도 있었지만, 고물상이 그것을 일본으로 보내지나 않을까 걱정이 되어서 차라리 강에 버리는 게 낫겠다고 생각했다." 또 대부분의 사람들은 이보다 단순한 이유로 폐품 거래 업체들을 싫어했다. 전쟁 승리라는 명분을 위해 자신들이 기부하는 폐품으로 누군가가 돈을 번다는 것이 싫었던 것이다. 1942년 초(대규모 폐품 운동이 벌어지기 전이다.), 『비즈니스위크』는 폐품 거래 업계에 대한 의혹이 너무 많이 퍼져 있어서 가정 폐기물을 수거하는 것이 불가능할 지경이라고 우려했다.[45]

  사람들은 폐품 거래 업체들이 사들인 폐품을 풀지 않고 계속 보유하면서 값을 올리려 한다고 생각했다. 고철이 대놓고 눈에 보이게 쌓여 있는 폐차장이 특히 의혹의 눈초리를 받았다. 1942년 1월 말, 정부는 폐차장의 고철들을 팔라고 명령했지만(그렇지 않으면 군대가 인수할 것이라고 겁을 주었다.), 폐차장은 자신들이 고철을 거래하는 것이 아니라 중고 자동차 부품을 거래하는 것이며, 현재 디트로이트에서 자동차가 아니라 탱크를 만들고 있기 때문에 부품 수요가 많다고 주장하면서, 정부의 명령에 따르기를 꺼려했다. 2월 중순에는, 철강 업계와 철강 노동자 대표들이 "고철 거래 업체들이 고철 부족이 지속되면 〈가격관리국〉이 상한가를 올려 줄 것이라고 기대하면서 시장에 고철을 풀지 않고 보유하고 있다"며 고철 거래 업체들을 비난했다. 정부가 고철 거래 업체들에게 어떤 크기의 고철이라도 팔도록 강제하면서 실제로 고철을 징발하기 시작하던 무렵에는, 고철을 팔지 않고 계속 움켜쥐고 있던 사람들에 대한 기사가 언론에 많이 등장했다. 이를테면 『비즈니스위크』에는 오하이오 주 쉘비의 앨런 딕Allan Dick이라는 사람의 사진이 그가 30년간 모아 약 5천 평의 땅에 쌓아 둔 고철 무더기와 함께 실렸다. 앨런 딕은 실제로 정부가 징발하기 전까지 고철 파는 것을 거부했다. 이런 이야기들 때문에 주부들은 주전자와 냄비를 기부하는 것을 꺼리게 됐다.[46]

폐품 모으기 운동을 주도하는 당국자들은 사람들이 폐품 거래 업체가 담당하고 있는 중요한 역할을 잘 몰라서 불신하는 것이라며 이를 불식시키기 위해 노력했다. 〈전시생산위원회〉 당국자는 『비즈니스위크』와의 인터뷰에서 "폐품 거래 업체들은 단순히 사고팔기만 하는 것이 아니라, 수거, 분류, 등급 매기기, 가공 처리, 포장, 선적 등의 일을 한다"고 설명했다. 폐품 거래 업계가 후원하는 폐품 수집 팸플릿에 따르면, 폐품 거래인들이 하는 일은 "전시 생산의 바퀴에서 가장 중요한 톱니를 이루는" 것이었다. 그런데도 너무 많은 사람들이 자신이 가지고 있는 폐품의 가치를 과대평가하거나 자신이 버리는 물건들에 대해 상한가만큼 받아야 한다고 생각했다. 상한가라는 것은 폐품을 분류하고 재처리 공장까지 운반하는 폐품 거래인들에게 제공되는 액수라는 것을 생각하지 않은 채 말이다. 『새터데이 이브닝 포스트*The Saturday Evening Post*』는 폐품 거래 업계에서 잔뼈가 굵은 짐 무로Jim Mouro의 이야기를 실었는데, 무로는 공습 대피 지도원이자 〈미국재향군인회〉 회원이기도 했다. 무로는 "경험이 많은 폐품 거래인들은 폐품의 가치를 매우 빠르고 정확하게 평가할 수 있다"고 설명했다. 무로는 "폐품 거래인들은 부당 이득을 취하는 사람도 아니고, 그렇다고 자선 사업가도 아니며, 그저 폐품들이 자신에게 줄 가치를 알아보는 사람"이라며 "그들은 들인 시간과 노력에 대해 보상을 해 줄 정도는 돈을 받아야 한다"고 주장했다. 이 기사의 사진에 달린 설명은 이렇게 되어 있었다. "폐품 거래인이 당신에게 겨우 몇 센트만 주더라도 속았다고 생각하지 마세요. 정부의 상한가 때문에 그가 받는 돈도 제한되어 있답니다."[47]

고물 거래인에 대한 의구심은 폐품 모으기 운동을 삐걱거리게 했지만, 이는 지역 공동체의 열정으로 상쇄되었다. 사실 전시 폐품 모으기의 핵심은 이러한 열광적인 공동체적 움직임이었다. 사람들은 '가정 전선'에서 스스로와 서로서로를 부추기도록 독려되었다. 지역의 사업가들은 자금과 물류를 지원했다. 수백만 명의 사람들이 자신의 시간을 기꺼이 제공했다. 신문사와 라디오 방송국은 폐품 운동의 메시지를 전파했다. 사람들은 쌓여 있는 폐품의 더미가 커질수록 환호했다. 여기에, 폐품 모으기 경연 대회와 음식을 차려놓고 벌이는 마무리 파티는 재미도 더해 주었다.

가정 전선

승리를 위한 텃밭 가꾸기, 배급제, 물자 부족 등과 함께, 폐품 모으기 운동은 말 그대로 전쟁을 가정으로 끌고 들어왔다. 살림에 대한 사적인 세부 사항들이 공적인 중요성을 갖는 문제로 선언되었고, 해외에 나가 있는 병사들의 삶과 죽음에 직결되는 문제로 여겨졌다. 『시애틀 타임스*Seattle Times*』가 언급했듯이, "부엌과 바느질 방은 주부들의 전쟁터"였다. 배급제가 실시되면서 사람들이 소비할 수 있는 것이 줄어들었고, 이는 돈이 있는 사람들이라고 예외가 아니었다. '가정 전선'이라는 표현은 폐품을 모으고 배급제를 받아들이고 절약을 하는 것을 거의 전쟁에 참여하는 것이나 마찬가지로 여기도록 했다. 그러니까 여성들은 여군에 입대하지 않았더라도 전투 부대나 다름없었다.[48]

전국적인 폐품 모으기 운동을 추진하면서, 자원 절약과 재활용 관련 부처의 당국자들은 여성들을 폐품 모으기에 공식적으로 동원하기로 했다. 여성들이 '세심한 여성Minute Woman'이라고 쓰여 있는 스티커를 붙이거나, 지갑에 '세심한 여성' 마크를 달고 폐품 모으기에 나서게 한다는 것이었다. '세심한 여성'은 차 함께 타기 운동, 배급제, 폐품 재활용 등 전시 노력에 대한 정보를 알리는 역할을 맡기도 했다. 1942년 8월, 당국자들은 8주 안에 모든 주, 모든 마을의 블록마다 한 명씩 '세심한 여성'을 둔다는 계획을 세웠다. 가장 처음 조직된 유타 주에서는 8천 명의 블록 리더가 활동을 했다. 유타 주는 전쟁이 끝날 때까지 이 조직이 유지된 유일한 주였으며, 이곳의 여성들은 폐품을 모아 판 수익을 병원, 학교, 적십자 등에 기증했고, 전쟁이 끝날 무렵에는 유타 주립대에 장학금으로 내놓았다.[49]

유타 주는 모르몬교 공동체가 이미 마을 단위로까지 조직돼 있었기 때문에 비교적 동원이 쉬웠다. 보스턴 등 다른 지역에서도 여성들이 폐품 모으기에 참여하기는 했다. 이를테면 보스턴의 여성들은 스스로를 '폐품 특공대Salvage Commando'라고 부르면서, 1942년 가을의 폐품 모으기 운동을 집집마다 다니면서 홍보했다. 그러나 대부분의 여성들은 폐품 모으기에 나설 시간이 별로 없었다. 2차 대전 시기에 여성들은 담당해야 할 역할이 아주 많았는데, 모두가 시간이 많이 드는 일이었다. 우리의 '리벳공 로지' (1940년대 일하는 여성의 상징. 옮긴이)는 1주일에 48시간을 일했고, 복잡한 대중 교통으로 통근을 했다. 저녁 시간대에는 문을 여는 가게가 별로 없었기 때문에 점심시간을 이용해서 장을 봤다. 또 많은 여성들이 무보수로 32시간 이상 일을 했다. 〈적십자〉 사무실, 지역의 병원, 어린이집 등은 거의 여성 자원 봉사자들이 운영하다시피 했다. 전국적인 채권 구매 운동에서는 40명으로 이뤄진 워싱턴 직원이 지방의 여성 자원 봉사자들과 함께 일했다. 〈선발 징병국Selective Service〉, 〈가격관리국〉, 〈고용 사무국U.S. Employment Service〉 등의 정부 기관에서도 여성들이 무보수 자원 봉사자로 일했다. 1944년 시애틀의 〈가격관리국〉은 일하는 사람의 4분의 3 이상이 여성 자원 봉사자들이었다. 배급제의 실시에도 30만 명 이상의 여성 자원 봉사자가 중요한 역할을 했다. 이들은 지역 상점의 가격을 점검하면서 배급제에 대해 잘 모르고 있는 상인들에게 정보를 주거나, 법을 고의로 어기는 상인을 신고했다. 캘리포니아 주에서는 여성들이 오랫동안 자원 봉사자로 활동해온 〈여성 유권자 연맹League of Woman Voters〉, 〈공동 모금회Community Chest〉, 〈적십자〉 등의 단체를 통해 전쟁과 관련한 여성 자원 봉사 활동을 조직했다. '남성들이 전쟁터에서 싸워 가며 보호해 줘야 할 여동생과 애인' 이라는 여성의 상징마저도, 전쟁에 기여하는 여성 자원 봉사자의 일로 재해석됐다. 군인을 위한 〈미군위문협회〉의 여가 센터가 여성 자원 봉사자들에 의해 운영되었던 것이다.[50]

가사일에도 시간이 더 많이 걸렸다. 어떤 식품은 배급제가 시행되었고, 다른 식품은 구할 수가 없어서 요리하기가 힘들었다. 비누도 귀했다. 생활 용품을 새것으로 사는 것은 불가능했고, 교체해야 할 부품이 입수되지 않아서 헌것을 고치는 일도 만만치가 않았다. 사상 처음으로 세탁기, 냉장고, 진공청소기 보유가 줄어들었다. 구두 수선방과 세탁소들은 풀가동되고 있었지만 확장을 할 수가 없어서 늘 만원이었다. 가정부의 임금은 전쟁 전에 비해 두 배가 되었고, 많은 가정부가 그 일을 그만두고 더 나은 일자리를 찾아 떠났다. 그런데도 전쟁과 관련한 선전선동은 여성들에게 물건을 고쳐 쓰고 텃밭을 가꾸라는 등 더 많은 일을 하라고 독려했다. 어린이집을 제외하고는 여성의 가사 부담을 완화시켜 주려는 노력은 전혀 없었다. 여전히 가사일은 개별 여성들이 사적 공간(공적 공간이 아니라는 의미에서)을 유지·관리하기 위해 개인적으로 해야 하는 일이었던 것이다.[51]

이러한 시간상의 제약 때문에 여성들은 폐품 모으기 운동에 쉽게 동원될 수가 없었다. 게다가 여성의 일과 남성의 일을 가르는 전통적인 관념 때문에 여성의 참여는 더욱 제약되었다. 여성들은 사무실의 간단한 일과 사람들을 모으는 일은 할 수 있었지만, 실제로 폐품을 처리하는 일을 맡지는 못했다. 유일하게 여성들이 나설 수 있었던 '여성의 폐품 모으기'는 주방 기름을 모으는 운동이었다.(이는 대체로 성공적이지 못했다.) 〈미국 지방 모으기 위원회American Fat Salvage Committee〉의 팸플릿은 이것이 "전쟁 중에 여성이 해야 할 일"이라며 "집안일 때문에 전쟁 준비에 활발하게 나서지 못하는 여성들이 실질적으로 승리에 중요한 기여를 할 수 있는 길"이라고 주장했다.[52]

여배우 헬렌 헤이즈Helen Hayes는 뉴욕 교외의 자택에서 찍은 광고에서 "주방 기름으로 글리세린을 만들 수 있으며, 글리세린은 수백만 개의 총탄을 쏘아 줄 발사용 화약을 만드는 데 쓰인다"고 말했다. 하지만 사실 글리세린은 니트로글리세린을 만드는 데 사용되었고, 니트로글리세린은 일반적인 화약이 아니라 이중 발사 화약을 만드는 데 쓰였는데, 정부의 병기 공장에서 일했던 한 물리학자에 따르면, 이중 발사 화약은 폭발물로 크게 중요성을 갖고 있지 않았다. 나중에 이 물리학자는 당시의 주방 기름 모으기가 정부가 선전하는 것만큼 전략적 중요성을 갖지는 않을 것 같아 보였다고 회상했다.[53]

주방 기름은 1942년 7월에 처음으로 수거되었다. 이때는 이미 금속, 종이, 넝마, 고무 등에 대한 폐품 수거 운동이 한참 벌어지고 난 후였다. 이후 3년간, 당국자들은 1만 7천여 곳의 지역 〈주방 기름 모으기 위원회〉의 도움으로 기름 모으기 프로그램을 진행했다. 갖가지 참신한 아이디어들이 나왔다. 유타 주 정부의 〈물고기 및 사냥감 관리청Department of Fish and Game〉은 사슴 기름 수거를 후원했다. 사냥꾼들은 점검소에 비치된 통에 사슴 지방을 놓아두었고, 그러면 기름 모으기 위원회가 그것을 수거해 갔다. 1943년 7월에 〈브루클린 다저스(Brooklyn Dodgers, 야구팀)〉, 〈전시생산위원회〉, 그리고 지역의 〈기름 모으기 위원회〉는 지방 반 파운드를 가지고 오면 야구장 입장료를 10센트로 할인해 주었다. 『뉴욕타임스』는 이 아이디어를 "레이디스 데이(극장 등에서의 여성 우대일. 옮긴이)의 전쟁 버전"이라고 칭했다.[54]

그러나 기름을 모으는 것은 사냥이나 야구 경기 같은 이벤트보다는 일상생활과 더 관련이 있었다. 기름 수거는 요리뿐 아니라 장 보는 것하고도 관련이 있었는데, 동물성 지방은 25만 곳의 정육점과 4천여 곳의 냉동식품 공장에서 주로 수거되었기 때문이다. 수거된 지방은 정제 공장이나 독립 수거인들에게 넘겨졌다. 지방은 깨끗한 양철 깡통에 들어 있어야 했고, 지방 정제 공장과 독립 수거인들은 양철 깡통을 재활용해야 했다. 사람들은 지방 1파운드당 4센트를 받았고, 1943년 12월부터 정부는 현금 이외에 파운드당 2점씩의 배급 포인트를 주기 시작했다. 〈가격관리국〉에 등록이 되어 있는 정제 공장과 독립 수거인들도 배급 포인트를 받았는데, 이 포인트로 푸줏간에 기름 값을 지불할 수 있었고, 푸줏간은 받은 포인트를 현금 대신 소비자에게 지불할 수 있었다.[55]

주방 기름 모으기는 일정 기간 동안 집중적으로 진행되는 것이 아니라는 점에서, '캠페인' 성은 아니었다. 이것은 지속적으로 이뤄져야 하는 프로그램이었고, 주부와 푸주한이 생활 습관을 바꾸어야 하는 일이었다. 주부와 푸주한들은 지방을 모으는 법과 모은 지방을 어떻게 해야 하는지에 대해 교육을 받아야 했다. 1943년 〈전시생산위원회〉 팸플릿은 집집마다 할당량을 제시했다. 날마다 지방을 한 큰 술 분량 모으면 한 달이면 1파운드가 된다는 것이었다. 〈지방 모으기 위원회〉는 색이 검든 냄새가 어떻든, 어떤 지방이라도 상관없다고 강조했다.(주부들이 집에서도 쓸 수 있을 만큼 상태가 좋은 지방만 정부가 수거할 것이라고 생각한다면, 가뜩이나 기름이 부족한 가정에서 기름을 내놓기가 힘들 것이기 때문이었다.) 정부는 또 각 가정이 남는 지방으로 비누를 만들지 말도록 교육했다. 시중에 비누가 부족한 상황인데도 〈기름 모으기 위원회〉는 "집에서 비누를 만드는 것은 잘못된 것"이라고 경고했다. "비누를 만드는 과정에서 글리세린이 날아가는데, 지금 국가는 1온스의 글리세린이라도 남김없이 필요로 하기 때문"이라는 것이었다.[56]

기름을 내놓으면 몇 센트를 받기는 했지만, 주부들이 요리에 쓰거나 비누를 만들기 위해 모아 놓은 기름을 내놓도록 하기에는 금액이 충분치 않았다. 처음부터 시중에는 기름 공급이 제한되어 있었다. 적군이 태평양의 섬들을 점령하는 바람에 그곳에서 기름을 수입해 올 수가 없었기 때문이다. 기름 모으기 운동이 막 시작되던 무렵에 이뤄진 〈영 앤 루비캠〉 조사에 따르면, 응답자의 거의 4분의 3이 나중에 쓰려고 기름을 모아 두고 있었고, 그중 88퍼센트는 모은 것을 다 집에서 사용했다. 지역적으로는 남부의 가정들이 기름을 가장 많이 모았다. 하지만 기름을 모아 두었다가 쓰는 일이

상대적으로 흔치 않았던 지역에서도 거의 절반 가까운 가정이 기름을 남김없이 다 사용하고 있었다. 라드와 버터에 대해 배급제가 시행되기 시작한 1943년 3월 이후에는 집에서 쓸 기름이 더 부족했다. 또 다른 연구 조사에 따르면, 거의 모든 미국 여성이 전쟁에 쓰이기 위해 기름이 수거되고 있다는 것을 알고 있었지만, 기름을 내놓는 사람은 절반 정도에 불과했다.[57]

기름 모으기 운동은 여성들을 일상생활에서 전쟁 수행 노력에 동참하도록 하기 위해 계획된 것으로 금속, 종이, 넝마 등을 모으던 캠페인성 운동과는 사뭇 달랐다. 금속, 종이, 넝마 모으기 운동은 일정 기간 동안 집중적으로 벌어진 지역사회의 행사였고, 주부보다는 기업과 학생들에 의존했다. 어린이와 학생들은 이러한 폐품 모으기의 주요 병력이었고, 실제로 폐품 모으기 일의 대부분을 맡았다. 학생들은 이미 학급 회의와 〈보이스카우트〉, 〈걸스카우트〉 등으로 조직되어 있었기 때문에 즉각 동원될 수 있었고, 또 아무래도 어른보다 자율성이 덜해서 선전선동에 더 쉽게 넘어갔다. 또 어린이들은 동네 구석구석을 돌아다니면서 폐품을 찾아내는 데 능했고, 전쟁에 열광하는 경향이 있었다. 고등학교 고학년 학생들은 운전을 할 수 있었고, 행정 업무도 수행할 수 있었다.[58]

나이가 어리기 때문에 실제 전장에는 못 나가고, 후방에 묶여 있어야 하는 어린이들은 폐품을 모으고 그에 관한 정보를 퍼뜨리는 일에 군대식으로 동원되었다. 아이들은 여러 가지 전쟁 수행 노력에 무보수로 참여했다. 자신의 집과 동네, 그리고 민간 방위 기구 당국을 잇는 중간 다리 역할을 했고, '승리를 위한 텃밭'(이 책 358쪽 참조)을 가꾸었고, 〈적십자〉 문건을 배포했다. 〈보이스카우트〉, 〈걸스카우트〉, 〈캠프파이어걸〉, 〈4H 클럽〉 등에 속한 아이들은 전쟁 채권을 팔았다. 〈고등학교 승리 부대Highschool Victory Corps〉는 여학생들에게 응급 치료와 아이 돌보기 과정을 강의했고, 남학생들에게 군사훈련을 시켰다. 재무부의 전쟁 프로그램은 학생들에게 10센트에서 5달러까지의 저축 우표를 팔았다. 아이들은 이 우표를 전쟁 채권을 사기에 충분한 금액이 될 때까지 책에 붙여서 모았다. 1943년 '지프를 사자' 운동에서, 학생들은 전쟁 채권을 구매함으로써 군대를 위해 9만 대 이상의 지프를 '샀다'.[59]

진주만 공격이 있은 지 한 달 후, 『스콜라스틱Scholastic』은 폐품 모으기 운동에 정기적으로 지면을 할애하기 시작했다. 전쟁 기간 동안 이 잡지는 다른 어떤 대중 잡지보다 더 많은 폐품 기사를 실었다. 다락과 차고를 뒤져서 고철 금속, 폐지, 넝마, 헌 고무를 찾아내는 법에 대한 글을 실었고, 폐품 모으기 운동을 조직하는 메커니즘을 설명했고, "낭비와의 전쟁의 날 War Against Waste Day"이라는 연극을 하도록 학생들을 독려했다.(이 연극의 대본은 정부의 팸플릿에 실려 있었다.) 어린 학생을 대상으로 하는 잡지 『잭 앤 질 Jack and Jill』은 「폐품 클럽」이라는 시리즈를 6회에 걸쳐 게재했는데, 한 무리의 아이들이 버려진 트롤리 자동차를 발견하는 이야기였다. 이러한 잡지 기사와 광고, 학교 수업, 라디오 등을 통해 아이들은 폐품 모으기 운동으로 전쟁에 참여할 기회가 있음을 알게 되었다. 해롤드 그레이Harold Gray의 연재만화 『작은 고아 애니Little Orphan Annie』의 주인공 애니는 〈어린이 특공대〉(학교나 〈스카우트〉에서 폐품 모으는 데 속하지 않았던 어린이들을 군대식으로 조직한 단체)의 사령관이었다. 해롤드 그레이와 『시카고 트리뷴』(이 만화의 신디케이터였다.)이 조직한 〈어린이 특공대〉는 보스턴 지역에서만도 거의 2만 명 가까운 회원을 가지고 있었다.[60]

1942년의 대규모 폐품 모으기 운동의 일환으로, '폐품을 거둬들이자' 운동이 일어났는데, 군대식으로 학생들을 동원해 고철, 고무, 넝마를 모으는 것이었다. 〈전시생산위원회〉는 교사들에게 팸플릿을 배포했는데(여기에는 미국 교육국장이 전하는 글이 실려 있었다.), 이에 따르면 시·군의 장학사가 대령이 되고, 학교장은 소령, 교사는 대위가 되며, 학생들은 중위, 하사, 상병, 일병 등으로 편성돼 "우리의 의무에 따라 공훈을 세우도록" 조직되었다. 이 운동이 시작되기 2주 전, 『스콜라스틱』은 "모든 학교의 운동장이 폐품 집하소가 될 것"이며 "모든 학교의 모든 교실에서, 학생들은 폐품 모으기의 열정적인 군인이 될 것"이라고 언급했다.[61]

각각의 학군은 "학생들의 활동 구역이 겹치지 않도록, 기업의 판매 조직 운영 방식을 이용해서" 학생들에게 골목별로 구역을 할당하기로 했다. 〈전시생산위원회〉 팸플릿은 주부들에게 "아이들이 너무 자주 찾아와서 폐품을 요구해도 성가셔하면 안 된다"고 주장했다. 아이들은 부모와 이웃 어른들에게 폐품 모으기에 대해 설명하는 편지를 쓰도록 지침을 받았다. 편지가 배달된 지 3일 후에 편지 받은 집을 중심으로 폐품을 모으러 다닌다는 계획이었다. 포스터와 표어 만들기 대회 등 각종 경연 대회도 열렸다. 중위(나이가 많은 학생들)들이 폐품의 무게를 달아서 영수증을 발급하고 가장 많이 모은 아이는 상을 받기도 했다. 모인 폐품을 팔아 생긴 수익은 체육 기구 등 학교에서 필요한 것을 구입하는 데 사용하거나, 학생들이 나눠 가질 수도 있었다. 학생들이 나눠 갖는 경우에는 돈이 아니라 전쟁 저축 우표 형태로 분배되었다. 〈전시생산위원회〉는 그 밖에도 많은 홍보 아이디어를 제공했는데, 지역 기업인의 도움을 받아야 하는 경우가 많았다. 이를테면 사진관은 필름을 제공하고 사진을 현상해 주며, 상점들은 상품 진열대에 총, 탄피, 탱크 등의 사진과 폐품들을 진열할 수 있으리라는 것이었다.[62]

이듬해 10월 초에 학생들을 동원하는 폐품 운동이 또 한 차례 벌어졌다. 이번에는 금속, 기름, 종이를 모으는 운동이었고, 구호는 "승리를 위해 모으자"였다. 이 운동을 위해 〈전시생산위원회〉는 교사들에게 폐품 모으기 커리큘럼 일체를 제공했다. 영어 시간에는 "양철 깡통의 로맨스"와 "어떻게 해서 기름이 폭발 물질이 되는가" 등을 주제로 작문을 하고, 과학 시간에는 쓰레기가 전략 물자로 탈바꿈하는 실험을 진행하고, 가정경제 시간에는 기름 모으는 방법이나 수거용 통을 준비하는 법을 가르치고, 미술 시간에는 포스터를 만들고, 수학 시간에는 수거한 폐품의 양을 기록하고 장부를 작성하는 실습을 하는 식이었다. 정부는 교사들에게 "아이들은 얼마나 많은 양철 깡통이 폭탄이나 기관총, 어뢰를 만드는 데 필요한지를 계산하는 '변환'을 좋아한다"고 설명했다. 〈전시생산위원회〉는 경연 대회도 권장했다. 하지만 "학생들이 폐품을 모으는 목적은 명예나 돈이 아니라 전쟁에서 승리하는 것이라는 점을 잊지 않도록 해야 한다"고 주의를 주었다.[63]

일반적으로 어린 학생들이 고등학생들보다 더 쉽게 동원되었다. 96개 학교가 있는 어느 지역에서 고무를 모으는 폐품 운동을 한 결과, 한 중학교가 전체의 10퍼센트 이상을 모은 것으로 나타났다. 고등학교가 수거한 양은 초등학교에서 수거한 것보다 적었다. 『스콜라스틱』은 1942년에 이렇게 적었다. "고등학생들은 정말로 무관심하고, 멍청하고, 잘난 척해서, 국가가 심각한 위험에 처해 있는 시기에 국가의 안위를 모르는 척하는 것인가. 일어나라, 고등학생들이여. 이것은 전쟁이다. 너희도 미국의 일부다. 싸우기로 결정하고, 채권을 사고, 폐품을 모으는 것은 '쿨'한 일이다. 우리는 스스로 원하기 때문에 이렇게 하는 것이다. 정부가 우리를 수용소에 집어넣을까 봐 하는 것이 아니다." 이런 책임감을 기꺼이 받아들이는 고등학생들은 폐품 운동에서 주도적인 역할을 할 수 있었다. 하지만 성별 역할 분담의 고정 관념이 적용되었다. 남학생들은 리더로서 트럭을 몰고, 폐품을 처리하고, 무게 다는 일을 감독하는 일을 하도록 권장되었고, "여학생들은 가정과학 부서 등을 통해 기름 수거 운동을 관리할 수 있을 것"이라고 권장되었다.[64]

『패어런트 매거진*Parent Magazine*』은 아이들을 "위대한 꼬마 넝마주이"라고 칭했다. 아이들은 벼두리, 빈터, 골목 등 폐품이 있을 법한 곳을 포함해 동네를 속속들이 잘 알고 있었기 때문에 폐품을 찾아내는 데 특히 능했다. 아이들은 재사용과 재활용의 옛 습관에 대해서는 아는 것이 없었고, 그들에게는 옛 물건들이 아무런 향수 어린 가치를 갖지도 않았기 때문에 물건들을 모아 두지 않고 폐품 운동에 대뜸 내놓을 수 있었다. 아이들은 사람들의 관심을 불러 모으는 데도 제격이었다. 〈전시생산위원회〉는 홍보 지침 팸플릿에서 "지역의 라디오 방송국은 아이들이 나온다면 거의 확실하게 방송 시간을 내줄 것"이라고 적었다. 그리고 아이들은 원래 '짠, 하고 변하는' 마술을 좋아한다. 텍사스 주의 기딩스에서는 고철 금속이 영화관에서 토요일 낮 관람표로 변할 수 있었다. 아이들은 또 경쟁도 좋아한다. 덴톤 지역의 아이들은 자신의 몸무게만큼의 고철을 모으도록 독려되었는데, 특별히 경쟁심이 있고, 애국심이 강한 아이들은 다른 아이들보다 더 많이 모았다. 예를 들면 조앤 펫시는 1주일에 1,220파운드(약 553kg)의 폐품을 모았는데, 세인트루이스의 어느 아이가 모은 양보다도 압도적으로 많았다.[65]

무엇보다도 아이들은 선전선동에 잘 넘어갔다. 시카고의 학교 감독관은 "아이들은 애국심에서 어른들을 능가하기 위해 애를 쓴다"고 말했다. 어린 아이들은 세상을 흑백으로 보게 마련이다. 어린이들은 선과 악의 전쟁이라는 개념, 그리고 그 전쟁에서 신神은 미국의 편이라는 개념에 열광적으로 반응했다. 아이들은 하루를 '충성의 맹세'로 시작했고, 수업 시간마다 해외에서 싸우고 있는 장병들에 대한 기도 시간이 포함되었다. 학교에서는 애국적인 놀이를 하고, 애국적인 노래를 불렀다. 독서 그룹은 저학년반과 고학년반 대신, 일병과 상병으로 구분되었다. '작은 고아 애니'가 말했듯이, 자신과 자신의 친구 로레타는 "노는 것보다 훨씬 중요한, 할 일이 있었다." "우리는 전쟁 관련 일을 하는 거야. 이것은 우리의 전쟁이야. 다른 사람에게만 전쟁인 것이 아니고 말이야. 어쩌면 우리에게 더 실감나는 전쟁일걸?"[66]

옛 방식으로 되돌아간 것일까?

1943년 말경이면, 전국적인 규모로 벌어졌던 폐품 모으기 운동은 끝이 난다. 1944년과 1945년에는 지역적으로 소규모의 운동이 있었을 뿐이다. 합성수지가 개발되어서 고무 부족은 더 이상 심각한 문제가 아니었다. 따라서 1943년 12월 31일에 정부는 폐고무 거래 업체들을 〈고무 절약 회사〉의 대행사로만 일하게 했던 계약을 종료하고 폐고무 거래 업계를 다시 민영화하기로 했다. 사람들은 전쟁에 진력이 나 있었고, 가정 전선 프로그램에 대해 참을성이 없어졌으며, 정부는 점점 신뢰를 잃어 갔다. 제78차 의회에서는 루스벨트 대통령이 뉴딜 시기에 도입했던 프로그램들에 대해 비난이 쏟아졌다. 사람들은 대부분 배급제에 불평했고, 공급이 부족한 상품뿐 아니라 배급 쿠폰 자체까지도 암거래된다는 보도들이 신문에 게재됐다. 시카고의 한 당국자는 이제 사람들이 시민 방위 모임에 잘 오지 않는다는 사실을 시인했다. 전쟁 채권 판매는 집집마다 돌아다니지 않고서는 할당량을 채울 수가 없었다. 폐품 모으기는 첫 번째의 끔찍한 알루미늄 모으기 운동 이후로 심각한 비판에 직면했다. 게다가 기본적으로 폐품은 점점 더 모으기 어려워질 수밖에 없었다. 여러 차례 폐품 모으기 운동이 진행되고 난 뒤라서, 사람들은 이미 낡은 주전자와 프라이팬 등, 내놓을 만한 것들을 지난번의 폐품 모으기 운동에 다 내놓았던 것이다.[67]

전쟁 시기에 헌 물건을 고쳐 쓰고 폐품을 모으도록 미국인들을 동원하는 데 막대한 노력이 들었다는 것은, 재사용이 사람들의 일상생활에 자연스럽게 통합되어 있었던 19세기의 상황과 크게 대조된다. 전쟁 시기의 폐품 모으기 운동도 폐품의 가치를 강조하기는 했지만, 이것은 예전의 재사용 방식으로 회귀한다는 것을 의미하는 것도 아니었고, 미국인들이 편리함, 유행, 구식화라는 소비주의의 관념을 받아들이는 것을 현저하게 늦춘 것도 아니었다. 폐품 모으기 운동을 통해 온 지역사회가 애국심으로 뭉치게 되었기 때문에 사람들의 기억 속에 너무 두드러지게 남아서, 사회와 문화가 이미 많이 변화했다는 사실, 즉 소비문화가 이미 많이 침투했다는 사실을 감추어 버리는 경향이 있다.

지난 수십 년간 그래 왔듯이, 절약하고 고쳐 쓰는 것은 소비주의와 결합되었다. 소비자 지출은 2차 대전 중에 증가했다. 대공황이 끝나고 전쟁 동원 등으로 고용이 창출되면서 소비가 늘었다. 소비자들은 1939년에 비해 1941년에 10퍼센트에서 15퍼센트 더 지출했고, 이후 3년간 다시 16퍼센트를 더 지출했다. 전쟁 중 일시적으로 제조가 중단되었던 자동차, 라디오, 세탁기 등은 소비가 줄었지만, 의류, 화장품, 장난감, 보석, 가정용품 등 그 밖의 다른 모든 것은 소비가 증가했다. 사람들은 대공황 때보다 전쟁 기간 중에 전기를 더 많이 썼고, 배급제가 시행되었음에도 석유 사용도 증가했다. 육류도 배급제가 실시됐지만 소비량은 전쟁 전 1인당 134파운드(약 61kg)에서 1944년 162파운드(약 73kg)로 늘었다. 또 예전보다 많은 사람들이 영화를 보았다. '1944 진주만의 날'은 뉴욕 메이시 백화점 역사상 가장 장사가 잘 된 날이기도 했다.(진주만 침공 3주년인 1944년 12월 7일에 메이시 백화점은 대대적인 할인

행사를 벌였다. 옮긴이) 백화점 관계자는 "사람들은 돈을 쓰고 싶어했다. 의류에 쓸 수 없으면 가구에 썼다. 그렇지 않으면 우리는 그들이 돈을 쓸 수 있는 무엇인가를 찾아냈다"고 말했다. 가정에서 절약하고 고치라는 정부의 '가정 전선' 선전선동에도 불구하고 사람들은 더 많이 소비했다.[68]

소비주의는 지속되었을 뿐 아니라 번성하기까지 했다. 전쟁 채권을 판매하고 폐품 수집 운동을 독려하고 배급제를 알리기 위해, 소비문화의 메커니즘인 광고와 홍보 기법이 사용되었다. 〈전쟁광고협의회〉는 소비재 생산과 판매가 줄어서 광고 일감이 뚝 떨어지게 생긴 시기에 광고 업계를 살려 주었다. 기업들도 소비자들이 자사 브랜드를 잊지 않게 하기 위해 계속해서 광고를 했다. 식품 회사들은 생산품 대부분을 정부가 구매해서 소비자들은 자사 제품을 가게에서 구할 수 없는 경우에도, 자사 브랜드를 사람들의 눈에 계속 띄게 하기 위해 광고를 했다. 자동차와 냉장고 제조 업체는 비록 지금은 탱크를 만들지만 전쟁에서 승리하고 나면 민간 소비를 위해 자동차와 냉장고를 만들게 될 것이라는 점을 소비자들에게 상기시켜 주기 위해 광고를 했다. 〈전쟁광고협의회〉가 홍보한 전쟁 채권 판매, 헌혈, 폐품 모으기 운동 등에도 기업의 이름이 직접적으로 노출되었다. 1942년 가을의 대규모 폐품 모으기 운동 때는, '코텍스'도 폐품 재활용에 대한 내용으로 제품 광고를 했다. 『트루 스토리』에 실린 '코텍스' 광고는 이렇게 물었다. "오빠가 자유를 위해 싸우고 있을 때 누이는 삼각함수만 계산하고 있어서야 될까요? 승리를 위해 군인들이 필요로 하는 것들을 찾는 운동을 학교 전체에서 조직하는 게 어떨까요?" '코텍스'를 쓰면 누이들은 생리를 하는 동안에도 폐품을 모을 수 있었다.[69]

〈전쟁광고협의회〉는 광고 업계가 공적인 일에 기여할 수 있는 기회를 제공했다. 즉 전쟁 시기의 광고는 광고 업계를 대공황 끝 무렵의 나쁜 평판에서 구해 주었다. 대공황 말기에 소비자 단체들은 윤리적인 문제를 제기하면서, 광고라는 것이 세금이 공제되고 정부와의 계약을 따내는 등의 합법적인 비즈니스 지출로 인정되어야 하는지에 대해 의문을 제기했다. 그러나 전시 선전 업무에 대해서는 (역사학자들에 따르면) 광고 업계는 초과 수익세를 면제받았다.[70]

전쟁 중의 소비주의는 애국심의 언어로 포장되었다. 예를 들면, 폐품 모으기 운동은 전쟁 물자를 가정용품에 빗대면서, 소비주의적인 비유를 자주 이용했다. 한 팸플릿에는 "낡은 양동이 하나로는 총검 세 개, 주방 기름 2파운드(약 0.9kg)로는 대전차 탄피 다섯 발을 발사할 수 있는 글리세린을 만들 수 있으며, 세탁기 한 대에 들어 있는 알루미늄으로는 4파운드(약 1.8kg)의 소이탄 21개를 만들 수 있다"고 했다. 『스콜라스틱』에도 비슷한 내용이 나온다. "인두 하나는 철모 두 개와 수류탄 서른 개와 같고 (…) 잔디 깎는 기계 한 대는 7.5센티미터짜리 탄피 여섯 개와 같다. 골프 클럽 한 세트는 30구경 기관총 하나와 같다." '코텍스' 광고도 같은 기법을 이용했다. "보세요, 낡은 타이어 하나로 방독면 여덟 개를 만듭니다!" 마치 폐품 재활용 운동을 통해 소비자들이 수류탄이나 기관총을 자신의 폐품으로 살 수 있다는 듯이 말이다.(폐품 재활용 운동을 통해 친구나 동네 사람들에게 존경을 살 수는 있었을 것이다.)[71]

폐품 모으기는 전략 물자를 모으는 것으로서보다는 선전선동으로 더 효용이 있었다. 그리고 가정의 폐품 모으기 운동이 전략 물자 확보에 지대하게 공헌했다는 생각은 사람들의 기억 속에서 과장된 것이다. 가정에서 모인 폐품이 전부 무보수로 기증된 것은 아니었다. 정부는 고무, 기름, 일부 금속에 대해 돈을 지불했다. 그리고 가정에서 수거하는 것보다 산업체에서 수거하는 폐품이 효율성으로 보나, 양으로 보나 훨씬 중요했다. 수많은 자원 봉사자들이 팔을 걷어붙이기는 했지만 가정에서 나오는 폐품을 모으는 것은 비용이 많이 들었고, 그렇게 해서 모이는 폐품의 양도 적었다. 가라앉은 배나, 버려진 교각, 공장의 낡은 기계 등을 모으는 것에 비하면 어림도 없었던 것이다.(10년간의 불황 후, 기업 활동이 되살아나면서 많은 공장에서 낡은 기계를 최신 기술을 가진 새 기계로 대체했다.) 〈전시생산위원회〉 의장인 도널드 넬슨은 전쟁 시기를 되돌아보면서 쓴 회고록에 가정에서 수거된 폐품에 대해서는 딱 한 단락만을 할애했는데, 그것도 전적으로 선전 홍보의 측면에서만 기록하고 있다. "언론, 라디오, 영화가 전심전력으로 협력했다"는 말과 함께.[72)]

폐품 모으기 운동은 미국인들에게 많은 것을 희생하지 않으면서도 전쟁 수행 노력에 동참할 수 있는 길을 제공했다. 아끼는 장난감 트럭을 폐품 더미에 내놓는 아이의 사진이 지역 신문에 실리기는 했지만, 대부분의 사람들은 어차피 쓰지 않을 쓰레기를 내놓았다. 실제로 정부도 사용하고 있지 않은 것을 내놓아야 한다고 강조했다. 쓰던 것을 내놓고 새것을 산다면 전시 물자 절약 취지에 맞지 않으니 말이다. 양철 행상인이 돌아다니던 시절은 지나갔고, 낡은 양동이를 계속 두어야 할 이유가 없어졌다. 1920년대에 구매한 전기다리미가 1940년대에 망가졌어도 아무도 인두(한때 나무나 석탄을 때서 달구던)를 쓰지는 않았다. 인두가 있다면 그것도 폐품 모으는 곳에 던져 넣는 것이 나았다. 그것은 새로운 것을 위해 버려져야 할 낡은 문화의 상징이었다. 역설적으로 폐품에 대한 강조는 사물을 끝까지 사용하는 전통적인 태도를 강화한 것이 아니라 물건들을 버리는 새로운 습관을 강화했다.

전쟁이 끝났을 무렵, 미국인들은 재사용보다 소비주의 쪽으로 기울 만반의 준비가 되어 있었다. 배급, 물자 부족, 폐품 모으기 운동, 가정 전선

등의 선전선동은 김이 빠졌다. 처음에 이러한 운동을 지탱했던 '희생'과 '공동체 참여'라는 말은 대공황과 전쟁으로 15년 넘게 억눌러 온 소비를 보상하기에 충분치 않았다. 폐품 모으기 운동이 한바탕 지나간 이후, 미국의 가정에는 여분의 냄비나 물려받아 쓸 유모차가 남아 있지 않았다. 그리고 사람들은 쓸 돈을 가지고 있었다. 전쟁이 끝나고 도래한 평화 시기의 경제에서, 사람들은 전쟁 채권을 돈으로 바꾸고, 경제학자들이 "잠정적으로 억눌려 있던 소비자 수요"라고 부르는 것들을 충족시킬 태세가 되었다.

6장 미주

1. Paul Fridlund, *Two Fronts: A Small Town at War* (Fairfield, WA: Ye Galleon, 1984), pp. 76~77.
2. Fridlund, *Two Fronts*, pp. 78~79.
3. U.S. War Production Board, Conservation and Salvage Division, *Utah Minute Women, World War II, 1942~1945* ([Salt Lake City?]: War Production Board, [1945]), pp. 24, 31, 33.
4. Perry R. Duis, "No Time for Privacy: World War II and Chicago's Families", *The War in American Culture: Society and Consciousness during World War II*, ed. Lewis A. Erenberg and Susan E. Hirsch (Chicago: University of Chicago Press, 1996), p. 2; Marc Scott Miller, *The Irony of Victory: World War II and Lowell, Massachusetts* (Urbana: University of Illinois Press, 1988), p. 146; Robert Freidel, "Scarcity and Promise: Materials and American Domestic Culture during World War II", *World War II and the American Dream: How Wartime Building Changed a Nation*, ed. Donald Albrecht (Washington: National Building Museum; Cambridge: MIT Press, 1995), pp. 74~75; Amy Bentley, *Eating for Victory: Food Rationing and the Politics of Domesticity* (Urbana: University of Illinois Press, 1998).
5. Robert B. Westbrook, "Fighting for the American Family: Private Interests and Political Obligation in World War II", *The Power of Culture: Critical Essays in American History*, ed. Richard Wightman Fox and T.J. Jackson Lears (Chicago: University of Chicago Press, 1993), p. 204; Lawrence R. Samuel, *Pledging Allegiance: American Identity and the Bond Drive of World War II* (Washington: Smithsonian Institution, 1997), p. 50; Meg Jacobs, " 'How about Some Meat?' The Office of Price Administration, Consumption Politics, and State Building from the Bottom Up, 1941~1946", *Journal of American History*, 84 (Dec. 1997), p. 920.
6. Jane Seaver, "What You Can Do for Your Country: Salvage for Victory", *Scholastic*, Jan. 19~24, 1942, p. 8; "Save! Save! Save!" *Scholastic*, Mar. 2~7, 1942, p. 8; poster reproduced in *Produce and Conserve, Share and Play Square: The Grocer and the Consumer on the Home-Front Battlefield during World War II*, ed. Barbara McLean Ward (Hanover: University Press of New England, 1993), p. 104.
7. Pearl S. Buck, "Don't Throw Away the Best Part", *Collier's*, Aug. 1, 1942, pp. 11ff.; "On the Home Front", *Real Story*, June 1943, p. 8; "Clothes Salvage Course", *Real Story*, June 1943, p. 10; "Amazing New Invention Automatically Re-Kints Hosiery", *Real Story*, June 1943, p. 63.
8. Carey L. Draeger, " 'Use It All; Wear It Out; Make It Do; or Go Without!'" *Michigan History*, Sept./Oct. 1994, p. 46; "Big Returns from Little Pieces", *American Home*, Aug. 1942, pp. 38~39; "A Flock of Ways to Save!" *American Home*, Apr. 1942, pp. 18~19; Julian J. Proskauer, *ABC of Victory Gardens* (New York: H. Bedford, 1943), p. 16; *The Authetic Guide to Victory Gardens* (New York: Authentic, 1943), p. 38; James J. Burdett, *Victory Garden Manual* (Chicago: Ziff-Davis, 1943), pp. 45~46.
9. Friedel, "Scarcity and Promise", pp. 74~75.
10. Alan Brinkley, *The End of Reform: New Deal Liberalism in Recession and War* (New York:

Knopf, 1995), pp. 146~148, 177~182.

11. I. L. Smith, "We Never Threw Anything Away", *Atlantic Monthly*, Feb. 1941, pp. 235~236; Corey Ford, "I Married All Three…" *Better Homes and Gardens*, Sept. 1941, pp. 80~82.

12. Alcoa advertisement, *Modern Packaging*, May 1941, p. 69; "Aluminum Emergency", *Business Week*, May 31, 1941, p. 15; "U.S. Defense Program and the U.S. Packager", *Modern Packaging*, May 1941, p. 38; "Plastics in Packaging", *Modern Packaging*, May 1941, pp. 67~70; *Modern Packaging*, May 1941, pp. 46~47.

13. "OPM Asks Sacrifices as a Shortage of Aluminum Wakes Nation to Crisis", *Life*, June 16, 1941, p. 23.

14. "Something to Do", *Time*, Aug. 4. 1941, p. 31; *New York Times*, July 28, 1941, p. 16; "End to Prodigality", *Time*, July 28, 1941, p. 63; "Shortages", *Life*, Aug. 4, 1941, p. 19.

15. "Get the Junk Man", *Time*, Sept. 8, 1941, p. 63; "Washington Bulletin", *Business Week*, Jan 17, 1942, p. 8; *New York Times*, Oct. 11, 1941, p. 22; *New York Times*, Oct. 28, 1941, p. 41; Helen G. Thompson, "Pans into Planes", *Woman's Home Companion*, Nov. 1941, pp. 120; "Scrap Scramble", *Business Week*, Feb. 14, 1942, p. 18.

16. *The Appleton Plan For the Recovery of Waste Paper*, Appleton, WI, 1941, pp. 13~16.

17. "Live on Less and Like It", *House Beautiful*, Dec. 1941, pp. 64~65, 104~105.

18. Brinkley, *End of Reform*, pp. 182~192.

19. "War Business Checklist", *Business Week*, Jan. 17, 1942. P. 38; Friedel, "Scarcity and Promise", p. 49~50; Barbara McLean Ward, "A Fair Share a Fair Price: Rationing, Resourse Management, and Price Controls during World War II", *Produce and Conserve*, pp. 93~94.

20. Ward, "A Fair Share", pp. 92~93. Pebeco container in collection of the author. For other examples of wartime packaging, see "Selected Catalogue" in Ward, *Produce and Conserve*, pp. 171~237.

21. "Important!" *American City*, May 1945, p. 89; David C. Smith, *History of Papermaking in the United States, 1691~1969* (New York: Lockwood, 1970) ch. 14; WPB, *Utah Minute Women*, pp. 27~28.

22. "Materials for Victory" and "Concerning Waste Paper", *Goodwill*, June-July-Aug. 1942, p. 3; "Scrap Scramble", pp. 17~18.

23. "Better Things Are Needed Now!" *Goodwill*, Mar.-Apr.-May 1942, p. 1; John Fulton Lewis, *Goodwill: For the Love of People* (Washington: Goodwill Industries of America, 1977) p. 254.

24. "Scrap-Happy", *Business Week*, Feb. 28. 1942, pp. 14~15.

25. "Scrap Scramble", p. 18; "*Life* Goes to a Scrap Party", *Life*, Apr. 13, 1942, pp. 102~105.

26. "Radio Appeal on the Scrap Rubber Campaign, June 12, 1942", *Humanity on the Defensive*, 1942 vol. of *The Public Papers and Addresses of Franklin D. Roosevelt*, ed. Samuel I. Rosenman (New York: Harper, 1950), pp. 271~273.

27. Howard Wolf, *The Story of Scrap Rubber* (Akron: A. Schulman, 1943), pp. 56~60; Betty Burnett, *St. Louis at War: The Story of a City, 1941~1945* (St. Louis: Patrice, 1987), p. 34.

28. "Washington Bulletin", *Business Week*, June 13, 1942, p. 5.

29. American Industries Salvage Committee, *Scrap and How to Collect It*, Sept. 1942, p. 18;

"Collecting Scrap Aids the War", *American City*, May 1945, p. 89; "Municipal Scrap Collections Can Help Win the War", *American City*, July 1942, p. 35; "Some Fundamentals on Scrap Collection", *American City*, Aug. 1942, p. 41.

30. "The Salvage Program a Municipal Obligation", *American City*, Nov. 1942, pp. 55~56; Kathleen White Miles ed., *Henry County People in World War II: A Scrapbook of Articles Which Appeared during the War Years in the Clinton Eye and the Henry County Democrat* (Clinton, MO: *Clinton Daily Democrat*, 1972), pp. 156~157.

31. Harold J. Ruttenberg, "What the Scrap Campaign Needs", *New Republic*, Oct. 4, 1942, p. 401; Young & Rubicam, Inc., Market Research Department, *A Study of Salvageable Goods Available in American Domiciles*, Aug. 1942.

32. Ruttenberg, "What the Scrap Campaign Needs", pp. 401~402.

33. U.S. War Production Board Salvage Division and U.S. Office of Education, *Your School Can Salvage for Victory* (Washington: GPO, 1943), p. 3; "Scrap Scramble", p. 18; "The WPB Answers Salvage Questions", *Effective Plant Salvage Programs*, ed. L. C. Morrow et al. (New York: American Management Association, 1942), p. 29; Young & Rubicam, *Study of Salvageable Goods*.

34. War Production Board, *Your School Can Salvage*, p. 3.

35. Perry R. Duis, "Symbolic Unity and the Neighborhood: Chicago during World War II", *Journal of Urban History* 21 (Jan. 1995), p. 187; Caroline F. Ware, *The Consumer Goes to War: A Guide to Victory on the Home Front* (New York: Funk & Wagnalls, 1942), pp. 180~181.

36. Duis, "Symbolic Unity", pp. 195~196.

37. Duis, "No Time", pp. 17~45; Duis, "Symbolic Unity", p. 188; Miles, *Henry County People*, pp. 156~157; Young & Rubicam, *Study of Salvageable Goods: Young & Rubicam, Inc.*, Market Research Department, *Statistical Appendix for the Study of Salvageable Goods Available in American Domiciles*, Aug. 1942, pp. 74~75.

38. Burnett, *St. Louis at War*, p. 34.

39. "Scrap Scramble", p. 20; "Harvesting Scrap", *Business Week*, Feb. 21, 1942, p. 28.

40. Farm Equipment Institute, *National Scrap Harvest Handbook for Workers* (Chicago: Farm Equipment Institute, 1942), pp. 1~2.

41. Farm Equipment Institute, *National Scrap Harvest Handbook*, pp. 6, 9.

42. "Big Push on Scrap", *Business Week*, June 27, 1942, p. 20; "Scrap Scramble", p. 18.

43. Frank W. Fox, *Madison Avenue Goes to War: The Strange Military Career of American Advertising, 1941~1945* (Provo: Brigham Young University Press, 1975), pp. 49~51; Mark H. Leff, "The Politics of Sacrifice on the American Home Front in World War II", *Journal of American History* (Mar. 1991), p. 1298.

44. Ruttenberg, "What the Scrap Campaign Needs", p. 401.

45. Fridlund, *Two Fronts*, p. 76; "Scrap-Happy", pp. 14~15.

46. "Seek Idle Metal", *Business Week*, Jan, 31, 1942. P. 18; "Scrap Scramble", p. 20; "A Scrap of Evidence", *Business Week*, Feb. 14, 1942, p. 17; "Junk Hoard", *Business Week*, June 13,

1942, p. 18.

47. "Scrap Scramble", pp. 17~18; American Industries Salvage Committee, *Scrap and How to Collect It*, p. 22; Warren Hall, "You Can Do Business with Your Junkman", *Saturday Evening Post*, June, 27, 1942, pp. 29~30.

48. Karen Anderson, *Wartime Women: Sex Roles, Family Relations, and the Status of Women during World War II* (Westport, CT: Greenwood, 1981), pp. 86~87.

49. War Production Board, *Utah Minute Women*, pp. 14, 18~20, 31, 50.

50. "The Salvage Program a Municipal Obligation", *American City*, Nov. 1942, p. 56; Susan M. Hartmann, *The Home Front and Beyond: American Women in the 1940s* (Boston: Twayne, 1982), pp. 82~84; Samuel, *Pledging Allegiance*, pp. 20~21; Anderson, *Wartime Women*, p. 89; Jacobs, "Office of Price Administration", pp. 923~924; Robert B. Westbrook, " 'I Want a Girl, Just Like the Girl That Married Harry James': American Women and the Problem of Political Obligation in World War II", *American Quarterly* 42 (Dec. 1990), pp. 587~615.

51. D'Ann Campbell, *Women at War with America: Private Lives in a Patriotic Era* (Cambridge: Harvard University Press, 1984), pp. 172~174; Hartmann, *Home Front and Beyond*, pp. 82~84; Anderson, *Wartime Women*, p. 88.

52. Anderson, *Wartime Women*, p. 88; American Fat Salvage Committee, *Used Household Fat Salvage Facts*, pp. 6~7.

53. Mary Drake McFeely, "The War in the Kitchen", Ward, *Produce and Conserve*, p. 107; conservation with Alexander Strasser, June 14, 1997.

54. "New Salvage Drive for Fats", *Business Week*, June 27, 1942, p. 8; War Production Board, *Utah Minute Women*, p, 23; "For Women Dodger Fans", *New York Times*, July 8, 1943, quoted in "Metropolitan Diary", *New York Times*, June 3, 1992, p. C2.

55. American Fat Salvage Committee, Inc., *Used Household Fat Salvage Facts* (New York: American Fat Salvage Committee, 1944), pp. 9~14.

56. American Fat Salvage Committee, *Used Household Fat Salvage Facts*, pp. 7, 2; War Production Board, *Your School Can Salvage*, p. 5.

57. Young & Rubicam, *Study of Salvageable Goods*, n.p.; American Fat Salvage Committee, *Used Household Fat Salvage Facts*, p. 1.

58. Anderson, *Wartime Women*, p. 88.

59. Anderson, *Wartime Women*, pp. 92~93; William M. Tuttle, Jr., *"Daddy's Gone to War":
The Second World War in the Lives of America's Children* (New York: Oxford University Press, 1993), pp. 112~119, 121~122; Samuel, *Pledging Allegiance*, pp. 18, 36~37.

60. Seaver, "What You Can Do", p. 8; "Save! Save! Save!" p. 8; Robert William Kirk, "Getting in the Scrap: The Mobilization of American Children in World War II", *Journal of Popular Culture* 29 (Summer 1995), pp. 224, 228.

61. U.S. War Production Board, Conservation Division, *Get in the Scrap* (Washington: 1942), pp. 5~6; "What You Can Do for Your Country: Get in the Scrap!" *Scholastic*, Sept. 28~ Oct. 3, 1942, p. 13.

62. War Production Board, *Get in the Scrap*, pp. 7, 11.

63. War Production Board, *Your School Can Salvage*, pp. 2, 9, 11.

64. "Editorial: 36,000,000 x?" *Scholastic*, Oct. 5~10, 1942, p. 39.

65. Kirk, "Getting In the Scrap", p. 223; Duis, "Symbolic Unity", p. 189; Samuel, *Pledging Allegiance*, p. 72; War Production Board, *Get in the Scrap*, p. 13; James Ward Lee et al., eds. *1941: Texas Goes to War* (Denton: University of North Texas Press, 1991), p. 84; Tuttle, "Daddy's Gone to War", p. 124.

66. Tuttle, *"Daddy's Gone to War"*, pp. 112, 120; Kirk, "Getting in the Scrap", pp. 224, 228.

67. Donald M. Nelson, *Arsenal of Democracy: The Story of American War Production* (New York: Harcourt, Brace, 1946), p. 304; Duis, "No Time", pp. 33~34.

68. United States, Great Britain, and Canada, Combined Production and Resources Board, Combined Committee on Nonfood Consumption Levels, *The Impact of the War on Civilian Consumption in the United Kingdom, the United States and Canada* (Washington: GPO, 1945), pp. 1~3, 21, 24; John W. Jeffries, *Wartime America: The World War II Home Front* (Chicago: Ivan R. Dee, 1996), p. 188; John Morton Blum, *V Was for Victory: Politics and American Culture during World War II* (New York: Harcourt Brace Jovanovich, 1976), p. 98.

69. Friedel, "Scarcity and Promise", p. 75; Leff, "Politics of Sacrifice", p. 1307; Roland Marchand, "Suspended in Time: Mom-and-Pop Groceries, Chain Stores, and National Advertising during the World War II Interlude", Ward, *Produce and Conserve*, pp. 117~139; Kotex advertisement, *True Story*, Sept. 1942, p. 54.

70. Fox, *Madison Avenue Goes to War*, p. 40.

71. Samuel, *Pledging Allegiance*, American Industries Salvage Committee, *Scrap and How to Collect It*, pp. 10~11; "What You Can Do for Your Country: On Your Metal!" *Scholastic*, Oct. 5~10, 1942, p. 12; Kotex advertisement, *True Story*, Sept. 1942, p. 54.

72. American Industries Salvage Committee, *Scrap and How to Collect It*, p. 24; Nelson, *Arsenal of Democracy*, pp. 352~353.

7장

없애 버려서 속이 다 시원하군

자동차 번호판으로 만든 쓰레받기. 제작자 미상. 1970년대~1980년대. 멕시코 미초아칸 주 파츠쿠 아로. (위: 줄리어스 카소비크 컬렉션. 아래: 〈산타페 국제 민속 예술 미술관〉의 뉴멕시코 컬렉션. 사진: 존 비 걸로우 테일러)

"쓰레기를 버리러 나갈 때도 맵시 있게!" 1994년의 어느 잡지 광고에는 진분홍색 바지와 하늘하늘한 분홍 무늬 블라우스로 멋을 낸 할머니가 등장한다. 할머니의 의상은 1950년대 스타일의 부엌과 잘 어울린다. 분홍 냉장고, 분홍 철제 찬장, 분홍 접시, 분홍 벽, 그리고 분홍 쓰레기통. 할머니는 꽉 찬 쓰레기봉투를 들고 있는데, 이것도 분홍색이다. 이 '향기 나는 칼라 봉투'로 말하자면, '포푸리향'이 나는 '러피스의 디자이너 봉투'다. 초록색, 파란색, 노란색도 있다.[1)]

향기가 나고 색상이 예쁜 비닐 쓰레기봉투는 자연 분해가 되지 않으며 매립장으로 보내진다. 이는 쓰레기에 대한 오늘날의 태도를 극명하게 보여 주는데, 집에서 만든 비누, 기운 양말, 뒤집은 시트, 뼈다귀가 가득 찬 모릴로 노예스의 창고 등과는 저만치 떨어져 있다. 향기 나는 칼라 쓰레기봉투(이것은 1999년에도 여전히 시중에서 판매되었다.)에서 드러나는 사물과 사물의 처분에 대한 태도는 20세기 후반의 특유한 현상으로, 손으로 생산하는 것과는 거리가 먼 생활 방식에 기반해 있다. 재사용과 재활용의 옛 습관은 사실상 버려졌다. 폐기는 가정 내에서 벌어지던 생산 활동과 분리되었고, 하수구와 위생 매립지를 감독하는 기술 관료들의 영역이 되었다. 비닐봉지는 물기 있고 냄새 나는 음식 쓰레기를 깨끗하게 처리할 수 있게 해 주었다. '향기 나는 칼라 봉투' 라는 제품의 존재와 그것에 대한 광고는, 물건을 버리는 것이 긍정적인 일이라는 암시를 준다. 물건을 구매하는 것, (짧은 기간 동안) 사용하는 것, 그리고 버리는 것이 모두 재미있는 일이다. '향기 나는 칼라 봉투' 처럼, 쓰레기를 처리하는 데 관련된 용품까지도 '하루살이들의 제국' 속에서 개인의 이미지를 만들고 드러내 보이는 소비재 상품의 일부가 된다.

물론 현대 소비문화에 사는 사람들이 쓰레기에 대해 이런 태도만을 갖고 있는 것은 아니다. 언제 어디에서나 그랬듯이 가난한 사람들은 되도록 폐품을 팔거나 재사용한다. 또 환경 운동의 영향으로, 부유한 사람들도 쓰레기가 전 지구적 생태계에 미치는 문제점에 신경을 쓰는 친환경적 생활 방식을 받아들이게 되었다. '향기 나는 칼라 봉투' 는 '버리고 또 원하는' 일반적인 현상을 상징하지만, 현대판 재사용과 재활용의 다양한 모습을 보여 주는 사례들도 많이 있다. 거라지 세일(Garage sale, 쓰지 않는 살림살이 등을 차고garage나 마당에서 파는 것. 옮긴이)에 나온 중고 아기 띠, 골목에 놓인 분리수거 통, 노숙자가 밀고 가는 수레 속의 빈 병과 깡통들, 쓰레기를 활용해 만든 예술 작품(멕시코의 자동차 번호판으로 만들어져 미국의 미술관에 소장된 쓰레받기 등)과 같은 것들 말이다. 하지만 현재의 정세는 '향기 나는 칼라 봉투' 쪽이 우세하다.

버리세요, 즐거움과 자유를 위해

버리는 것이 좋은 일이라는 개념은 새로운 것도 아니고 단순히 전후의 소비주의만을 상징하는 것도 아니다. 1860년대의 종이 옷깃 이래로, 편리함, 청결함, 일회성은 효과적인 마케팅 포인트 노릇을 해 왔다. 하지만 '향기 나는 칼라 봉투' 광고는 쓰레기를 만들어 내는 것 자체를 좋은 일로 찬미하고 있는데, 이러한 태도는 2차 대전 이후에야 생긴 것이다. 전쟁 시기에 이뤄진 연구 개발은 전후에 여러 가지 혁신적 신상품의 개발로 이어졌고, 질적으로 차원이 다른 수준으로 가정 위생과 일상생활의 편리함을 가능하게 해 주었다. 사람들은 겹겹이 포장된 제품과 한 번 쓰고 버리는 물건들을 구매했으며, 그것을 버리고 나면 도시 당국이 관리하거나 운영하는 트럭이 와서 수거해 갔다. 이와 함께 재사용을 후진성이나 빈곤과 연결시켜 생각하는 태도 또한 강화되었다. 플라스틱 등 신소재 물질은 사람과 사물이 맺는 관계의 기초를 이루게 되었는데, 이는 만들기보다는 구매하고, 고치기보다는 버리는 것 위주로 되어 있다. 이를테면 플라스틱을 집에서 만드는 사람은 없고, 플라스틱이 만들어지는 원리를 아는 사람도 거의 없으며, 플라스틱 제품은 수선해서 쓸 수가 없는 것이다. 또한 반조리 냉동식품을 먹는 현대의 가정은 옥수수 껍질이나 닭 뼈다귀가 아니라, 종이, 플라스틱, 알루미늄 등의 현대적인 음식 (관련) 쓰레기를 만들어 냈다.

'일회성' 은 전후의 소비재 마케팅에서 핵심 포인트가 되었는데, 특히 종이 제품과 플라스틱 제품의 광고에서 두드러졌다. 기저귀, 손수건, 행주를 빨래판에서 비벼 빨던 때를 기억하는 사람들에게 이런 물건을 팔기란 어려운 일이 아니었다. 일회용품들은 도우미를 고용하거나 어마어마한 노력을 들이지 않고도 청결함을 누릴 수 있게 해 주었다. 부엌에서 나오는 찌꺼기는 아무 가치가 없거나, 마이너스의 가치를 갖게 되었다. 완고하고 시대에 뒤떨어진 사람은 파이용 알루미늄 호일 팬이나 전자레인지용 플라스틱 용기 등의 일회용품을 찬장 가득 모아 둘지도 모르겠지만, 고쳐 쓰는 것보다 소비하는 것을 선호하는 대부분의 사람들은 그런 것들을 버렸다.

전후 십 년 동안 소비자에게 일회성 제품의 사용을 확산시킨 첨병은 종이 냅킨·종이 수건(이전까지는 레스토랑이나 공공 화장실, 그리고 기타 상업적 건물들에서만 쓰였다.) 제조 업체들과 알루미늄 호일(이전까지는 제조 업체들이 사용하던 포장재였다.) 업체들이었다. 이러한 물건을 팔려면 소비자들에게 그것들을 사용하는 방법을 알릴 필요가 있었다. 그래서 '레이놀즈 랩Reynolds Wrap'에는 "부엌에 1001가지의 기적"을 가져다준다는 랩 사용법이 딸려 왔다. 여성 잡지들도 일회용 부엌 용품의 사용법을 소개했는데, 알루미늄이 귀하고 비쌌던 한국전쟁 기간에도 호일을 광고했다. 요리책에 많이 쓰이던 '단계별 따라하기'처럼 삽화나 사진으로 사용법을 보여 주는 기사나 광고도 많이 나왔다. '스캇타월ScotTowels' 광고에는 종이 수건으로 튀긴 닭의 기름을 빼고, 엎지른 것을 닦고, 야채 껍질을 모으고, 싱크대를 닦는 여성의 손 사진이 등장한다. 『베터 홈 앤 가든Better Homes and Gardens』도 종이 수건으로 샐러드 야채의 물기를 빼고, 냄비 물기를 닦고, 엎지른 것을 치우고, 개의 발을 닦아 주는 방법을 그림과 함께 설명했다. 『가정에서 여성의 친구Woman's Home Companion』는 종이 수건으로 싱크대에서 야채 찌꺼기를 건져 내고("그리고 전부 다 쓰레기통에 버리세요"), 파라핀지로 쿠키 반죽이나 파이크러스트를 말고, 알루미늄 호일을 받쳐 음식 쓰레기봉투의 바닥이 젖지 않게 하는 법("새 호일도 쓸 수 있지만, 헌 호일도 이 용도로 사용할 수 있습니다") 등을 설명한 그림을 게재했다.[2]

호일이나 종이 수건처럼 식품 포장재도 그 역할을 다 하면 버려지는 것으로, 그렇게 함으로써 불쾌함에서 해방될 수 있다는 식으로 광고됐다. 1946년 『굿 하우스키핑』은 생선 대가리나 콩 꼬투리 따위의 쓰레기는 이제 집 안에 들어올 일이 없게 되었다며, "간편 조리 냉동식품 덕에 당신은 아무것도 버릴 필요가 없다"고 환호했다. 사실은 아무것도 안 버리는 것은 아니다. 포장재를 버리니까. 내용물을 다 쓰고 난 포장재는 완전히 쓸모없는 것처럼 보이고, 따라서 버려도 되는 '쓰레기', 즉 가치가 없는 것으로 여겨지지만, 그것에 대해 비용을 지불하지 않은 것은 아니었다. 포장재에 들어가는 연구 개발 비용, 마케팅 비용, 원자재 비용 등은 종종 내용물에 들어가는 비용과 맞먹었다. 이러한 연구 개발로, 코팅된 종이 곽에서부터 세 칸으로 나뉘어진 호일 쟁반, '스완슨 텔레비전 디너'용 플라스틱 찬합에 이르기까지, 신소재로 만든 포장재들이 다양하게 개발돼 나왔다. 그리고 포장재는 반조리 식품 마케팅에서 핵심적인 역할을 했다. 1958년에『비즈니스위크』는 "포장재는 제품을 보호하고 운반하는 단순한 용도였던 것이, 이제는 그 자체가 마케팅의 한 요소가 되었다"고 언급했다. 1967년에 열린 〈미국경영학회〉의 주제에서 드러나듯이, "포장이 곧 마케팅"이었다.[3]

　냉동식품의 포장 용기는 기존에는 없던 새로운 기능도 수행했다. 물론 예전에 하던 역할도 했다. 아주 옛날의 뚜껑 달린 냄비처럼 냉동 파이 상자나 3분 요리용 호일도 음식을 보호하고 운반하기 좋게 해 주었다. 〈하인즈Heinz〉케첩 병이나 〈슈레드 휘트Shredded Wheat〉시리얼 상자처럼 제조사의 이름을 드러내고 제품이 슈퍼마켓 진열대에 놓이기 좋게 해 주어서 제품 브랜드를 알리는 역할도 했다. 그런데 이것 말고도, 냉동식품의 포장재는 이제 조리 도구와 그릇의 역할까지 하게 되었다. 그리고 용기를 바로 버리도록 만듦으로써 냉동식품은 소비자들이 음식을 만드는 데 들이는 시간뿐 아니라 설거지하는 시간과 수고도 덜어 주었다.

　일회용품과 식품 포장재, 그리고 이것들이 나타내는 편리함, 청결함, 노동 절약은 너저분한 옛날 방식과 대조되는 '현대의 자유'로 제시되었다. 진절머리 나는 음식 준비는 편리함이라는 현대적 미덕과 대비되었으며, 소비자들은 이를 위해 (맛에 대한 기대치를 낮춰서라도) 기꺼이 돈을 지불할 의사가 있는 것으로 그려졌다. 1959년『소비자 리포트Consumer Reports』는 냉동식품에 대해 평가하면서, 대상이 된 제품 중 어느 것에도 '훌륭함'이라는 등급은 줄 수 없다고 하면서도(이전에 케이크 가루 믹스에 대해서도 그런 적이 있었다.), 이렇게 덧붙였다. "이 냉동식품들은 최고의 맛을 제공해 주지는 않지만, 이 가격으로 누릴 수 있는 편리함을 생각해 볼 때 분명히 구매할 만한 가치가 있다."[4]

　제품에 대한 광고나 기사는 '자유'라는 단어를 '편리함'을 뜻하는 말로 자주 사용했다. 신체의 제약으로부터의 해방과 용이성, 그리고 한때는 하인이 없는 사람(그러니까 거의 모든 사람)은 피할 수 없었던 육체적 노동으로부터의 자유를 암시하는 것이다. 1951년 『하우스 뷰티플』에 실린 기사의 제목은 "당신의 할머니가 당신과 현대적 자유 사이를 가로막고 계시나요?"였다. 이때 이 잡지는 가공식품과 현대식 가정용품의 사용법을 알리는 데 특별히 할애된 섹션을 창간했다. 여기에 실린 한 기사는 "가공식품에 대한 편견 때문에 수백만 명의 여성들이 불필요한 옛날 허드렛일에 매여 있다"며, 가공식품이 음식 맛은 반드시 좋다고 볼 수 없지만 그것도 아주 약간만 손을 대면 맛있게 만들 수 있다고 설명했다. 또 잡지 『룩Look』은 1959년에 "미국의 놀라운 새 간편 요리"라는 기사에서 "포장과 가공 분야의 기적 덕분에 미국에서 요리가 혁신적으로 간편해졌다"며 "식품 포장과 가공의 혁명(호일, 플라스틱 용기, 분무 캔, 짜는 튜브 등) 덕분에 '부엌의 자유'가 가능해졌다"고 선언했다. 이 기사에는 농무장관 에즈라 태프트 벤슨Ezra Taft Benson의 말이 인용되었는데, 그는 새로운 포장재를 '빌트인 하인'이라고 표현했다.[5]

　제품 광고가 "시장에서의 자유"라는 자본주의 이데올로기를 직접 언급하는 경우는 드물었지만, '버리는 행위가 해방을 의미한다'는 개념이 냉전 시대에는 자본주의의 자유와 공산주의의 속박을 대비시키는 의미로 쓰였다. 1959년에 역사학자 존 쿠웬호벤John A. Kouwenhoven은 낭비, 풍부함, 그리고 (미국의) 민주주의는 서로 연관된 개념이라고 설명했다. 쿠웬호벤은 "민주주의의 수호와 낭비에 대한 어느 정도의 용인은 풍부함의 전제 조건이며, 반대로 낭비는 풍부함의 결과이자 민주주의의 결과"라고 주장했다. 쿠웬호벤의 견해는 민주주의와 소비를 연결 짓는 더 광범위한 주장과 잘 맞아떨어졌다. 냉전 시기에 소비재 상품은 종종 체제 경쟁에서의 무기로 묘사되었고, 자본주의와 공산주의 간의 정치적·이념적 충돌은 종종 '소비'를 주제로 벌어졌다. 구매한다는 것은 자유를 의미했고, 선택의 자유라는 것은 곧 무엇을 구매하느냐의 문제였다. 미국 정부는 서구, 동구, 남미의 여러 곳에서 전시회를 열어 미국에서 생산된 제품들을 보여 주고자 했는데, 소련의 니키타 흐루시초프Nikita Khrushchyov 공산당 서기장과 미국의 리처드 닉슨Richard Nixon 부통령이 '부엌 논쟁(미국 박람회장에 토스터, 식기세척기 등 현대적 주방용품과 설비들이 전시되었는데, 이러한 제품들을 사람들에게 제공할 수 있는 능력과 관련해 흐루시초프와 닉슨이 서로 자국의 체제가 더 우월하다고 설전을 벌였다. 옮긴이)'을 벌여 유명해진 1959년 〈모스크바의 미국 박람회〉는 그중 하나다.[6]

일회성은 곧 편리함이었고 자유를 의미했다. 일회성은 현대의 주부들을 가사 노동의 부담에서 해방시켜 주었다. 키친타월 하나를 살 돈만 있으면 허드렛일에서 벗어나 쉴 수 있었다. 일회용품 덕에 주부들은 사물과의 19세기식 관계가 강요했던 책임과 의무에서 벗어났다. 즉 물건들을 세심하게 살피고 다뤄야 할 책임과 물건의 사용처를 끝까지 찾아내야 할 의무에서 놓여나게 된 것이다. 일회용품을 쓰면 유지나 보수를 위한 일을 할 필요가 애초부터 없게 되므로 시간을 절약할 수 있었다. 일회성은 다른 누군가가 쓰레기를 수거해 치워 줄 것이라는 전제와 이미 사용된 물건은 가치가 없다는 개념에 토대를 두고 있다. 1951년 『가정에서 여성의 친구』가 언급했듯이 일회용품은 "설거지와 빨래 자체를 쓰레기통에 던져 버릴 수 있는" 기회를 제공했다.[7]

그렇게 하는 것은 재미있는 일이기도 했다. 『룩』은 1954년에 코미디언 빅터 보르지Victor Borge가 지은 우스꽝스러운 시를 게재했다. 이것은 두 페이지에 걸친, "미국 가정에서 버리는 것들의 기적적인 증가"에 대한 찬가의 일부였다.

> 현대적인 삶의 방식은,
> 여성의 소망을 이뤄 주었네.
> 사용하고 나서,
> 접시를 버릴 수 있으니까!
> 거의 확신하건대,
> 세상은 완벽해질 거야.
> 우리가 먹기도 전에 음식들을 다 버릴 수 있는 그날에!

먹기도 전에 음식을 버리는 것만큼이나 말도 안 되는 것으로 보였던 일이 12년 후에 벌어졌다. 바로 〈스캇 페이퍼 컴퍼니〉가 촉발한 종이 드레스 열풍이었다. 이 회사는 여성 잡지에 7페이지에 걸친 전면 광고를 내 "다채로운 색상으로 첨단 유행을 달리는" 키친타월과 화장실 휴지 신제품을 소개했는데, 이 광고에는 종이 드레스를 살 수 있는 쿠폰이 포함되어 있었다. "종이 드레스로 파티에서 주목을 받을 수 있습니다. 재미 삼아 입고 나서 내버리세요." 〈스캇〉은 40만 건의 주문을 받았고, 수많은 모방이 뒤를 이었다. 『아메리칸 홈』은 종이 드레스, 종이 베갯잇, 종이 가구에 대해 "싸고, 장식적이고, 즐겁고, 바로 살 수 있고, 버리기 쉽다"고 설명했다. "오래 두려는 것이 아니라 단지 재미를 위한 것이기 때문에, 종이 가구들은 가구를 잘 관리하는 법 따위를 신경 쓰지 않고 그냥 내키는 대로 살 수 있다." 종이 드레스는 곧 지나가는 유행이었지만, 일회용 의류는 그렇지 않았다. 일회용 의류는 병원과 의료 기관에서 즉각적으로 받아들여졌고, 이후 30년간 일회용 환자복, 간호사복, 수술복이 헝겊으로 만들어진 환자복, 간호사복, 수술복을 몰아냈다.[8]

안 보면 멀어진다

한때는 쓰레기에 신경을 쓰지 않고 산다는 것이 사치에 속했다. 하인을 여럿 둘 수 있는 사람들은 육체노동을 할 필요가 없었을 뿐 아니라, 일상 생활에서의 가장 기초적인 문제들에 대해 골치 아프게 생각할 필요도 없었다. 어떻게 해야 따뜻하게 지낼 수 있을까, 생계를 어떻게 이을 것인가, 집에서 쓰레기를 어떻게 없앨 것인가와 같은 문제들 말이다. 그런데 1950년대가 되면, (미국에서) 대부분의 쓰레기는 도시 당국이 직접 수거하거나 당국이 감독하는 민간 업체들이 수거해서, 외곽 지역으로 보내거나 매립장에 묻거나 소각로에서 태우게 되었다. 부엌의 음식물 쓰레기는 분쇄기에 갈려서 하수구로 내려갔다. 이제 쓰레기는 사람들의 생각과 관심 속에서 멀리멀리 사라졌다. 대부분의 사람들은 집에서 배출된 쓰레기가 일단 눈앞에서 사라지고 나면 그 후에 어떻게 되는지는 잘 모른다. 그것을 생각하는 일은 전문 기술자의 영역이 되었고, 쓰레기는 복잡한 폐기물 수거 시스템 및 처리 시스템으로 해결해야 할 문제가 되었다.[9]

위생 매립은 1930년대에 미국에 도입되어 2차 대전 이후에 널리 퍼졌다.

이것은 쓰레기를 그냥 쏟아 놓는 하치장과는 두 가지 면에서 달랐다. 첫째, 폐기물을 단순히 쏟아 놓기만 하는 게 아니라 그 위로 날마다 모래를 덮었다. 둘째, '쓰레기 매립 관리'(매립장에 쓰레기를 넣는 것)에는 비용이 들었다. 당국이 직접 운영하든 민간이 운영하든 간에, 매립지 운영자는 어디에 쓰레기를 하치하고 어디에서 덮어야 하는지 등을 관리했고 그에 대해 요금을 부과했다. 폐기물을 담당하는 당국자들 입장에서는 위생 매립 방식이 돼지 먹이로 쓰레기를 활용하는 방식이나 개방형 하치장을 운영하는 것보다 골치 아픈 문제를 덜 일으켰다. 날마다 쓰레기를 흙으로 덮기 때문에 냄새, 벌레, 화재 등의 위험을 줄일 수 있었던 것이다. 하지만 그렇다고 쓰레기가 어디로 없어지는 것은 아니었다. 1965년에 노스다코다 주 비스마르크에서는 공항으로 가는 새 고속도로를 짓기 위해 굴착 작업이 벌어졌는데, 그때 파헤친 매립장에서 (예전에 버려진) 종이들이 거의 분해되지 않은 상태로 발견됐다. 이 작업에 참여한 도시공학자는 이렇게 보고했다. "오래된 상품 안내서에 찍힌 글자와 사진이 여전히 매우 선명하게 보였으며, 1920년대의 식품점 매출 전표도 읽을 수 있는 상태였다." 요즘의 고고학자들은 매립지에 보존되어 있던 물건들을 이용해 미국인들의 폐기 습관에 대한 연구를 하기도 한다. 한편, 쓰레기가 매립지로 보내지면서 사람들의 시야와 생각에서 사라졌다고는 하지만, 가난한 사람들에게는 그렇지도 않았다. 대부분의 도시에서 매립장은 (소각로가 그랬듯이) 가장 가난한 사람들이 사는 지역에 들어섰다. 하지만 이들은 쓰레기에서 쓸 만한 것을 골라내 수입을 올릴 수 있는 기회를 가질 수 없게 되었다. 위생 매립장은 쓰레기를 날마다 흙으로 덮어 버리는데다, 매립장 입구에는 경비 직원이 무단 투기를 막기 위해 보초를 서고 있기 때문이다.[10]

음식물 쓰레기는 1970년대가 되면 수거 시스템을 통해 매립장으로 가는 것이 아니라 분쇄기에 갈려서 하수구로 가게 된다.(《GE》의 제품명 '디스포잘 Disposal'은 음식 쓰레기 분쇄기를 일컫는 보통명사처럼 쓰이기도 한다.) 음식 쓰레기 분쇄기는 "버리는 것은 곧 자유로워지는 것"이라는 20세기 중반의 관념을 상징적으로 보여 준다. 궁극적인 편리함을 제공해 주고, 이전에는 불가능했던 수준의 위생을 가능하게 해 주었으며, 한때는 재사용되었던 음식을 하수구로 내려 보냈다. 애완동물이 가공식품 사료를 먹게 되면서 음식 찌꺼기를 처리할 방법이 없어진 사람들의 문제도 해결해 주었다. 또 남은 음식으로 수프를 만드는 것보다 갈아서 물에 내려 버리는 것이 훨씬 쉬웠다. 물은 정화의 용액이었고, 도시의 하수 시스템은 이 모든 일을 해 주는 하인이었다. 분쇄기는 음식 쓰레기를 그것이 원래 무엇이었는지, 누구의 집에서 나온 것인지 등을 알아볼 수 없을 정도로 잘게 갈아서 지하로 내려 보낸다. 즉 사적 영역에서 발생한 부엌 쓰레기가 곧바로 공적 시설인 하수구로 들어가는 것이다. 쓰레기들이 사적 영역과 공적 영역의 경계인 골목이나 공터에 머물면서 그것이 배출된 가정과 어느 정도 연관을 갖고 있었던 시절과 달리, 사적인 공간에서 생긴 쓰레기가 곧바로 공적인 영역에 들어가는 것은 20세기 중반 이후의 쓰레기 처리 과정에서 볼 수 있는 일반적인 변화다.

음식 쓰레기 분쇄기가 발명된 것은 1935년이지만 상용화된 것은 다른 소비재와 마찬가지로 2차 대전 이후, 경기가 회복되고 나서였다. 하지만 다른 제품과 달리 분쇄기의 마케팅에는 위생공학자들과 도시 정책 당국의 협조가 필요했다. 이들 중에는 음식 쓰레기를 갈아서 내려 보내면 하수구가 막힐 것이라며 반대하는 사람들도 있었다. 어떤 도시에서는 분쇄기에 반대하는 사람들이 분쇄기 설치를 규제하는 규정을 만들기 위해 애를 썼고, 어떤 도시에서는 지지하는 사람들이 분쇄기 설치를 의무화하기 위해

애를 썼다.[11]

음식물 쓰레기 분쇄기를 구매하고 설치하는 것은 소비자들이 아니라 건설업자, 배관 업자, 전기 설비 업자 등의 전문가들이었다. 사람들은 분쇄기가 설치되어 있는 집을 사는 것이지, 분쇄기 자체를 구매하는 것은 아니니까 말이다. 1963년 캘리포니아의 한 주부는 "집에 분쇄기가 달려 있었는데, 집값을 올리려는 술책인 것 같다"고 말했다. 분쇄기 마케팅은 소비자를 직접적인 대상으로 삼기보다는, 주택 업체 등 기업을 주된 대상으로 삼았다.[12]

낡은 집에는 부엌 리모델링의 일환으로 분쇄기가 설치되었다. 부엌 리모델링 사업은 오래된 집이라도 전후에 지어진 최신식 집과 비슷한 테크놀로지를 갖출 수 있게 해 주었고, 부엌 전체를 '하루살이 제품들'로 꽉 차게 만들었다. 리모델링 업자들은 벽에 페인트를 다시 칠하고 바닥을 새로 깔고 새로운 비품을 설비할 뿐 아니라, 빌트인 찬장이라든가 싱크대와 연결된 조리대 같은 것까지도 설치해 준다고 광고했다. 그중 음식 쓰레기 분쇄기는 비교적 저렴한 비용으로 설치할 수 있었기 때문에, 시카고의 배관 및 난방 설비 업체의 표현을 빌면, "완벽한 미끼"였다. 일단 사람들이 분쇄기를 설치하고 나면 "실용적이고 완벽한 현대식 부엌에 대한 전체적인 상이 그들의 마음속에 자리 잡게 되는데, 그렇게만 되면 무슨 일이든지 벌어질 수 있다"는 것이었다.[13]

음식물 쓰레기 분쇄기는 청결한 현대식 주방의 상징이 되었고 음식물 쓰레기를 모으는 통은 '과거의 상징'이 되었다. 음식물 쓰레기 분쇄기와 표면이 잘 닦이는 조리대만 있으면, 많은 양의 노동을 하거나 하인을 두지 않고도 현대적인 청결함을 달성할 수 있었다. 어느 가전 업계 저널이 언급했듯이, "소비자들은 생활에서의 '청결'에 극도로 신경을 쓰게" 되었다.

이런 소비자들에게 성에를 알아서 제거하는 냉동고, 내부를 스스로 청소하는 오븐, 더러운 접시를 닦아 줄 뿐 아니라 눈에서 보이지도 않게 해주는 식기세척기 등은 무균 주방의 이상을 실현시켜 주는 것이었다.[14]

분쇄기 시장이 포화 상태가 되자(그리고 1970년대 초 환경 논쟁의 와중에), 설비 제조 업자들은 폐기물을 다루는 두 번째 기계를 선보였다. 바로 쓰레기 압축기였다. 이것은 비쌌고(분쇄기보다 두세 배는 되었다.), 기껏해야 뜨뜻미지근한 추천을 하는 것 말고는 소비자 잡지도 별로 관심을 기울이지 않았다. 『소비자 리포트』는 단호했다. "집 안에서 나오는 쓰레기의 부피를 줄여 주는 것 말고는 하는 게 없는, 비싸기만 한 기계를 누가 필요로 하겠는가." 조립식 압축기를 소개한("주말 시간 정도면 조립 가능합니다.") 『파퓰러 미케닉스』가 그나마 가장 열정적으로 압축기를 소개했다. "남성들이 음식물 쓰레기통을 날마다 들고 왔다 갔다 하거나 무거운 쓰레기통을 질질 끌고 다니는 성가신 일에서 벗어날 수 있게 해 준다." 하지만 5개월 후, 이 잡지는 손으로 작동하는 15달러짜리 '매셔masher'를 비슷한 용도로 소개하고 있다.[15]

처음부터 압축기는 다양한 색상으로 제조되었다. 1971년에 아보카도색, 구리색, 금색이 나왔고, 1999년에는 식기세척기나 스토브의 색상과 어울리는 것으로 구매하거나, 찬장처럼 보이도록 마감한 것을 살 수도 있었다. 하지만 여전히 분쇄기는 사치품에 속했다. 조리대 아래의 공간은 일반적으로 식기세척이나 찬장, 서랍 등으로 쓰였기 때문에 쓰레기 압축기를 놓으려면 부엌이 아주 넓어야 했다. 한 제조 회사의 조사에 따르면 미국 가정에서 겨우 5퍼센트만이 압축기를 갖고 있었다. 쓰레기 압축기는 가정집에 쓰이기보다는 호화로운 요트에 장착되거나 산업용·상업용 시설(아파트 같은 대규모 주택이나 콜로라도 주 '록키 플랫' 같은 핵폐기물 시설, 혹은 우주 왕복선 콜럼비아 내부)에 설치되었다.[16]

계획적 구식화

'계획적 구식화'라는 개념은 1920년대에 이미 언론에 오르내렸지만, 자본주의적 진보의 필수불가결한 요인으로 인식된 것은 헨리 포드가 유행의 원칙에 항복한 이후였다. 이 용어는 『비즈니스위크』가 '계획적 구식화'에 대해 기사를 쓴 1955년 이전까지는 그리 널리 쓰이지 않았던 것 같다. 그 기사는 자동차 업계에서 이뤄졌던 '계획적 구식화'가 일반 소비재 마케팅에도 확산된다는 내용이었다. 예를 들면, 가정용품 업계도 스타일과 색상을 강조하기 시작했고 딜러들이 (새것을 팔기 위해 헌것을 사들여 주는) 보상 판매를 시행했다. 『비즈니스위크』는 "옛것을 구닥다리로 보이게 하려고 새로운 디자인을 만들어 내는 광적인 노력에 의해 미국의 미덕이 체계적으로 공격당하는 것을 안타까워하는 사람들에게는 끔찍한 일"이라고 지적했다. 하지만 『비즈니스위크』는 "그럼에도 계획적 구식화는 자동차 산업에서 계속 진행되었고, 이제 점점 더 많은 영역으로 확산되고 있다"고 언급했다.[17]

이 개념은 이후 몇 년간 업계 저널에서 다양한 용어로 논의되었다. 『디자인 뉴스』에 실린, '제품 사망일product death dates'에 대한 도발적인 사설은 업계 종사자들 사이에 제품 개발 윤리에 대한 논쟁을 촉발시켰다. 광고를 소재로 한 베스트셀러(광고에 비판적인 어조는 아니었다.) 저자인 마틴 메이어Martin Mayer는 1959년에 기업인 대상의 저널인 『던스 리뷰Dun's Review』에서 이 주제를 다시 언급했다. 메이어는 만년필이나 라이터처럼 제품의 수명을 보장하고 기간 제한 없는 무상 수리 서비스를 해 주는 제품도 아직 있지만, 일반적으로 볼 때 세 가지의 계획적 구식화 경향이 있다고 설명했다. 가장 질이 나쁜 것은 "물건을 계획적으로 망가뜨리는 것"인데, 메이어에 따르면 이것은 "너무나 강하게 감정적으로 비난을 받아서" 믿을 만하게 연구할 수 없었다. 두 번째 유형은 '기능적 구식화' 인데, 신기술 때문에 제품이 구식이 되는 것을 의미한다. 성에가 안 생기는 냉장고나 대형 스크린 텔레비전 같은 것이 개발됨으로써 이전의 제품이 구식화되는 식으로 말이다. 세 번째는 '스타일상의 구식화' 다. 메이어는 유럽의 자동차 산업과 미국의 초기 자동차 산업을 비교하면서, 스타일상의 구식화가 특히 미국에서 두드러지는 현상이라고 비판했다. 메이어는 1959년 '닷지Dodge' 의 광고 문구("낡은 것은 새것에 길을 내주어야 한다.")를 예로 들며, 미국의 자동차 광고가 구식화를 예찬했다고 지적했다. 그러나 메이어는 구식화가 대규모 비즈니스에 내재된 과정이라고 옹호하는 쪽으로 결론을 맺었다. 스테레오를 예로 들면서, 메이어는 '계획적 구식화' 라는 것이 진짜 고의적으로 이뤄지는 것은 아니라고 설명했다. '계획' 이라는 것은 경직된 사회주의 경제에 해당하는 개념이며, "우리가 계획적 구식화라고 부르는 것은 사실 '계획' 에 의해서라기보다는 기업인들이 변화하는 조건에 반응하려는 노력의 결과로 나타나는 현상으로 보아야 한다"는 것이었다.[18]

밴스 패커드의 『쓰레기 제조자』(1960)는 '계획적 구식화' 라는 용어를 일반 독자들에게까지 널리 알렸다. 이 책은 그의 유명한 3부작 중 세 번째 책이었다.(앞의 두 책은 『숨은 유혹자The Hidden Persuaders』(1957)와 『지위 추구자The Status Seekers』(1959)다.) 세 권 모두 적어도 6개월 이상 베스트셀러 목록에 올라 있었고, 판매 1위를 했으며, 12개 이상의 언어로 번역되었다. 이 3부작은 필요하지도 않은 물건으로 사람들을 유혹하고 가짜 욕망을 추구하도록 만든다고 기업과 경영자들을 신랄하게 비판했다. 첫 두 권은 기업에 대한 비판을 주로 다루고 있지만, 세 번째 책인 『쓰레기 제조자』는 소비자들도 신용카드에 의존해 흥청망청 지출하는 쾌락주의자라며 비판하고 있다. 패커드는 미국인들이 과도하게 많은 물건을 가지고 있다고 지적했다. 1950년 대가 되면 미국인들은 그 이전 어느 때보다도 집을 많이 소유했고, 그 어느 때보다 그 집 내부에 물건도 많이 갖고 있었다. 벽 끝까지 이어지는 카펫부터 남성용·여성용 탈취제까지 말이다. 또 많은 사람들이 수영복이나 안경은 하나만으로는 충분하지 않다고 생각했다. 패커드는 올더스 헉슬리의 『멋진 신세계』에 나오는 독재자의 말을 인용하며 '버리는 정신'에 대해 경고했다. 독재자가 말하기를, "우리는 옛것들에 매력을 느끼는 사람들을 원하지 않는다. 우리는 새것을 좋아하는 사람을 원한다."[19]

패커드는 석유 먹는 귀신인 자동차와 일회용 포장 용기와 같은 쓰레기 문제에 대해서도 언급했지만, 『쓰레기 제조자』의 핵심 내용은 '계획적 구식화'에 대한 설명이었다. 패커드도 메이어가 분류한 구식화의 세 가지 유형을 이야기했다.(메이어와 정확히 같은 용어를 사용하지는 않았다.) '품질의 구식화'는 계획적으로 제품을 망가뜨리는 것을 말하고, '욕망의 구식화'는 스타일상의 구식화를 뜻하며, '기능적 구식화'는 신기술의 등장으로 기존 제품이 구식화되는 것을 의미했다. 패커드는 이 중 기능적 구식화는 긍정적일 수 있다는 데 동의했다. 이를테면 제트기는 프로펠러 비행기보다 나을 것이고, 21인치 텔레비전은 "잘 보이지도 않는 12인치짜리"보다 나을 것이다. 하지만 패커드는 메이어가 제시했던 스테레오 사례에 대해서는 비판했다. 그것은 추가적인 스피커, 새로운 사운드 증폭기, 대체 레코드 등을 구입하도록 소비자의 심리를 조작한 마케팅의 결과라는 것이었다. 또한 패커드는 수명을 짧게 만들기 위해 제품을 일부러 조잡하게 만드는 과정을 특히 문제 삼으면서, 이에 대해 제조 각 단계에서의 문제점(엔지니어링, 장인정신, 검사와 조사, 품질 관리 등)을 짚어 가며 상세히 다루었다.[20]

『쓰레기 제조자』는 기업계에 큰 반향(혹은 반발)을 불러 일으켰다. 『포춘』,『배론스*Barron's*』,『월스트리트 저널』은 관련 기사를 썼고, 광고 업계 저널인『프린터스 잉크』는 7페이지짜리 커버스토리, "『쓰레기 제조자』는 날조인가?"를 실었다. 〈듀폰〉은 "『쓰레기 제조자』는 넌센스"라는 장황한 신문 광고로 반박을 했다. 〈듀폰〉의 광고는 "최근에 제기된 비판은, 소비자들이 멀쩡한 물건들을 버리고 불확실한 효용을 가진 새 제품을 사도록 유혹해서 쓰레기를 증가시키고 낭비를 부추긴다며 우리를 경멸적으로 비난하고 있다"며, 그러나 "낭비처럼 보이는 것이 사실은 가장 긴박한 경제 활동"이라고 주장했다. 〈듀폰〉 광고에 따르면, 진정한 검약이란 개선된 것이 나왔을 때 헌것을 버리는 것이며, 구식 물건을 버리지 않는 것이야말로 진짜 낭비였다. 광고는 "미국의 다른 기업들과 마찬가지로 〈듀폰〉은 이런 과정에 참여해 왔다"며 "전국의 폐품 더미는 지속적인 연구 · 개발의 결과로 구식이 된 물건들로 가득 찬 것"이라고 주장했다. 그러니까 (광고에 따르면) 구식화는 좋은 것이었다. 이를테면, 할머니는 이제 더 이상 양말을 깁지 않는다. 나일론 직물이 나왔으니까.[21]

사회학자들은 패커드의 책을 "조잡한 사회학"이라고 비난했다. 세이무어 마틴 립셋Seymour Martin Lipset은, 패커드가 지적한 문제는 사악한 기업 활동의 결과가 아니라 민주적 가치에 기초한 미국의 제도에 내재되어 있는 현상이라고 주장했다. 립셋에 따르면, 과시적 소비라는 것은 성공한 사람들이 자신이 해낸 일을 알리는 한 방법이었다. 또한 립셋은 패커드가 자신이 지적한 문제를 해결할 제도적인 개혁안(이를테면 광고나 석유 사용에 세금을 부과하는 조세 개혁 같은 것)을 내놓지도 못했다고 지적했다. 립셋은 패커드를 "단순하고 원시적이며 가난에 찌든 생활"을 예찬하는 "구식 보수주의자"라고 부르면서, 패커드의 책은 "미국 자본주의와 상업화에 대한 급진적인 비판"과는 거리가 멀며, "전前산업, 전前상업 시대의 농업 문명만이 좋

은 사회라고 생각하는 사람들을 위해 쓰여진, 물질문명에 대한 향수 어린 반대일 뿐"이라고 주장했다.[22]

『쓰레기 제조자』가 나오고 얼마 후, MIT, 시카고대, 하버드 대학의 경제학자 세 명이 1949년 이후 자동차 산업에서 모델 변화가 유발한 비용을 계산해서 계획적 구식화가 실제로 이뤄졌는지 알아봤다. 연구 결과에 따르면, 새 모델 개발 비용은 자동차 소매가격의 4분의 1 이상을 차지했다. 하지만 이 연구자들은 이를 통해 소비자들이 원하는 것을 얻고 있다고 주장했다. 차를 사는 사람들은 "모델 변화에 그만큼의 비용을 들일 만하다"고 생각한다는 것이었다. 1962년 『네이션』지에 실린 어느 기사가 이 연구에서 나온 수치를 근거로, 자동차 모델 변경에 쓰인 비용을 해외 원조, 학교 지원, 대중교통, 예술 진흥 등에 들어간 돈과 비교해 가며 자동차 업계를 비판하자 〈자동차업협회Automobile Manufactures Association〉 관계자는 거세게 반발했다. "오늘날 소비자들에게 선보이는 자동차는 틀림없이 1949년의 자동차보다 훨씬 더 향상된 것이다."[23]

패커드가 집중적으로 제기한 비판은, 오늘날 보자면 엇나간 측면이 있다. 패커드는 제품을 일부러 조잡하게 만드는 '품질의 구식화'를 특히 문제 삼았는데, 오늘날의 소비문화에서는 진화하는 오디오 장비나 컴퓨터 테크놀로지 등에서 보듯이 패커드가 긍정적으로 파악했던 기능적 구식화가 훨씬 주류를 이루고 있다. 또 제품에 결함이 생겨 구식화되는 것은, 새로운 기능이 들어가 구식화되는 것에 비해 기업이 고의적으로 계획하는 것처럼 보이지 않는다. 또한 일상생활을 대표하는 두 가지 테크놀로지인 텔레비전과 자동차는 사실 제품 수명이 늘어 왔다.

하지만 패커드가 버리는 문화에 대한 비판을 처음으로 일반 대중에게 제기했다는 점은 인정해야 한다. 원자력의 시대에 테크놀로지 문제를 제기했으며, 냉전의 시대에 비즈니스에 반대했다. 패커드의 사회 비판으로 미국인들은 자신의 문화와 습관을 다시 돌아보게 됐으며, 패커드의 3부작은 기업과 기업 중심 문화를 비판적으로 바라보는 1960년대와 1970년대의 시각에 영향을 주었다. '계획적 구식화'라는 개념을 널리 알리고 기업이 소비자에게 항상 최적의 것을 제공하는 것이 아닐 수도 있다는 점을 제기하면서, 패커드는 소비사회에 대한 이후의 논쟁에 초석을 닦았다. 소유를 통해 사회적 지위를 추구하려는 경쟁에서 벗어나라고 독려함으로써, 패커드는 히피와 문화적 급진주의자들이 대안적 삶을 창조하는 데도 영감을 주었다. 또한 쓰레기에 대해 관심을 불러일으키면서 일회성을 비판하는 견해를 확산시켰고, 이는 새로운 환경 운동에서 핵심적인 논지가 되었다.[24]

"아직도 완전히 멀쩡한"

1974년에 백인 인류학자 캐롤 스택Carol Stack은 가난한 흑인을 대상으로 현지 조사 연구를 했다. 아이들이 학교에 입고 갈 만한 옷을 찾기 위해 여름 내내 날마다 중고품 시장을 돌아다녀야 했던 가난한 여성들에게는, 중고품 구매가 일종의 가사 노동이었다. 연구에 따르면 아이들은 가난한 형편에 맞는 방식으로 옷을 구해 입어야 한다는 것을 비교적 거부감 없이 받아들이는 것 같았다. 그러나 20년 후에 도시 빈민을 연구한 사회학자 칼 나이팅게일Carl Nightingale은, 빈민가의 흑인 아이들이 "과시적 소비, 개인의 정체성, 사회적 지위를 동일시하는 규범 문화"와 풍요로움의 이미지에 깊이 빠져 있었다고 기록했다. 나이팅게일은 빈민가 아이들의 냉소적인 문화에 대해 언급하면서, 아이들이 어떻게 서로 비웃는 말들을 주고받는지를 묘사했다. 누군가가 옷을 "물려 입었다는 것"은 이들 사이에 "단골 공격 대상"이었다. 나이팅게일은 이렇게 기록했다. "차운티는 농구장에서 드리블을 할 때마다 이렇게 소리쳤다. '이봐요, 모두들! 조지는 사촌의 바지를 입고 있대요. 사촌의 바지랑 삼촌의 속옷을 입었대요!" 19세기 여성들과는 달리 헌 옷을 고쳐 만들 만한 바느질 기술이 없는 현대의 가난한 여성들은 중고로 구한 옷을 아이들 마음에 들도록 만들 방법이 없었다. 그런데 여기서 아이러니한 것은, 가난한 사람들 사이에서 중고품이 경멸의 대상이 되어 가던 이 시기에 중산층 사람들에게는 중고품 쇼핑이 바람직한 일로 여겨지게 되었을 뿐 아니라 유행이 되기까지 했다는 점이다.[25]

옛날부터 가난한 사람들은 다른 사람이 쓰던 옷과 가정용품을 구매해 왔다. 일찍이 〈구세군〉이나 〈굿윌〉의 상점에서 중고품을 샀고, 1920년대부터는 〈주니어 리그Junior League〉나 병원의 부속 기관에서 운영하는 중고 상점에서 물건들을 구매했다. 워싱턴 시의 〈주니어 리그〉 중고 상점은 "당신의 쓰레기를 현금으로 만들어 드립니다"라며 기증품을 보내 달라고 호소했다. 이곳은 수익금(1931년에는 1만 6천 달러였다.)을 아픈 아이들을 도와주는 네 곳의 기관에 보냈다. 1950년대가 되면 이러한 자선 중고 상점이 더 많아진다. 오하이오 주 콜럼버스의 병원 부속 중고 상점 담당자에 따르면, 이곳을 찾는 사람들은 "고쳐 만들 만한 정장 드레스를 찾는 희극 배우부터 아이에게 맞을 만한 신발을 찾는 부모에 이르기까지 다양하며", 대체로 "가난한 사람들"이었다.[26]

자선단체들은 중고품 벼룩 장터를 열기도 했다. 필요에 따라 간헐적으로 열리는 것도 있었고, 정기적으로 열리는 것도 있었다. 댈러스시티 카운티 병원의 부속 상점은 중환자용 산소 텐트 일곱 개를 구매할 자금을 마련하기 위해 주 박람회 건물의 마당을 임대해서 '잡동사니, 쓰레기, 보물' 벼룩 장터를 열었다. 시카고의 〈노르웨이 아메리칸 병원〉은 해마다 중고 장터를 열었다. 교회들은 바자회를 열어 공예품, 식품 등과 함께 중고품을 사고팔았다. 교회나 여성 모임 운영자를 위한 어느 지침서는, 어떤 단체라도 "지역의 농민 장터나 슈퍼마켓 주차장에 장터를 차릴 수 있다"고 설명했다. 1961년, 『새터데이 이브닝 포스트』는 중고 장터가 매우 활성화된 마을을 소개했는데, 이곳에서는 적어도 2주에 한 번 장이 열리며, 수익금은 가난한 아이들에게 장학금을 주고, 병원에서 여는 크리스마스 파티를 지원하고, 교회나 여성 모임을 후원하는 데 쓰였다.[27]

일반적으로 중산층 사람들은 물건을 기증하고 장터를 운영했지만 자신들이 쓸 것을 여기서 구매하지는 않았다. 물건의 가격은 자선 사업임을 염두에 두고 책정됐다. 기증품에는 교회나 단체의 회원들이 모아 온 헌 물건뿐 아니라, 상점에서 기증한 손상된 물건들, 공장에서 나오는 불량품들, 찾아가지 않은 세탁물, 고인이 소유했던 가구 등도 있었다. 물건을 내놓는 사람은 집에 새 물건을 놓을 수납공간을 마련할 수 있게 되어 좋았다. 『새터데이 이브닝 포스트』는 "이제 그들은 찬장을 새 꽃병과 독특한 접시들로 채울 수 있고, 차고를 새로 나온 비료 뿌리는 기계와 눈삽으로 채울 수 있다"며, "그리고 이것들은 모두 내년에 열릴 중고 장터에 기증될 물건들의 후보"라고 언급했다. 장터에서 안 팔린 물건은 〈굿윌〉이나 〈구세군〉같이 폐품 활용하는 일을 오래도록 해 온 자선단체에 기증되었다.[28]

이르게는 1963년부터도, 팔 만한 물건이 많고 사업가적 감각이 있는 여성들은 옷장 정리용 장터를 열었다. 또한 상속인들은 고인의 물건 중에서 나온 가구를 처분하는 장터를 열기도 했다. 1970년대 초가 되면, 이러한 개인들의 중고 물품 판매는 자선 목적의 중고 장터와 경쟁 관계로까지 발전한다. 거라지 세일, 야드 세일 등은 개인의 집에서 벌어지는 행사였고, 일반적으로 하루나 이틀에 걸쳐 사전 예약 없이 누구에게나 공개되는 식으로 이뤄졌다. 상품은 대부분 중고였고, 가난한 사람뿐 아니라 수집가나 세일 사냥에 나선 중산층 사람들도 물건들을 사러 왔다.[29]

처음에 거라지 세일은 1969년의 불경기와 1973년, 1974년의 불황, 그리고 중고품과 '빈티지' 스타일을 예찬하는 반反문화의 영향을 받은 일시적 유행으로 여겨졌다. 하지만 이것은 스쳐 지나가는 유행이 아니었다. 어느 조사에 따르면, 1981년 1년간 미국인들은 6백만 건이 넘는 거라지 세일을 열었으며, 총 판매액은 10억 달러에 달했다. 미국인의 절반 이상이 적어도 가끔씩은 이런 장터에 갔다.(대부분은 자신이 사는 동네에서 열리는 거라지 세일에 갔다.) 또 대부분의 사람들은 거라지 세일이 재미있다고 생각하며, 이것을 규제해야 한다거나 지역 상인들에게 해가 된다고 생각하는 사람은 거의 없었다. 1990년대가 되면 거라지 세일은 부유한 교외 동네에서도 자리를 잡게 된다.[30]

거라지 세일은 불경기의 징후라기보다는 넘쳐나도록 많은 물건들을 갖게 된 풍요로움의 결과였다. 거라지 세일에서 물건들을 사고파는 것은 소비주의에 충실한 여가 생활이었고, 세일 사냥은 소비주의의 기술이었다. 1950년대에는 욕실, 전화, 텔레비전 등을 두 개씩 갖추는 것이 일반화되었고, 다시 10년 안에 사람들은 이런 것을 세 개씩 갖추고 싶어하게 되었다. 21인치 텔레비전을 샀을 때 이미 12인치 텔레비전이 있었던 사람은, 다시 컬러텔레비전을 사게 되었을 때 예전 것을 어떻게 해야 할지 결정해야 했다. 거라지 세일은 그런 것들을 처리하는 방식이 되어 주었고, 더 많은 소비를 위해 공간을 비워 주는 역할을 했다. 또한 거라지 세일은 저온 찜기나 전기 요구르트 제조기처럼 신문에 광고를 내기도 뭣하고, 그렇다고 그냥 두어서는 팔리지도 않는 중고 물품들을 시장에 내보내는 역할을 했다.[31]

처음에는 개인들이 중고 물품을 처분하기 위해 여는 장터도 '러미지 세일Rummage sales' 이라고 불렀지만, 1967년 이후에는 자선을 위한 러미지 세일과 개인적인 수익을 위한 거라지 세일, 야드 세일을 구분해서 칭하게 되었다. 러미지 세일은 사회적으로 필요한 일을 하려는 사람들이 모여서 여는 것이었는데, 직업을 갖는 여성이 많아지면서 대규모 자선 장터를 여는 데 필요한 시간이나 행정 능력이 있는 여성도 줄어들었다. 어쨌든 두 종류의 장터 모두 이웃을 만날 수 있는 기회, 게으르다는 낙인이 찍히지 않고도 여가를 보낼 수 있는 기회, 많은 돈을 쓰지 않고도 쇼핑을 할 수 있는 기회를 제공했다. 거라지 세일은 자선 행사는 아니었지만, 다른 사람을 위하는 자선의 측면이 발휘되기도 했다. 구매자들은 친구를 위해 물건을 샀고, 판매자들은 물건을 필요로 하는 사람들을 위해 가격을 낮춰 주었다. 러미지 세일과 마찬가지로, 거라지 세일도 지역 공동체를 활성화시키는 제도였으며, 시장일 뿐 아니라 사회적인 공간이었다.[32]

수익을 위해 중고 물품을 팔게 되었다고 해서 자선단체에 헌 물건을 기증하는 일이 없어지지는 않았다. 사실 이것이 장터를 여는 것보다 훨씬 덜 번거로웠다. 사람들은 여전히 못 쓰는 물건들을 버렸고, 여전히 친지나 친구에게 쓰던 물건들을 주었으며, 또 여전히 폐품을 자선단체에 보냈다. 버릴 물건, 남에게 주거나 기증할 물건과 함께, '거라지 세일에서 팔 물건'은 헌 물건을 분류하는 새로운 카테고리를 형성했다. 뉴욕 어느 레스토랑의 수석 웨이터는 자신의 첫 거라지 세일을 열고 나서 이렇게 말했다. "무언가를 거라지 세일에서 팔 수 있으려면, 그것이 나는 원하지 않지만 반드시 누군가는 원하는 물건이어야 한다. 그러니까 좋은 물건이어야 하고, 쓰레기나 고물은 내놓을 수 없다." 자선 목적의 러미지 세일에서도 그랬듯이, 거라지 세일에서도 끝내 안 팔린 물건은 〈구세군〉이나 〈굿윌〉로 보내졌다.[33]

거라지 세일은 자선사업이 아니었지만 전적으로 상업적인 것도 아니었다. 사람들은 여러 가지 이유로 거라지 세일을 열었다. 돈을 벌기 위해, 공공 행사를 주최하기 위해, 이모가 쓰던 침구나 자신이 읽던 대학 교재가 그것을 필요로 하는 사람들의 손에 갈 수 있게 하기 위해⋯ 또 대청소를 하면서 집에 있는 물건들을 정리하고 재분류한 김에 거라지 세일을 여는 여성들도 많았다. 앞서 언급한 뉴욕의 수석 웨이터는 자신이 "야드 세일 문화"의 일부를 이루고 있다고 표현했다. 즉 자신이 매우 많은 거라지 세일에 가기 때문에 한 번쯤은 열기도 해야 한다는 것이었다. "말하자면, 디너파티에 초대받아 가면, 다음에는 나도 한 번 열어야 하는 것과 비슷하다."[34]

거라지 세일을 여는 사람은 이윤과 손실이라는 경제적 기준이 아니라 '정당한 가격'이 무엇이어야 하는가를 기준으로 값을 정했다. 물론 정당한 가격의 기준은 사람에 따라 달라질 수 있었다. 뉴욕의 수석 웨이터는 이렇게 말했다. "싸게 팔면서도 기분이 좋을 수 있다. 이미 내가 그것을 4,5년 가지고 있었다는 것과, 그동안 그것을 충분히 누렸다는 것을 알고 있으므로, 원래 가격의 반 값, 반의 반 값에 팔면서도 기분이 좋은 것이다."[35]

거라지 세일은 회계 장부에 기록되지도 않고 세금을 내지도 않는 비공식 경제의 일부였다. 싼 것만을 찾으려는 구매자나 수익만을 챙기려는 판매자도 있기는 했지만, 1970년대에 대부분의 사람들은 거라지 세일을 공동체 육성, 사회정의 실현, 자본주의 시스템에 대한 도전 등과 같은 급진적인 언어나 반反문화적 개념으로 표현했다. 한 청년은 "거라지 세일은 내가 살고자 하는 삶의 방식과 관련된 것"이라며 "정크 푸드를 사지 않음으로써 그런 것을 만드는 사람들에게 경고를 보내는 것과 마찬가지"라고 설명했다. 뉴욕의 수석 웨이터는 거라지 세일을 이렇게 표현했다. "사람 대 사람의 관계, 사람들이 나의 물건 중 그들에게 필요한 것을 사고 그 대가로 나에게 약간의 돈을 주는 곳, 모두가 이 과정에서 행복하게 느끼는 것, 그리고 대형 마트에 가지 않는 것.”[36]

분리수거―반反문화에서 사회 주류로

거라지 세일과 마찬가지로 오늘날의 분리수거는 1960년대 말과 1970년대 초의 반反문화 운동에서 시작됐다. 원래 분리수거는 도시 당국과 거대 폐기물 업체의 영역이 아니라 반反문화 환경 운동가들의 활동이었다. 히피 운동가들은 분리수거 센터를 열어서 사람들이 폐유리나 폐지를 가지고 올 수 있게 했다. 이러한 센터들은 사업이라기보다 사회문화 운동이었다.

분리수거는 패커드가 제시했던 소비사회 비판을 한층 넘어서는 반反문화 정신과 관련이 있다. 반문화의 이념은 일반적인 임금 고용 관계를 벗어나 생활하고, 되도록 저비용으로 살라고 독려했다. 슈퍼마켓 쓰레기통에서 음식을 구하고, 골목에 버려진 가구를 주워 쓰는 식으로 말이다. 젊은 반문화 운동가들은 옛날의 생활 방식이 사회 전복적이라며 환호했다. 그들은 빵을 직접 굽고 채소밭을 가꾸었다. 바느질, 목공, 베 짜기 등 손으로 만드는 기술을 배웠다. 중고 장터에서 가져온 일자형 청바지를 나팔바지로 만드는 등 헌 옷을 고쳐 입었다. “흙으로 돌아가자”고 주창하는 사람들도 있었다. 이들은 나뭇재로 비누를 만드는 것과 같은 19세기 방식을 되살려 냈다. 또 많은 사람들이 앨리시아 베이 로렐Alicia Bay Laurel의 『지구에서 살기Living on the Earth』나 『건강한 지구 카탈로그The Whole Earth Catalog』류의 책을 읽었다.[37]

도시의 히피들은 공동으로 식품 협동조합이나 재활용 센터 같은 대안적 사업체를 운영하기도 했다. 1970년 지구의 날(4월 20일)을 전후한 몇 개월 동안 약 3천여 곳의 재활용 센터가 조직되었다. 사람들이 빈 병, 캔, 신문을 가지고 오면 센터에서 이것들을 기업에 팔았다. 처음에는 이런 폐품을 사는 회사가 용기 제조 업체인 〈레이놀즈 알루미늄〉과 〈오웬즈 일리노이Owens-Illinois〉 두 곳뿐이었다. 이 업체들은 1967년에 폐알루미늄을, 1968년에 폐유리를 사들이기 시작하면서 폐품 시장을 창출했고 분리수거가 현실화될 수 있게 했다. 활동가들은 다른 기업과 도시 당국에도 분리수거를 지원하라고 촉구했다. 정도의 차이는 있지만, 분리수거를 하는 사람은 모두가 활동가나 마찬가지였다. 분리수거를 한다는 것은 환경문제에 대해 진지하게 생각하고 있다는 뜻이었다. 그렇지 않다면 물건들을 분류해서 재활용 센터까지 가지고 가는 수고를 무릅쓰지는 않았을 테니 말이다.[38]

하지만 1970년대 초의 소규모 재활용 센터들은 폐기물 거래 시장의 변동 주기에 잘 대처할 수가 없었다. 일반적으로는 가격이 높으면 더 많은 병과 캔이 수거되고, 그 때문에 공급이 늘면 가격이 떨어진다. 그러면 수거가 덜 되고, 가격이 다시 오른다. 그런데 반문화 운동가들이 운영하는 재활용 센터는 가격이 낮아지는 시기에 취약했다. 이때는 모은 것을 전혀 팔지 못할 수도 있었다. 게다가 공급 과잉으로 가격이 떨어졌는데도 (가격에는 관심이 없고 지구를 지키는 데만 관심이 있는 열성 기증자들이 있어서) 폐품이 계속 들어왔기 때문에 더욱 취약했다.

반문화 활동가들의 재활용 센터는 효율성과 규모의 경제 측면에서 폐기물 거래 업계를 장악하고 있는 거대 기업의 경쟁 상대가 될 수 없었다. 한때는 1만 개에서 1만 2천 개 정도의 소규모 독립 회사들이 담당했던 도시 고형 폐기물 처리는 1980년대가 되면 네 개의 대기업이 맡게 된다. 이들은 비싼 테크놀로지로 무장하고 쓰레기 처리의 전 과정을 다루는 업체들이었다. 거대 기업들은 환경 규제(이것은 최신 장비가 없으면 지키기 힘들다.)와 레이건 대통령 시절에 진행된 민영화의 수혜를 받았으며, 매립장, 재활용 공장, 최첨단 소각장 등 다양한 시설을 운영했다.[39]

폐기물 업계가 거대 기업으로 집중화되면서 분리수거는 반문화 활동가들의 영역이 아니라 일반적으로 인정되는 주류 가치가 되었고, 도시 쓰레기를 다루는 현실적인 방법으로 여겨지기 시작했다. 도시 위생 공학자, 도시 쓰레기 수거를 감독하는 당국자와 정치인, 〈환경보호청〉(EPA), 그리고 환경문제에 관심이 있는 기업인들이 분리수거 활성화에 나섰다. 지역의 정치 운동가들은 분리수거를 요구하면서 소각로와 매립장 설치를 반대했다. 이런 활동은 놀라운 성공을 거두었다. 1970년에는 시 차원의 재활용 프로그램이 있는 도시가 두 곳뿐이었는데, 1982년에는 2백 곳 이상으로 늘어났다.[40]

1980년대 말에는 당국자들과 기업인들도 분리수거가 쓰레기 원천 저감, 소각장, 매립지 등을 아우르는 폐기물 처리 방식의 일부가 되어야 한다는 데 대체로 동의하게 되었다. 분리수거를 지원하는 인프라가 속속 생겨나면서(1990년대 중반에는 예산 삭감으로 일부 철회되기도 했지만), 사람들은 분리수거가 일시적인 유행이 아니라 지속될 것이라고 예상할 수 있게 되었다. 분리수거는 실질적인 제도로서도 자리를 잡아 갔다. 이를테면 〈시카고 상품 거래소〉(농산물 선물先物거래 등이 이뤄지는 곳이다.)는 〈미국 환경보호청〉, 〈전국 분리수거 협의회National Recycling Coalition〉 등과 공조해서 '재활용품 거래' 시스템을 열었다. 1999년에 이곳에서 취급하는 품목으로는 타이어, 플라스틱, 유리, 종이 등이 있었다.[41]

분리수거는 급진 운동으로서의 성격을 잃고 모성애와 비슷한 위치, 즉 누구나 동의하는 사회 주류의 가치가 되었다. 이는 느슨한 실천까지 포함해 다양한 수준에서의 참여가 가능하다는 의미이기도 했다. 제조 업체, 환경 운동가, 정부 기관, 폐기물 업계, 이러한 조직의 협의체, 그리고 학교에서 분리수거에 대해 배우고 와서는 부모에게 "지구를 구해야 한다"고 일장 연설을 해 대는 아이들에 이르기까지 말이다. 분리수거는 일상의 현실이 되었고, 사회 주류의 지지를 받는 일이 되었으며, 더 이상 히피나 급진주의자들만의 활동이 아니게 되었다. 그리고 분리수거는 버리기의 일종이 되었다. 즉 상자 곽이나 빈 병을 다른 쓰레기에서 분리해 내는 사람들에게, 양심에 거리낌 없이 사물을 처분할 수 있는 방법이 되어 준 것이다. 전국 어디에서든 분리수거 옹호자들은 분리수거의 성공 사례를 들 수 있었다. 〈미국 환경보호청〉은 1995년 25번째 "지구의 날" 행사에서, 〈미국 환경보호청〉이 1970년대 말에 세운 "25퍼센트 목표"에 미국이 근접해 가고 있다고 보고했다. 실제로 가정 폐기물 재활용 비율은 무게를 기준으로 1970년 7.1퍼센트에서 1993년 21.7퍼센트로 늘었다.[42]

하지만 새로운 분리수거는 노예스 같은 양철 제조 업자가 운영하던 재활용 시스템과는 다른 방식으로 이루어졌다. 노예스의 행상인들은 각 가정에서 넝마나 폐고무 따위를 현금이나 신용으로 구매하면서 쌍방향 관계를 맺었지만, 20세기 후반의 가정은 대금을 받지 않고 폐품들을 골목에 내놓기만 했다. 새로운 분리수거 시스템은 20세기 초에 각 도시들이 추진했던 '일차적 분류'와 더 비슷한 측면이 있다.(재, 종이, 음식 쓰레기가 이제는 빈 병, 깡통, 신문으로 바뀌었지만 말이다.) 두 경우 모두, 사람들은 어떻게든 재사용되겠거니 하면서 물건을 버렸고, 이런 것들은 도시 당국이 관리하는 폐기물 처리 시스템으로 들어갔다. 당국은 재활용 가능한 폐품을 판매하면서, 수익이 좋을 경우 재정을 확충했고 시장이 안 좋을 경우 비용을 떠안았다.

환경 운동의 영향을 받아 분리수거가 현실화되면서, 사람들은 일상생활에서의 쓰레기 줄이기와 재사용에 관심을 갖게 되었다. 반문화 운동의 가이드북은 공장에서 제조되는 물건들을 집에서 만들고, 산업적으로 배출되는 폐기물을 재사용하는 방법 등을 설명했다. 이를테면 대형 케이블 감개는 커피 테이블로, 빈 병은 톱으로 잘라 물컵으로 쓰는 식이었다. 수십 년간 이런 방법을 알려 주는 기사와 책들이 꾸준히 나왔다. 베스트셀러인 『지구를 구하기 위해 당신이 할 수 있는 50가지 간단한 일들50 Simple Things You Can Do to Save the Earth』(1989)을 보고 책에 나오는 것을 따라하는 사람들도 있었다. 이 책은 나무를 심고, 정크 메일을 줄이고, 에너지 절약형 전구를 구입하는 것과 같은 개개인의 일상적인 행동이 합쳐지면 환경에 중요한 영향을 미칠 수 있을 것이라고 주장했다. 환경 운동가 중에는 이러한 접근에 대해 비판적인 사람들도 있었다. 개인의 행동만으로는 산업화된 시스템에서 발생한 오염이 끼친 해를 막을 수 없다는 것이었다. 하지만 어쨌든 사람들은 환경문제의 해결에 일조하고 싶어하면서, 『…50가지 간단한 일들』 같은 책을 사서 읽었고, 병과 캔을 분리하는 수고로움을 기꺼이 감수했다. 샤워 꼭지를 저수압용으로 교체하고 분리수거용 통을 구매했다고 이들이 꼭 소비문화에 저항적인 입장을 취한 것은 아니었다. 하지만 개인들의 소비 습관이 개인적 삶의 차원을 넘는 중요성을 가진다는 점과, 지구의 미래를 개인의 편리함보다 우선순위에 두어야 할 수도 있다는 점을 주장한다는 점에서, 이들은 1960년대의 반문화와 20세기 전후 도시 살림 운동의 개념 모두를 포괄하고 있다.[43]

예술로서의 브리콜리지

1950년대 말과 1960년대 초에 나온 잡지들은 독특한 것을 찾는 사람들과 세일 사냥꾼들에게 중고품 시장을 소개했다. 『굿 하우스키핑』은 「구세군에서 싸게 파는 것을 사신다구요?」라는 기사에서 〈구세군 상점〉이 어디에 있는지, 그곳에서 어떤 종류의 물건들을 살 수 있는지, 가격대는 어느 정도인지 등에 대한 정보를 제공했다. 『아메리칸 홈』 기자들은 (진짜 좋은 물건들을 사기에는 몇십 년 늦었다고 한탄하기는 했지만) 시골의 경매장에 직접 가서 한 방 가득 채울 만한 아름다운 가구와 민속 공예품들을 모았다. 『하우스 뷰티플』은 "고물 집하소에서 아름다움을 찾아낸" 사람들이라든가, 헛간 나무와 창문에서 나온 목재를 가지고 집을 아름답게 꾸민 사람들의 이야기를 소개했다. 잡지에 소개된 것들을 독자들이 바로 따라 만들 수는 없었다. 중고품을 이용하는 것은 각자 어떤 물건들을 찾아낼 수 있는지에 달려 있는 것이기 때문이다. 이런 기사들은 '만드는 법'을 알려 주기보다는, 독자들에게 '좋은 것은 비싸다는 편견을 버리고 미적 열정을 펼칠 수 있도록' 영감을 불러일으키는 데 초점을 맞추었다.[44]

하지만 일반 독자 중에 그런 영감을 얻은 사람은 거의 없었다. 소비문화에서는, 고물 집하소나 구세군 상점에서 미적인 가능성을 발견하는 것은 특별한 안목이 필요한 일로 여겨졌고, 폐품을 현명하고 혁신적으로 재사용하는 사람들은 예술가로 간주됐다. 헌 물건을 모아 수작업으로 무언가를 만드는 것은 한때 보통 사람들의 일상적인 습관이었지만 이제는 특이한 사람이나 민속 예술가의 일로 묘사되었다. 미술관에 걸 작품을 만드는 정통 예술가는 아니라고 해도 말이다.

20세기 들어 일상적인 활동으로서 브리콜리지는 점차 사라지면서 예술의 일부분이 되었다. 산업화된 시스템에서 나온 폐기물을 예술 작품의 재료로 사용한다는 아이디어는 피카소와 조르주 브라크(Georges Braque, 1910년에 벽지, 신문, 악보 등과 그림을 결합한 첫 번째 콜라주를 만들었다.)로 거슬러 올라간다. 몇 년 후 마르셀 뒤샹Marcel Duchamp의 '레디메이드'와 구체 관절형 조각 작품은 이 개념을 3차원 공간으로 확장했다. 낡은 레이스, 호일, 취소된 기차표 등으로 만든 쿠르트 슈비터스Kurt Schwitters의 작품이나, 로버트 라우센버그Robert Rauschenberg의 선구적인 쓰레기 조각, 조지프 코넬Joseph Cornell의 상자 작품, 자동차 부품을 용접해 만든 존 체임벌린John Chamberlain의 조각 등에서 보듯, 이후 수십 년간 폐품이 예술 작품의 재료로 사용돼 왔다.[45]

1970년대 여성 예술가들이 지적했듯이, 입체파 작가들이 콜라주를 미술관의 고급 예술로 만들었는지는 몰라도 이미 수십 년 전 빅토리아시대에 여성들은 밸런타인 편지나 스크랩북을 만드는 데 이런 작업을 활용했다. 여성 예술가들은 퀼트를 '여성의' 예술이라고 주장하며, 퀼트 미술관 전시회를 추진하기도 하고, 퀼트 작품과 퀼트를 만들던 여성들을 기리고 형상화하는 작품을 직접 만들기도 했다. 예를 들면 미리엄 샤피로Miriam Schapiro, 베티 사르Betye Saar, 페이스 링골드Faith Ringgold는 여성의 노동 문화에서 나온 물건들을 모아 작품에 활용했다.[46]

환경문제를 알리고 쓰레기와 소비주의의 관계를 드러내기 위해 폐품을 활용한 예술가들도 있었다. 브라질의 예술가인 잭 레이너Jack Leirner는 비행기 탑승권과 전 세계의 미술관 기념품 가게에 있는 비닐로 된 쇼핑백을 작품에 이용했다. 진 풀Gene Pool이라는 이름의 뉴욕 퍼포먼스 예술가는 5백 개의 알루미늄 캔으로 만든 옷을 입고 공공장소에서 외발 자전거를 타고 다녀서 '깡통 맨'이라고 불렸다. 뉴욕 위생부의 거주 예술가(Artist In Residence, 예술가들에게 일정 기간 동안 작업실과 거주 공간을 제공하는 프로그램, 또는 그 프로그램에 참여하는 예술가. 옮긴이)인 멀 래더만 우클레스Mierle Laderman Ukeles는 "새로운 서비스 경제에서의 서비스업 종사자를 기리는 기념 아치"를 만들었는데, 그 아치에 도시의 공공 서비스 기관이 버린 것들(매립지 '프레시 킬스Fresh Kills'에서 나온 계기들, 우편 가방, 경찰 워키토키 무전기, 거리 청소용 빗자루, 수백 개의 헌 장갑 등)을 이용했다. 우클레스에게 쓰레기는 작품 재료일 뿐 아니라 주제이기도 했다. 우클레스의 다른 작품들로는 "위생과의 접촉"(1978~1980, 11개월간 뉴욕의 위생 노동자 8천5백 명과 악수를 한 퍼포먼스), "사회의 거울"(1983, 표면을 거울로 바꾼 쓰레기 트럭) 등이 있다.[47]

미술관의 예술품을 브리콜리지로 묘사하는 것은, '여성의 예술'을 수공예와 예술, 민속예술과 고급 예술을 구분하는 경계에 도전하는 의미로 여기는 것이다. ('히스패닉 예술', '흑인 예술' 등도 그러한 의미로 논의됐다.) 정통 예술 평론가들은 샤피로, 링골드, 슈비터스, 코넬 등이 헌 물건을 임시변통했다고 이야기하지 않고 예술 작품을 창조했다고 이야기한다. 작품이 제기하는 주제들은 공적이고, 예술사적인 가치가 있으며, (작가가 여성인 경우) 정치적인 함의도 있다고 설명한다. 하지만 이것을 만든 작가들은 자신의 작품에 대해 말할 때 브리콜리지의 과정을 강조한다. 즉 그런 것들을 만드는 것은 당장 가지고 있는 재료와 예술가의 상상력 사이에 이뤄지는 대화라는 것이다. 우연히 찾아낸 물건들로 아름다운 공간을 꾸며 낸 캘리포니아의 예술가 에드워드 킨홀츠Edward Kienholz는 이렇게 설명했다. "나는 주위에 물건들을 많이 가지고 있었고, 쓰레기통이나 뒷골목이나 고물상을 돌아다니거나 그냥 이렇게 저렇게 해서 많은 것들을 모았다. 그날그날 내가 어떻게 느끼는지에 따라 나는 이것에서 조금, 저것에서 조금을 가져다 놓고 그것들 주위에서 빈둥거렸다. 무언가가 나를 만족시킬 때까지 말이다."[48]

1980년대와 1990년대가 되면 예술과 수공예의 경계가 더욱 흐려졌다. 예술 서적과 잡지는 폐품을 이용한 작업으로 주변 지역을 민속예술 공간으로 바꾼 '풀뿌리' 예술가들에게 찬사를 쏟아냈다. 캘리포니아 주에는 에마누엘 (리토) 데이몬트Emanuele (Litto) Damonte의 "휠캡 농장", 사이몬 로디아Simon Rodia의 "와트 타워Watts Towers", 트리사 프리스브레이Tressa Prisbrey의 "빈 병 마을Bottle Village" 등이 있었고, 위스콘신 주에는 디키빌의 '디키빌 그로토Dickeyville Grotto'와 프레드 스미스Fred Smith가 '록 가든 태번Rock Garden Tavern'에 세운 조각 작품들(현재는 위스콘신 주의 콘크리트 파크Concrete Park에 있다. 옮긴이) 등이 있었다. 미술관들은 전문적인 미술 교육을 받지 않은 '민속예술가'나 '토착 예술가'가 산업 사회의 잔해들을 이용해 만든 실용적이면서 아름다운 물건들을 전시했다. 미술 평론가들은 이러한 '외부인의 예술'이 상업 문화에 대한 비판을 담고 있다며, '계급 간 장벽에 의해 감추어져 있었던 세계의 단면들'을 드러낸다고 찬사를 보냈다.[49]

1996년 산타페의 국제 민속예술품 박물관에서 열린 전시회 "다시 쓰인, 다시 보인: 전 지구의 폐품 더미로 만든 민속예술품"에서는 깡통으로 만든 등유 랜턴이나, 마크라메 레이스로 감싼 전구로 만든 미니 풍선 기구와 같이 폐품을 이용해 만든 작품이 전시됐다. 여기 나온 물건들은 버려진 제품으로 만든 소규모 수공예로, 가난한 나라 사람들이 만들어 노점에서 팔던 것이었다. 이것을 만든 사람들이 환경문제의 심각함을 인식해서 폐품을 이용한 것은 아니지만, 그들의 작업과 작품은 많은 사람들에게 소비문화의 모순을 알리는 역할을 했다. 폐품으로 만든 예술품은 물질세계에서 우리가 어떻게 살고 있는가에 대해 (그리고 어떻게 살아야 하는가에 대해) 핵심적인 질문들을 제기했고, 산업 문화와 고급문화의 의미에 대해 생각하게 했고, 무엇이 쓰레기인지 아닌지는 분류하기 나름이라는 것을 상기시켜 주었다.[50]

박물관에 전시된 작품을 살 여력이 안 되는 사람들은 민속예술품과 민속 수공예품을 살 수 있었다. 대량생산의 지배에 도전했던 이러한 공예품들은, 미술관들의 기념품 가게뿐 아니라 소호나 버클리의 고급 부티크에서도 구할 수 있었다. 1997년 『메트로폴리탄 홈*Metropolitan Home*』은 재사용과 재활용이 '요즘의 트렌드'라며 세탁기 먼지 거름망, 낡은 레코드, 빈 병과 같은 물질로 만들어진 사발들(가격대는 10달러에서 천 달러까지 다양했다.)의 사진을 게재했다. 오래된 퀼트나 깔개도 값나가는 수집품이 되었다. 뉴저지의 한 수집가는 『뉴욕타임스』와의 인터뷰에서, 실을 심어 넣어 만든 깔개가 "오리엔탈 융단보다 더 럭셔리하며, 쿨하게 버릴 수 있다는 장점도 있다"고 설명했다.[51]

오늘날 우리가 사는 법

1970년대 이후 재활용과 분리수거가 확산되어 왔지만 쓰레기도 확산되어 왔다. 그리고 쓰레기의 확산 속도가 더 빨랐다. 1970년에서 1993년 사이, 분리수거 프로그램은 가정 쓰레기의 회수율을 7퍼센트에서 22퍼센트까지로 올렸지만, 미국에서 하루에 배출되는 고형 폐기물은 1인당 3.2파운드(1.45kg)에서 4.4파운드(1.99kg)로 늘었다. 분리수거를 한 후에도 매립되거나 소각되는 쓰레기의 양이 하루 평균 1인당 3파운드(1.36kg)에서 3.4파운드(1.54kg)로 늘었다는 뜻이다.[52]

가장 성실한 분리수거주의자라도 일회용 그릇에 담긴 음식을 사는 경우가 예전보다 훨씬 많을 것이다. 신경을 써서 플라스틱 용기를 재사용하는 사람들이라 해도 그 많은 플라스틱 용기들을 다 사용할 곳을 찾을 수가 없을 것이다. 미국인들은 면도기, 배터리, 칫솔, 가공식품 등을 만들어 낸 회사들이 "이제 새것을 살 때입니다"라고 말하면 헌것을 버린다. 굶주리는 외국의 가난한 아이들을 모욕할 생각은 전혀 없지만, 우리는 식품을 낭비하고 그러한 낭비를 묵인한다. 음료수가 일회용 병이나 종이컵에 담겨서 오는 것을 너무나 당연하게 생각해서, 그런 게 없던 옛날에는 사람들이 어떻게 탈수증에 걸리지 않았는지 궁금해한다. '종이 없는 사무실'은 결코 실현되지 않았다. 컴퓨터는 더 많은 의사소통을 만들어 냈고, 그중 많은 것이 출력되었다. 그리고 우리는 새로운 컴퓨터를 계속 사는데, 헌 컴퓨터는 어떻게 해야 할지 잘 모른다. '계획적 구식화'는 현대의 특성이 아니라 원래부터 삶의 일부분인 것처럼 보인다.[53]

버리는 것을 그 자체로 예찬하는 사람은 이제 거의 없지만, 우리의 소비문화는 끊임없이 자연 자원을 취해서 폐기물을 배출하는 과정을 통해 번성하고 있다. 산업 생태학자들은 이 과정을 '오픈 시스템'이라고 부르는데, 이 시스템에서 폐기물은 다시 사용되지 않는다. 의료 폐기물은 해변에 쌓이고, 도시의 쓰레기는 점점 더 먼 곳으로 보내진다. 부유한 사람들의 쓰레기는 가난한 사람들의 생활공간을 위협한다. 가정에서 배출하는 쓰레기는 문제의 일부일 뿐이다. 자동차 배기가스, 에어컨 사용, 소비재 제품의 생산과정 등에서 야기되는 것이 아마 지구환경에 더 큰 해악을 미치고 있을 것이다. 세계 인구는 계속 증가하고 있고, 서구의 생활 방식과 경제 성장의 유형을 받아들이는 사람도 많아지고 있다. 우리가 지구를 위해 뭐라도 해 보려 하면, 그것은 너무 늦었거나 너무 미약한 것처럼 보인다.

실제로 위기의 징후를 보여 주는 현상들도 많다. 쓰레기 배 "모브로 Mobro"호는 1987년에 대서양을 두 달 동안 방황했다. 미국 내 다섯 개 주와 세 개의 외국에서 거절당한 뒤 쓰레기를 버릴 곳을 찾기 위해서였다. 미국에는 곧 매립지 공간이 없어질 것이라는 끔찍한 전망들도 나왔다. 그에 대한 대응으로, 대형 폐기물 처리 회사들은 쓰레기 처리 수수료를 인상했고 거대한 매립지를 지었다. 그러자 쓰레기 문제에 대한 논평자들은 문제가 해결되었다고 선언했다. 잠깐 발간되었던 잡지 『음식 쓰레기Garbage』의 편집자도 1993년에 쓰레기가 환경 위기의 원인이 되지 않는다고 말했다. 하지만 새로운 매립지의 수명은 고작 수십 년에 불과했다. 지구의 입장에서 보면 결코 장기적으로 문제가 해결되었다고 볼 수 없는 것이다. 실제로 얼마 지나지 않아 쓰레기 문제는 다시 뉴스에 등장했다.[54]

규모가 크고 인구가 많은 뉴욕 시가 쓰레기 관련한 각종 화제에서 단연 중점적으로 언론에 오르내렸다. 1998년 12월, 어마어마한 규모의 '프레시 킬스' 매립장이 거의 다 차 버리자, 뉴욕 시는 쓰레기를 다른 곳으로 보내는 계약을 하기 시작했다. 뉴욕의 가정 폐기물을 뉴저지로 보낸다는 계획은 뉴저지 당국자들의 반대에 부닥쳤다. 한 달 뒤 버지니아로 보내기로 한 계약은 버지니아 주지사의 반대에 부닥쳤다. 뉴욕 시장은, 뉴욕이 다른 주의 사람들에게 문화를 누릴 기회를 제공하므로 다른 주가 뉴욕의 쓰레기를 받아 주어야 한다고 주장했는데, 이 발언은 더 많은 비난을 불러 왔다. 사실 맨해튼을 방문해서 뉴욕의 문화를 누리는 버지니아 사람은, 뉴욕의 쓰레기를 받아들이게 될 버지니아의 매립장 근처에 사는 사람이 아니다. 백만 평이 넘는 규모의 매립장(이 매립장을 관리하는 폐기물 관리 회사는 텍사스 주 휴스턴에 본사를 둔 〈폐기물 매니지먼트Waste Management Inc.〉이다.)이 들어선 찰스 시티 카운티는 버지니아 주에서 가장 가난한 지역에 속했고, 주민의 3분의 2가량이 흑인이었다. 다른 곳의 가난한 사람들과 마찬가지로, 그들은 돈 때문에 매립장을 받아들였다. 매립장은 학교를 짓고 재산세를 줄여 줄 수 있을 만큼의 수입을 가져다주었던 것이다.[55]

앞으로의 전망도 그리 밝지는 않다. 강력한 기관들의 이해관계가 너무 많이 얽혀 있다. 거라지 세일이 번성하고 있다 해도, 모든 사람들이 더 많은 물건을 소유하고 있다. 더 큰 집, 작은 수납 장소, 넘쳐나는 쓰레기통은 서로 연결되어 있는 문제다. 선진국 사람들은 자신들의 사회적 지위를 나타내 주는 물건이나 편리한 물건을 포기하려는 징후를 전혀 보이지 않고 있으며, 개발도상국 사람들도 현대의 인기 있는 소비재를 갖겠다는 열망을 포기할 의사가 없어 보인다. 사람들은 창조성을 발휘할 수는 있었을지 모르나 시간과 공을 너무 많이 들여야 했던 재사용의 습관을 버릴 수 있게 된 것을 환영했다. 질 리포베츠키Gilles Lipovetsky는 "오늘날 우리는 새로운 물건들을 소유하는 것이 천부인권이라도 되는 듯이 여기며, 소비라는 윤리 이외에는 아는 것이 없다"고 말했다. 환경을 우려하는 목소리는 합리적이고 과학적인 근거에 의해 거부되기보다는 사람들의 무관심에 의해 거부되어 왔다. 이를테면 이런 식이다. "환경에 대한 우려가 사실인지는 모르겠지만 난 그런 말을 듣고 싶지 않으며, 또 개개인이 노력해 봐야 얼마나 변화를 일으킬 수 있겠는가. 그러니 우리는 그냥 쉽고 편한 대로 사는 것이 더 나을 것이다." 우주 비행사가 버린 물건들이 달에 굴러다닌다. 그리고 수만 개의 파편들이 지구 주위를 돌아다닌다. 로켓 부스터, 수명이 다한 위성들, 유인 우주 정거장에서의 쓰레기, 작지만 빠르게 움직이는 금속과 벗겨진 페인트 조각 등등. 우주선 운영의 안전에 대해 책임이 없는 우리들은, 바로 그 무책임 때문에 지구가 떠도는 쓰레기에 의해 위협받고 있는데도 어깨만 으쓱할 뿐이다.[56]

낙관적인 징후도 있다. 재활용과 퇴비 만들기는 실용성이 있는 것으로 인정을 받았다. 이러한 프로그램들은 쓰레기 배 '모브로' 호의 사례 이후 나왔던 암울한 예언들이 틀렸을 수도 있다는 것을 보여 주는 데 기여했다. 활동가들은 지구적·국가적·지역적 환경 보호를 위해 정부 기관과 기업들이 재활용 프로그램을 만들고 쓰레기의 원천을 줄이도록 압력을 넣어왔다. 어떤 기업가들은 마지못해 움직였지만, 또 어떤 기업가들은 기꺼이 협력하거나 적극적으로 환경 보호를 위한 조치를 추진했다. 환경문제에 관심이 있는 소수의 기업인들은 녹색 연구 개발과 녹색 비즈니스를 해야 한다고도 주장했다.[57]

그러한 프로그램들이 성공했다는 것은, 소비문화의 심장부에 있는 많은 사람들(즉 선진국 사람들)이 환경문제의 해결을 돕고, 또 문제를 일으키지 않기 위해 개인적인 편리함의 수준을 어느 정도는 포기할 의향이 있다는 것(몇몇 기업들은 수익을 어느 정도 희생할 의사까지 있다는 것)을 보여 준다. 정부의 행정 서비스와 기업의 이윤 추구 활동이 효율성을 높여 주고 많은 문제들을 해결해 주리라는 믿음이 수십 년간 지배해 온 후에, 이제 몇몇 사람들과 일부 기업들은 진정한 절약과 진정한 문제 해결을 위한 실천을 독려하기 시작했다. 재활용은 현재까지 성공적으로 이뤄져 왔는데, 이것이 시장 원리 덕분에 성공한 것은 아니었다.[58]

재활용을 하기 위해 폐품을 모아 두는 것은, 예전에는 돈을 아끼려던 것이었지만 이제는 도덕적인 행위가 되었고 환경에 대해 염려한다는 상징이 되었다. 이것을 '상징'이라고 부른다고 해서, 중요하지 않고 단지 상징적이기만 하다는 뜻은 아니다. 재활용과 재사용은(이것이 장기적인 환경문제 해결에 기여하는 바가 얼마나 작든 간에), 개별적인 가정을 전 지구적인 문제와, 현재의 일상을 미래의 생활과 연결시켜 생각하도록 해 주었다. 이러한 인식은 20세기 후반에 생겨난 것으로, 경제 활동의 세계화에 바탕을 두고 있다. 이것은 두려움의 원천이기도 하지만 희망의 원천이기도 하다. 미국인과 서구 유럽인들은 다시 재사용과 재활용을 실천함으로써 환경문제에 반응해 왔고, 때로는 최첨단 기술을 사용해서 그렇게 해 왔다. 쓰레기와 오염을 줄이는 조치를 취하면서 좀 더 이러한 방향으로 나아갈 수 있다면, 언젠가는 오늘날의 낭비가 인류사에서 거쳐 간 하나의 단계로 기억될 수 있을지도 모른다. 가령 미래의 역사학자들이 "서구에서 소비문화가 20세기 초에 생겨나 널리 퍼지다가 1970년대부터 줄어들기 시작했으며, 그 경험을 통해 개발도상국은 소비사회의 안 좋은 문제들을 겪지 않고도 발전을 이룰 수 있는 방법을 알게 되었다"고 기록할 수도 있지 않겠는가. 우리는 산업화 이전의 생활 방식, 즉 사물을 끝까지 살피는 태도로 되돌아가지는 않겠지만, 대신 지구와 자연 자원을 끝까지 살피는 태도에 기초한 새로운 도덕, 새로운 상식, 그리고 노동 가치와 효용에 대한 새로운 개념을 가지고 아마도 소비문화를 극복할 수 있을 것이다.

1. Color Scents advertisement, *Metropolitan Home*, Mar./Apr. 1994, p. 140.

2. Jane Celia Busch, "The Throwaway Ethic in America", Ph.D. dissertation, University of Pennsylvania, 1983, pp. 83ff.; Reynolds Wrap advertisement, *Woman's Day*, May, 1952, p.6; Janet McCorkindale, "Paper Products Speed Your Housework", *Better Homes and Gardens*, Apr. 1950, pp. 127~131; Pamela M.W. Anderson, "The Hope Chest", *Good Housekeeping*, June, 1950, pp. 26~27; Bernice Strawn, "How to Stretch a Refrigerator", *Woman's Home Companion*, Dec. 1950, pp. 86~87; "Time-Saving Throwaways", *Woman's Home Companion*, Feb, 1951; pp. 152, 154; "Do You Make the Most of Aluminum Foil?" *Better Homes and Gardens*, Apr. 1954, pp. 170~172; "How Did We Ever Get Along without Aluminum Foil?" *Good Housekeeping*, June, 1957, p. 48; "Time Saving Ideas with Aluminum Foil", *Sunset*, Oct. 1957, pp. 162~167; Virginia Heffington, "Food Is Money–Store It Right", *Better Homes and Gardens*, Oct. 1961, pp. 92, 94, 96; Marjorie Griffin Groll, "Aluminum Foil–A New Kitchen Timesaver", *Household*, Nov. 1950, pp. 28, 30~31; Marjorie Griffin Groll, "More Uses for Aluminum Foil", *Household*, Feb. 1951, pp. 36~37, 77; Eleanor Lynch, *Reynolds Wrap Creative Cooking with Aluminum Foil* (New York: Benjamin, 1967); ScotTowels advertisement, *Good Housekeeping*, Apr. 1951, p. 128. On strategies for increasing consumption through marketing, see Susan Strasser, *Satisfaction Guaranteed: The Making of the American Mass Market* (New York: Pantheon, 1989), pp. 129~133; on the photographic format, see Karal Ann Marling, *As Seen on TV: The Visual Culture of Everyday Life in the 1950s* (Cambridge: Harvard University Press, 1994), pp. 202~206, 214~217.

3. Dorothy B. Marsh, "The Institute Reports on Quick-Frozen Foods", *Good Housekeeping*, May 1946, p. 89; Marling, *As Seen on TV*, p. 233; "Packaging with the Stress on Design", *Business Week*, Aug. 2, 1958, p. 54; Leonard M. Guss, *Packaging Is Marketing* (New York: American Management Association, 1967).

4. "Cake Mixes", *Consumer Reports*, Sept. 1953, pp. 385~387; "Boom in Frozen Dinners", *Consumer Reports*, Jan. 1959, p. 16.

5. "You Have 1001 Servants in Your Kitchen", p. 74; "Is Your Grandmother Standing between You and Today's Freedom?" pp. 78~79, both in "The Daily Arts of Good Living", *House Beautiful*, Mar. 1951, pp. 70~91; "America's Amazing New Easy Foods", *Look*, Jan. 6, 1959, p. 65.

6. John A. Kouwenhoven, "Waste Not, Have Not: A Clue to American Prosperity", *Harper's*, Mar. 1959, pp. 74, 75; Elaine Tyler May, *Homeward Bound: American Families in the Cold War Era* (New York: Basic, 1988), p. 17; Marling, *As Seen on TV*, pp. 242~283; Robert H. Haddow, *Pavilions of Plenty: Exhibiting American Culture Abroad in the 1950s* (Washington: Smithsonian, 1997).

7. "Time-Saving Throwaways", pp. 153~155.

8. "Those Wonderful Throwaways", *Look*, Jan. 26, 1954, pp. 73~74; Busch, "Throwaway Ethic",

p. 340; Vera D. Hahn, "Everything's Paper but the Doll", *American Home* Summer 1967, pp. 66~67.

9. See Michiel Schwarz and Michael Thompson, *Divided We Stand: Redefining Politics, Technology, and Social Choice* (Philadelphia: University of Pennsylvania Press, 1990).

10. Kenneth L. Bowman, "We Buried Our Complaints with the Refuse", *American City*, June 1956, pp. 150~152; Edward J. Booth, "Buried 25 Years and Still Legible", *American City*, July 1965, p. 26; Leo Weaver, "The Sanitary Landfill", *American City*, March 1956, pp. 122~124; Leo Weaver, "The Sanitary Landfill, Part II: Selection of Site", *American City*, April 1956, pp. 132~134, 169~170; Leo Weaver, "The Sanitary Landfill, Part III: Method and Operation", *American City*, May 1956, pp. 134~136, 167~170; William Rathje and Cullen Murphy, *Rubbish! The Archaeology of Garbage* (New York: HarperCollins, 1992); Martin V. Melosi, "Sanitary Services and Decision Making in Houston, 1876~1945", *Journal of Urban History* 20 (May 1994), pp. 386, 395; Andrew Hurley, *Environmental Inequalities: Class, Race, and Industrial Pollution in Gary, Indiana, 1945~1980* (Chapel Hill: University of North Carolina Press, 1995).

11. Suellen Hoy, "The Garbage Disposer, the Public Health, and the Good Life", *Technology and Choice: Readings from Technology and Culture*, ed. Marcel C. LaFollette and Jeffrey K. Stine (Chicago, 1991), esp. pp. 149~158; "What You Need to Know about Garbage Disposers", *House Beautiful*, Feb. 1949, pp. 84~85, 140~141; Frances Meyer, "What a Waste Disposer Can Mean to You", *Better Homes and Gardens*, Aug. 1949, pp. 93~95, 117; Sylvia Wright, "No More Garbage in this Town", *McCall's*, Aug. 1950, pp. 86, 91.

12. "Disposers and Incinerators", *Electrical Merchandising*, Jan. 1959, p. 88; "Meet Mrs. America: She's the Key to Your Market Break-Through in Disposers", *Domestic Engineering*, July 1963, pp. 64~67; Susan Strasser, "'The Convenience Is out of This World': The Garbage Disposer and American Consumer Culture", *Getting and Spending: European and American Consumer Societies in the Twentieth Century*, ed. Susan Strasser, Charles McGovern, and Matthias Judt (Cambridge: Cambridge University Press, 1998), pp. 263~280.

13. "The Kitchen Appliance with the 1~2 Punch", *Domestic Engineering*, Oct. 1954.

14. "What You Need to Know..." p. 84; "Getting Down..." p. 31.

15. "Trash Compactors", *Consumer Reports*, June 1973, p. 395; Sheldon M. Gallager, "Handy New Compactors Put the Squeeze on Trash", *Popular Mechanics*, June 1972, pp. 118~121; R.S. Hedin, "Homebuilt Masher Puts the Squeeze on Trash", *Popular Mechanics*, Nov. 1972, pp. 162~165. See also Jeanne M. Bauer, "Good Riddance", *American Home*, June 1974, pp. 15~16; "Kitchen Machines to Squash Your Trash", *Changing Times*, Sept. 1971, p. 11.

16. KitchenAid press release, Benton Harbor, MI, Aug. 28, 1997, http://kitchenaid.com/pressroom-major/PR07.shtml; "History of the Trash Compactor", http://www2.whirlpool.com/html/homelife/cookin/cooktrsh5.htm; Pat Ragin, "Lowering Waste Disposal Costs", *Journal of Property Management* 58 (March-April 1993), pp. 26~28; "Nuclear Leftovers: Waste Not, Want Not", *Science News*, Mar. 20, 1993, p.186; Mike Yuen, "Take Our Trash? Not on Columbia", *Houston Post*, Dec. 4, 1990, p. A26: 2.

17. James Bolger, "Refrigerator Selling Is a Replacement Business", *Electrical Merchandising*, Jan.

1950, pp. 74~75; "New Worlds for the Trade-In", *Business Week*, Mar. 19, 1955, pp. 70~78 (quotation on p. 72).

18. "Frigidaire One/Ten Plan", *Electrical Merchandising*, May 1956, p. 204; Daniel Horowitz, *Vance Packard and American Social Criticism* (Chapel Hill: University of North Carolina Press, 1994) pp. 181~182; "Product Death Dates-A Desirable Concept?" *Design News*, Nov. 24, 1958, p. 3; Ernest R. Cunningham, "Daggers to Death-Dates", *Design News*, Jan. 19, 1959, p. 3; Martin Mayer, "Planned Obsolescence: Rx for Tired Markets?" *Dun's Review and Modern Industry*, Feb. 1959, pp. 41, 74, 80.

19. Horowitz, *Vance Packard*, p. 103; "Selling the Consumer on Need for 'Seconds.'" *Business Week*, Sept. 5, 1959, pp. 46~48; Vance Packard, *The Waste Makers* (New York: David McKay, 1960), p. 41.

20. Packard, *Waste Makers*, pp. 55, 103.

21. Horowitz, *Vance Packard*, p. 181, 317n10; Du Pont ad reproduced on p. 184.

22. Seymour Martin Lipset, "The Conservatism of Vance Packard", *Commentary*, Jan. 1961, p. 83; Horowitz, *Vance Packard*, p. 18.

23. Franklin M. Fisher, Zvi Griliches, and Carl Kaysen, "The Costs of Auto-mobile Model Changes since 1949", *Journal of Political Economy* 70 (Oct. 1962), p. 450; Harry A. Williams, "Better Cars?..." *Nation*, Feb. 17, 1962, p. 128; Bernard Nossiter, "Detroit's Annual Model Bill", *Nation*, Jan. 20, 1962, pp. 50~51.

24. Horowitz, *Vance Packard*, pp. 7~8.

25. Carol B. Stack, *All Our Kin: Strategies for Survival in a Black Community* (New York: Harper & Row, 1974), pp. 16~17; Carl Husemoller Nightingale, *On the Edge: A History of Poor Black Children and Their American Dreams* (New York: Basic, 1993), pp. 152, 160.

26. Mrs. John R. [Maie (Hewitt)] Williams, *The Thrift Shop Cook Book* (Washington: Junior League, 1932); Louise Teather, "Good New 'Ism' in California", *American Home*, Nov. 1954, pp. 17~18; American Hospital Association Committee on Hospital Auxiliaries, *Manual of Operation: Thrift Shops and Rummage Sales for Women's Hospital Auxiliaries* (Chicago: American Hospital Association, [1953]), pp. 28~31, 35 (quotation on p. 31).

27. American Hospital Association, *Manual of Operation*, pp. 42~43, 47; Harriet Hawes and Eleanor Edelman, *McCall's Complete Book of Bazaars* (New York: Simon & Schuster, 1955), pp. 39~40; Ann Seranne and Eileen Gaden, *The Church and Club Woman's Companion* (Garden City: Doubleday, 1964), pp. 170, 173; Carol Spicer, "Buyer, Seller, and Doner: All Win at the Rummage Sale!" *Saturday Evening Post*, July 1, 1961, p. 10.

28. American Hospital Association, *Manual of Operation*, pp. 21~22; "How to Set Up a Thrift Shop", *Good Housekeeping*, Aug. 1958, pp. 138~139; Spicer, "Buyer, Seller, and Donor;" Teather, "Good New 'Ism,'" pp. 17~18.

29. Geitel Winakor and Marcella Martin, "Used-Clothing Sales in a Small City", *Journal of Home Economics* 55 (1963), p. 358.

30. Gretchen M. Herrmann and Stephen M. Soiffer, "For Fun and Profit: An Analysis of the American Garage Sale", *Urban Life* 12 (Jan. 1984), p. 397; Lynn O'Reilly et al., "The

Relationship of Psychological and Situational Variables to Usage of a Second-Order Marketing System", *Journal of the Academy of Marketing Science* 12 (Summer 1984), pp. 53~76; Denis F. Healy and Thomas D. Dovel, "The Garage Sale: A Growing Force in the Distribution of Used Household Goods", paper for the Southern Marketing Association, 1975.

31. "Selling the Consumer on Need for 'Seconds,'" pp. 46~48.

32. Herrmann and Soiffer, "For Fun and Profit", p. 402; Kevin Lynch, with contributions by Michael Southworth, *Wasting Away: An Exploration of Waste–What It Is, How It Happens, Why We Fear It, How to Do It Well* (San Francisco: Sierra Club, 1990), p. 60.

33. Stephen M. Soiffer and Gretchen M. Herrmann, "Visions of Power: Ideology and Practice in the American Garage Sale", *Sociological Review* 35, (Feb. 1987), pp. 48~83; Healy and Dovel, "The Garage Sale."

34. Gretchen M. Herrmann, "Women's Exchange in the American Garage Sale: Giving Gifts and Creating Community", Proceedings of the Conference on Gender and Consumer Behavior, University of Utah, June 19~23, 1991; Gretchen M. Herrmann, "Garage Sales as Practice: Ideologies of Women, Work, and Community in Daily Life", Ph.D. dissertation, State University of New York at Binghamton, 1990.

35. Soiffer and Herrmann, "Visions of Power", pp. 66, 80.

36. Louis A. Ferman et al., *The Informal Economy, Annals of the American Academy of Political and Social Science* 493 (Sept. 1987): Soiffer and Herrmann, "Visions of Power", pp. 65~66, 80.

37. Charles Jencks and Nathan Silver, *Adhocism: The Case for Improvisation* (Garden City, NY: Doubleday, 1973), 65; Alicia Bay Laurel, *Living on the Earth* (New York: Vintage, 1970), pp. 39~41, 51, 71~72.

38. Louis Blumberg and Robert Gottlieb, *War on Waste: Can America Win Its Battle with Garbage?* (Washington: Island, 1989), p. 12; Busch, "Throwaway Ethic", p. 294.

39. "Meet the Kings of the Garbage Heap", *Business Week*, Sept. 12, 1988, pp. 112, 115~116; Harold Crooks, *Giants of Garbage: The Rise of the Global Waste Industry and the Politics of Pollution Control* (Toronto: James Lorimer, 1993), pp. 1~34.

40. Busch, "Throwaway Ethic", p. 348; Frank Ackerman, *Why Do We Recycle? Markets, Values, and Public Policy* (Washington: Island, 1997).

41. Blumberg and Gottlieb, *War on Waste*, p. 133; Robert Steuteville, "The State of Garbage in America", *BioCycle*, May 1995, p. 30; http://cbot-recycle.com; "Recyclables Commodity Market Project(1991~1996)", http://www.epa.gov/r10earth/offices/owcm/cbot.htm; Seth Schulman, "Trends: Curbside Commodities", *Technology Review Online* Aug. /Sept. 1996, http://web.mit.edu/techreview/www/articles/as96/trends.html; Barnaby J. Feder, "Market Place: Chicago Board Is Developing a System to Trade in Trash", *New York Times*, June 11,1993.

42. John Tierney, "Recycling Is Garbage", *New York Times Magazine*, June 30, 1996, pp. 24~29, 44, 48, 51, 53; Blumberg and Gottlieb, *War on Waste*, pp. 125~126; U. S. Environmental Protection Agency, "Earth Day Facts", EPA 230-F-95-001, Apr. 1995.

43. See, for example, Jacqueline Killeen, *Ecology at Home* (San Francisco: 101 Productions, 1971); Julia Percivall, *Household Ecology* (Englewood Cliffs, NJ: Prentice-Hall, 1971); Gloria

Naumann, *Homemaking Tips: Old and New Ways to Save, Streth, and Substitute* (Salt Lake City: Hawkes, 1977).

44. "Bargain Buys from the Salvation Army?" *Good Housekeeping*, Jan. 1959, p. 95; Robert W. Houseman, "Going…Going…Gone…to a Country Auction", *American Home*, June 1961, pp. 30~33, 77; "How to Find Beauty in the Junkyard", *House Beautiful*, Mar. 1964, pp. 167~169.

45. Verni Greenfield, *Making Do or Making Art: A Study of American Recycling* (Ann Arbor: UMI, 1986), p. 10; Harold Rosenberg, "Collage: Philosophy of Put-Togethers", *Collage: Critical Views*, ed. Katherine Hoffman (Ann Arbor: UMI, 1989), pp. 61, 63, 64.

46. Miriam Schapiro, "Femmage", Hoffman, *Collage*, p. 296.

47. *Jac Leirner: Directions*, Pamphlet from exhibition at Hirshhorn Museum and Sculpture Garden, Washington, D.C., Dec. 17, 1992~Mar. 14, 1993; "Recycling More Than Just Images", *High Performance*, Winter 1994, p. 16; Barbara C. Matilsky, "Mierle Laderman Ukeles: Reclaiming Waste", *Fragile Ecologies: Contemporary Artists' Interpretations and Solutions* (New York: Rizzoli, 1992), pp. 74~49; Kimberly Ridley, "Trashing Convention", *Massachusetts Audubon Society Sanctuary*, Sept./Oct. 1994, p. 10~12; Deborah Bright, "Paradise Recycled: Art, Ecology, and the End of Nature [Sic]", *After-image*, Sept. 1990, pp. 10~13.

48. Lucy R. Lippard, *Mixed Blessings: New Art in a Multicultural America* (New York: Pantheon, 1990); Greenfield, *Making Do or Making Art*, pp. 20, 22.

49. Robert Crease and Charles Mann, "Backyard Creators of Art That Says: 'I Did It, I'm Here,'" *Smithsonian*, Aug, 1983, p. 82; Greenfield, *Making Do or Making Art*; Guy Brett, *Through Our Own Eyes: Popular Art and Modern History*, quoted in Lippard, *Mixed Blessings*, p. 79.

50. Charlene Cerny and Suzanne Seriff, *Recycled, Re-Seen: Folk Art from the Global Scrap Heap* (New York: Harry N. Abrams, 1996).

51. "Trend Watch: Bowling Over", *Metropolitan Home*, May/June 1997, p. 80; Wendy Moonan, "Hooked Rugs Snag Buyers of Folk Art", *New York Times*, Feb. 20. 1998, p. B40.

52. Environmental Protection Agency, "Earth Day Facts".

53. Dana Canedy, "Where Nothing Lasts Forever", *New York Times*, Apr. 24, 1998, pp. C1, C3; Martin V. Melosi, "Down in the Dumps: Is There a Garbage Crisis in America?" *Urban Public Policy: Historical Modes and Methods*, ed. Melosi (University Park: Pennsylvania State University Press, 1993), pp. 102, 121; Carey Goldberg, "Where Do Computers Go When They Die?" *New York Times*, Mar. 12, 1998.

54. "The State of Garbage in America", *Biocycle*, Apr. 1998, p. 32; Patricia Poore, "Is Garbage an Environmental Problem?" *Garbage*, Nov./Dec., 1993, pp. 40~45.

55. Douglas Martin and Dan Barry, "Giuliani Stirs Up Border Tensions with Trash Plan", *New York Times*, Dec. 3, 1998; David M. Herszenhorn, "Reaction in New Jersey Runs from Skepticism to Fury", *New York Times*, Dec. 3. 1998; Bruce Lambert, "Mayor Tells Non-New Yorkers That City's Trash Is Price for What They Reap", *New York Times*, Jan. 14, 1999; "Garbage Is Gold, Mayor Says", *New York Times*, Jan. 19, 1999; Blaine Harden, "Trade Trash

For Culture? Not Virginia", *New York Times*, Jan. 18, 1999. On protest in a Texas town where Waste Management built a huge landfill, see the film *Talking Trash*, by Leslie Schwerin and Jennifer Schwerin (Nomad Productions).

56. Gilles Lipovetsky, *The Empire of Fashion: Dressing Modern Democracy*, trans. Catherine Porter (Princeton: Princeton University Press, 1994), p. 146; James R. Chiles, "Casting a High-Tech Net for Space Trash", http://www.smithsonianmag.com/smithsonian/issues99/jan99/trash.html.

57. "The State of Garbage in America", p. 32.

58. Ackerman, *Why Do We Recycle?* p. 185.

감사의 글

이 연구를 위해 〈존 사이먼 구겐하임 재단〉과 〈독일 역사 연구소〉의 재정 지원을 받았습니다. 또한 〈록펠러 재단 벨라지오 연구 센터〉에서 이 책의 일부를 집필할 귀중한 기회를 가질 수 있었습니다. 이 모든 것이 가능하도록 추천서를 써 준 진-크리스토프 애그뉴, 수전 포터 벤슨, 노버트 핀치, 토머스 K 맥크로, 토머스 쉴러레스에게 감사를 전합니다.

〈포드 재단〉에서 열린 흑인 여성 작품의 의미에 대한 세미나와 발표를 통해 이 책의 내용을 풍성하게 할 연구를 수행하고 발표할 수 있었습니다. 또한 이 책의 내용들을 다음과 같은 여러 학회에서 발표할 기회를 가졌습니다.

The American Society for Environmental History, the German Historical Institute Annual Lecture and its Conference on American and European Consumption in the Twentieth Century, the Hagley Research Seminar, the Organization of American Historians, the Rutgers Center for Historical Analysis, the Southern Humanities Conference, the Washington Seminar on American History and Culture, the University of Delaware, Kenyon College, Pennsylvania State University, the University of Utah, the University of Virginia, the Yulee Lecture at George Washington University.

이러한 발표 자리를 주선해 주신 분들과 질문을 던져 주신 분들, 그리고 컨퍼런스가 끝난 뒤에 의견을 주신 분들, 특히 공식적인 의견을 주신 다음

분들께 감사드립니다. 건더 바스, 워렌 벨라스코, 리처드 버치, 리자베스 코헨, 볼프강 어즈, 로버트 프리델.

많은 동료와 친구들이 수년간 이 연구에 관심을 보여 주고, 필요한 자료를 보내 주거나 제안해 주었습니다. 저의 질문에 답해 주신 분들, 의견을 주신 분들께 감사드립니다. 이 지면에서 일일이 다 언급할 수 없음을 죄송하게 생각합니다. 혹시 제가 빠뜨린 분들에게 용서를 구하며, 다음 분들에게 감사를 전합니다.

리타 아드로스코, 알록 발라, 앤 보일런, 대럴 브레이스웨이트, 루이스 케인, 멜린다 샤토버트, 조 콘, 미라 잉글러, 낸시 페이지 페르난데즈, 웬디 갬버, 밥 골드파브, 케이시 그리어, 바바라 헤닝, 설른 호이, 데이빗 렌드, 잭 라킨, 마크 르벤스키, 리드 리프셋, 스티브 루버, 엘리사 마더, 로브 메이어, 주디스 맥고우, 클레이 맥세인, 바니 머건, 시드니 민츠, 모린 오글, 애덤 롬, 로드리스 로스, 마가렛 러커, 버지니아 샤프, 필 스크랜톤, 로라 샤피로, 키티 스클라, 크리스틴 스탠젤, 알렉스 스트레서, 조엘 타르, 메리 헬렌 워싱턴.

〈의회 도서관〉, 〈뉴욕 시 미술관〉, 〈뉴욕 공공 도서관〉, 〈뉴욕 주립 미술관〉, 〈퍼듀 대학 도서관〉의 직원들과 〈미국사 박물관 아카이브 센터〉의 파스 러핀스를 비롯한 많은 분들, 그리고 〈포드 아카이브〉의 달린 플레허티, 〈코카콜라〉의 필 무니, 〈베미스 컴퍼니〉의 메리 조 푸치니크에게 많은 도움을 받았습니다. 라이너 고고린, 이리스 골럼벡, 개비 뮬러-오엘리히, 루지 나르는 〈독일 역사 연구소 도서관〉에서 도움을 많이 주었습니다. 하버드 경영 대학원 〈베이커 도서관〉의 플로렌스 라스로프는 모릴로 노예스의 자료를 제공해 주었습니다. 그리고 진저 마샬은 〈의회 도서관〉 대출 카드에서 찾을 수 없는 것까지 제공해 주었습니다.

이 책을 만드는 데 도움을 주신 분들께 특별한 감사를 전합니다. 앤 로미네스와 필리스 팔머는 이 책의 초고를 읽어 주고, 격려해 주고 아이디어를 제공해 주고 근사한 저녁 식사도 함께 해 주었습니다. 로라 앵커, 마텐 드카트, 제나 와이스만 조슬릿, 짐 스패로우, 크리스티 윌러는 초고의 일부분을 읽어 보고 귀한 의견을 주셨습니다. 프랭크 애커만은 진행 중인 그의 연구 성과를 공유하게 해 주고, 제 초고를 다 읽어 보고 의견을 주었습니다. 이 주제로 연구에 착수한 지 얼마 후에, 마틴 멜로시는 쓰레기를 연구하는 역사학자들의 모임에 저를 초대해 주었고, 나중에는 원고에 대해 의견을 주었습니다. 도나 가바치아, 낸시 코플만, 진 맨드버그, 캐시 파이스, 주디스 스트레서도 최종 원고를 읽어 주고 수많은 귀한 의견을 주었습니다. 역시 원고를 읽고 의견을 준 캐롤린 골드스타인에게도 감사를 전합니다.

편집자 새러 버쉬텔 덕분에 더 나은 글을 쓸 수 있었습니다. 새러 버쉬텔은 〈뉴욕 공공 도서관〉이 주최한 "쓰레기!" 전시회에 나와 동행해 주었고, 19세기 가사 지침서의 내용을 따라 마루에 젖은 찻잎을 뿌리는 등의 실천을 하기도 했습니다. 그리고 여전히 엉켜 있는 원고의 실타래를 풀어 주었고, 나 스스로가 명확하지 않은 생각을 분명하게 정리할 수 있도록 지속적인 도움을 주었습니다. 로슬린 슐로스는 수많은 오류와 결함을 잡아 주었습니다. 메트로폴리탄/홀트 출판사의 칼리 버윅, 미셸 맥밀란, 그리고 캐스린 배빗, 그리고 내 에이전트인 메리 에반스에게도 감사를 전합니다.

내가 밥 걸딘을 만났을 때는 이 책에 대해 아주 모호한 아이디어만을 가지고 있었습니다. 밥은 곧 이 책의 제목을 생각해 주었습니다. 그 이후로

그는 다른 수많은 제목을 정하는 데 도움을 주었고, 각 장을 읽고 여러 편집상의 의사 결정을 내려 주었습니다. 밥은 이 책에 들어가는 많은 노력을 참아내 주었고, 우리 집 쓰레기에 대한 내 강박을 우스개로 풀어 주었으며, 늘 나를 웃게 해 주었고, 나와 결혼해 주었습니다.

　그와 더불어 이 책을 헌정할 사람이 한 명 더 있습니다. 거의 20년간 수지 휴스턴과 나는 이 책의 주제에 대해 이야기하고, 웃고, 걱정하면서 많은 것을 나누었습니다. 항상 수지를 그리워할 것입니다.

타코마 파크, 메릴랜드

1999년 2월

쓰레기를 쓰레기라 정하는 기준은 무엇일까?

"프리건Freegan"이라는 사람들에 대한 이야기를 읽은 적이 있다. 프리건은 "공짜"라는 뜻을 지닌 말 '프리free'와 철저한 채식주의자를 뜻하는 '비건vegan'을 합한 말이다. 이들은 '버리는 문화'에 대한 비판의 의미로, 필요한 것을 되도록 남이 버린 것들로만 조달해 산다. 유럽에 살고 있는 어느 프리건이 홈페이지에 남긴 글을 한 대목 보자.

"집 근처 슈퍼마켓에는 쓰레기장이 두 개 있는데 신선한 식품으로 가득차 있[었]다. 그 옆에 웬 금발머리 총각이 있었는데 자전거를 세우느라여념이 없어서 우리가 뭔 짓을 하든 별 관심이 없어 보였다. 우리는 〔그쓰레기장에서〕 야채 잔치를 벌일 만큼 많은 채소를 획득했다. 브로컬리 세송이, 감자 샐러드 여덟 곽, 식초 양념한 토마토, 빵, 커다란 오렌지 네개, 롤빵 열 줄, 피망 두 개, 초콜렛……"

다른 날 쓴 글에는, 요구르트 2리터, 사과 여섯 개, 당근, 치즈, 귀리 등을 주워 왔는데, 그 요구르트와 며칠 전에 주워 온 바나나로 정말 맛있는 스무디를 만들어 먹었다는 내용도 나온다.(http://www.emoware.org/dumpster-diving.asp)

내 또래가 다들 그렇듯이, 나도 어려서는 "근검절약"을 "반공"과 더불어 민주 시민이 가져야 할 지고지순한 덕성으로 알고 자랐고, 대학 때는 소비 사회의 병폐와 환경문제에 대해 고민하는 것을 "실천하는 지성"이 가져야 할 기본 소양으로 알고 자랐다. 나이가 더 들어서는 "조화를 이루는 삶"에 대한 글들에 매료되어 적게 소비하고 적게 버리며 친환경적으로 사는 것이 성숙한 인간이 추구해야 할 삶이라고 생각했다. 물론 그리 진지하게 고민하고 실천한 것은 아니었고, 그때 그때 유행하는 도덕의 언어들을 넙죽넙죽 뒤집어 쓰고 다닌 정도였다. 하지만 어쨌든 평생 동안 낭비는 매우 나쁜 일이라고 배워 온 셈이라, 나는 쓰레기 버리는 것에 대해 꽤 조심스러운 편이다. 아니, 그렇다고 생각해 왔다.

그런데 쓰레기에 대한 책을 번역하게 된 기념으로 지난 5월 한 달간 내가 버린 쓰레기를 기록해 보니 "신중하게 버리는 사람"의 목록이라 보기에는 너무도 길고 장황한 내역이 나왔다. 책장, 책상, 스탠드(3년 전 미국에 왔을 때 싸구려로 구비했는데, 5월에 이사를 나가는 룸메이트에게 싹 새로 장만했다), 바닥이 긁힌 냄비와 너무 작아서 안 쓰는 프라이팬, 오래된 튀김 기름과 국간장, 안 볼 책 20여 권, 각종 수업 자료, 공과금 고지서, 도대체 어디서 알고들 날아드는지 모를 온갖 상품 안내서들 등 종이 쓰레기(커다란 쇼핑백 세 개 분량), 생리대, 물티슈, 휴지, 세제 등 위생용품 등등…. 아마 가장 많은 분량을 차지한 것은 음식 관련 쓰레기이지 싶다. 바나나 껍질이나 양파 껍질 같은 것도 있었지만, 상당 부분은 포장재들이었다. 두부 팩, 우유곽, 요구르트곽, 와인 병, 식빵 봉지에다가, 매일 한 개씩 나오는 테이크아웃 커피 컵을 비롯한 각종 테이크아웃 식품 용기들…. (이것 말고도 아주 많은데, 창피해서 다 밝히지는 못하겠다.)

이 중 버려지지 않고 다시 활용이 될 법한 것은 책과 종이 쓰레기뿐이다. (책은 헌책방에 팔았고, 종이 쓰레기는 분리수거 통에 넣었다.) 생리대는 2년여간 빨아서 사용하는 면 생리대를 썼는데 귀찮음에 굴복해 다시 일회용을 쓰기로 했다. 생리대 빨래하는 시간을 아껴 공부를 열심히 하자는 논리였는데, 이 책에서 설명하듯이 시간의 효율성을 물자의 효율성보다 우선시하는 전형적인 정당화 방식이다. 세균과 곰팡이를 싹 없애 준다는 화장실 청소용 스폰지(스폰지에 세제가 묻어 있고, 한 번 쓰고 버리는 일회용이다.)도 여러 장 써서 버렸는데, 시간의 효율성과 함께 버리기의 양대 정당화 논리 중 하나인 '위생상의 이유'에서였다. 내가 의식적으로 적은 것의 목록만 해도 놀랄 정도로 많은데, 사실 이것은 일부일 뿐이다. 이를테면 나무나 석탄을 때지도, 물을 길어다 쓰지도 않으니까 석탄재나 개숫물 같은 것은 내 쓰레기 목록에는 들어 있지 않다. 내 방에 전기와 수도를 공급하기 위해 어디선가는 폐기물이 생성되고 있을 테지만, 이것은 나에게 그저 공과금 고지서로만 나타날 뿐이다.

이 책 저자의 설명처럼, 19세기 말까지만 해도 무언가를 내버린다는 것은 매우 생소한 개념이었다. 물건들은 음식이 완전히 썩었다든가 그릇이 박살이 났다든가 하는 식으로 "아주 심각하게 손상된" 경우에만 버렸다. "아주 심각하게 손상된" 것이 어느 정도인지에 대한 개념도 오늘날보다 훨씬 까다로웠다. 우리가 보기에는 도저히 쓸 수 없게 망가진 것도 옛 사람들에게는 멀쩡한 것일 수 있었다. (곰팡이가 핀 음식물이나 망가진 물건, 찢어진 옷 등을 백 년 전 사람들이 어떻게 손봐서 '멀쩡하게' 사용했는지가 이 책 1장에 상세히 나온다.)

이 책에서 누누이 언급하고 있듯이 무엇이 쓰레기냐 아니냐는 판단하기 나름이며, 이것은 사회문화적으로 결정된다. 특히 산업사회에서는 무언가를 "버리는" 의사 결정이 그 물건의 물리적인 상태나 유용성과는 관련이 없는 경우가 많다. 소비사회의 성립과 함께 그에 대한 비판도 줄곧 있어 왔고 버리는 문화에 대한 비판도 늘 제기되어 왔다. 시장이 계속 존재해야만 유지될 수 있는 자본주의 시스템이 버리는 문화를 조장한다는 이론은 이제 거의 상식에 속한다. 이를테면, 기업들이 시장을 창출하기 위해 새로운 스타일의 물건을 계속해서 내놓고 광고 공세를 벌임으로써 소비자들이 갖고 있던 멀쩡한 것을 버리고 최신 제품을 사도록 만든다는 것이다. 그런데 이 책은 이게 이렇게 간단하게 설명할 수 있는 문제가 아니라는 것을 보여 준다.

인류는 오랫동안 물질이 부족한 상태로 살아왔다. 따라서 낭비는 심한 도덕적 비난의 대상이었다. 오늘날에도 여전히 많은 사람들이 '절대 빈곤'의 상태에 살고 있다. 풍요롭게 살고 있는 사람들도, 아버지나 할아버지는 어린 시절에 가난하게 살았다는 것과 어딘가 가난한 나라에서는 지금도 굶주리는 사람들이 있다는 사실을 알고 있다. 밥을 흘리거나 남길 때면, "엄마가 어렸을 때는" 이라거나 "지금 아프리카에서는"이라는 말로 시작하는 훈계를 늘 들어 오지 않았던가. 멀쩡한 것을 그게 멀쩡한 줄 뻔히 알면서도 버리는 것은 오늘날 선진국에 사는 사람들이라 해도 아무렇지도 않게 할 수 있는 일은 아니다. 이렇듯 낭비를 악덕으로 절약을 미덕으로 생각하는 도덕적 관념은 여전히 강한데, 또 한편으로는 소비사회가 진행되면서 쓰레기의 양이 어마어마하게 늘어난 것 또한 분명히 사실이라면, 버리는 것에 대한 도덕적 장벽이 어떤 지점들에서 어떤 방식으로 누그러질 수 있었는지에 대한 설명이 필요한 것이다.

프리건 사례에서 이에 대한 한 가지 설명을 볼 수 있다. 이들이 주로 음식을 구하는 곳은 식품 유통 매장의 쓰레기장이다. 예전에는 집에서 나오는 쓰레기였던 것이 이제는 유통 업체들과 식가공 업체들에서 나오는, 일종의 산업폐기물이 된 것이다. 소매점들은 식품의 자연적인 상태를 오감으로 판단해서가 아니라 자사의 식품 관리 정책과 정부의 식품 안전 규제에 따라 폐기한다. 이를테면 금요일 6시 59분까지 제 값을 받고 팔리던 '상품' 이 1분 후 가게 영업 시간이 끝나면 갑자기 쓰레기가 되는 것이다. 또 식재료를 씻고 다듬고 가공하는 과정에서도 많은 쓰레기가 나온다. 예전 같으면 닭 뼈, 당근 잎사귀 같은 것들은 집에서 나오는 쓰레기였을 테지만, 이제 소비자들은 뼈를 제거한 닭고기와 잎을 떼어 내고 씻어서 잘라 놓은 당근을 산다. 기업이 소비자를 대신해 뼈나 잎사귀를 버려 주는 것이다. 이렇듯 상당한 양의 쓰레기를 사람들이 직접 버리는 것이 아니라 기업이 제도적으로 처리하게 되면서 소비자들은 버리는 행위에 대해 스스로 내리는 도덕적 평가를 비켜 갈 수 있게 되었다. (씻어서 잘라 놓은 셀러드용 당근을 사면서, "내가 직접 씻어서 다듬었으면 덜 버릴 수도 있었을 것들이 얼마나 더 많이 버려졌을까"와 같은 문제를 곰곰 생각하는 사람은 별로 없을 것이다.)

버리는 행위 자체를 소비자에게서 멀리 떼어 놓은 것보다 아마도 더 중요한 것은, 버리는 일을 정당화하는 새로운 도덕 개념의 등장일 것이다. 6시 59분에 멀쩡히 팔리던 식품들이 쓰레기가 되어야 하는 이유는 (적어도 표면적으로 드러난 바로는) 식품 위생과 안전 때문이다. 소비자들도 유통 기한이 지난 물건을 버리는 것은 당연한 일이라고 생각할 것이다. (늘 냉장고에 식품을 방치해서 버리는 경우라면 약간의 죄책감을 느끼겠지만 말이다.) 또 뼈를 제거한 닭과 씻어서 잘라 놓은 야채를 사는 이유는 편리하기 때문인데, 편리함은 종종 가사일의 '효율성'으로 해석된다. "위생"과 "효율성"에 대한 강조는 19세기 말과 20세기 초에 미국에서 벌어진 가사 과학 운동의 이념과 맥이 닿는다. 당시 근대적 교육을 받은 여성들은 사회 개혁과 여권 신장 운동의 일환으로, 비위생적이고 부정확하며 너저분한 부엌에서 여성을 해방시키고자 했고, 이는 포장, 위생, 편리성, 현대적임, 새로움 등을 광고의 전면에 내세우는 현대적 식품 산업의 발달과 궤를 같이 했다. 그리고 이러한 제품들은 새로운 종류의 쓰레기를 만들어 냈다.

이 책은 19세기 말 이후부터 현재에 이르는 "쓰레기의 사회사"를 다룬 책이다. 현대적 기업, 현대적 유통망, 그리고 전기, 수도, 가스 공급에서부터 쓰레기 수거 및 처리에 이르는 현대적 공공 서비스의 제도적 발달이 새로운 쓰레기의 전례 없는 증가와 어떤 관련이 있는지, 현대성, 합리성, 과학성, 위생, 효율성 등의 가치관이 어떻게 소비 및 폐기의 문제와 결합되었는지, 상이한 계급, 계층의 사람들이 각기 어떤 방식으로 쓰레기와 관련을 맺어 왔는지, 대공황의 가처분 소득 부족과 세계 대전의 물자 부족 상황에서도 어떻게 더 많이 소비하고 더 많이 버리는 문화가 지속적으로 확산되어 갔는지, 그리하여 한 세기에 걸쳐 어떻게 우리의 물질세계가 양방향으로 순환하는 시스템에서 일방향으로 흘러 가는 시스템으로 변하게 되었는지를 풍부한 자료를 들어 설명하고 있다.

저자가 말하듯이, 이 책은 현재의 환경문제에 대한 실천적 지침을 담고 있는 책이 아니라 역사책이며, 역사책은 현재의 문제에 대해 해결책을 주기보다는 종종 고민만 더 복잡하게 만든다. 그러나 역시 저자의 말처럼, 해결책은 우리가 어떻게 해서 현재의 시스템으로 오게 되었는지를 살펴봄으로써만 찾을 수 있을 것이고, 이 책은 적어도 그러한 문제의 기원을 찾아 나가는 노력의 일환으로 생각할 수 있을 것이다.

2009년 12월
미국에서

ㄱ

ㅂ

ㅅ

ㅇ